吾明 著

姜太公评传

上册

北京师范大学出版集团
BEIJING NORMAL UNIVERSITY PUBLISHING GROUP
北京师范大学出版社

自序　重构姜太公与中华文明的成熟史

　　提到科技革命与产业变革，人们立刻会想到英国纺织业革命、德国电气和重化工业革命、美国互联网与数字产业革命。再往前，第一代文明古国的经济基础是农业革命。三千多年前，人类历史上第一次重大的科技与产业革命——农业革命，正在中华大地孕育发生。天文观察、气候历法、河流水系治理、挖井灌溉、土壤整治、种子培育、陶器制造、青铜器制造、医药健康等多门类技术已经进入集成创新阶段。科技革命与产业变革进步的同时，社会组织也在发生着剧烈的变革。以井田制为代表，一个个新兴的产业基地与社会基层组织从"直方大"的岐山"鲜原"向外扩散。新兴农业的稳定性推动了人口的增长与聚居区"国"的点状线状发展；农业的可预测性动摇了对天的不可预测性的崇拜；集体农业的需要对社会的组织性提出了新的必然要求；人，在游猎时代也是猎物，在农业时代，取代牛羊成为财富标志。两位农业先驱神农氏炎帝与后稷的后代，姜姓部族与姬姓周人，通过一代代的联姻走向了历史舞台的中央。他们将联合创造光辉灿烂的中华农业文明，直到新中国成立，真正大规模实现工业革命。

中华文明在更前的时代，历经了三皇五帝，记录了虞、夏、商三朝，无数次的部落战争，无数次的政权更迭，无数的上古贤人。从结绳记事到玉版、甲骨文与金文，先人"有典有册"地记录下早期人类文明的各个方面。文字的成熟、记录的丰富，必然要求"圣人"诞生，担负起继承、归纳的重任。"圣人"用他们波澜壮阔的一生，写下《尚书》《阴符经》《六韬》《易经》《黄帝内经》《诗经》等一系列完整的、集大成的、划时代的经典作品，为中华文明走向成熟点亮了明灯。周文王、周公、姜太公三位"圣人"，像是约好了一样，一起向历史走来。

三位中华"元圣"，文王、周公的历史记载完备翔实，只有姜太公像谜一样。他的丰功伟绩、思想学识，人们耳熟能详。他的大名如雷贯耳，"姜太公在此，诸神退位"。各种正史野史中有无数个姜太公，却没有一个统一的姜太公。拥有至少18种称呼的姜太公到底姓甚名谁？妇孺皆知的姜子牙是他的名字吗？一手协助文王武王推翻商朝、统一天下的姜太公，还创立了泱泱齐国，他到底是哪里人？呼风唤雨、无所不知、文韬武略的姜太公出生于什么样的优秀家庭？作为教了一代贤人的先"师"，他本人的伟大老师是谁？他的后人在文明传承中英才辈出，他的一支后代——清河崔氏成为魏晋至隋唐的顶级世家。他真的是老来才娶老妇的上门女婿？牧野之战的总司令"师尚父"，他真的七十二岁前一事无成，靠钓鱼钓到了封建君主的楷模周文王？

三千年来，我们天天说姜太公，却完全忽略了真正的姜太公。可以说人人传颂姜太公，却全面曲解姜太公。如果不能"正本清源"，如何"守正创新"？

孔子、庄子都说读书一定要读出字面背后的精髓与规律，即"意"，否则囫囵吞枣咽下去的反而是"古人之糟粕"。孟子补充说不要盲目地、简单地看表面文字，"尽信书，不如无书"。毛泽东有一首《贺新郎·读史》感慨历史迷雾："一篇读罢头飞雪，但记得斑斑点点，几行陈迹。五帝三皇神圣事，骗了无涯过客。有多少风流人物？"他认为，要想了解真正能启迪后人的"历史"，读者一定要从纷繁的文字中找出逻辑与规律，否则就被"任人打扮的小姑娘"骗了，真的只是"无涯过客"。本书正是要运用历史唯物主义的方法，通过逻辑与互相验证揭开真正的"风流人物"的神秘面纱。

本书内容分三部分，第一部分从姜太公的家族渊源、子女后人、早期职业等角度论述他对华夏文明继承、归纳、传承的伟大贡献。第二部分在商周革命史的背景下，通过姜太公与古公、文王、武王及纣王的关系展现他一生实践的"翦商"伟业。第三部分回顾他与周公围绕天下统一的合作与博弈，以及在新天下治理中的创新，展现出两位"元圣"对中华政治文明的伟大开创性贡献。

众所周知，由于姜太公时代的史料极其缺乏，几千年来对他的研究先天不足。为了能够在迷雾与空白中努力恢复其本来面目，本书作者采用最新的区块链思维，用有限材料互相验证以及古今中外史料互相验证的新型历史研究方式，力图填补空白，创新地推导出吻合科学逻辑的观点与结论。然而，既然是逻辑推论，就自然会有实证材料的缺失与部分推论的误差，敬请读者留意。加之作者本人是科技工作者，而不是真正专业的史学家，难免会有学识不足导致的误差，也敬请读者，特别是专业史学家见谅并指正。

既然姜太公的真实历史如此残缺不全，为何本书要自讨苦吃啃这个"山头"呢？因为不讲清楚姜太公，就不能讲清楚中华为何能诞生姜太公等"元圣"；也就不能解释中华文明为何能在西周率先开启人类第一次产业革命，之后能够领先世界几千年；我们与我们的后代，也就不能真正理解、借鉴古圣先贤的行为逻辑与思想成果。

从天文记录来看，中华文明史绝不止五千年。只是从五千年前的黄帝时代开始，中华文明已经积累到能够编订日月合历，并且设立史官记录历史。所以司马迁看完记录资料才会发出"岂虚哉！"的感叹。史官记录的史料均由历朝王室保存。这一点对中华文明非常重要，没有历史就只能编神话。有了长期的历史记载，人类才能找到规律与自信，而不用祷告与占卜。因为姜太公继承了黄帝以来的历史文献，所以他才能自信地说："朽骨枯草，焉知吉凶。"

仓颉就是黄帝的史官。"仓颉作书""仓颉独传者壹也"，这是说仓颉的贡献是用"书"的方式第一次统一文字，而不是从无到有地造字。伏羲八卦就已经是古文字，更不会等到甲骨文出现中华文字才突然成熟。象形文字"发明"并不难，难在统一。这才是完成第一次"大一统"的黄帝交给仓颉的任务。"书"本来就是前人的存在记录，本质上都是"史"。黄帝开始记录的"史书"在哪？先秦时期的甲骨文因为契刻在甲骨上、金文因为铸刻在青铜器上得以保留，但"刻"不是正常的书写方式。所以，虞夏商周都会有正常的"写"的文献，只是书写材料不能保存下来。留下来的甲骨文是"卜辞"，金文是"颂词"，都不是"图书"。《易经》是"图书"，虽然谁也没见过刻在玉版、甲骨、青铜上的《易经》，但它不还是传下来了吗？当然，遗失的图书要多得多，并导致了所谓甲骨文之前的历史断层。

黑格尔《法哲学原理》说："中国历史从本质上看是没有历史的，它只是君主覆灭的一再重复而已，任何进步都不可能从中产生。"伏尔泰《风俗论》说："（中国）已有4000多年光辉灿烂的历史，其法律、风尚、语言乃至服饰都一直没有明显变化。"黑格尔是"欧洲中心论"，伏尔泰是"中国停滞论"。其他启蒙时代西方思想家狄德罗、孟德斯鸠等都在发现中国并"发明"中国（类似诸子百家"发明"商周）。他们的观点是先预设了倾向性的论点，再寻找吻合其需要的历史论据，因此必然失之偏颇。然而从其合理性的一面看，唐朝农业经济迈上巅峰后，宋元明清可不就是在轮回？而且总体上看是逐渐在走下坡路。恰恰是中华文明诞生、积累、成熟的阶段，也是寻求合理性与逻辑性最重要的阶段被遗失或者混乱了。就像研究一个人，黑格尔看不起他的老年，中国学者自豪于壮年，都忽视或讹传他的诞生、少年、青年时期，能研究明白吗？汉朝时中华文明已经定型，因此，汉朝以前的历史是最重要的中华文明史。"中国历史从本质上看是没有历史的"，这句话应改为"中国历史学的本质是没有说清楚走向成熟的历史"。

姜太公的时代正是中华文明的弱冠之时，相当于大学毕业并写完论文。这个阶段是身体与价值观的形成期，其后是实践中走向汉、唐的成熟期，之后就是黑格尔口中的因循守旧衰老期，再之后就是走向现代的伟大转型期。本书中详述的"老师""弟子""大学""毕业"，以及"丈人""岳父""老泰山""天子"等，都源于姜太公。本书的方法是融合解读姜太公时代的系列经典《阴符经》《易经》《诗经》《黄帝内经》，并以《周礼》《左传》《国语》《逸周书》《竹书纪年》和甲骨卜辞、青铜铭文以及田氏代齐之前孔子、墨子、老子等诸子的语录验证史实。在重新构建描绘出商周革命的面貌之后，倒推出黄帝到姜太公时代的继承与创新，进而就能梳理出诸子百家到《吕览》黄老之道在汉唐的成熟与巅峰，再进一步梳理出从唐末到新中国成立前的衰老与退化。

商周之际科技与产业革命时代的历史、逻辑与思想是属于全人类的最宝贵财富，也是当下又一次科技革命与产业变革的重要参照。这正是我们今日孜孜不倦地整理所有已知信息，力图恢复其真实面貌与历史逻辑的初心。

目　录

导言 谜一样的姜太公与姜子牙

《史记》这样描述姜太公：

太公望吕尚者，东海上人。其先祖尝为四岳，佐禹平水土甚有功。虞夏之际封于吕，或封于申，姓姜氏。夏商之时，申、吕或封枝庶子孙，或为庶人，尚其后苗裔也。本姓姜氏，从其封姓，故曰吕尚。

吕尚盖尝穷困，年老矣，以渔钓奸周西伯。西伯将出猎，卜之，曰"所获非龙非螭，非虎非罴；所获霸王之辅"。于是周西伯猎，果遇太公于渭之阳，与语大说，曰："自吾先君太公曰'当有圣人适周，周以兴'。子真是邪？吾太公望子久矣。"故号之曰"太公望"，载与俱归，立为师。

或曰，太公博闻，尝事纣。纣无道，去之。游说诸侯，无所遇，而卒西归周西伯。或曰，吕尚处士，隐海滨。周西伯拘羑里，散宜生、闳夭素知而招吕尚。吕尚亦曰"吾闻西伯贤，又善养老，盍往焉"。三人者为西伯求美女奇物，献之于纣，以赎西伯。西伯得以出，反国。言吕尚所以事周虽异，然要之为文武师。

周西伯昌之脱羑里归，与吕尚阴谋修德以倾商政，其事多兵权与奇计，故后世之言兵及周之阴权皆宗太公为本谋。周西伯政平，及断虞芮之讼，而诗人称西伯受命曰文王。伐崇、密须、犬夷，大作丰邑。天下三分，其二归周者，太公之谋计居多。

文王崩，武王即位。九年，欲修文王业，东伐以观诸侯集否。师行，师尚父左杖黄钺，右把白旄以誓，曰："苍兕苍兕，总尔众庶，与尔舟楫，后至者斩！"遂至盟津。诸侯不期而会者八百诸侯。诸侯皆曰："纣可伐也。"武王曰："未可。"还师，与太公作此太誓。

居二年，纣杀王子比干，囚箕子。武王将伐纣，卜，龟兆不吉，风雨暴至。群公尽惧，唯太公强之劝武王，武王于是遂行。十一年正月甲子，誓于牧野，伐商纣。纣师败绩。纣反走，登鹿台，遂追斩纣。明日，武王立于社，群公奉明水，卫康叔封布采席，师尚父牵牲，史佚策祝，以告神讨纣之罪。散鹿台之钱，发钜桥之粟，以振贫民。封比干墓，释箕子囚。迁九鼎，修周政，与天下更始。师尚父谋居多。

于是武王已平商而王天下，封师尚父于齐营丘。东就国，道宿行迟。逆旅之人曰："吾闻时难得而易失。客寝甚安，殆非就国者也。"太公闻之，夜衣而行，犁明至国。莱侯来伐，与之争营丘。营丘边莱。莱人，夷也，会纣之乱而周初定，未能集远方，是以与太公争国。

太公至国，修政，因其俗，简其礼，通商工之业，便鱼盐之利，而人民多归齐，齐为大国。及周成王少时，管蔡作乱，淮夷畔周，乃使召康公命太公曰："东至海，西至河，南至穆陵，北至无棣，五侯九伯，实得征之。"齐由此得征伐，为大国。都营丘。

盖太公之卒百有余年，子丁公吕伋立。丁公卒，子乙公得立。乙公卒，子癸公慈母立。癸公卒，子哀公不辰立。

· · · · · · · · · · · ·

太史公曰：吾适齐，自泰山属之琅邪，北被于海，膏壤二千里，其民阔达多匿知，其天性也。以太公之圣，建国本，桓公之盛，修善政，以为诸侯会盟，称伯，不亦宜乎？洋洋哉，固大国之风也！

【索引述赞】太公佐周，实秉阴谋。既表东海，乃居营丘。小白致霸，九合诸侯。及溺内宠，衅钟虫流。庄公失德，崔杼作仇。陈氏专政，厚货轻收。悼、简遭祸，田、阚非俦。汹汹余烈，一变何由？

《史记》中关于姜太公的篇幅已经不少，既说明了他的历史地位，也记录了他的丰功伟绩：灭商、建齐、兵家鼻祖、阴谋（按：指的是"暗中策划的计谋"，不可理解成"阴谋诡计"）祖师。同时"或为""或曰""盖"这样的表述，说明司马迁时代对姜太公已经语焉不详。

《史记》称"太公"或"吕尚""吕望""太公望"。那他为何叫"姜子牙"呢？一般史家认为，姜子牙为姜姓吕氏，名尚，字子牙，号飞熊，又名吕望、太公望等。但是姜子牙时代的人还没有字，战国以后才有字。历史上没有"姜子牙"，但是被称为"姜子牙"的商周时代的"太公""姜太公""吕望""吕尚"却是存在的。鉴于"姜子牙""姜太公""吕尚"这三个名字已经约定俗成，本书仍按习惯称呼他。

"姓＋名"出现得非常晚。小国寡民的社会有个代号就行了，比如西施、浣纱女、渔父、舟人等。我国的上古时代以及日本、欧洲的近古时代老百姓都没有姓名。直到 20 世纪我国农村妇女大部分也是随夫姓叫张氏、王氏。商鞅变法才开始用"姓＋名"来标明男丁，便于征收赋税和徭役。姓名方式也很简单，都是收税的代码而已。如秦末汉高祖家的刘伯、刘仲、刘叔、刘季就是刘大、刘二、刘三、刘四。元朝朱元璋原名"朱重八"，即朱八八。文艺复兴时佛罗伦萨为收税做人口普查，几万人中统计出八百多个乔瓦尼、一千二百多个皮耶罗。日本古代只有贵族才有姓，明治初年编户课税征役百姓才有姓。因为临时现编，所以日本的姓五花八门，据说有十二万种。

姜太公时期只有贵族才有"姓""氏"，目的是表明哪家是哪个地方或职业的"地主"或"行业主"。"有扈氏""有虞氏"就是拥有"扈""虞"之地的"地主"；尧帝"陶唐氏"就是制陶业的家族。

顾炎武《日知录》称："（商周时期）庶民无氏，不称氏称名";"氏一再传而可变,姓千万年而不变"。郑樵《通志》称:"氏所以别贵贱,贵者有氏,贱者有名无氏。"

"姜"姓与"姬"姓都是其先祖生活地区水系的象形。炎帝姓"姜",是羊水"地主";黄帝姓"姬",是雍州流域"地主"。当一个家族人口多了,有一部分就要外迁,为了标明出处以及和谁一家,就保留原地名叫"姓",新占据地方的"地主"的名号叫"氏"。姜太公的后代在齐国就有二十多个姓氏,如著名的国氏、高氏、丘氏、崔氏、卢氏等都是分封地的代号。

吕尚姓姜,但姜姓太多了。姜姓在商周时期的古国就有吕、申、许等。吕国以"吕"为"氏",根据姓氏规则可以确定,吕尚姜姓是炎帝后人,有"姓"有"氏"必然是高级贵族,"吕"说明是吕地贵族。可以确定他祖籍在吕梁山地区的吕国,是著名的尧舜禹时代宰相"四岳"家族后代。"尚"即"上",说明是最高地位的吕家代表与嫡系传人。

因为只有贵族才有氏有名,只有贵族才会被官方文献记录,所以上古文献中的"人名"往往是其担任的职位。比如"共工""祝融""后稷"都是职位,有多人担任过这个职位,所以有多个"共工""祝融""后稷"。姜太公同时代的周公是周之公,召公奭是召国之公兼周朝之"奭"。"奭"是周王的禁卫军统领,起初管两个百夫,因此姜太公的孙子担任禁卫军统领时也叫"奭"。"辛公甲"是辛国之公,于甲日去世,按照商法谥号"甲"。"妇好"的"妇"原意是女军官,"好"是商王族子姓的女子。而"胶鬲"的"胶"是胶东,"鬲"则是煮盐的锅,这个名字表示他是盐宗,等等。

　　"姜子牙""吕望""太公望""吕尚（上）"这些名字都来源于他担任过的高级职位（后文详述）。"牙"源于姜人首领的牙帐，西周的"君牙"相当于国防部兼公安部部长，一生战斗，他因此成为武圣与兵学祖师；"望"是负责日月观测与祭祀的科学家与宗教领袖，源自"四岳"，为文王称王操盘天命；"尚（上）"是他在吕国或四岳老大太岳族的地位，因此得以传承上古政治文献并贡献了《尚书》（按：本书不探讨《尚书》的流传及其真伪，仅利用其中可信的篇章进行推理）。他在正规文献记录中的称呼，如"师尚父"的"师"是西周总司令；"太公望"是太岳山之望，而"齐太公"则是齐国的第一任国主，这两个职位导致太岳/吕梁搬迁到泰山/梁父，"老泰山"也是泰山封禅的创始人；他还有"丈人"的称呼，类似墨家的钜（矩）子，既代表共工一脉的工程科技，也是反商复夏组织"光烈之族"的首领，在商朝他们兼济天下的志向就是恢复"黄帝之道"。因为姜太公的女儿邑姜嫁给了第一位天子周武王，所以"老泰山""丈人""岳父"演变成了对女方父亲的称谓。

　　因为贵族名字往往代表职位，所以古文献中的人名会非常规范，而且一定选当时的最高职位。在陕西眉县出土的天亡簋的铭文中，姜太公自称"天亡（望）"。按规则，"吕尚父（甫）""太公望""天亡（望）"是早期称呼；"君牙"或"师"是刚任职西周时的称呼；"师尚父"是武王时期的尊称；"齐太公"是齐国建立后的称呼；"姜太公"应该是田齐代姜后区别新的齐太公的称呼。在西周官方文件中，历代周王经常称呼他为"大公""大师""伯舅大公"，而不是"齐太公"，这表示他是后代周王的长辈。第一代周天子武王是他女婿，第二代成王是他外孙，往后历代周天子都是他的后人。

因为命名规则，西周文献中没有对"吕牙""吕望""姜太公""姜子牙"的记载，《论语》《左传》《国语》中也都没有。其他各种不合规则的名字都是后来出现的，都是战国后因为田氏代齐才开始出现并流行的，包括最著名的"姜太公""姜子牙"。《孙子兵法》称他为"吕牙"，这是为姜太公改名的鼻祖。战国时代还有两人为他改过名。一位是屈原，在《离骚》中最早称他为"吕望""师望"，基本尊重了原名。另一位是尉缭子，尊他为"武子"，只是这个名字没有叫开。根据时间节点分析，田齐代姜是真实的姜太公与各种传说的姜太公的分界节点。之前的称谓很规范、很尊重，如"吕尚父""师尚父""齐太公""太公望""大公""大师""伯舅大公"。田齐代姜之后，一方面为了区分两位齐太公，出现了多个不同称谓；另一方面姜齐失国绝嗣之后新的称谓少了敬意，如"吕牙""吕望""师望""姜子牙"等。

上古没有个人传记，只有周王室或各诸侯国的史官记录、保存资料。因为田氏代齐，姜齐太公绝嗣，原齐国史官保存的姜太公史料要么遗失，要么被田氏篡改，导致历史上真实的姜太公神龙见首不见尾，各种各样贬低姜太公的说法以讹传讹。关于姜太公早年贫困、在朝歌当屠户开饭馆、老了被老婆抛弃等都是刻意散播的谣言。

真实的姜太公是虞夏朝宰相"四岳"之后；是四岳族之长吕国之"尚（上）"；是负责与天沟通的太岳之"望"；曾卧底朝歌为商王担任屠牛的高级祭祀官；作为姜方的首领曾

多次参加四邦方等反商起义；作为黄帝以来文明的继承人，是多部经典文献的原创者或编辑者；是文王的第一助手、武王的顾命"师尚父"、成王的外公与第一靠山，一直在朝廷看着曾外孙康王坐稳江山才去世。姜太公不仅是武功与理论兼备的军事家"武圣"，还是一位整理历代政治文献，为齐国开国以及周朝成康盛世做出最卓越贡献的政治家。姜太公不仅是一位留下《六韬》《阴符经》的哲学家，还是伟大的天文学家、工程学家，甚至是一位建立国家医疗制度并参与了《黄帝内经》的成书的医学家与养生家。

以上已经勾画出了一个真实而伟大的姜太公。对于这位姜太公，为何会几千年语焉不详或者以讹传讹呢？按《史记》的记载，田氏代齐是最早、最直接、影响最大的第一原因。流传广、影响大的《孙子兵法》最早称姜太公为"吕牙"，这个历史上不存在的名字，从此演变出"姜子牙"，反而成了太公最响亮的名号。孙武的名字与历史也是谜，后文详细论述田穰苴、孙武、孙膑之谜正是太公兵法《司马法》遗失的背景，而分出孙氏的田氏家族与真实的姜太公的遗失有直接关系。这家人抢占姜齐的历史就是解开姜太公之谜的钥匙。

除此之外，秦始皇焚书，特别是焚毁了各国史书也是公认的商周之前史料遗失的主要原因。西晋汲冢出土的先秦史书《竹书纪年》中就有大量与《史记》等后世史书完全不一样的记载，比如舜帝禅让与篡位的区别，比如舜帝禅让大禹被记录为大禹流放舜帝，等等。如果这些各国史书不被焚，《史记》会更准确、更合逻辑。因为秦始皇焚书只留下了秦国史书，所以司马迁在叙述六国历史时明确说"余于是因《秦记》"。但《秦记》过于简略不靠谱，而且由于秦国先祖飞廉是西周死敌（后文详述），与姜太公家族更是死仇，可以想象，秦国史书会如何描述姜太公。比如秦人为了美化出身，把飞廉参加奄国叛乱被杀改为主动遵从上天之意在霍太山躺进石棺，还把"太公娶骊山氏而归周"篡改为飞廉的父亲"中潏归周"，等等。

田氏代齐的故事前有舜帝后有王莽。舜的后代田氏盗齐，田氏后代王莽禅让。汉初留在山东的田安是齐王建之孙，因齐王而改为王姓。王莽出场于霍光尊儒之后，"独尊儒术"废黜的"百家"其实就是百家宗师姜太公传承的"黄帝之道"。后文详解吕雉家族与吕尚的关联。吕后家族与势力（包括太公隔代弟子张良后人）被清洗后，汉代学者刘安、刘向等开始蓄意编造吕尚的屠夫形象等，并人为制造吕尚与周公的学术对立。实际上刘安阴谋政变篡位被汉武帝杀了，而刘向、刘歆是王莽篡位的"国师"，这样的投机政客阴谋家，可信度有多少？刘安在民间召集枪手千人编《淮南子》就是要代替《吕览》；刘向则在朝廷图书馆利用宗室身份把百家典籍重新整理，并按个人价值观改编，类似《四库全书》的预演。刘向、刘歆父子联手改编的《山海经》就是一个典型，本来是大禹、伯益治理黄河的规划图与地理志，被神棍改成了神话。随着政治上清算吕氏、霍光尊儒、王莽篡位的巨变，太公"黄帝之道"、吕不韦/吕后的"黄老之术"终于被废黜，而吕尚/姜太公的历史资料与历史形象连续被田齐、秦朝、汉朝篡改歪曲。

　　《史记》记载，陈国公子完出生时用《周易》占卜得"观国之光，利用宾于王……非此其身也，在其子孙。若在异国，必姜姓"，也就是他的后代天生就要在姜齐当王。后来陈国内乱，他果然搬家到了齐桓公时代的齐国，做了世袭工正（类似"共工"）。"国"氏家主齐懿仲把女儿嫁给陈完，占卜结果是"有妫之后，将育于姜。五世其昌，并于正卿。八世之后，莫之与京"。其后历史"果然"验证了占卜的预言，田氏建功立业、拉拢民心，逐步控制了国政，到第八代时田氏代齐。后文太公治齐部分会详解《观》卦本意是不拘一格选拔杰出人才，而不是"称王"。这个对《周易》的伪解与王莽如出一辙。

　　这两次占卜"预测"的"天命"记录应该是田氏代齐后邹衍之流谄媚新主的伪造。后文详述稷下学宫与邹衍们还彻底篡改或改头换面了"元圣"太公的思想著作，包括天学阴阳五行、政治学黄老之术、军事学《司马法》等。邹衍是刘向的先师。

　　田氏代齐又称"田氏盗齐"。除了伪造田氏代齐的天命，田氏掌权后会如何对待历史伟人姜太公及齐桓公的光辉史呢？龚自珍《古史钩沉二》有言："灭人之国，必先去其史；隳人之枋，败人之纲纪，必先去其史；绝人之材，湮塞人之教，必先去其史；夷人之祖宗，必先去其史。"

　　田氏代齐，姜太公"绝嗣"并不是没有血缘后代，而是在庙堂上即政治上失去被祭祀的地位。姜齐末代齐康公于公元前391年被田和迁于海上，"食一城，以奉其先祀"。"奉其先祀"就是祭祀姜太公的木牌位，这就导致孟子认为姜太公是"东海上人"。实际上姜太公祖籍山西吕梁，长期生活在陕西骊山，只在东征与五月报政建齐时期在山东。公元前379年齐康公死，姜齐绝祀就意味着太公木牌落地。民间传说"悬棺落，周朝亡"，就是说姜太公死后棺材不入地，悬在王宫大殿，不管哪里出现动乱，只要把棺材指向乱方就能平息。这个传说的历史事实是齐国与晋国是周朝的立国支柱，田氏代齐、三家分晋之后，周朝就名存实亡了，进入了战国时代。还有一个被各类史料津津乐道的"齐之逐夫"，其实就是田氏驱逐太公后人的历史，也包含太公建齐被莱夷、营汤等驱逐的历史。

田氏盗齐，却仍以"齐"为国号，因为"齐"源自"天齐"祭天即泰山封禅，非常神圣。而姜太公能以"齐"为号，能把山西的吕梁和霍太山转场到山东泰山和梁父（甫），正是由于他最高级别四岳之"岳父"与天"望"的地位。作为天子级别祭祀的主持，他必须屠牛。这样高贵杰出的出身被谣传成了屠夫。"吕牙在殷"不是开饭馆，而是为了姬姜联盟反商潜伏三十三年……这样的历史，田氏能容得下吗？容得下就坐不住江山。

朱棣抢了朱允炆的皇位，官史就把建文的年号改成洪武延续了三年（1399—1402年）。242年后（1645年），南明政权自己朝不保夕，却还帮朱允炆补上庙号"惠宗"并特地谥号"让皇帝"，表示朱允炆当年自愿让位给叔父，所以今日崇祯太子"让"位给叔叔福王朱由崧很合理。"五代第一明君"郭荣改姓也是同样的政治逻辑。郭威在两个亲儿子被后汉杀害后立柴夫人的侄子柴荣为养子，改姓郭。郭荣守郭家江山与祖庙一直"姓"郭。"陈桥兵变"赵宋代周后，赵匡胤就让郭荣恢复"柴"姓。意思是赵氏没有篡周而是"代"柴，柴可继郭，赵亦可继。"让皇帝"与郭荣改姓，可类比田齐篡改太公、编造太公的目的、心理与手法。

田氏篡改姜太公最直接可考的证明就是齐僖公、齐襄公、齐桓公的历史"易容术"。以下对"易容术"的再修正也证明：《左传》与《诗经》结合比对就能部分还原历史真相。

齐僖公是三小霸之一，齐襄公报了九世之仇，齐桓公成为春秋第一霸，这父子三人类似孙坚、孙策、孙权一门三杰，都是人中龙凤，创造了姜齐的辉煌。同样的原因，"春秋三小霸"中齐僖公的名气比郑庄公和楚武王小得多，而他的子女却个个"高调"得很出格。对于姜齐历史上最辉煌的霸主一家子，史书中津津乐道的却是"瓜熟之约""文姜乱伦""易牙烹子"，这三个著名的故事太过于戏剧性，是真的吗？合逻辑吗？还好有《左传》《史记》《管子》保留了线索与伪造逻辑。

《左传·庄公八年》记载：

> 齐侯使连称、管至父戍葵丘。瓜时而往，曰："及瓜而代。"期戍，公问不至。请代，弗许。故谋作乱。僖公之母弟曰夷仲年，生公孙无知，有宠于僖公，衣服礼秩如适。襄公绌之。二人因之以作乱。连称有从妹在公宫，无宠，使间公，曰："捷，吾以女为夫人。"

《史记》与《左传》的记载大同小异：

冬十二月，襄公游姑棼，遂猎沛丘。见彘，从者曰"彭生"。公怒，射之，彘人立而啼。公惧，坠车伤足，失屦。反而鞭主屦者茀三百。茀出宫。而无知、连称、管至父等闻公伤，乃遂率其众袭宫。逢主屦茀，茀曰："且无入惊宫，惊宫未易入也。"无知弗信，茀示之创，乃信之。待宫外，令茀先入。茀先入，即匿襄公户间。良久，无知等恐，遂入宫。茀反与宫中及公之幸臣攻无知等，不胜，皆死。无知入宫，求公不得。或见人足于户间，发视，乃襄公，遂弑之，而无知自立为齐君。

《管子》记载：

僖公之母弟夷仲年生公孙无知，有宠于僖公，衣服礼秩如适。僖公卒，以诸儿长得为君，是为襄公。襄公立后，绌无知。无知怒。公令连称、管至父戍葵丘，曰："瓜时而往，及瓜时而来。"期戍，公问不至，请代，不许，故二人因公孙无知以作乱。

阅读以上三个代表性文献可以发现：

（1）"瓜熟之约""文姜乱伦""彘人彭生"确有其事，但不一定真的是因果关系。无非是要以戏剧手法丑化齐襄公言而无信，残暴无道，连年战争，激怒将士。齐襄公还荒淫无耻地与亲妹妹文姜乱伦，甚至为此谋杀妹夫鲁桓公，又拿彭生当替罪羊。结果，彭生的鬼魂附体于一头猪吓坏了齐襄公，反叛者们才有机会借着"瓜熟之约"杀了齐襄公。

（2）公孙无知之举的本质是政变弑君篡位，而连称、管至父等是同伙。连称、管至父就是"瓜熟之约"的驻军将领。显然，他俩故意以"瓜熟之约"来激怒士兵们造反。他们的真正目的是与公孙无知勾结。连称的妹妹是不得宠的王妃，那不就是又一位妹喜？政变过程看似戏剧，其实是缜密的部署。"彘人彭生"同周宣王被杜伯所化红衣厉鬼射杀如出一辙。这位"从者"在游猎时看到一头野猪就敢认定是"彭生"，这头猪还能"人立而啼"，显然是演员。"公惧，坠车伤足，失屦"，这个细节和彭生在车上谋杀鲁桓公很类似。齐襄公应当处理御车者、从者而不是鞋匠。之后鞋匠"茀"的行为更反常，被无故鞭打出宫正常，但是泄露齐襄公受伤导致叛军乘机进攻王宫，而他又保护齐襄公战死，这是人格分裂吧？更荒诞的是只有齐襄公摔伤，又不是王宫禁卫军全摔伤，而且组织叛军攻王宫不需要时间？显然，公孙无知等人安排了刺客假扮野猪与"从者"借围猎刺杀未遂，齐襄公逃过一劫但刚逃回王宫叛军就追到了。这就是纣王在牧野与王宫的故事翻版。

（3）鲁桓公被齐襄公所杀，政变过程当然少不了鲁国参与。"瓜熟之约"的驻军地"葵丘"在现在的商丘，显然针对的是鲁国、郑国、原纪国。政变后管仲与召忽保护公子纠逃到了鲁国，鲍叔牙保护小白逃到莒国，一东一西关系很清楚。而公孙无知死后，高、国两家作为最重要王室世卿先通知了小白回国，立场也很明确。鲁国武装干涉发兵送公子纠回国失败。

史书上看似荒唐的齐襄公正是汉武帝赞美的报"九世之仇"的偶像。齐襄公刺杀妹夫鲁侯、灭了纪国，报了纪、鲁告密导致齐哀公被烹杀之耻。接替他的齐桓公终于称霸。齐桓公始霸，他选择的会盟诸侯的地点恰恰就是"瓜熟之约"的驻军地葵丘，史称"葵丘之会"。《左传》先说"夏，会于葵丘"，紧接着又说"秋，齐侯盟诸侯于葵丘"。葵丘会盟从夏天到秋天进行了两次，看来就是要等瓜熟。齐桓公是在宣告天下：这才叫"瓜熟之约"！

春秋首霸齐桓公，最著名的污点是竖刁和易牙。易牙是贵族上位，与变态美食无关。孔子说易牙能够分辨出两条河中之水的混合："淄渑之合者，易牙尝而知之。"孟子也对易牙调味给出了最高评价："至于味，天下期于易牙。"可见易牙确是当时第一名厨，因此他既不需要靠变态的食材，更不必须杀自己的孩子。至于齐桓公，也不需要感受老祖宗齐哀公被烹的口味吧。恰恰相反，正因为他哥刚刚报了哀公被烹之仇，他在回顾感慨历史时，最可能与易牙聊起文王能否尝出伯邑考肉味之谜。于是就被抹黑谣传成了爱吃易牙烹的人肉。"易牙烹子"和"割股奉君"的故事中，为什么历史上仅有的两位吃人肉的国君刚好是春秋两霸齐桓公和晋文公？而且恰好是齐和晋被"代"和"分"了？

自周朝建立，姜女不仅与周王隔代配婚，而且也是各国诸侯的第一夫人的第一人选。这么优秀的第一夫人家族的荣耀，田氏会怎么想？所以，齐僖公的两个女儿就出了大名，在史书中的形象中外罕见。齐僖公的两个女儿出身霸主家族，而且还有倾国之貌。小女文姜的出嫁，本来就是鲁侯隆重求娶的政治婚姻。政治联姻中私情并不是最重要因素。文姜如此放荡但是谥号为"文",这可是和"文母"邑姜一样的极高评价,而且"文"也显示她曾经执政。事实是鲁桓公去世时太子只有 12 岁,文姜执政。文姜为了鲁国安全出使齐、莒,修复了与霸主齐桓公的关系,保持了 30 年和平繁荣。

在田氏代齐之前齐国人到底怎么看文姜呢?还好有《诗经》。《齐风·敝笱》描述得很生动。《毛诗序》说:"《敝笱》,刺文姜也。齐人恶鲁桓公微弱,不能防闲文姜,使至淫乱,为二国患焉。"如果鲁国尊文姜为"文",她的母国娘家还非要讽刺她?而且还是为鲁桓公出头骂老婆?这只能是站在田齐立场的扯淡解读。《敝笱》是齐襄公、齐桓公哥俩为妹妹做主掌权,为齐国谋取霸权,歌颂的就是文姜三兄妹赤裸裸地霸凌鲁国宗室。本来就是一家子霸主,当然不怕人说霸权主义,何来讽刺。

敝　笱

敝笱在梁,其鱼鲂鳏。齐子归止,其从如云。

敝笱在梁,其鱼鲂鱮。齐子归止,其从如雨。

敝笱在梁,其鱼唯唯。齐子归止,其从如水。

(1)《敝笱》确实是在讽刺,但讽的是鲁桓公破鱼篓子形同虚设,确实"不能防闲文姜,使至淫乱"。《邶风·新台》讽刺卫宣公夺宣姜用的是"鱼网之设,鸿则离之",与"敝笱在梁"笔法一致。"鱼网""敝笱"都是指代王宫。王宫中出入的"其鱼"指鲁国公子们，因为"鲁"就是祭台上的"鱼"。

（2）关键是"齐子归止"后的"其从"。文姜嫁鲁，齐国娘家送来的"嫁妆"到底是什么？政治联姻的"云""雨"实际上是军队的集结、进攻。接下来如何，取决于"其鱼"如何对待文姜母子。"其鱼"是他们的鱼，是鲁人宗室。文姜是"齐子"。

（3）"其鱼鲂鳏"。鲁桓公死后，文姜孤儿寡母可能被"其鱼"欺负，所以齐军集结边境为他们站台。"鲂鳏""鲂鲔"都是孤字，如果指某种鱼就没法与"唯唯"对应，而且写这么奇怪的鱼有何必要？按古人造字的逻辑理解，"鲂"＝鱼＋方，即鲁人作乱；"鳏"指的是孤独的文姜母子。文姜有两个儿子：鲁庄公和季友。他俩还有个著名的异母兄弟庆父。鲁庄公初立时，文姜在齐襄公支持下遥控鲁国。齐襄公被刺后，文姜又安排齐襄公女儿哀姜嫁给庄公保持娘家同盟。

（4）"其鱼鲂鲔（鳏）"，"其从如雨"。如果"舆"通"舆"，那么"鲔（鳏）"就是鱼＋政权的舆。如果鲁人动乱抢夺文姜政权，那么齐军就"雨"（开战）。这是赤裸裸的威胁干涉内政。"庆父不死，鲁难未已"，最终庆父之乱靠齐桓公施压而平息，新摄政是文姜小儿子季友。

（5）"其鱼唯唯"，"其从如水"。如果鲁国公子们不争夺文姜之权，唯唯诺诺，那么齐国会给鲁国三十年和平，如水滋润大地。文姜小儿子季友摄政后，分权于庆父之子孟孙氏和叔牙之子叔孙氏。自此鲁桓公三子的后裔开始"三桓执政"。

文姜的姐姐宣姜本来要嫁给卫国太子公子伋，结果卫宣公见她美貌抢了儿媳导致卫国大乱。卫宣公的主要儿子们（包括宣姜和卫宣公的长子公子寿）都死于来回的政变。最后还是齐襄公做主，宣姜又改嫁公子伋的弟弟公子顽（卫昭伯），生下了齐子（早死）和卫戴公、卫文公。宣姜嫁了父子三人，见证了卫国的内乱。但是，使她人生动荡的是卫宣公贪色耍赖以及诸公子争权混乱，她始终是被动的受害者。《诗经》中有多篇与她有关，不再详解。小说家之祖刘向对政治斗争中的女人总有偏见，算是"女人是祸水"的原创："卫之宣姜，谋危太子，欲立子寿，阴设力士。寿乃俱死，卫果危殆，五世不宁，乱由姜起。"

刘向搞的伪天学谶纬就传自稷下学宫的邹衍。谶纬版本的姜太公钓鱼完全看不出渔父组织最精彩谍战的谋略，只剩下装神弄鬼。后文详述刘向编的《列仙传》延续贬低姜太公，导致沿用的葛洪、陶弘景继续忽略姜太公，导致道家"封神榜"《真灵位业图》没有姜太公，与儒教相比道教也失去了周公级别的偶像，先天公信力不足。刘向是最早编造构陷太公以屠夫手段杀戮治齐的写手，刻意制造了太公与周公政治思想的对立，主观上隔断了西周初最重要的两位政治家的系统性、融合性的治国智慧，客观上也导致儒学走向片面与教条。除此之外，刘向也是第一个编出"黄帝内经"这个书名的人，不仅使不是原著的《灵枢》混入，而且遗失了《素问》《素书》的完整结构，导致中医学在遗失素女、玄女的阴阳三螺旋后失去了根本哲学。加上邹衍、刘向篡改的阴阳五行、五运六气，中医越来越玄乎。姜太公传承的黄帝之"道"最后庸俗成了画符的神棍与炼丹的术士。

虞通之《妒记》载：谢安欲娶妾而夫人不许。侄甥们以《关雎》《螽斯》诗有不忌之德相劝。夫人问谁撰此诗，答云周公。夫人乃曰："周公是男子相为尔；若使周姥撰诗，当无此也。"侄甥们无言以对。谢夫人说如果是周公夫人写《诗经》，还会是你们臭男人引用的版本？

齐僖公、齐襄公、齐桓公，文姜、宣姜，到底哪个版本是真的？姜齐最重要的历史就是太公开国与三霸时代，这些都被田氏故意抹黑了。类似清朝官方修的《明史》，开国的明太祖与永乐大帝总有些异样，"仁宣之治"的名气也很小。永乐不仅北伐蒙古，而且派郑和下西洋，摁住了帖木儿东进的企图，这样的大迂回大包抄比汉武帝通西域还要雄才大略。"史书"中却是武装游行找他侄子，不把要找的人吓跑了？齐宣王搞稷下学宫改掉了姜太公，乾隆搞《四库全书》取代了《永乐大典》，烧掉、删改了大量的明朝历史资料，加上残酷的"《明史》案"，这样除了官方版，其他就都成了谜。

《红楼梦》就是复社遗民被逼出来的千古绝唱"南明史"，"真事隐"。如果从《红楼梦》的"木灰"之痕迹可以找到明清代玉（黛玉就是"代玉"，就是政权更替。详见《红楼大梦》）的迷津，那么从被误以为占卜书的《周易》以及被误以为文学歌赋的《诗经》中也能找到商周革命的真实画卷与丰富真实、有血有肉的姜太公。本书看似大量解卦、解诗，其实《周易》就是夏朝《连山》、商朝《归藏》之后周朝的开国历史记录与思想总结；《诗经》正是周公创建"寺人"宣传部组织创作、编选的舆论阵地和教化阵地的作品集，是"制礼作乐"的第一大成果。只要且必须把《周易》与《诗经》完整地、融合性地比对阅读，商周革命的历史与元圣们的丰功伟绩，就会且才会生动地展现在读者面前。

孔子在《易传系辞》中说："《易》之兴也，其当殷之末世，周之盛德邪？当文王与纣王之事邪？是故其辞危。危者使平，易者使倾。"因为真实的历史才能作为明鉴，所以孔子读《周易》后感慨"加我数年，五十以学易，可以无大过矣"。

第一章　华夏文明前史与
姜太公的家族渊源

　　姜姓以炎帝神农氏为始祖，因居陕西姜水流域而得姓。许慎在《说文解字·序》中自报家门说："曾曾小子，祖自炎神。缙云相黄，共承高辛。太岳佐夏，吕叔作藩。俾侯于许，世祚遗灵。"许慎说"许"是"吕"的直接分支，许由是伯益的二弟，都是"祖自炎神"。炎帝是农神、药神、战神。晁错引《太公兵法》以及《吕览》都有"神农之教曰"的表述，强调耕种。《史记》明确记载炎帝是黄帝之前的天下共主。炎帝与黄帝"三战于阪泉之野"后，"诸侯咸尊轩辕为天子，代神农氏，是为黄帝"。这次战争也为炎帝的后代共工与黄帝的后代颛顼再次争夺天下共主埋下了伏笔。部落的战争史其实也是中华民族的融合史。

　　《史记》云："（吕尚）其先祖尝为四岳，佐禹平水土甚有功。虞夏之际封于吕，或封于申，姓姜氏。"《国语·周语》

云："共工从孙四岳佐之……祚四岳国，命以侯伯，赐姓曰姜，氏曰有吕。"共工的"从孙四岳"即伯益，是吕氏始祖。所以，姜太公可考的直系先祖是伯益，而伯益是共工的从孙（兄弟的孙子）。把共工、伯益搞清楚了，姜家的背景与传承也就清晰了。在漫长的只有世家才能学习、传承典册的时代，姜太公的学识就有了出处与渊源。

一、姜家先祖与大禹治水、华夏统一的关联

中华民族与华夏文明诞生于黄河流域。黄河，古人就叫"河"。"可"字为人肩挑荷担之形（担土以巩固堤岸）。大禹治水就是治理黄河，在大禹治水之前，治水的失败者不仅有鲧，还有鲧的前任、姜家的先祖共工。姜家直系先祖伯益作为大禹第一助手分封吕国，成为"吕"氏始祖。这位吕氏始祖因功担任"四岳"（管"望"祭祀与"牙"边防的宰相），这就是吕尚代代相传的真正出身。同时伯益的弟弟许由主动迁徙许国"作藩"。在这两位吕尚先祖的鼎力支持下，另一位姜人领袖大禹通过武装治水与配套制度终于统一华夏。也就是说，**中华民族崛起于一条最大的"人工河"**。

1. 共工治水：不周山与息壤解疑

《吕览·荡兵》说："兵所自来者久矣，黄、炎故用水火矣，共工氏固次作难矣。"战马与金属兵器装备出现之前，最有效的武器就是"水"与"火"。历史上有多位著名的"祝融"与"共工"。"祝融"是管军事的职务名，擅长用火，而"共工"的职位是水军统领或水利工程总管。

"共工"是合作完成一件复杂的技术工程。"奇技淫巧"就由共工而来。建设城墙、兴修水利就是一个系统工程，需要多个工种、很多工匠，同时还需要组织协调。"共工"是一个善于组织人力、需要科技与协同、领导大型工程的职务名。《史记·五帝本纪》记载："（舜）于是以垂为共工……垂主工师，百工致功。"显然，"共工"就相当于总工程师，即建设部部长兼水利部部长兼科技部部长。

炎帝的后人共工氏发明了筑堤蓄水。他的故事几乎全与水有关。《山海经》说共工是水神或"帝江"，就是江水之帝。如果在"共""工"两字上加上水就是"洪""江"。《管子》说共工利用水网枢纽控制天下："共工之王，水处什之七，陆处什之三，乘天势以隘制夫下。"后文详述，这个江湖控制体系也可以叫"专渚"，其首领也可以叫江湖之"渔丈人"或"渔父"。管仲说的共工也很像是大禹，大禹治水时也是左准绳右规矩的"丈人"或"矩子"，后文详述共工与姜丈人以及墨家钜子的继承关联。

史书或传说中重要的"共工"有五位。

（1）颛顼时代的共工。他与黄帝孙子颛顼争夺领导权，应该是炎黄内部斗争的延续。共工怒而触不周之山导致大洪水。《山海经·大荒西经》提到两处不周山，不周山就不是"山"，而是"大堤"这个词没发明前的称谓。

（2）尧舜时代的共工。被舜帝击败流放的"四罪"之一，成为北狄。在尧舜、大禹时期确实也有大洪水，此时的共工与后任的鲧为治水不力背了黑锅。

（3）女娲时代的共工。应该是无稽之谈。伏羲女娲时代文明初生，既没有黄帝、炎帝与祝融，更没有共工。怒而触不周之山导致女娲补天，是王充把不同时代搞混了（后文详述）。

（4）黄帝时代蚩尤的共工。《山海经》记载，蚩尤联军中也有一位共工，而且负责修筑"共工之台"蓄水，最后被魃拔吸干水，被应龙杀死。这再次证明，共工是水工、水军职位。

（5）被大禹杀死的共工。战国后文献出现的大禹杀共工未必是史实，极可能是对《山海经》中"有禹攻共工国山"的误读。关键是"攻"字，左边为工，右边是手拿皮鞭监工。《诗经·灵台》说："经始灵台，经之营之。庶民攻之，不日成之。"显然大禹"攻共工国山"和姜子牙攻灵台一样，说的是共工国的城墙是大禹督造的；而他父亲鲧督造的是"程州之山"。"攻"山说明鲧、大禹都具备"共工"的能力，实际上都曾担任"共工"的职务。

以上五位共工，最重要且确定的是两位：颛顼时代的共工与尧舜时代的共工。姜太公的先祖共工是尧舜时代的共工。

颛顼时期共工的相对可靠记载如下：

《国语·鲁语上》："共工氏之伯九有。"

《国语·楚语》："少皞之衰也，九黎乱德……其后三苗复九黎之德。"

《吕览·荡兵》："兵所自来者久矣，黄、炎故用水火矣。共工氏故此作难矣。"

"怒而触不周之山"的是颛顼时期的共工。共工"伯九有"也就是带领九个诸侯氏族，"有"就是"有某氏"，不一定是九州，可能是"九黎"，即"少皞之衰也，九黎乱德"之"九黎"。一霸一衰，此时共工崛起挑战少昊（即少皞）。少昊的继承人颛顼命重黎对抗共工。重黎即重部和黎部。《吕刑》载："乃命重黎，绝地天通。""重"和"黎"都是黄帝开创的天文台系统各山的管理氏族（后文详述），《山海经》中至少记载了二十二座山以及西极昆仑山。二十三个"山"对付九个"水"，这就是力量对比。

大禹的儿子启是家天下的第一人。那么黄帝传儿子少昊再传孙子颛顼，颛顼再传儿子帝喾是怎么回事？显然，无论是文献还是神话都篡改了历史，美化了颛顼丑化了共工。炎帝、蚩尤、共工、有扈氏，这一条代表姜人的斗争主线一直就没断。炎、黄族裔加上东夷系，这最大的三股势力，直到出身黄帝系的尧、出身东夷系的舜帝之后，才终于初步统一到出身姜人的大禹之下。启先后镇压了东夷系的伯益与西戎系的有扈氏，才第一次实现"家天下"。

共工打不过颛顼，必然利用工程技术优势水淹七军。怒而触不周之山，是推倒了他们团队修筑的围河长堤，长堤当然是"不周"的。《山海经》中还有"射者不敢北射"的"共工之台"，黄帝与蚩尤大战，蚩尤手下的另一位共工也是筑堤蓄水的水攻，所以黄帝的弓箭兵很恐惧不敢进攻。最后黄帝请魃拔把水吸走了才获胜。

《孙子兵法》对水淹攻城很重视："故以火佐攻者明，以水佐攻者强。水可以绝，不可以夺。"《吴子兵法》也说："军居下湿，水无所通，霖雨数至，可灌而沉。"中国历史上著名的"水攻"战例非常多，包括智伯水淹晋阳，白起水攻破邯，王贲水淹大梁，韩信水淹龙且，荀攸献计水淹下邳败吕布，等等；外国也有丰臣秀吉水攻高松城等。"水攻"的基本战法就是扒开河堤或者先修筑河堤蓄水再制造决堤。**"水攻"的原创就是"共工之台"与"不周之山"。**

当时颛顼部所在的帝丘（即今高城遗址）在黄河故道岸边。《竹书纪年》曰："帝（颛顼）即位，居濮。"《左传·昭公十七年》曰："卫，颛顼之虚也，故曰帝丘。""怒而触不周之山"的后果是一将功成而无数百姓遭灾，因此历史上用水攻的将领结局都不好，如共工、智伯、白起、韩信、关羽等。

姜太公的可考先祖共工，即尧舜时代的共工。他主要是筑堤治水获罪，最重要的记载见《尚书·尧典》和《国语·周语》。

《尚书·尧典》摘要：

> 帝曰："畴咨若予采？"驩兜曰："都！共工方鸠僝功。"帝曰："吁！静言庸违，象恭滔天。"帝曰："咨！四岳，汤汤洪水方割，荡荡怀山襄陵，浩浩滔天。下民其咨，有能俾乂？"佥曰："于！鲧哉。"帝曰："吁！咈哉，方命圮族。"岳曰："异哉！试可乃已。"帝曰："往钦哉！"九载，绩用弗成。

《国语·周语》太子晋谏灵王雍谷水：

> 昔共工弃此道也，虞于湛乐，淫失其身，欲壅防

百川，堕高堙庳，以害天下。皇天弗福，庶民弗助，祸乱并兴，共工用灭。其在有虞，有崇伯鲧播其淫心。称遂共工之过，尧用殛之于羽山。

骥兜，又作欢兜、讙兜。《尧典》说共工/鲧分别被骥兜/四岳举荐给尧。实际上四岳是宰相，骥兜就是宰相。鲧、大禹的工作实际上也是"共工"。因此要么共工—鲧—大禹三位"水利部部长"接力治水，要么四岳/骥兜与共工/鲧可能就是一个人。从舜流放共工而处死鲧推断，共工、鲧、大禹是接力的三任"共工"。

颛顼时代的共工曾利用堰塞湖水淹祝融，是主动决堤发动水战。而尧舜时代的共工与鲧都采用筑堤堵水防洪的技术路线，勾起了当年颛顼时代决堤的回忆，导致下游诸侯深感恐惧。这点应该被舜利用了。《国语·鲁语》注记载共工住在河南灵宝，其下游刚好是郑州附近的祝融部。《左传》有言："郑，祝融之虚也。"

共工筑堤防洪就"害天下"的大帽子，还涉及人能否胜天的"政治正确"。《尧典》批评共工"象恭滔天"，就是《国语》所说的"古之长民者，不堕山，不崇薮，不防川，不窦泽……昔共工弃此道也"。后文详述，舜负责"望"，也就是祭祀天地山川才能合法摄政，如果对天地不是绝对崇拜，而要改造山河、战天斗地，那当然是有罪的。现实的威胁是会动摇舜的执政合法性。共工/鲧之后大禹治水成功，一是靠规矩丈人的科技，二是靠与伯益共同调查研究制定规划图，三是靠发动涂山氏等各部合力施工，四是设计了科学的分工与费用分摊制度。还有一条很重要，《诗经·候人》记录大禹治水团队不是施工队，而是"彼候人兮，何戈与祋"的武警水利部队。一个历史事实是，当大禹水军治水成功，舜帝也就"禅让"了。

科学到不了的地方玄学就会出场。大禹靠科学、军事与政治学治水并开创了夏朝，但是迷信鬼神的商朝又做了一次反正。一直到战国时期"壅防百川"才完全合法化。魏国成为战国第一强的基础是李悝、西门豹修水利发展农业，所以才有西门豹治河伯的故事。秦国统一天下的基础是郑国渠、都江堰等战略资产。尼采说："当人强大起来时，上帝就不再被需要。"

共工/鲧对比李悝/西门豹，同一块地同一件事，成与败是当时科技储备与生产力水平决定的。"害天下"是技术储备不足的问题被政治化了。尧帝启用共工治水失败后，将责任推给驩兜和共工。舜则借机党同伐异。"扣帽子"是得罪上天"害天下"，"抓辫子"是未经领导批准，"打棍子"是判处流放幽陵。除了共工与驩兜，三苗也被列入四罪。三苗与治水无关，但是有明确记载跟随丹朱反舜。为了美化尧舜，《尚书·尧典》是经过修饰或篡改的、不合逻辑的，鲧与共工的关系也被改乱了。

《随》卦"系丈夫，失小子"就引用了鲧、大禹父子对舜的妥协。"渔丈人"鲧被"系"，"小子"大禹被放。"系"表示鲧的处死方式是"殛"，就是被吊死。《国语·周语下》说杀鲧的是舜："舜之刑也殛鲧。"《吕览·行论》言："舜于是殛之于羽山，副之以吴刀。禹不敢怨。"

《山海经·大荒北经》记载：

> 共工臣名曰相繇，九首蛇身，自环，食于九土。
> 其所歍所尼，即为源泽，不辛乃苦，百兽莫能处。禹
> 湮洪水，杀相繇，其血腥臭，不可生谷，其地多水，
> 不可居也。禹湮之，三仞三沮，乃以为池，群帝因是
> 以为台，在昆仑之北。

《山海经》的记载和《尚书》不一致。它说在下游制造黄泛区的是这位共工的手下相繇（又叫相柳），却又被大禹打败。把神话成分去掉，相繇"食于九土"和共工"伯九有"对应，被神化成了九头蛇。不排除共工被流放而后任鲧被冤杀后，相繇索性真造反四处放水。大禹则走了另一条"众"道，即忍辱负重拿结果说话，靠实力报仇。文王遗训拿他举例就是此意。大禹为相繇叛乱收拾烂摊子，他的对策是深挖池积水。北京的海淀就曾是大片的水洼，深挖出昆明湖起到排水作用，挖出的土方刚好堆成万寿山，这不就是"群帝因是以为台"？

明末孙元化也是一位工程技术专家，他组建了当时最强的炮兵，正是有了他的超强技术，明军才能一炮击中努尔哈赤，导致努尔哈赤重伤不治身亡。后来他被冤枉下狱后，他的副手孔有德、耿仲明发动"吴桥兵变"携带大炮和炮手投降了清军。孙元化又因此被斩首。孔有德一路打到两广成为定南王，耿仲明与吴三桂、尚可喜合称"三藩"。对比明清炮兵历史看，鲧与相繇不排除是遭到了舜的算计。

除了筑堤，鲧比共工多个"息壤"之罪，实际是指在河中拦腰筑坝。《归藏》只是客观记录为："滔滔洪水，无所止极，伯鲧乃以息石、息壤以填洪水。"《山海经》记录为："鲧窃帝之息壤以堙洪水，不待帝命。帝令祝融杀鲧于羽郊。"

"息"是一个多义字。肠道增生的突起物叫"息肉"，河道增生的突起物叫"息壤"。"鲧窃帝之息壤以堙洪水"，"伯鲧乃以息石、息壤以填洪水"，表示鲧确实往河道里倒入息石、息壤想"堵"住河水。但"息肉"是肠道的增生，"息壤"是河道的增生，而不要强调水泥土方、息肉细胞自己增生。这是千年来对"息壤"理解角度的错误。"息壤"技术侧重于筑坝而不是筑堤。要想截流必须采用坚固的结构（息石）＋不断增加而不被水冲走的土方，不断增加的截流土方就是"息壤"，最终形成"土坝"。

共工/鲧发明了筑堤、筑坝技术才能堵住水，而筑堤材料除了大块的"息石"，还必须有关键的"黏合剂"，既要坚固还要防水。考古发现周代已经使用石灰。不要低估古人的智慧，青铜都能炼出来，技术难度更低的第一版水泥做不出来？尧帝及其家族"陶唐氏"的专业是烧制陶器，完全可能伴生发明第一版的水泥以及陶制结构件。秦始皇修的古代高速公路"直道"能两千年保持路面平整不开裂不长草，得是什么类型的"混凝土"？

负责"息壤"技术的部族最早肯定生活在中原核心区。为什么湖北荆门会有"息壤遗址"呢？绝不可能是尧时代的水泥仓库在荆门，而是负责烧石灰制水泥的部族迁徙到了荆门，应该是秦国南下楚、越的遗存，就如修筑灵渠的材料基地。可以用"息壤在彼"的典故来验证。

秦国耕与战两方面的建设，除了制度建设还得有工程技术积累。"息壤"是水利工程技术与装备中心，韩国的军事重镇宜阳正是战国最著名的强弓硬弩的研发生产中心。韩国虽小，却能靠着技术装备优势在诸雄中生存。所以，秦武王和甘茂在"息壤"商定一定要拿下宜阳。同期齐、楚也都觊觎宜阳。显然，当时的"息壤"在秦而不在楚，更不在荆门（此时秦楚边境在汉中）。这个故事也说明掌握强弩、水泥技术的部族都迁到了秦国，秦军从此以强弩决胜。秦武王举鼎死后，魏冉、白起率领的秦军就无敌东出了。在"耕"的方面，秦武王前后时期李冰修都江堰建成战略资产天府，都江堰就是岷江河道上一块大大的"息壤"。

商朝建立后伊尹编纂《归藏》为鲧平反："鲧去，三岁不腐，剖之以吴刀，化为黄熊。"鲧死不瞑目，"三岁不腐"，史书中这类奇迹往往描写的是苌弘化血这样的忠烈。司马迁把"黄熊"错解为"鳖三足曰熊"。其实是黄帝号"有熊氏"升龙飞天，伊尹用"化为黄熊"把鲧比照黄帝。子产赞美的浮游之美也是"其言善笑，其行善顾，其状如熊"。

郑国第一贤相子产有改革执政经历和承担重大责任的体会。他说夏商周三代都承认鲧升天为神："昔尧殛鲧于羽山，其神化为黄熊，以入于羽渊，实为夏郊，三代祀之。"《左传》记载子产访问晋国碰上晋侯重病。韩宣子向他请教说各路大神都拜过了，国君病情却加重而且还做噩梦梦到了鲧："今梦黄熊入于寝门，其何厉鬼也？"子产回答说："何厉之有？"病重恰恰是因为曲解黄熊漏了祭拜鲧神。果然祭鲧后晋平公就好了。子产靠真才实学一句话解决了大问题，收了两个莒国方鼎的高额医疗费。把姜大神搞清楚的收获会更多吧？

2. 大夏崛起：人工黄河与人面蛇身

大禹治水除了"导"还必须有"堵"，也必须要筑堤筑坝，区别是堤坝筑在上游还是下游。"导"也要看分洪区淹哪。区别是规划图的设计与施工的组织、工程量的会计与分工安排，还需要以"禹贡"的方式分摊工程款与维修款。

《诗经》中记录了若干大禹治水片段，虽然不多却更可信。

《商颂·长发》："洪水茫茫，禹敷下土方。"

《大雅·韩奕》："奕奕梁山，维禹甸之。"

《小雅·信南山》："信彼南山，维禹甸之。"

"敷下土方"说明大禹在下游地区筑堤，这个地区主要在洛阳到郑州一带，即"梁山""南山"都是"甸之"抬高地面。抬高梁山、南山的成效是打通了渭水到山东南部入海的通道。之前黄河在郑州地区积水，向东被泰山阻挡，所以只能扇形频繁改道。

《大雅·文王有声》："水东注，维禹之绩。"

《鲁颂·閟宫》："奄有下土，赞禹之绪。"

根据这两条记录分析，大禹"导"的方向是多了一条辅助出海口，向东南沿着泰山南侧分流。这不就是李冰"作城"都江堰吗？所以，洛阳—郑州地区感谢他排水；渭河地区感谢他防止倒灌；鲁南苏北地区感谢他引流灌溉并打通中原水路。

大禹筑堤向东南引水，必然需要淮河地区"涂山氏"的合作，所以娶涂山女，建立联盟。大禹也是上门女婿。《尚书·益稷》记载："娶于涂山，辛壬癸甲。启呱呱而泣，予弗子。惟荒度土功。""惟荒度土功"指承担土方作业的主要靠边远地区的"荒"即涂山氏。所以《天问》说："禹之力献功，降省下土四方。焉得彼涂山女，而通之于台桑?"没有涂山氏，谁来挖土方"降省下土四方"？

《国语·周语》记载尧舜对大禹治水的奖励是：

> 皇天嘉之，祚以天下，赐姓曰"姒"，氏曰"有夏"，谓其能以嘉祉殷富生物也。

"姒"＝女＋以，就是用女人、用女方的力量。"姒"字当姐姐解是后来的衍生意思。尧舜如果赐大禹姓"大姐"，那也太荒唐了吧。

"夏"的本义就是繁荣昌盛，"以嘉祉殷富生物"。"华夏""殷商"的起名，简单理解"华""殷"分别是繁华绽放、富裕盛大的意思，和"强"汉"盛"唐是一个思路，未必是"华国"与"夏"合并。所以商朝甲骨卜辞记录追杀"姜"人，而没有"夏"。传说的上古理想国"华胥"也一样，"华"都是用来赞美的形容词。《大雅·公刘》赞美周人早期立国就叫"于胥斯原，既庶既繁"。这句诗用两个字概括就是"华胥"。

《吕览》记载诗歌的起源是涂山氏等候大禹回家唱的南音《候人兮猗》。《诗经·曹风》中刚好有一首《候人》。曹国大约在山东菏泽一带，吻合大禹治水东南分流人工河的走向。曹国在西周初是控制齐鲁的枢纽，后来很长时间内都是富裕的经济中心，陶朱公经商的定陶就在此处。按周公"制礼作乐"的规制，《风》作为异姓诸侯作品时一般是三段制式，《候人》却是四段，有可能是大禹时代的遗留。

候　人

彼候人兮，何戈与祋。彼其之子，三百赤芾。
维鹈在梁，不濡其翼。彼其之子，不称其服。
维鹈在梁，不濡其咮。彼其之子，不遂其媾。
荟兮蔚兮，南山朝隮。婉兮娈兮，季女斯饥。

要等的人他扛着兵器在修河道呢，"彼候人兮，何戈与祋"。"何戈"说明大禹的团队不只是工程队而是武警水利部队，治水区域本身就有矛盾，还要防着政敌吧。"彼其之子，三百赤芾/不称其服/不遂其媾"，这是指满朝大员而不是要等的人，三百人的衙门不是诸侯而是朝廷。朝廷大员们就像鹈鹕一样躲在鱼梁即拦鱼坝上，不会打湿翅膀与嘴巴（却能食鱼），"维鹈在梁，不濡其翼/不濡其咮"。只有我夫君大禹和他们不一样，所以各地诸侯都去南山即嵩山朝拜大禹了（而不是舜的朝廷），"荟兮蔚兮，南山朝隮"。"彼其之子，不遂其媾"也是从美女爱英雄视角，反着说我才不嫁给那些尸位素餐的大员们。"婉兮娈兮"描写涂山氏的婀娜静美。"季女斯饥"很生动活泼，等他到肚子饿啦。

黄河，古人就叫"河"。"可"字为人肩挑荷担之形（人徒担土以巩固堤岸）。本义是荷担、肩挑，引申为许可、同意、准许。挑土方得到许可，那就是拿到"规划证"与"开工证"的意思，这是大禹与鲧的区别。显然，黄河是一条最大的"人工河"。

大禹治水到不了当时在海边或海里的绍兴。大禹在茅山开预决算会并改名会稽山，其原来位置必然在黄河流域。和霍太山祭天的道场被姜太公迁移到泰山一样，因为大禹后人越族向东南迁移，所以东南地区出现了新的祭祀道场"茅山"与"会稽山"。黄河多次变道，大禹治水的范围也说法不一。根据大禹所封的治水功臣在哪，应该就能推测当时黄河的走向。

（1）伯夷（亦作伯益）：吕梁山，负责"龙门"。吕梁山南段为龙门山，端点为黄河东岸的禹口。《吕览》有言："上古龙门未开，吕梁未发，河出孟门，大溢逆流。"如果"龙门未开，吕梁未发"，那么"河出孟门，大溢逆流"的方向主要是自龙门向东平行到尧都，淹没的是临汾盆地。如果凿开龙门，黄河南下要淹的是华山北大荔等地区，这里也有骊山氏女娲部族。从华山向东，黄河会漫过嵩山区域，所以本地大禹氏族要"甸之"。伯益凿井有两种可能，一是凿龙门禹口；二是在临汾盆地修建纵横交错的"引水渠"，象形为"井"。纵横交错的"井"是对洪水退去后积水洼地的治理措施。

（2）后稷：龙门向南河段。位于现在的山西稷山县、河津市。周人祖先与姜子牙祖先在大禹时代也曾并肩治河。"周"的甲骨文就是一面对着河，三面围垦，中间沟渠的农田。

（3）契：从原黄河北线的冀州南迁，封于商丘。仍然负责黄河分流线对应的下游位置。

（4）伯益：协助大禹的第一功臣，负责黄河新的入海口最下游，即奄国、徐国地区。后来推翻夏桀的也是并肩治河的契与伯益的后代。"徐"原型就是鸟＋余，把涂的水替换为鸟，说明古徐国就是"鸟人"（以鸟为图腾祖先）东夷与涂山氏的融合。伯益全程参与治水，治水的规划山水图再附上物产人民就是《山海经》。《论衡》说："禹益并治洪水，禹主治水，益主记异物，海外山表，无远不至，以所见闻作《山海经》。"《尸子》说"河精"曾"授禹《河图》"，所谓"《河图》"就是规划图。世界上从来就没有神仙，"河之精神者"就是伯益。这位伯益是飞廉及秦人先祖，他与姜太公先祖伯夷（也作伯益）时而重名，不排除类似后文详解的"中潏归周"与"吕上归周"，源于秦人和《秦记》的有意混淆。

（5）涂山氏：契与伯益的对岸是涂山氏。今安徽怀远县有涂山氏祖庙。大禹本族负责洛阳—郑州一线，"凿龙门，辟伊阙，平治水土，使民得陆处"。大禹本人与伯益则负责分流改道，领导商部落向南、涂山向北共治新河。安徽淮河流域附近的古徐国、"环滁皆山"的地形、"当涂"之名等，说明涂山氏基本占据了江淮。夏桀南逃的巢湖也在附近。

（6）防风氏：《国语·鲁语》记载，"昔禹致群神于会稽之山，防风氏后至，禹杀而戮之"。"戮"是陈尸示众。茅山的大会、涂山的大会首先是"会计"土方量、人力、物力并分配任务。防风氏后至被杀是因为没有按规划及时上岗施工，这在防洪中对其他河段来说就是灾难。防风是风姓，就是少昊后裔，离曲阜不会远；又名"汪芒氏"，说明生活在汪洋即沼泽地。如果按照大禹的规划治水，洪水的汇集地区便是洪泽湖，这个地方原是防风氏的家园。牺牲我一个，幸福一大家。心里不乐意，动作就迟疑。所以大禹武装治河，"彼候人兮，何戈与祋"。

（7）九州《禹贡》。《左传·哀公七年》载："禹合诸侯于涂山，执玉帛者万国。"这是各氏族协同治水后丰衣足食的整体效果。再次会盟就应该研究"纳税"问题了，这也是继续维护黄河的公共支出。大禹在大会上制定了九州"五服"制的税法《禹贡》。

大禹因为治水成为大夏的奠基人。而他的前前任，也就是姜太公的先祖共工，因为治水失败被列入"四罪"，形象很妖魔化——"人面蛇身朱发"。共工手下相繇是九头蛇，更邪恶。历史是胜利者书写或修改的。换一个客观角度，从历史文献中可以发现"人面蛇身"本来就是姜人首领的标准像，也很可能是大禹的标准像。如果三星堆大立人手里拿着一条大蛇呢？是不是长着"人面"，长蛇缠身？至于"朱发"，可能是染色。

"人面蛇身"在《列子·黄帝》的记载中就是历代姜人大首领的标准像，都是三星堆大立人的形象："庖牺氏、女娲氏、神农氏、夏后氏，蛇身人面，牛首虎鼻：此有非人之状，而有大圣之德。""牛首虎鼻"的"人面"即面具，"蛇身"即身上缠着蛇。他们虽然扮相如此"非人之状"，但是也是有德的"大圣"。

《山海经·大荒北经》同时记载了三位握蛇大神，其中

夸父不仅"把两黄蛇",而且就生活在"成都":

> 北海之渚中,有神,人面鸟身,珥两青蛇,践两
> 赤蛇,名曰禺彊。
>
> 大荒之中……又有神,衔蛇操蛇,其状虎首人
> 身……名曰彊良。
>
> 大荒之中,有山名曰成都,载天。有人珥两黄蛇,
> 把两黄蛇,名曰夸父。

大禹作为最伟大的姜人领袖,如果给他制作一个塑像,是不是就是三星堆大立人?《山海经·西山经》几乎就是说握蛇大神就是大禹(于儿):"神于儿居之,其状人身而身操两蛇。"另一种可能是鲧被吊死后三年不腐,"剖之以吴刀"也可能是做成木乃伊之"尸"祭祀。鲧的肉身存放于昆仑山祭祀,其他分支各部作青铜像代替。霍去病在河西抢到的匈奴"祭天金人",也许就是大禹或鲧的镀金木乃伊。如果是真的"金人",完全能保存,而木乃伊就会遗失。《蜀王本纪》与《三国志·蜀志》都明确记载"禹生石纽"。石纽就在现在的汶川,与三星堆很近。《竹书纪年》描述大禹的形象是:"虎鼻阔口,两耳参镂,身高一丈。"三星堆出土的金人面像不就是"虎鼻阔口,两耳参镂"吗?《列子》也说姜人大首领都戴着"牛首虎鼻"的"人面"。

综上,**推测三星堆是姜人系的一处王城。**"人面蛇身"就是共工、鲧、大禹的共同形象,也就是三星堆和匈奴的握蛇大立人形象。夸父、蚩尤、共工、鲧与大禹都是姜人。

蛇，繁殖能力强，水陆两生，蜕皮看似返老还童，冬眠看似死而复生等，因而成为上古各地传说最大的"网红"。苏美尔人传说人类之祖阿努纳奇女神和她的丈夫恩基都是人首蛇身。印度教里人类的创造者阿南塔是宇宙蛇神。九头蛇相柳是个恶魔，而西方神话中与撒旦并列的利维坦也是被砍掉一个头的九头蛇。日本神话认为八岐大蛇就是逃亡的相柳，被砍下了一个头。九头砍一说明大禹对出身共工/鲧系的叛军九部只处死了首领，其他招降了或部分外逃。后羿射杀十日之九说明镇压了祭祀太阳部族的大部分。这些都是夏朝文献遗失后的口口相传成了"传说"。

3. 吕氏之祖："四岳"伯益与"隐士"许由

《吕览·勿躬》记载：

> 大桡作甲子，黔如作虏首，容成作历，羲和作占日，尚仪作占月，后益作占岁，胡曹作衣，夷羿作弓，祝融作市，仪狄作酒，高元作室，虞姁作舟，伯益作井，赤冀作臼，乘雅作驾，寒哀作御，王冰作服牛，史皇作图，巫彭作医，巫咸作筮。此二十官者，圣人之所以治天下也。

"作井"的伯益也作伯夷，是姜太公的直系先祖，与商朝的伯夷不是一个人。《国语》中太子晋所举的正面案例就是伯益协助大禹治水。舜主导杀了鲧，但让其子大禹接替；流放了鲧的前任共工，但让其从孙伯益接替。这个安排说明工程技术是家传垄断的，尧舜没有别的选择。共工/相柳/伯益、鲧/大禹这两个组合最终重组为大禹＋伯益。

《国语·周语》记载尧舜对伯益的奖励是：

> 祚四岳国，命以侯伯，赐姓曰"姜"，氏曰"有吕"，谓其能为禹股肱心膂，以养物丰民人也。此一王四伯，岂繄多宠，皆亡王之后也……有夏虽衰，杞、鄫犹在；申、吕虽衰，齐、许犹在。

古文"吕""膂"相通，表示脊梁骨，即吕梁。伯益掌四岳，即帝的左右手。"赐姓曰'姜'，氏曰'有吕'"以及"此一王四伯……申、吕虽衰，齐、许犹在"，说清了伯益确实是姜太公姓与氏的直接先祖。但是姜姓早就传自炎帝，为何还要"赐姓曰'姜'"？这是基于地盘与代表姜姓的地位。《国语·周语》注曰："姜，四岳之先，炎帝之姓也。炎帝世衰，其后变易，至四岳有德，帝复赐之祖姓，使绍炎帝之后。"共工失败后地盘没了被夺姓，他的从孙伯益因功重新获得祖传老地盘。姜姓吕氏表示直接拥有"吕"地，并成为"姜"姓各地各氏的总代表，即"四岳之首"。

四岳各姜姓都负责在山上祭天通神，而从伯益到吕上是最"大"的一部。霍太山即古代姜姓四岳的"大山"。姜太公就是"太岳"之公。太山之公建齐时封"八神"，把"天齐"转场到了东边的两座山，分别命名为"太山（岱宗/泰山）"和"梁甫"。泰山好理解，"梁甫"其实就是"梁吕"。《大雅·崧高》中周宣王赞颂申伯和吕伯在高山祭神通天的地位，其中"吕"就写成"甫"："维岳降神，生甫及申。"作《吕刑》的吕侯也写成"甫侯"。所以说，因为姜太公东迁，梁甫/泰山的结构就是吕梁/霍太山。

崧　高

崧高维岳，骏极于天。维岳降神，生甫及申。

维申及甫，维周之翰。四国于蕃，四方于宣。

亹亹申伯，王缵之事。于邑于谢，南国是式。

王命召伯，定申伯之宅。登是南邦，世执其功。

王命申伯，式是南邦。因是谢人，以作尔庸。

·············

申伯之德，柔惠且直。揉此万邦，闻于四国。

吉甫作诵，其诗孔硕。其风肆好，以赠申伯。

《大雅·崧高》说明，四岳部自古主管"降神"即"望"，先诞生了"吕"再分出"申"。所以吕尚家族是最嫡系本宗的四岳，即"大岳"或"太岳"，就是天下第一岳。先秦时代山称"太岳"的唯有山西霍太山。霍太山高出临汾盆地近 1800 米，被《禹贡》记为九州之首冀州的镇山，称"中岳"，即天下第一州的第一山。"太岳"为何被称为"霍太山"呢？《史记》记载，飞廉"为坛霍太山而报"纣王。因为之前纣王镇压姜方起义后中潏坐镇于此，所以霍太山成了飞廉家的地盘。推测"霍"＝雨＋鸟，不是鸟在雨中飞，而是"鸟人"中潏、飞廉们带来了"雨"，也就是军事打击。"鸟人"侵占了太山并将其改名霍太山。

尧舜时代的"四岳"对应"八虞"，都是职位。虞管当时的主要产业畜牧业。推测舜帝打过鱼而且能带动人民生产致富，应该是畜牧业总管出身。以晋中盆地为中心，四岳北到恒山，南到霍太山，西到吕梁山，东到太行山。"四岳"的职责至少包括山上的祭祀、历法制定、天气预报，还应负责唐虞时代核心区外围的守卫。"国之大事，在祀与戎。""四岳"与"八虞"是唐虞时期最重要的岗位，所以舜与伯益是尧的左右手。《尚书》记载尧、舜都与四岳商议决策重大事项，而且尧的继承人也在这两个岗位上产生，类似匈奴的左右贤王。

"四岳"综合了左相、边防总管、历法祭祀的职权，自然"有典有册"；其"典"与"册"，政治、军事、天文、地理无所不包。这是吕尚的综合才能以及继承历代文献的原因。《周礼》言："（大卜）掌三《易》之法：一曰《连山》，二曰《归藏》，三曰《周易》。"可惜《连山》已经失传，而《归藏》在 1993 年出土重现。商朝开国宰相伊尹在夏朝《连山》基础上接棒写成《归藏》。"归藏"是天下归商，典册也归商，藏之府库；内容是记载历史故事与本朝新事等。而周朝开国宰相周公修订《周易》也是全面记载商周易代的历史。据此推测，夏《易》《连山》可能就是四岳连袂、天下连合的意思，记录着夏朝建立与继承的历史与文明。三《易》是接棒连载的关系，起点是黄帝。夏《易》既然命名为"连山"，开国宰相伯益就是作者。如此，吕尚应当就是《连山》的继承人，所以当文王、武王向众大夫咨询黄帝以来的历史经验时，只有他能答得上来。上古时代吕尚如此博学，不是最高级贵族且有家族文献传承是绝不可能的。因为这个继承，推断吕尚才是第一版《尚书》的编辑者（后文详述）。

《尚书》记载，尧要传位伯益，伯益推辞给了舜。历史上还记载尧欲禅让许由。有点像共工与鲧的混乱与重叠。许由后人许慎在《说文解字·序》中说："曾曾小子，祖自炎神。缙云相黄，共承高辛。太岳佐夏，吕叔作藩。俾侯于许，世祚遗灵。自彼徂召，宅此汝濒。"许慎说"许"是"吕"的直接分支，类似吕尚二儿子丘公分出"丘"。"太岳佐夏，吕叔作藩"说明许由是伯益的二弟，一个是朝廷宰相，一个是地方藩王。叔由的地盘是"许"，因此称"许由"。

孔子说许由与姜太公类似，只是志向不同："许由，独善其身者也，太公，兼利天下者也。"许由被奉为隐士的鼻祖，他坚辞禅让，洗耳颍水，卒葬箕山（在今河南登封）。所谓"隐士"是后世的想当然，在统治结构即"体制"还没完全建立的尧舜时代哪有"隐士"？类比地广人稀的大草原，某部离开王庭迁徙到人少的地方游牧能叫"隐士"吗？当时是各部族比实力争地位的时代。所谓"帝"们也不是后世金字塔结构的最高领导，而是更类似游牧部落联合推举的老大。这个老大当时也做不到世袭，因为各部族此消彼长。共工、蚩尤、丹朱等首领都是军事民主制的失败者。许由不是隐居箕山而是主动迁徙箕山"作藩"。

庄子对许由很推崇。《逍遥游》就是"吕叔作藩"的另一版记载：

尧让天下于许由，曰："……夫子立而天下治，而我犹尸之，吾自视缺然，请致天下。"许由曰："子治天下，天下既已治也，而我犹代子，吾将为名乎？名者，实之宾也，吾将为宾乎？鹪鹩巢于深林，不过一枝；偃鼠饮河，不过满腹。归休乎君，予无所用天下为！庖人虽不治庖，尸祝不越樽俎而代之矣。"

许由作为四岳的二把手，在大哥"太岳佐夏"后主动做"逍遥派"，对华夏统一意义太大了。炎帝、蚩尤、共工都与中央争权，发生三次激烈战争。尧舜时代，因为大禹治水的全国各族总动员，实现了治理黄河、安居乐业的重大成功。按庄子所说，许由表态不再争夺领导权，炎、黄终于完全融合，这才有了"夏"。

"许"，这个字的意思就是表态同意。《逍遥游》中许由表态如下：

第一，专心做好"尸祝"，即"岳"的祭祀，包括他本人负责的"箕山公神"。祭祀族专心做好"望"等，不会越俎代庖惦记行政权力，那都是"名"嘛。

第二，封地的"实"，有块地方就行，满足于做许公。他还以鸟、鼠有限的欲望举例，让尧放心"治天下"。丛林法则之下只要有一棵树，就没有将来文王程瘝之梦的野心和太公树敛天下的抱负。共工是江河之"帝"又怎样？够喝就行了。

第三，许由表态离开了炎帝、黄帝、蚩尤激烈争夺的"中央"临汾盆地南迁箕山，与鲧、大禹的嵩山为邻。而通过治水完成各部族基本统一的正是大禹。许由的表态可以看成是站台大禹。"由"通"繇"，本义是随从、担负徭役。

许由不仅表态不争权，还同意跟着大禹挖土方守卫黄河中段。从此，中华民族确实进入了一个新的时代。

二、姜太公的早期职业：吕上、天望、屠牛、丈人

四岳传人姜太公的前半生状态，经过田氏代齐的资料遗失或恶意篡改，战国和汉代的古籍都说他很穷困潦倒，隐含的意义是说他能侥幸被周文王看上当个谋士打打仗就烧高香了，居然还能更侥幸成为齐国创始人，而我们田家可是舜帝嫡系后裔陈国公子，天生就是享国的命。出身背景在商周时代那是非常非常重要的。舜帝的孩子的孩子，在剧烈的商周革命中什么也不用干，躺着就能开创陈国。当然，后人也可以将错就错评价姜太公是草根逆袭读到博士后的楷模。但是在当时的时代是不可能的。

实际上，姜太公的可靠名字"吕尚（上）""天望（亡）""丈人"，乃至屠牛的说法，都反而证明他作为四岳传人的早期职业不仅在当时是最高社会地位的第一职业，而且在华夏早期文明传承与创新中都是极为重要的关键枢纽。在反商复夏与商周革命的合流中，姜太公所代表的家族与组织势力，都是西周立国最重要的第一盟友。

1. 吕尚与《尚书》及"文王之典"

姜太公正规的名字"吕尚父"也会写成"邵上甫"。"上"与"尚"通。"上（尚）"的解释如下：

（1）上，高也。

（2）上天；天帝。上仙；上穹；上皇；上神。

（3）上级；尊长；君主；皇帝；社会的最高层。《广韵》言："君也，太上极尊之称。"蔡邕《独断》称："上者，尊位所在。但言上，不敢言尊号。"

（4）上升。

尚，上也。吕尚＝吕上＝邵上。"邵上甫"与"古公亶父"的结构一样，"甫"与"父"都是对有颜值的男子的美称。"上"与"公"是社会地位，"公"是爵位，"上"是职位。"吕上"就是吕国或吕族的"上"，最高领导。普通人自己取名叫"主席""王""皇""总"之类非常怪异。姜子牙的父亲不会为他取名为"上"，只能是大家尊称他为"上"。吕"上"为何不像古公、周公一样称"吕公"？因为四邦方起义失败，姜方核心吕国已被纣王灭国，姜方伯被"册"（杀掉祭祀）。姜方伯的继承人吕上只能带领族人流亡骊山，流亡中的吕国亡国国主该称什么呢？结合姜太公天亡、屠牛的宗教地位，最佳的选择就是"上"。

据说孔子编订过《尚书》。"郑玄依《书》纬，以'尚'字是孔子所加。"根据马王堆帛书《易·要篇》，孔子就称《书》为《尚书》。一般把"尚"理解为上古，但是站在孔子时代，周并不算上古，因此"尚"不能解释为上古。孔子加"尚"的依据既然不是上古，可能就是吕"上"的意思。也就是吕尚编辑了第一版《尚书》，按朝代编为《虞书》《夏书》《商书》。《尚书》是周以前历代政治家文选。

《尚书》是我国第一部"史书"。吕尚是唯一拥有大量黄帝以来历代典册之人，除了他还有谁能在西周编辑《尚书》？《大戴礼记·武王践阼》记载，武王召士大夫而问焉："恶有藏之约，行之行，万世可以为子孙恒者乎?"诸大夫对曰："未得闻也。""诸大夫"连听都没听过，当时的小邦周没有这些资料，武王要斋戒三日才能恭敬地从吕尚受教。文王也一样向吕尚取经，而且是"斋七日，北面再拜而问之"。所取之经当然还是黄帝及虞、夏、商治国之道。其他文献如《六韬·明传》《逸周书·文传解》记录文王临终召见姬发与吕尚托孤，同时"明传""文传"历代治理之道。获传授这些"尚书"的，都是吕尚一人。

《六韬·明传》记载：

> 文王寝疾，召太公望，太子发在侧，曰："呜呼!天将弃予，周之社稷将以属汝，今予欲师至道之言，以明传之子孙。"太公曰："王何所问?"文王曰："先圣之道，其所止，其所起，可得闻乎?"太公曰："见善而怠，时至而疑，知非而处，此三者，道之所止也。柔而静，恭而敬，强而弱，忍而刚，此四者，道之所起也。故义胜欲则昌，欲胜义则亡，敬胜怠则吉，怠胜敬则灭。"

《逸周书·文传解》记载：

> 《夏箴》曰："中不容利，民乃外次……小人无兼年之食，遇天饥，妻子非其有也。大夫无兼年之食，遇天饥，臣妾舆马非其有也。戒之哉!弗思弗行，至无日矣。"《开望》曰："土广无守，可袭伐;土狭无食，可

围竭。二祸之来，不称之灾。天有四殃，水旱饥荒，其至无时，非务积聚，何以备之?"

《六韬·明传》记载了文王向吕尚求教"先圣之道"。《逸周书·文传解》记录的主要就是历代文献要旨。其中，《夏箴》类似于"《夏书》摘要"，《开望》即"太公望之开示"。正是基于对各代文件的学习继承，才有了博学智慧的吕尚;正因为吕尚在辟雍为"师"，才有了周初的人才鼎盛，所以他才被尊为"师尚父"。再反而推知，吕尚为何能拥有周国及各大夫没有的典册? 唯一答案就是家族背景和"上"的家族地位。作为吕的"上"，即四岳之长，当然会继承从尧舜禹时代宰相伯益传下的《连山》，自黄帝以来各代的治理文献与经验。

周朝开国必然要收集、整理历代文献，使自己"有典有册"。这就是我们看到的华夏文明第一次文艺复兴的典籍。最有思想、最有才华的太公、周公二人应当是最重要的作者或编者。《周书》是周公及后代太宰负责的政治文献，只不过"周之前书"需要由太公负责补上。孔子编辑时，看到的《书》就是《周书》，是周朝汇编的各朝以及本朝最重要的政治文献。鉴于孔子时代周朝已经名存实亡，孔子当然要为后世整理出任何朝代都可以学习的新汇编版。孔子选编时自然非常看重已经吕尚筛选过的精品选集，基本全部保留，同时删选整理部分周初文件留下。类似各朝修文库，对前朝再前各朝官史基本照单全收。孔子客观地认为他汇编的不是"周书"，并谦虚地认为这主要是"尚书"，类似《左传》《吕览》的命名方式。

《诗经·周颂》中最简短的《维清》以及最朴实的《我将》，歌颂的都是"文王之典"，即周朝典册的第一版。既然叫"文王之典"，显然主要就是文王与太公的作品。这个时期的周公还很稚嫩，大概率还在辟雍向吕尚老师学习《尚书》。

维　清

维清缉熙，文王之典。肇禋，迄用有成，维周之祯。

（1）"维清缉熙，文王之典"的"缉熙"一般解释为光明，典册怎么就光明呢？"熙熙攘攘"难道是光明的意思？"清"应是动词，清理、清点的意思。"缉"也是动词，用相连的针脚密密地缝。清理、编辑的"熙"是周人造的字，字形看像刻甲骨文，下面加上火更是甲骨文的意思。周人文字学自商朝甲骨文。"熙熙攘攘"的"熙熙"原意应该是描述占卜时人群密集的样子。

（2）"肇禋"的"肇"是创建、创立的意思，"禋"是祭天。

（3）"迄用有成"，一路走来终于达到了"有成"，即典册终于完成雏形。

（4）"维周之祯"的"祯"从示从贞，如果说装帧的"帧"解释为一幅幅的作品，那么"祯"与"帧"的区别只是材料，其实就是"帛书"。

《维清》歌颂的是文王时代终于把众多碎片化的资料编辑、装帧成了帛书典册。文王与太公已经完成了"文王之典"。《我将》歌颂的就是《武王践阼》所记载的武王从顾命师尚父手中接受"文王之典",侧重仪式感、隆重感:"我将我享,维羊维牛。"歌颂其伟大意义:"日靖四方。"最后武王表态说不仅自己要日夜学习,还要以敬畏之心代代相传:"我其夙夜,畏天之威,于时保之。"

我　将

　　我将我享,维羊维牛,维天其右之!

　　仪式刑文王之典,日靖四方。伊嘏文王,既右飨之。

　　我其夙夜,畏天之威,于时保之。

　　武王继位,立刻要求师尚父详细传授"黄帝颛顼之道",《武王践阼》记载的过程清晰但内容简略,都是语录。《太公金匮》之《五帝之戒问》记录的恰好是《武王践阼》的更详细内容,因此更接近第一版《尚书》的面目,当然还是"摘要版"。这些语录概括了上古王朝更替的规律,这正是《尚书》的宗旨。

　　姜太公为何总搞"摘要"而不是一次性传授原版?应该是受当时书写材料与运输工具所限。"学富五车"出自《庄子·天下》,原意是惠施学习量大到了"五车",但是太杂没学到本质要点。战国时代的车应该承载量和商周区别不大,五车也就是"万卷"。如果姜太公拉着五马车的书来传授姬发显然不现实。所以他一定要提炼出简洁的摘要版,类似《夏箴》=《夏书》摘要",《太公金匮·五帝之戒问》=《五帝》摘要"。所谓"丹书"就是"摘要"，用红色材料写在白布上，素布红字，也可以叫"素书""素问"，这也是一种合逻辑的解释。武王再把"丹书"摘要刻在身边器物上成为座右铭。

与《尚书》文风格式很类似的《素书》，推测也应该是姜太公传授的另一个"摘要"，得自骊山氏，后文《素问》部分详述骊山氏也称为"素女"。《素书》又名《玉钤经》，姜太公鱼腹藏书就叫《玉钤》。

宋徽宗宰相张商英说传授《素书》的要求是："不许传于不道不神不圣不贤之人；若非其人，必受其殃；得人不传，亦受其殃。"李筌记载的骊山老母传授《阴符经》的要求与之相同，只是更具体化："年少颧颊贯于生门，命轮齐于月角，血脑未减，心影不偏，性贤而好法，神勇而乐智，是吾弟子也。""圣人学之得其道，贤人学之得其法，智人学之得其术，小人学之受其殃。识分不同也。""九窍四肢不具，悭贪、愚痴、风痫、狂诳者，并不得闻。"骊山老母还有一个仪式要求："如传同好，必清斋三日。"这个要求和太公向武王传授"丹书"的要求相同："王欲闻之，则齐矣！""王齐三日，端冕。"

骊山老母传授《阴符经》的要求＝传授丹书＋《素书》要求。这难道是跨越千年的巧合？《史记》记载的圯上老人向张良授书也是多次考验测试。黄石公将一本《素书》给了张良，而不是黄石公写成了此书。这本奇书并不是天书，而恰恰是"人"书。它提出"道、德、仁、义、礼，五者一体"，就是"天、地、人"中"人"的阴符之道。与《黄帝阴符经》/

《申书》、《黄帝内经》/《素问》的哲学都是一致的，而且组合成了一个完备的体系：托名"黄帝之道"。以"黄帝之道"为宗旨，以各代语录为内容，类似太公传授武王的《尚书》语录版。

《素问》是五藏，《素书》是五德。五藏要求人与基因、环境三螺旋；五德要求人的自我与众人之欲、天地之道三螺旋。可以说《素问》《素书》100％是姊妹篇，分别阐述生物体的人与社会性的人。**《素问》+《素书》+《阴符》+《尚书》="黄帝之道"。**只不过道家、儒家把"天、地、人三螺旋"以及"道、德、仁、义、礼，五者一体"给割裂了。正如张仲景所说，《素问》学得一二就能成为良医；正如张商英所说，《素书》学得一二就能成为张良；正如鬼谷子所说，《阴符》学得一二就能成为苏秦。

张商英总结说：

> 自汉以来，章句文辞之学炽，而知道之士极少。如诸葛亮、王猛、房乔、裴度等辈，虽号为一时贤相，至于先王大道，曾未足以知仿佛。

2. 天望与《诗经》中的"予美亡"

《史记索隐》说"太公望"得名于古公的盼望，"吾先君太公望子久矣"，这其实是被田氏弄混了两位"太公"。周朝文献中的古公是"太王"，而"太（大）公"都是齐太公，即太公望。姜太公确实有一个可信的名称是"望"，是类似"牙"的职业。吕牙是君之牙，吕望是君之望。望是天地日月山川的总祭祀官。祭祀最重要的牺牲是"牛"，所以吕望"屠牛"。

"望"字的甲骨文表示人站在台上睁大眼睛直立眺看远方，实际上就是在灵台上观察天象。金文又增加"月"旁，表示远眺的最重要对象是月亮，首要目的是制定历法（月历）。日、月一起望的地方就是"明堂"。**中秋节是月亮节，其实是姜子牙的纪念日。**唐太宗第一个建武庙祭祀他，官方的祭祀日就是八月十五。《唐书·太宗记》记载有"八月十五中秋节"，这是文献中第一次出现"中秋节"。

"望人"是夏、商、周最受人尊崇的职业，主持祭拜日月、天地、山河、祖先、神灵等等，类似太公在齐国封的"八神"。天地日月其实就是人类外环境最大的阴和阳。在远古时代，"望人"既能掌握天文周期与地气的科学，还对"天象"有掌握解释权，解释的就是"天命"。吕望侧重"科学性规律"或"道"，而商望、楚望侧重天意解释权。

《尚书》记载舜摄政、汤受命都以"望"为标志。舜自己就是"望"，商汤靠伊尹作"望"。《尧典》记载舜受禅大礼："望于山川，遍于群神"；"觐四岳群牧，班瑞于群后"。舜能"望"祭才说明他掌握了朝廷的领导权。其后"巡守"四岳重复各岳的望祭，"望秩于山川"。这是舜对四方行使领导权的体现。舜既是摄政，也是"望"的主持人。

《尚书·君奭》说：

> 我闻在昔成汤既受命，时则有若伊尹格于皇天。在太甲时，则有若保衡。在太戊时，则有若伊陟、臣扈，格于上帝。巫咸乂王家。

周公所列伊尹等一系列名人都是执政官。"格于皇天"祭祀都是由执政官兼任的，那么周朝的"太公望"也是执政官兼令人敬仰的祭祀官。后文分析，周公写《君奭》是为了拉拢召公排挤太公望获得摄政地位，当然要抢下"望"的权力。《齐太公望表》引《周书》记载，当初骊山之下，文王问："而名为望乎？"吕望答："唯，为望。"一心称王的姬昌听到这位渔父专业"为望"，会是什么心情？！吕望真是太低调了。

现存史料中，屈原最早称太公为"吕望"。《九天·惜往日》说："伊尹烹于庖厨。吕望屠于朝歌兮，宁戚歌而饭牛。不逢汤武与桓缪兮，世孰云而知之。"《史记》记载屈原的职务是"左徒"："博闻强识，明于治乱，娴于辞令。入则与王图议国事，以出号令；出则接遇宾客，应对诸侯。""左徒"是楚相令尹的副职，春申君就是任左徒再升令尹的。左丘明的爷爷在楚灵王时期担任"左史倚相"，这个职位其实就是二百年后的"左徒"。左徒屈原有那么多的"问"，就是因为老师留下的资料简略而又找不到老师问了。左丘明的亲爷爷丘穆公又是齐国的长期执政者，他说"吕望屠于朝歌"是有依据的。

姜太公也自称"天望（亡）"。陕西眉县出土的天亡簋是西周初青铜器，它证明了吕望是"天亡（望）"，而且是武王的最高助祭，"亡"与"望"通假。《竹书纪年》《逸周书》等记载的朝歌即位大典和岐山开国大典的第一祭祀官都是吕望。因此，制簋的"天亡"除了姜太公也没别人了。

天亡簋铭文：

　　乙亥，王又大丰，王凡三方，王祀于天室，降，
天亡又王。衣祀于王不显考文王，事喜上帝，文王德
才上。不显王乍省，不肆王乍庸，不克，气衣王祀！
丁丑，王乡，大宜，王降亡勋爵复觥。佳朕又庆，每
扬王休于尊白。

　　(1)"乙亥，王又大丰，王凡三方，王祀于天室。"周武
王祀天"大丰（礼）"即冬至祭天。场所是"天室"；时间在"乙
亥"日。推算是公元前 1041 年冬至。

　　(2)"事喜上帝，文王德才上。"武王祀上天的配祭者仅
有文王，这是最高级别的祭祀。对比开国大典配享对象有
太王、泰伯、王季、虞公、文王、邑考等。

　　(3)"衣（殷）祀"，即奏乐。《说文》释曰："作乐之盛称
殷。""不显王乍（作）省，不肆王乍（作）庸"，就是奏茎篇与
编钟。

　　(4)"王乡（飨），大宜，王降亡勋爵复觥（觥）。"周夷王
"下堂而见诸侯，天子之失礼也"。君降堂与臣分庭抗礼是
超规格的待遇。本铭记录这个待遇给了"亡"，在飨宴中武
王降堂两次亲赐酒一爵，又赐酒一觥。这就是太公望在武
王时期的地位。因此要专门制作天亡簋纪念，"佳朕又庆，
每扬王休于尊白"。

　　制作天亡簋时武王还很正常。《竹书纪年》记载武王五
十四岁死于冬十二月，即天亡簋制作当年冬至后一个月。
侧面验证武王是突发疾病死亡，没有来得及做好后世安排。
这也为后文太公望的空档期与周公摄政、三监之乱提供了

合理解释。

天亡簋铭文也提示，《唐风·葛生》中的"予美亡"就是姜望，"美"与"姜"通假，"亡"就是"望"。《逸周书》序言回顾完成《周书》典籍时，记录的作者之一姜太公就写作"美公"："维美公命于文王，修身观天以谋商难，作《保开》。"杜陵的唐国是山西唐国被吕伋灭后的迁徙地，这个迁徙地是吕伋老家。《竹书纪年》载："帝辛三十一年，西伯治兵于毕，得吕尚以为师。"后文详述，"毕"是禽鸟灭商的志向，"毕业"源于灭商事业完成。毕地在骊山区域，正是文王、武王、周公、姜太公等"毕业"群英的墓地所在，也是太公五代归葬的老家，即《唐风·葛生》中的"百岁之后，归于其家"。《唐风·葛生》是姜望的悼念赞美诗！

葛　生

葛生蒙楚，蔹蔓于野。予美亡此，谁与独处！
葛生蒙棘，蔹蔓于域。予美亡此，谁与独息！
角枕粲兮，锦衾烂兮。予美亡此，谁与独旦！
夏之日，冬之夜。百岁之后，归于其居！
冬之夜，夏之日。百岁之后，归于其室！

（1）"葛生蒙楚，蔹蔓于野""葛生蒙棘，蔹蔓于域"，一般理解是描写墓地的荒野景观。类似苏东坡悼亡绝唱《江城子》里明月夜短松冈的千里孤坟。

（2）"角枕粲兮，锦衾烂兮"，角枕是牛角枕头。《周礼》注用于枕尸首。

（3）关键是"予美亡此"，《毛诗》、朱熹等都把"亡"解为死亡，把"美"解成爱人。再将"百岁之后，归于其居/其室"解为等待死后合葬就显得很牵强。"予姜望此，谁与独处"，"百岁之后，归于其居"，天地唯我独处的境界，除了百岁姜望还有谁？

（4）根据姜望"毕业"的境界再理解"葛生蒙楚，蔹蔓于野""葛生蒙棘，蔹蔓于域"，这两句诗就不再是描述墓园的荒凉，而是描写农场繁荣昌盛的新貌。更高的境界，本诗是在赞美姜望去世后留下的丰功伟绩："树敛天下"。

《诗经》中直接提到"葛"的有十一篇，其中五篇直接以"葛"命名。除了被曲解的本篇《葛生》，没有一个"葛"是被当作墓园荒草来描述的。葛是当时非常重要的农作物，而不是荒草，其叶当菜，粉食用，花为药，纤维是重要衣料。《葛生》中长满的葛盖住了杂草"楚""棘"，覆盖了全部城乡"野"与"域"，这是一幅农业文明普及天下的景象，普天之下莫不种葛！《逸周书·程寤解》所载"太姒之梦"就是周人之树长满商人之庭。《六韬·文师》记载圣人之志："乐哉！圣人之虑，各归其次，而树敛焉。"文王曰："树敛若何而天下归之。"文王的理想，太姒的梦想，姜望的毕生事业，就是种树采葛"树敛天下"："蔹蔓于野""蔹蔓于域"。

《诗经》描述的多位葛女都是联姻的姜女。最有名的是《周南·葛覃》，诗中女主准备"归宁父母"，"言告师氏，言告言归"。连刺来刺去的《毛诗正义》都说："《葛覃》，后妃之本也。"《周礼》载王后服"葛屦"。《诗经》把姬家子孙昌盛比喻为种瓜"绵绵瓜瓞"，把姜家比喻为"绵绵葛藟"。葛攀附大树就是姬姜联姻。《大雅·旱麓》"莫莫葛藟，施于条枚"就是周武王亲自制定的姬姜联姻国策。伯舅之国通过嫁女而"葛敛天下"："绵绵葛藟，在河之浒"；"绵绵葛藟，在河之涘；绵绵葛藟，在河之漘"。

3.　天子祭祀与太公屠牛的政治意义

《楚辞章句》记载了吕望屠牛被文王相中的版本：

> 吕望鼓刀在列肆，文王亲往问之，吕望对曰："下屠屠牛，上屠屠国。"文王喜，载与俱归也。

《楚辞章句》是《楚辞》最早的注本，作者是东汉元帝校书郎王逸。牛的地位在古代相当高，只有诸侯以上级别的重要仪式时才会杀牛，否则就是犯法的。《礼记·王制》载："诸侯无故不杀牛，大夫无故不杀羊，士无故不杀犬豕。"姜太公要是真的开个牛肉拉面馆，恐怕没人敢去吃。姜太公屠牛和樊哙屠狗、张飞屠猪那是完全不一样的。姜屠夫的本来面目是祭祀官"牛人"，还是"为望"。

武王朝歌即位登基仪式上，"师尚父牵牲"；武王冬至祭祀时，"王降亡勋爵复馘"；岐山的开国大典"用牛于天、于稷"，姜"牛人"第一个进太庙。《左传》曰："国之大事，在祀与戎。"姜太公无论在祀还是在戎，都是第一人。如此重要的地位为何会被谣传为屠夫呢？应该还是田氏代齐的嫉恨。所谓"君子远庖厨"，出自《孟子》。齐宣王不忍心杀牛却忍心杀羊的惺惺作态，加上孟子借题发挥所谓"仁术"："君子之于禽兽也，见其生，不忍见其死；闻其声，不忍食其肉。是以君子远庖厨也。"两人共同否定了齐桓公、晋文公的"霸术"。一个片面地曲解"德"，一个顺带把屠牛的姜"牛人"揶揄了一下。

《礼记·王制》："天子社稷皆太牢，诸侯社稷皆少牢。"

《国语·楚语》："国君有牛享，大夫有羊馈，士有豚犬之奠，庶人有鱼炙之荐。"

《周礼·牛人》："牛人掌养国之公牛，以待国之政令。凡祭祀，共其享牛、求牛，以授职人而刍之。"

祭祀用牲有严格的等级。"太牢"指牛、羊、猪三牲齐备；"少牢"用羊、猪，没有资格用牛。可以看出，屠牛职业是只为天子服务的。如果当年姜太公在朝歌屠牛，那确实曾为纣王效力祭祀。殷墟祭祀坑中动物遗骸牛骨最多。甲骨卜辞记载，商王祭祀用牛少则一头多则千头。也就是说，无论商还是周，牛都是诸侯以上祭祀的最高级祭品。无论在朝歌还是在岐山屠牛，都是身份的象征。

姜"牛人"不仅是武王的"牛人"，还教导小成王成为"牛人"，靠实力实现了政权的统一。《尚书》中记录的多起屠牛祭祖，往往与王权斗争有关。

伊尹在交权前先率百官奉太甲祭祖：

> 伊尹祠于先王。奉嗣王祗见厥祖，侯甸群后咸在，百官总己以听冢宰。

盘庚为消除九王之乱迁都也先祭祖：

> 兹予大享于先王。尔祖其从与享之。作福作灾，
> 予亦不敢动用非德。

成王在成周还政之前举行了"烝祭"。《尚书·洛诰》记载：

> 戊辰，王在新邑烝，祭岁，文王骍牛一，武王骍
> 牛一。王命作册逸祝册，惟告周公其后。王宾杀禋咸
> 格，王入太室，裸。王命周公后，作册逸诰。

成王"烝祭"先祖用的还是牛："文王骍牛一，武王骍牛一。""王宾杀禋咸格"的意思是助祭的诸侯们在杀牲祭祀的时候都来了，也就是说这次祭祀成王自己牵牛、射牛并解牛，亲自主祭。《小雅·信南山》专门歌颂了这个过程："祭以清酒，从以骍牡，享于祖考。执其鸾刀，以启其毛，取其血膋。"从前武王即位，牵牛的是太公望。这次成王亲自牵牛、射牛、解牛，表明他能像舜帝那样亲自主祭，而不是像太甲上位那样还需要伊尹帮忙。成王完成屠牛也表明姜"牛人"可以退休了。那么周公呢？当初周公为了摄政抢祭祀权而排挤太公望（后文详述），当下，姜"牛人"以退为进，教会成王"屠牛"。"王命周公后，作册逸诰"，周公只有遵命退位。

《信南山》正是记载了这一次成王在成周的"南山"即嵩山祭祖。"信彼南山"强调本次祭祖必须诚信守约。周公要守约还政，成王要守约优待。"维禹甸之"是抬出大禹共同

作证。关键是"畇畇原隰","南东其亩",成王这位"曾孙"要亲自"田之"。"我疆我理"这四个字太有现代感了,年轻人常说"我的事情我做主",当着先祖、诸侯们特别是对总爱谆谆教诲的周公,二十岁的成王大喊一声:我的天下我做主!

信南山

信彼南山,维禹甸之。畇畇原隰,曾孙田之。我疆我理,南东其亩。

上天同云,雨雪雰雰。益之以霢霂,既优既渥。既沾既足。生我百谷。

疆埸翼翼,黍稷彧彧。曾孙之穑,以为酒食。畀我尸宾,寿考万年。

中田有庐,疆埸有瓜。是剥是菹,献之皇祖。曾孙寿考,受天之祜。

祭以清酒,从以骍牡,享于祖考。执其鸾刀,以启其毛,取其血膋。

是烝是享,苾苾芬芬。祀事孔明,先祖是皇。报以介福,万寿无疆!

成王写《信南山》,周公就写《殷其雷》。周公从"节彼南山"到"归哉归哉",原因正是在南山的"殷其雷"。此处"殷"不是指殷商,而是其本义大型歌舞祭祀。"雷"是"密云不雨"的惊雷,周公无法反抗,"何斯违斯,莫敢或遑/遑息/遑处","振振君子"只能"归哉归哉"!

殷其雷

殷其雷，在南山之阳。何斯违斯，莫敢或遑。振振君子，归哉归哉！

殷其雷，在南山之侧。何斯违斯，莫敢遑息。振振君子，归哉归哉！

殷其雷，在南山之下。何斯违斯，莫或遑处。振振君子，归哉归哉！

《诗经》中用牛祭祀的记载还有很多。《周易》中多次的"享"即祭祀肯定要用牛，包括"用享于天子"等。但专门提到牛羊的却很奇怪："丧羊于易""丧牛于易"。

牛代表的是王或天子级别。把牛的祭祀权弄丢了意味着什么？"丧羊于易""丧牛于易"实际是记录了商朝早期的历史"王亥丧牛羊于易"。王亥被有易氏杀人越货抢了牛车，此即"丧牛于易"。之前他的羊也被有易氏抢过，即"丧羊于易"，但是他显然没有加强防范，最终身死（文王遗训案例之一）。商人的历史教训是必须仗剑才能行商，终于发展成商业军事霸主。最终军事霸主都会走上抢钱比做买卖挣钱更快的歪路。讲解削藩的《大壮》卦以公羊而不是公牛为例，是因为削藩削的是羊级别的藩。所以，"丧羊于易，无悔"。对于强藩，要尽量"君子用罔"，围住压制即可，哪怕"羝羊触藩"危害边区也可忍，甚至公羊诸侯分裂了"丧羊于易"也"无悔"。原则是不损耗国本，否则就会变成纣王削藩三公与东夷。

《大壮》卦强调宁可丢羊，绝不丢牛。纣王对三公、东夷的政策就是舍不得羊。《旅》卦"旅即次"即派出旅（不是全师）打击次级的诸侯。这些"大人"就是羊，有温顺地被剪羊毛的绵羊，也有"壮"了用角顶破篱笆的公羊。商朝的主官虞和牧师如何"牧"羊呢？纣王一味使用武力，打赢了"怀其资，得童仆"未必是好事（"贞"）；打烂了"焚其次，丧其童仆"更加不利（"贞厉"）；对方付钱投降"得其资斧"也是"我心不快"，毕竟兴师动众不是为了赔款。这次服软，下次呢？（想想西周）"鸟焚其巢，旅人先笑后号咷。丧牛于易，凶"十分生动地记录商"鸟"伐东夷"鸟"，商军把东夷"鸟巢"烧了获得大胜所以"先笑"。但是伐东夷损耗了"旅"，导致"丧牛于易，凶"，亡国了，那就只能"后号咷"了。

《周易》以"王亥丧牛羊于易"以及纣王削藩之旅来告诫子弟们。对比的正面案例是《同人》卦记录的文王伐蜀并将蜀统战："同人先号咷而后笑"，刚好与"旅人先笑后号咷"相反。关键人物还是牛人姜"大师"，只有他才能胜任化敌为友"克相遇"。《无妄》卦讲解纣王的各种努力都是"无妄之灾"，周人却"不耕获"。结论还是因为"牛"："无妄之灾；或系之牛，行人之得，邑人之灾。"商周全国全军全民的命运都"系之牛"。"行人"是长途奔袭的周军，"邑人"是守朝歌的商人，双方争夺的是"牛"权，决定胜负的是"牛人"。

4. 兼济天下的丈人与《王风》怀古诗

中华文明中，从共工到大禹、姜丈人、墨家钜子、洪门木立，唯物主义与科技创新的精神，艰苦践行与兼济天下的抱负是经常被忽略却一直没有断灭的另一条"先贤骨血"。

　　"丈人"在邑姜嫁给姬发之前并不指代岳父、老泰山，而是一个职位，类比的就是兼济天下的墨家组织的领袖"钜子"。"钜"就是规矩的"矩"，与"仗"的区别只是折叠一节而已，都是丈量或测量工具。"丈人"与"钜子"的造词结构一样意思也一样。

　　《师》卦显示，姜太公也被称为"丈人"。因为本卦七个"师"字恰恰没有一个指姜太师，而是用"丈人"指姜太师。姬发出师，"贞丈人，吉"是听丈人的就"吉"。也就是说《师》卦和《诗经·大明》一样继续为"丈人"记录功勋。这是第一次用"丈人"指代"总司令"，从此战争就叫"打仗"，打仗的人就是"丈人"。

　　"丈人"的本义就是持杖之人，就是懂得运用"规"和"矩"丈量的人，就是掌握科技与数学进而掌握权柄的人。智慧女神雅典娜就是一位"丈人"，她的权杖是"知识"。培根的名言"知识就是力量"，本意就是知识的权杖。有人认为莎士比亚就是 Shake of speare，就是雅典娜，就是培根等炼金术士升级时代的集体之名。

　　共工被舜列入"四罪"流放于幽陵，"以变北狄"，史学家推测墨家渊源于此。《国语》称共工氏的传统是"伯而不王"，即奉行人人平等。《尚书·尧典》也说唯有共工能团结众民："共工方鸠僝功。"尧批评共工"静言庸违，象恭滔天"，也可理解为政治上不盲从上级，信仰上唯物主义。《国语》载："昔共工弃此道也，虞于湛乐，淫失其身。"一般把"湛乐"和"淫"都解释为沉迷于享乐。但共工并没有沉迷享乐的记载，而大禹、墨家都是苦行僧。奇技淫巧的"淫"

不是色情而是过度的意思（包括"万恶淫为首"也是这样理解的）；"虞"是主官的意思；"湛"原意应是过多的水或过度于水业；"乐"应该是"药"。"虞于湛乐"指共工主官治水与医药。共工、墨子过度沉迷于黑科技即"奇技淫巧"。墨家在战国时就创立了几何学、物理学、光学一整套科学理论。他们靠组织纪律与黑科技而强大。仅木工技术单项而论，木匠祖师爷鲁班都比不过墨子。

墨家政治思想类似姜太公："尚贤""尚同""爱民"。他们主张天子、诸侯、各级官员都要"选择天下之贤可者"，"官无终贵，民无终贱"；而百姓则因此服从君上，从而实现姜子牙多次强调的"一"与"同"，"一同天下之义"。墨家提出了检验真伪的三条标准，重在"国家百姓人民之利"："上本之于古者圣王之事"；"下原察百姓耳目之实"；"废（发）以为刑政，观其中国家百姓人民之利"。墨家的行为方式类似大禹、姜子牙，一是极简主义，量腹而食、度身而衣；二是积极、勤奋，日夜不休奔走各国；三是兼济天下的理想主义，"兴天下之利，除天下之害"，"摩顶放踵利天下为之"。

墨家在秦以后逐渐消失了，很难找到"丈人"与"钜子"的明确关联。只有《吕览》留下了五位钜子几个故事的线索。

第一个故事是孟胜183人赴死。钜子孟胜受阳城君之托驻守封国并掰玉环为信。阳城君参与了射杀吴起之乱逃走了，楚肃王收回阳城封地。此时，孟胜守无信符，走则不但有负阳城君之托，而且也不符合墨家之义。孟胜决定为了信义主动自杀，弟子同时殉难。"孟胜赴死"体现的是墨家与钜子为信义视死如归而且上下一致。183人就能守一座城？《墨子·公输》篇记载墨子止楚攻宋，派禽滑厘等300人就能守城。300人与183人说明墨家一支队伍的规模也是2～3个"百夫"，和吕尚建立、吕伋统领的周王禁卫军编制一样。

第二个故事是腹䵍大义灭亲。钜子腹䵍的儿子在秦国杀人，秦惠王法外开恩，希望钜子与墨家集团为秦王效力。腹䵍大义灭亲，杀了唯一的儿子。这则故事体现了墨家与钜子的"公心"与"无私"，同时显示墨家组织纪律严明，有自己的成文法："墨者之法曰：'杀人者死，伤人者刑。'"腹䵍居秦，也透露出秦军武器装备少不了墨家的贡献。

第三个故事是田襄子。田襄子为钜子的记载只有两则，一在"孟胜赴死"事中，一在刘向的《说苑·尊贤》中。这两篇记载结合可以发现两个重要信息。一是钜子的江湖地位。翟璜（又作翟黄）是推荐吴起、西门豹、乐羊、李悝而使得魏国大治的大丞相。即使他见到钜子也要"下车而趋，自投下风"。二是原来田氏代齐也少不了墨家。田襄子即田盘，是田常的继承人。齐桓公任命田氏第一代陈完为世袭工正管理百工，类似共工。这应该就是渊源。田襄子接管了墨家集团，同时接管了齐国。类似宋江接管梁山、朱元璋接管明教，墨家的命运不会好。

第四个故事是谢子西见秦惠王。东方之墨谢子去见秦惠王，但是没有与秦之墨者唐姑果打招呼，唐姑果当然"恐王之亲谢子贤于己"。而秦惠王见谢子之前先征求唐姑果的意见，足见信任。《韩非子·显学》载："自墨子之死也，有相里氏之墨，有相夫氏之墨，有邓陵氏之墨。"墨家的三派分别以楚国、齐国和秦国为主要活动地区。楚墨大多是游侠仗义；齐墨是学者辩论；秦墨继承了黑科技，更务实。

《吕览》说明了秦国工业与工程技术超出时代的墨家因素。《吕览》也提示了墨家与钜子消亡的线索，不排除田氏代齐以及秦朝统一之后鸟尽弓藏。当然，墨家本身在理论与实践上也有缺陷，只继承了姜丈人的一半。首先是思想纲领只有苦没有福，违背了人性。庄子评价说："反天下之心，天下不堪。"司马迁总结说："墨者俭而难遵。"姜丈人对自己是极简主义，对战友、盟友、天下人却是"利"。其次是墨家后期的行为过于僵化，失去了权变之道，自然很容易被新世界的统治者轻松团灭，尤其是连续碰上田氏与秦皇汉武这样的狠人。最后一个原因是墨家失去了姜丈人那样终身奋斗、颠倒乾坤的革命精神。既然要兼济天下，就不能局限于做不同诸侯的打手。如果姜丈人再世，要么一代代"光烈"，要么为帝王之师，定天下之治。

姜太公身兼丈人、太山之公、吕上、太师等多个职位。特别是丈人、公、师的组织、行政、军事三合一的特征，可比案例是郑成功。郑成功领导海上武装抗清力量，收复台湾，建立了南明抗清的最后根据地。这位反清复明的光烈之族还有一个重要身份：汉留、洪门合流后的金台山首领。他是洪门的"钜子"或"丈人"。洪门三合会、红花会、天地会、小刀会等起义都是打着大元帅郑成功的号令。

汉留、洪门的创始人之一方以智也是"虞于湛乐"的典型。他是崇祯太子讲官，也是科学家。他发明了数学符号

"∴"，还提出了许多物理理论(《物理小识》)。靠他儿子孙子的数学计算技术，雍正才能完成摊丁入亩，否则面积、产量、税率都算不清。他还是世界上第一位编辑大百科全书(《通雅》)的人。最重要的是他对"药"痴迷。他在抗清义军失败后出家成为曹洞宗主持并自号"木立和尚""药地大师"，立志在青峰山(青梗峰)修炼治疗中华的补天石"宝玉"，参与创作《红楼梦》，亲自实践创立洪门。有人说洪门、共济会都是共工之门，mason＝墨子。共济会自称石匠工会，追寻通灵宝玉"哲人之石"拯救世界，而且都采用共工的圆规、标尺为会标。墨子曰："我有天志，譬若轮人之有规，匠人之有矩。轮匠执其规矩，以度天下之方圜。"

洪门源于"汉留"，因为丧失了中原的土地，所以在繁体"漢"字里除去"中土"就成"洪"。汉留创始人方以智、顾炎武、黄宗羲等人源于复社，志向是保留汉文明的火种，政策是"反清复明"。与汉留类比，姜丈人们的志向是"兼济天下"，反商复夏，恢复黄帝文明。汉留、洪门的前身是复社武装部"云龙社"，其多次起义失败后投奔郑成功。传说的洪门创始人"万云龙"其实就是万万千千的"云龙社"。汉留的顾炎武、冒辟疆等曾与吴三桂联合反清。顾炎武在山西票号镖局"雀金裘"被破坏后来到陕西富平努力修复，因陕甘总督指控他图谋响应吴三桂被驱逐，随即病死于山西曲沃。《红楼梦》中的"晴雯"就对应"炎武"。吴三桂野心暴露，自己建立了"周"朝。他以周文王自比，希望汉留们成为姜太公。因为与"复明"政策不一致，王夫之作为汉留代表拒绝参加吴三桂的衡阳登基典礼。《红楼梦》以第一个梦合宝玉的秦可卿寓代李自成（秦人，可卿不可称帝），以男风乱合宝玉的秦钟寓代张献忠，第一个真正苟合宝玉的花香袭人就是吴三桂；史湘云寓代王夫之，湘江风云，水枯桂死。

《红楼梦》作者群把"姬子"当偶像。江山易主之后，汉留诸君子们怀恋故土留下了元宵节十首"怀古诗"。赤壁、钟山、淮阴、广陵、马嵬都是复社四君子战斗过的地方；桃叶渡是这些复社公子年轻风流的秦淮地名；蒲东是顾炎武与傅青主开票号之地；淮阴广陵涉及侯方域与冒辟疆协助史可法守淮以及扬州大屠杀；交趾是黄宗羲、朱舜水借兵所去；钟山是郑成功北伐最后功亏一篑的地方，当时顾炎武在江岸配合；梅花观是方以智、王夫之最后战斗的岭南梅州。怀古的地名与典故都与汉留斗争历史的重要事件相关。（以上详见《红楼大梦》）

对比汉留反清复明十首"怀古诗"，反商复夏的姜丈人在殷的回忆推测就在《王风》十首中。《王风》一般解释为东周王畿之风，但周王应入《大雅》，全部《王风》都是悲惨格调，不可能是东周王室作品。如果牵强地说东周弱小到不好意思放在《大雅》，这个说法更荒谬，后人不能替东周王室自认凤凰落地就是鸡。周公之后尹吉甫收集诗歌时还没有东周，所以王畿不可能是东周王畿，而只能是商王畿。《王风》就是原商王畿之风，内容按规制是异姓诸侯而不是周王或商王，描写的是生活在商王畿的异姓诸侯。纣王统治时期，王畿的异姓诸侯有吕上、九侯、鬼侯，商朝覆灭后还有被俘的商朝诸侯等。从内容看，其中第一首是箕子作品，六首很可能是吕尚作品，其余三首可能是商朝俘虏作品。

《王风》怀古诗第一首《黍离》就是商王畿之风的明证。《黍离》的情景类似《麦秀》，作者都是箕子。只有站在箕子的角度，才能看到"彼黍离离，彼稷之苗／彼稷之穗／彼稷之实"后，"行迈靡靡，中心摇摇／中心如醉／中心如噎"。"知我者，谓我心忧；不知我者，谓我何求。悠悠苍天，此何人哉？"这是标准的亡国腔怀古诗的语境。此何人哉？此箕子也。箕子感慨商地都是后稷的子孙，这是东周王畿还是商王畿？

《王风》怀古诗第二首是《君子于役》。

君子于役

君子于役，不知其期。曷至哉？

鸡栖于埘，日之夕矣，羊牛下来。

君子于役，如之何勿思！

君子于役，不日不月。曷其有佸？

鸡栖于桀，日之夕矣，羊牛下括。

君子于役，苟无饥渴？

在商王畿，"君子于役，不知其期／不日不月"的君子会是谁？没日没夜没有归期，当然是被拘服劳役了。"鸡栖于埘"，能住进类似陕西窑洞的"鸡"不能算受难吧？所以"鸡"是商人守卫。"鸡栖于桀"，如果"桀"解释为木桩那是监工，如果解释为残暴也可以。"羊牛下来""羊牛下括"，"下来"

不能简单理解为今日的上下，"来"与"括"都是动词，"来"通"徕"，是"氐羌徕服"的意思。"括"是被捆起来，受约束。"下"对应"吕上"的"上"。因此本诗描写的是商王朝俘虏的敌对国的王子贵族。结合"羊牛下来""羊牛下括"应该指被俘的姜方君子。姜方伯被"册"，他儿子就是吕上。四邦方失败后的吕上被"下"了。

《王风》怀古诗第三首《扬之水》与《唐风·扬之水》同名，再次证明这位君子是姜太公。"彼其之子，不与我戍申/甫（吕）/许"，姜太公家族三大姓同时列出。这位"怀哉怀哉，曷月予还归哉"的不就是卧底望归的姜太公？但是回不去家乡，保护不了同族。《唐风·扬之水》说出了原因："既见君子，云何不乐"，"我闻有命，不敢以告人"。

王风·扬之水

扬之水，不流束薪。彼其之子，不与我戍申。怀哉怀哉，曷月予还归哉！

扬之水，不流束楚。彼其之子，不与我戍甫。怀哉怀哉，曷月予还归哉！

扬之水，不流束蒲。彼其之子，不与我戍许。怀哉怀哉，曷月予还归哉！

唐风·扬之水

扬之水，白石凿凿。素衣朱襮，从子于沃。既见君子，云何不乐？

扬之水，白石皓皓。素衣朱绣，从子于鹄。既见君子，云何其忧？

扬之水，白石粼粼。我闻有命，不敢以告人。

《王风》怀古诗第四、第五首分别是《葛藟》和《采葛》。两首"葛"更加验证是朝歌时期姜太公的作品。《诗经》中以姜家"绵绵葛藟"对应姬家"绵绵瓜瓞"。

《王风》怀古诗第六首《中谷有蓷》。"蓷"就是妇科良药益母草，姜太公采集晾晒是为了前妻白马姜。但是对如此深情还懂医懂药的姜公子，她却"有女仳离"了。

《王风》怀古诗第七首《兔爰》、第八首《大车》、第九首《丘中有麻》，这三首是商王畿商人贵族的悲歌。分别描述三类商遗民：《兔爰》是向北逃亡到朝鲜等地的；《大车》是被囚车押送至成周的；《丘中有麻》是留在王畿老家的。

《君子阳阳》本来排在第三，放在最后解读是因为这首诗是姜太公在周庙烧烤纣王和妲己人头之后的作品。

君子阳阳

君子阳阳，左执簧，右招我由房，其乐只且！
君子陶陶，左执翿，右招我由敖，其乐只且！

关键字是"只（隻）"，即用手抓着大鸟。"阳阳""陶陶"都是心情灿烂其乐陶陶的意思。"左执簧""左执翿"都是葬礼场面，其实是祭祀先祖。"翿"是招魂幡，"簧"是乐器，"左""右"指排成两列的仪式场面。"招我由房""招我由敖"，描述的是姜太公端着纣王和妲己的人头，第一个被邀请进入周太庙，"敖"即敖包帐篷。"其乐只且"，即其乐陶陶，正是因为手执"大鸟"祭祀先祖。

关于周武王开国大典，《逸周书·世俘解》记载："武王在祀，太师负商王纣，县首白旞，乃以先馘入燎于周庙。"这是一生艰苦卓绝顽强斗争的姜丈人应有的待遇。

三、第一家族与夏、商、周三代的重要渊源

姜太公的大家族背景是"姜姓集团"，不服中央的部分叫"姜方"。姜姓集团与西戎本是一家，有时也称"羌戎"和"姜戎"。"羌""姜"本是同一字同一族。他们长期生活在我国西北地区，成员众多，名称各异，但有三个不变的特征：放羊、善战、不统一。

《说文解字》称："羌，西戎牧羊人也。"西戎也是姜太公先祖的一部分。四岳与西戎以及北狄原来都是一家人。甲骨文"戎"＝戈＋甲，本义是兵器的总称。《礼记·月令》说，季秋之月"天子乃教于田猎，以习五戎"。郑玄注曰："五戎谓五兵，弓矢、殳、矛、戈、戟也。""戎"原意并无贬义，是军事科技先进的意思。《尚书·尧典》说："（舜）迁（缙云氏）三苗于三危，以变西戎。"《左传·文公十八年》也记载舜把缙云氏的"不才子""饕餮"发配边疆："投诸四裔，以御魑。"也就是说舜除了把姜家先祖中掌工程技术的共工流放成北狄，还把掌军的缙云氏西迁成了西戎。这显然是对强大的炎帝后裔分而治之的安排。结合伯益与许由的退让，舜为了自己集权也替大禹—启开创夏朝"家天下"铺好了路。

西戎来自缙云氏的"饕餮"，该部的集体性格是："贪于

饮食，冒于货贿，侵欲崇侈，不可盈厌，聚敛积实，不知纪极，不分孤寡，不恤穷匮。"出身较差，生活环境恶劣，再加上缙云氏的军事实力，他们就是史书中形象不太正面的"犬戎""西戎"。《山海经·大荒北经》称："犬戎与夏人同祖，皆出于黄帝。"

《诗经》中描写早期姜太公的《唐风》和《桧风》中都提到了羔羊、羊皮袄、扬（羊）之水。后文详解唐＋桧＝骊山毕地。而描写申侯的《周南》则是穿上羊皮袄再找穷亲戚帮忙。所以武王伐纣有西部姜人参战，而邑姜留守西戎，并没有乘虚而入。武王专门写了《大雅·思齐》赞美："肆戎疾不殄，烈假不瑕……肆成人有德，小子有造。"对比《公刘》时代周人被某部分西戎骚扰勒索得只能转移，而能够安全转移，也是谈好了买路财玉、瑶、刀："陟则在巘，复降在原。何以舟之？维玉及瑶，鞞琫容刀。"本篇重复六遍的"笃公刘"，"笃"是忠厚老实、诚信守约的意思，也就是乖乖交钱买平安。

综上，戎、狄、姜原本一家。吕、许及大禹系是农业化、文明化的姜人；西戎是游牧、偏野蛮、善战的姜人；北狄是被流放但擅长工程技术的姜人。

1. 姜方与商的光烈斗争："西方美人"的故事

"羌"在先秦并不是指现在的羌族，而是商朝对西边部落的称呼。甲骨文中没有"夏"，推测商人称夏人就是"姜"，大禹也是正宗姜人。基因技术证明了"羌夏一家"，汉羌同源。

殷商甲骨文中有关"羌"和"羌方"活动的记载很多。他们是商人的重点打压对象。甲骨文中"羌"是奴隶，"羌人"甚至成了祭祀品的代名词。卜辞中用羌人作祭品的记录至少有八千次。甲骨卜辞中规模最大的战争"妇好征羌"，征的就是姜方。姜方一旦恢复就反复起义。到了三期廪辛、康丁时期，卜辞中又有商王动用五族的力量讨伐羌方的记录："王叀令五族戍羌方。"看来羌方屡挫屡勇。但他们最终还是失败了，羌方伯本人被杀死祭祀："羌方伯其用，王受有佑"；"其用羌方伯于宗，王受其佑"。这个记录也许正是姜太公父祖辈毫无记载的原因。

　　商朝周边各个"方"（部落）时叛时降，只有姜方是从头到尾与大商死斗的"光烈之族"。从甲骨卜辞中可看出姜方的"光烈"与血海深仇。姜太公早期作为姜族首领既是身经百战的悍将，也是屡败屡战的斗士。前文怀古诗《君子阳阳》，武王开国大典上，"太师负商王纣，县首白旗，乃以先馘入燎于周庙"，为何？姜太师可以告慰为了部落解放事业在历次姜方起义中牺牲的前辈与战友了。

　　洪门创始人方以智牺牲后，他的战友王夫之、归庄各自写了几十首"桃花诗"纪念、歌颂。这些诗在《红楼梦》中被提炼为第一绝唱《葬花词》。顾炎武、傅青主开创的北方反清网络"雀金裘"被毁后，顾炎武被陕甘总督驱逐而死，贾宝玉也创作了第二绝唱《芙蓉女儿诔》，这是《红楼梦》诗文中最长的一篇。《诗经》中难道没有纪念反商起义先烈的诗篇？歌颂"西方美人"的《邶风·简兮》，就是姜太公纪念"姜方"与"四邦方"起义的绝唱。

简　兮

简兮简兮，方将万舞。日之方中，在前上处。

硕人俣俣，公庭万舞。有力如虎，执辔如组。

左手执龠，右手秉翟。赫如渥赭，公言锡爵。

山有榛，隰有苓。云谁之思？西方美人。

彼美人兮，西方之人兮。

"山有榛，隰有苓"的榛子、松树苓或枫树苓都产在北方。"辔"的甲骨文是三道绳索连着一辆马车的象形，是三马拉车。"执辔如组"指的就是"西方美人""有力如虎"地驾驶着三马拉的战车。类似牧野冲锋时，姜太公"檀车煌煌，驷骒彭彭"的形象。

"辔"又指辔方，大约位于太原地区。各期甲骨卜辞显示，辔方在商朝不断反叛不断被镇压。四期卜辞记载，辔方又臣服商朝："贞甲子彫□在辔。"这是商王在辔地进行彫祭，彫祭是一种大型乐祭，应该就是《简兮》记录的"简兮简兮，方将万舞""硕人俣俣，公庭万舞"。可以看出辔地是一个文明礼仪之邦。纣王时期的卜辞中，"辔"又成为著名的"四邦方"之一："遣告侯田，册盅方、羌方、羞方、辔方，余其从侯田迪伐四邦方。"辔方应该是亡于侯田镇压，之后在卜辞中就不见踪影了。

率军灭亡辔方的"侯田"之"田"，甲骨文就是"周"，"周"字本义就是在挖好沟渠的地里种田。"侯田"并不是岐山周侯，而是纣王任命的占领这片肥沃农业区的新的"侯"。此地就是后稷在伯益凿井协助下开辟的临汾盆地，即周人农业发源地，就在霍太山下。因此，"侯田"应该就是占领军司令中潏。另外，"田"还通"畋"，"田猎"不是割稻草而是围猎。纣王伐东夷的主帅"攸侯喜"的"攸"就是"畋"，代表的是狩猎部队，即骑兵与战车部队，就是中潏、飞廉、恶来家族。"喜"与"恶"就似兄弟，推测攸侯喜是飞廉的长子，恶来的大哥。伐东夷时中潏已经去世，飞廉在中央任职，长子喜接替侯田。《逸周书·世俘解》记载，牧野之战后"太公望命御方来，丁卯至，告以馘俘"。这是打援商军最重要的一战，所以主帅姜子牙出战，速战速决。杀向朝歌勤王的"方来"估计就是恶来。随后在武王回军岐山途中，"至告禽霍侯、艾侯，俘佚侯"。"霍侯"估计就是纣伐东夷后回去的"攸侯喜"。总之，姜太公与商军战车主力飞廉家族有国恨家仇。

《简兮》就是姜太公悼念战友罄方的诗，"美"人也可能是"羌"人的通假。

"硕人俣俣，公庭万舞"与《诗经》赞美庄姜的名篇《卫风·硕人》是一个意境："硕人其颀，衣锦褧衣。齐侯之子，卫侯之妻。"其他还有《唐风·椒聊》"彼其之子，硕大无朋"等。很明显，周朝欣赏的女性美就是高大，美到极致就是"彼其之子，硕大无朋"。田氏代齐时，田常要求后代娶妻必须高过"七尺"，估计还是要在基因上追赶姜家。刘向《说苑》说吕伋后人晏子被楚王用狗洞羞辱其矮，估计是谣传。

伟大的背后都是苦难。姜太公母族姜方自夏亡后几百年坚持反商复夏，是"光烈之族"。在纣王时，姜方联合四邦方再次起兵，再次被镇压，但间接帮助了西周趁机崛起。

在最后一次姜方领导的起义中，辔方被彻底灭国。辔方既有“有力如虎，执辔如组”的军事力量，又有“方将万舞”“公庭万舞”的文化力量，当然是“西方美人”。四邦方盟誓场面和孟津姜太师誓师很像：“左手执龠，右手秉翟。赫如渥赭，公言锡爵。”“龠”如《升》卦“利用禴”，“翟”是授权使节的仪仗，“公”就是太公望，“锡爵”可以理解为《升》卦“升虚邑”或是任命为第一路军司令。“赫如渥赭”是杀牛歃血为盟，涂抹得血红。

这次四邦方起义失败后，姜太公经过反思，带领残部与西周联合并放弃了领导权。这类似洪门最终与革命党联合反清。姜方并不特指一方，洪门也很庞杂。台湾金台山反清失败后，洪门分支红帮、三点会、三合会、三河会、天地会、红花会、哥老会、小刀会、致公堂等发起过一轮轮起义。洪门在清朝二百多年斗争不息，下九流的刘姥姥(“刘”谐音“留”，也就是“留汉”)最终保护了贾府唯一后代巧儿，表明汉留后人洪门后五祖开始走下层路线(前五祖都是复社公子、大师级学问家)。刘姥姥的两个外孙板儿+青儿=反清(初级字谜)。直到清末，洪门与孙中山领导的革命党合流。最终孙中山代表新兴力量承担了革命领导权，反清复明也转变为“恢复中华”。姜方完成反商后也一样会发生转变。

周姜同盟是西周的基石，主要是齐、申代表的内地诸侯。羌人偏游牧的部分，即西与北两个方向的“戎狄”并不稳定。到了穆王时期便出现了“荒服不至”甚至“戎狄交侵，暴虐中国”局面。穆天子西游，目的正是“和治诸夏”，侧重的是西戎与北戎。商朝没有关于"夏"人的记录，"诸夏"就是"诸姜"，不服的部分都叫"姜方"。后文详述削藩，穆天子学习《大壮》很有心得。一是没有一味地像昭王一样使用武力，而是与楚国妥协稳住南蛮；二是命伯囧发布《囧命》整顿官员，任命吕侯为司寇作《吕刑》加强法治；三是拜会西王母盟约定"则"。这三项措施都是为了安内。目标是达到"平衡"状态："羝羊触藩，不能退，不能遂。无攸利，艰则吉。"

汲冢出土的《穆天子传》记载，瑶池酒会上其乐融融。西王母本人自称是天帝之女，"嘉命不迁，我惟帝女"。穆天子对她十分恭敬。西王母为他吟唱或祈祷出最重要的八个字"世民之子，唯天之望"，类似于"诸夏人的皇帝"。穆天子也真诚表态："予归东土，和治诸夏。万民平均，吾顾见汝。比及三年，将复尔野。"会后西王母相隔千年再次回访中原，可视为站台穆天子。各类文献记载，在穆天子之前，西王母还站台过黄帝、舜帝、大禹。比如，《荀子》记载"禹学于西王国"；《黄帝出军诀》说西王母帮助黄帝战胜蚩尤，包括遣九天玄女指导黄帝战略战术等；《竹书纪年》记载王母授舜玉环等支持他摄政。

"西王母"之名始见于《山海经》。《山海经》中最重要的女性就是西王母与女娲，也可以理解为母系社会有两个权力中心。陶弘景创道教"封神榜"，把西王母评定为最高女神，从此才有民间俗称的"王母娘娘"。《封神演义》中姜太公是昆仑山弟子，并非完全无稽之谈。《山海经》云："王母之国在西荒。凡得道授书皆朝王母于昆仑之阙。"《尚书纬·

运期授》记载："西王母于大荒之国得益地图。慕舜德，远来献之。"西王母之国是"得道授书"之国与大禹受教之国，还保存了伯益《山海经》的地图。后文详述，黄帝在昆仑山开创的"绝地天通"天文地理观察记录的数据库正是姜太公一生学识的基础。

2. 大禹后人白马姜：前妻马氏与反商联盟的离合

姜太公的婚姻在史书中并无记载。同期的周公、召公、辛公甲、微子启等也没有，这应是史官的规制。姜太公的幸运或重要性是至少还有传说。后文详解"齐之逐夫"是姜太公接管齐国被本地东夷贵族抵制这段历史的谣言版。七十二岁娶妻就没法生出吕伋、丘公、邑姜了，实际应是他七十二岁嫁女姬发。《封神演义》中说姜太公有马氏、申姜两位妻子，下文论述这并非凭空编造。在《诗经》《周易》与甲骨卜辞记载的真实历史中，马氏代表大禹后人白马姜，在反商联盟中先进后出又回，这段历史被演义成了前妻马氏的离婚与复婚。姜太公的嫡妻申姜是女娲传人骊山氏的公主与女王，这个"申氏"家族因为婚姻成为姜太公毕生事业（"毕业"即捕鸟之事业）的流亡地与根据地"毕"，同时骊山氏作为"华夏源脉"为姜太公的学识补充了《太始天元册》《申书》《阴符经》等。在西周王室与申氏的婚姻与继承人博弈中，申侯联合西戎一手操纵了秦国的诞生与西周的灭亡。正是因为姜太公的婚姻如此重要，所以和其他各公对比，他才能拥有传说。

宋代王楙《野客丛书》介绍了"覆水难收"这个典故：

案姜太公妻马氏不堪其贫而去，及太公既贵再来，太公取一壶水倾于地，令妻收之，乃语之曰："若言离更合，覆水定难收。"

《封神演义》也在许多章回描写姜太公有位前妻马氏，要点如下。

（1）七十二岁的姜子牙从昆仑下山，到朝歌投靠朋友宋异人，宋异人做媒让他娶了六十八岁未婚的马氏当老婆。两人最终分手。

（2）婚后过日子，马氏催他做点小买卖，编笊篱、磨面粉、开饭店、卖猪羊等，一事无成、穷困潦倒。"贫贱夫妻百事哀"，在这段婚姻中双方都很不好过。

（3）"子牙成亲之后，终日思慕昆仑，只虑大道不成，心中不悦，那里有心情与马氏暮乐朝欢。马氏不知子牙心事，只说子牙是无用之物。"

（4）丞相比干推荐姜子牙做了大夫。纣王命他督建摘星楼，姜子牙逃官被纣王追杀。马氏坚决要求离婚。因为被马氏"抛弃"，姜子牙叹曰："青竹蛇儿口，黄蜂尾上针。两般由自可，最毒妇人心。""最毒妇人心"就出自这里。

（5）马氏离婚后再婚农户张老三，姜子牙带大军入朝歌，马氏羞愧自缢而死。

（6）在封神时，姜子牙封马氏"扫帚星"。扫帚星就是彗星，旧时认为扫帚星主扫除，见则有战祸或天灾，是颗灾星。

艺术来源于生活高于生活。《野客丛书》与《封神演义》

也有古籍记载作为依据，只不过夸张了。特别是《封神演义》出自东林党才子集体创作，隐含着历史素材。鉴于清朝编辑《四库全书》时焚毁了更多数量的图书资料，不排除宋明尚有部分姜太公真实史料。"马氏"的故事其实来源于大禹之族白马姜与姜方的革命婚约。"光烈之族"姜太公一生的事业就是反商。"马氏不堪其贫而去"，源自白马姜眼见姜方发起的四邦方起义再次失败，反商事业到了最低谷感到无望而退出联盟。白马氏如果再次回归要求"复婚"，按照孟津会师的检验原理，确实意味着伐商的大时机也就是"扫帚星"到了。

《山海经》称："黄帝生骆明，骆明生白马，白马是为鲧。"鲧是白马羌首领，那白马氏就是大禹夏朝的中坚，姜太公反商的第一天然盟友（除非革命意志衰退）。《商颂·殷武》记载，商汤灭夏重点打击对象就是荆楚和氏羌："挞彼殷武，奋伐荆楚……昔有成汤，自彼氐羌，莫敢不来享，莫敢不来王。"《魏书》指出"氐羌"即"白马羌"："氐者，西夷之别种，号曰白马。三代之际，盖自有君长，而世一朝见，故诗称'自彼氐羌，莫敢不来王'也。"

羌人是大夏的主体。两千年来，羌人始终活跃在中华舞台，始终是一支分分合合的重要力量。夏亡后，夏桀迁至南巢，夏人的另一支随其首领淳维北迁成了匈奴。其中，白马姜一部会退回西部出发地，汉代称今川北陇南白龙江流域的羌人为"白马羌"或"白马氏"。这个"白马羌"在周人岐山西南。后文详述姜太公再婚嫡妻申姜家族在骊山，位于岐山之东。而他本人家族在北部"楮"、吕隧。"楮"、周、骊山、白马姜联合起来就是西部联盟，这就是古公与姜方的"翦商"规划。

《复》卦记录武王班师，其中"中行，独复"很费解。"中行"是行"中（众）"道，所以伐纣的是"龙旗"联军（后文详述"龙旗"）。"獨"＝犬＋蜀，养犬最著名的就是"犬戎"，如果犬戎＋蜀地是指哪个部族？白马姜。

看看下面这些甲骨卜辞。

□寅卜，壳贞：登人（召集士兵）征蜀。

□寅卜，壳贞：王登人征蜀。

丁卯卜，壳贞：王敦岳于蜀。

癸酉卜，我贞：至蜀无祸。

辛酉卜，录贞：至蜀无祸。

甲寅卜，臣子来蜀（蜀人来朝拜）。

"王登人征蜀"说明商军不远千里伐蜀。商王也明白白马姜的重要性，不会眼看着太岳姜方与他们联姻。"王敦岳于蜀"的"岳"显然不是蜀，而是姜太公家族。"敦"本义是打击并击败打服，如《鲁颂·閟宫》"敦商之旅，克咸厥功"。所以，此次伐蜀打掉的却是"岳"，也许这就是姜太公与白马姜离婚的因或果？蜀人被商人打服了甚至出卖了太岳部："至蜀无祸""臣子来蜀"。所以才会有文王伐蜀太公出战，"先号咷而后笑，大师克相遇"。"牧誓"的联军中蜀排第二，"复婚"后重新积极反商。

姜太公时代真实的婚姻一定是门当户对而且是同盟家

族，更换"嫡妻"意味着政治联盟的破裂。姜太公先与白马姜联姻再与申姜（申国）联姻也非常正常。即使到了战国时代，《韩非子》说吴起为了获得信任还要"杀妻求将"：杀"齐女""以明不与齐也"。吴起曾助魏崛起为战国第一霸，半途而废仍然是因为"婚姻"而成为"逐夫"。《史记》记载，公叔痤娶了魏国公主当上了魏相。此人嫉贤妒能赶走了吴起与商鞅。他吓跑吴起的诡计就是帮吴起做媒娶公主。第一步建议魏武侯通过联姻留住大才吴起；第二步把吴起请到家里观看公主夫人如何表演凶狠跋扈。"于是吴起见公主之贱魏相，果辞魏武侯。武侯疑之而弗信也。吴起惧得罪，遂去，即之楚。"

《归妹》卦所述，"婚姻"如此重要，不"利"就得"离婚"。不仅姜太公，就连文王、武王的正妻都是二婚。武王 40 岁左右时与邑姜联姻，早过了初婚年龄。"帝乙归妹"也是文王的第二次政治婚姻。之前的婚姻可视为"离婚"。《归妹》言："其君之袂不如其娣之袂良；月几望，吉。"从联盟"袂"的角度说，大老婆不如二老婆好。这个比喻也适用于姜太公，卦中描写的大老婆不生孩子、不给公婆敬献果篮之类，也可描述马氏对姜子牙的无礼。

《诗经》中一篇众说纷纭的逃婚或离婚诗《鄘风·蝃蝀》现在有了出处。"鄘"在商王畿南部，就是太公曾生活过的黄河三岔口"棘津"地区。离婚诗除了《蝃蝀》，还有《中谷有蓷》；复婚诗则有《有客》《白驹》，女主角都是白马姜。

蝃蝀

蝃蝀在东，莫之敢指。女子有行，远父母兄弟。

朝隮于西，崇朝其雨。女子有行，远兄弟父母。

乃如之人也，怀昏姻也。大无信也，不知命也！

　　"蝃蝀"一般解释为彩虹，象征爱情。但是彩虹为何用双"虫"来表示？古人造字能把彩虹和虫子联系起来？"蝃蝀"应指代大禹之族蜀。三星堆大立人如果两手握蛇缠在身上是不是"蝃"？戴上大眼面具是不是"蜀"？这个逃婚女就是马氏。"蝃"是孤字，读音为 dì，猜测"蝃蝀"＝以虫为特征的"东帝"。"蝃蝀在东，莫之敢指"是夏朝在东部主政时代，正是"东帝"（原称"后"）；"朝隮于西，崇朝其雨"，这是夏人主力退回到西部老家时代，另一个势力范围在"崇"即嵩山，而且"朝"被"雨"即政权被商朝军事打击。"东""西""崇"就把白马氏的家史与现实精辟地讲明白了。因此，对于白马姜的离婚即脱离反商同盟，姜太公才愤恨地说："乃如之人也，怀昏姻也。大无信也，不知命也。"虽然失去了全国政权，但实力仍然很"大"。参加西部联盟却"无信"，背叛了盟友也忘记了大夏之"命"。这个"命"不是普通人的富贵命，《诗经》等当时文献都是特指"文王受命"的"天命"。正因为大禹后人放弃了"命"，才有了姜太公鼓舞周人承担起领导权。

　　白马姜作为大夏的重要力量而且占据着西周的侧后方，对于商、周双方都很重要。经过文王与太公伐蜀，姜、周达成了同盟。然而毕竟有过"离婚"经历，如何保证这个重建的同盟的稳定呢?《周颂·有客》给了解答:"有客有客,亦白其马。"因为有箕子拜见武王的故事,所以解释成箕子骑着白色的马来做客。箕子骑什么马很重要吗?惜字如金的时代需要记录没意义的事情吗?真正需要歌颂的"白马"是白马姜的统战,既统且战。"好马就吃回头草,浪子回头金不换"。

有　客

有客有客,亦白其马。有萋有且,敦琢其旅。

有客宿宿,有客信信。言授之絷,以絷其马。

薄言追之,左右绥之。既有淫威,降福孔夷。

(1)"有萋有且","萋"是花纹交错的样子,如《小雅·巷伯》"萋兮斐兮";"且"原意是男根,衍生为"祖"的祭祀。白马氏是夏,夏即五色斑斓;夏本先朝,"祖"是其历史悠久的特征。

(2)"敦琢其旅",对比敦商之旅,多了个"琢",不打不成器。

(3)"有客宿宿,有客信信",住一天叫"宿",住两天叫"信"。这个问题就是一夜情还是过一辈子,姜周当然希望"信信"。

(4)"言授之絷,以絷其马。薄言追之,左右绥之。既有淫威,降福孔夷",这就是长久婚姻的保障措施。用缰绳套住她,如果跑就追回来用左右两面的缰绳"绥之"。"绥"的本义就是用绳子捆住防止逃跑,衍生出"绥靖""绥远"。

还真是"淫威"啊。

《小雅·白驹》表达的是一个意思。类似清华简《耆夜》在与"客"欢聚结盟的场景下，《有客》很朴实，像是文王或太公的作品；《白驹》更优美，应该是多才多艺的周公创作的。

白　驹

皎皎白驹，食我场苗。絷之维之，以永今朝。所谓伊人，于焉逍遥。

皎皎白驹，食我场藿。絷之维之，以永今夕。所谓伊人，于焉嘉客。

皎皎白驹，贲然来思。尔公尔侯，逸豫无期。慎尔优游，勉尔遁思。

皎皎白驹，在彼空谷。生刍一束，其人如玉。毋金玉尔音，而有遐心。

(1)"皎皎白驹，食我场苗/藿"，指白马姜已经开始接受姜周联盟的援助，即姜周已经履约。所以要加强控制，"絷之维之"，达到"以永今朝"到"以永今夕"，即朝夕相处永不离弃。执子之手，白头偕老，山盟海誓，永不变心。

(2)"所谓伊人"，白马姜与江汉诸国一样都是姜周联盟渴望联姻结盟的对象。一个"在彼空谷"；一个"在河之洲"。"空谷"是蜀地包括陇南、汉中的地形特点，比如子午谷、褒斜谷、上方谷等。

(3)"于焉逍遥/嘉客"，来了就别走了。可以联想贾宝玉听说林妹妹要走的情节。

(4)"皎皎白驹，贲然来思"，参考《贲》卦"贲如皤如，白马翰如。匪寇，婚媾"，是一个意思，而且是可以互相验证的白马姜的故事。

(5)"尔公尔侯，逸豫无期。慎尔优游，勉尔遁思"，"尔公尔侯"是白马姜首领，显然谈个恋爱、喂马儿几片菜叶子，不至于要求人家首领不准犹豫、不准游荡、不准有逃跑的想法吧。就是要求对方必须履约(毕竟离过一次)。

(6)"生刍一束，其人如玉"，别人求婚手捧鲜花，周公子却是割了一束嫩草。人家可是"其人如玉"，一直守身如玉。

(7)"毋金玉尔音，而有遐心"，贾宝玉、林黛玉的"金玉良缘"原来如此，周公子说，你别嘴上说"金玉良缘"却"而有遐心"，又惦记"木石之盟"。看来《红楼梦》的作者没少读《诗经》与《易经》。

当然，箕子身为商朝贵族统战的代表，《诗经》也不会忘了宣传这件美事。《周颂·振鹭》中，"鸟"代表商人，"鹭"是白色的大鸟，指代箕子。他是白鸟而不是白马。《振鹭》很好理解。箕子友好地来到了我西雍做客，他的言行就像"振鹭"一样"亦有斯容"。箕子不管是在商还是朝鲜，对周都无害，来了周咱们也不厌恶他。这是和平共处的典范，希望友谊与佳话地久天长。

振　鹭

振鹭于飞，于彼西雍。我客戾止，亦有斯容。

在彼无恶，在此无斁。庶几夙夜，以永终誉。

附文 《归妹》卦对"婚姻"的总结

第五十四卦 归妹

归妹：归妹，征凶，无攸利。

初九：归妹以娣，跛能履，征吉。

九二：眇能视，利幽人之贞。

六三：归妹以须，反归于娣。

九四：归妹愆期，迟归有时。

六五：帝乙归妹，其君之袂不如其娣之袂良；月几望，吉。

上六：女承筐，无实；士刲羊，无血，无攸利。

《归妹》卦的卦辞是"征凶，无攸利"。打仗不如和亲联盟。本卦专门回顾重要事件"帝乙归妹"，同时回应《周易》下经开篇《咸》卦如何抱得美人归的主题。《归妹》卦意味着商、周融合基本结束。《周易》下经强调两点：一是换位站在统治万邦的立场强调"归妹"怀柔政策的合理性，即卦辞"征凶，无攸利"；二是反思商对周"归妹"政策的失败，强调"归妹"的有效性取决于真诚、守约与共享实际利益。

商人和古典犹太人一样不与外族通婚，因此商帝做媒"归妹"只能是商朝联系紧密的部族郡主。周人可考的"归妹"有两次：季历娶太任；姬昌娶太姒。季历时的"帝乙"指"帝武乙"，而《泰》卦记载的"帝乙归妹"才是"帝乙"文丁。

但是《泰》卦说这个"妹"有"不字"的问题，而太姒生有十子，与之不符。这说明姬昌的"帝乙归妹"前后也有两次。第一次婚约的结果是"归妹愆期，迟归有时"，"女承筐，无实；士刲羊，无血，无攸利"。再更换人选第二次"归妹以须，反归于娣"，"帝乙归妹，其君之袂不如其娣之袂良"。帝乙安排的姬昌第一次婚约缺乏诚意，第二次文王迎娶太姒，"娣，跛能履，征吉"，"眇能视，利幽人之贞"。太姒是差一些的"娣"，但也够了。

"归妹以娣，跛能履，征吉"，古代姐姐称"妹"而妹妹称"娣"。这个"娣"才是太姒。太姒是夏人。夏人虽"跛"但也能"履"，联盟征伐商，"吉"。相对于大商之妹，夏人太姒就是娘家势力差一些的"娣"。《周易》中有"归妹以娣"，就是指莘国之女嫁给姬昌。太姜、太任、太姒合称"三太"，"太太"就代表贤德三太。

"眇能视，利幽人之贞"，"视"的甲骨文表示向神祭告时仔细察看显示的征兆。本爻是说这个"娣"太姒是巫师，类似辅佐商汤的傅说。古代巫师往往是优秀的女性，因此称"大邦有子，俔天之妹"。"俔天"就是如间谍般察看天象："船上候风羽谓之俔，能谍知风信也。"太姒大大提升了周人的占卜水平，所以"利幽人之贞"。"幽"即《诗经》中的"豳"，是周人老家。太姒给姬家带来了巫术与八卦教育，她本人还亲自做了程寤之梦。按本卦记载，她的老公文王与儿子周公能演周易应该与她有关。《尚书·金縢》说周公"多才多艺，能事鬼神"，应该就是指"巫"才。武王之女大姬就是女巫，在她的带动下陈国盛行巫舞之风。这都是太姒家传。

"归妹以须，反归于娣"，"须"是拿着鱼须笏的大臣。《礼记》有云："笏，天子以球玉，诸侯以象，大夫以鱼须文竹。"鱼须笏是大夫所用之笏，因饰以鲨鱼须而得名。"归妹以须"指的是太姒嫁过来，意味着辛公甲加入联盟；邑姜嫁过来，姜大人就更坚定了。"反"是翻山越岭的曲折过程，说明中间换了女人而且过程来回费力。

"归妹愆期，迟归有时"解释了上面的"反"，原因就是商帝"归妹愆期"。古文称四季为"时"，一天为"日"。原来愆期了一年，显然没诚意，而《泰》卦说文王已经割让了一半领土，商王却毁约。最后文王娶了"娣"没娶到"妹"，同时也改变了政治联姻的组合。

"帝乙归妹，其君之袂不如其娣之袂良"，通过"帝乙归妹"换妻，文王认识到商王不如娣及娣的家族"袂良"。"袂"是衣袖。"执子之手，与子偕老"，携手"连袂"就是联盟。换妻的新联盟是夏人与羌人，从此周王后大都姓姜。所以"月几望，吉"。另外一个意思是同时记录了微子启与西周的联盟就是"其娣之袂良"。

对比"归妹以娣"，本卦最后总结"帝乙归妹"："女承筐，无实；士刲羊，无血，无攸利。"双方的婚姻联盟是重要事件，仪式很隆重。"士刲羊，无血"，无血之羊是死羊；"女承筐，无实"，新媳妇献给婆家的果篮没有果。这个比喻指责商王无诚意，当然"无攸利"。

"利"是"归妹"联盟稳固有效的关键。《六韬》讲争夺天下就是逐鹿，关键是分鹿肉。春秋乱世的"秦晋之好"是"归妹"政策的转折点，"姬姜之好"成为绝唱。《左传》记载晋献公要嫁伯姬给秦穆公，以"帝乙归妹"占卜："侄从其姑，六年其逋，逃归其国，而弃其家，明年其死于高梁之虚。"从伯姬开始，秦、晋三代国君公主嫁娶不断以实现政治联姻。骊姬之乱，秦穆公帮小舅子夷吾做了晋君，但是不久夷吾翻脸攻秦惨败，儿子公子圉到秦国做人质修好。秦穆公把女儿怀嬴嫁给公子圉亲上加亲，然而公子圉做了晋怀公又过河拆桥。秦穆公立即把女儿怀嬴改嫁重耳并帮重耳夺权。重耳一死，秦穆公借机东进，晋军在崤之战全歼秦军。其他各朝案例也多是"女承筐，无实；士刲羊，无血，无攸利"，局势有变时该下手就下手。

西方"归妹"也比比皆是，"妹"本人往往是利害算计中被忽略与牺牲的一方。君士坦丁把"归妹"当忽悠妹夫李锡尼搞东西两巨头的道具。查理大帝为了对付弟弟卡罗维迎娶了伦巴第公主，获胜后为了再与教皇结盟又把她抛弃，并攻占了伦巴第。因为对"归妹"的过于玩弄，他死后被人恶毒地诅咒说在地狱被野兽咬碎了阴部。最典型的是第一次世界大战，三个拼命的德皇、沙皇与英王，因为"归妹"互相都是表兄弟。德皇还是维多利亚女王最钟爱的外孙。

3. 姜太公嫡妻家族"申"：骊山女娲与"华夏源脉"

传说姜太公二婚很美满，嫡妻叫"申姜"。《封神演义》说其父亲是申杰，母亲是"任氏芙蓉"。小说毕竟不是历史。以下将凭借申侯与周孝王的一次对话所提供的可靠线索，证明姜太公嫡妻确实是申国公主或女主"骊山女"。骊山地区原为"毕"，后分为"唐"和"桧"。"毕业"就是师尚父毕生的反商"捕鸟"事业。骊山不仅是吕尚的流亡地，也是四邦方、白马姜联盟起义失败后的新基地。太公救文王贿赂纣王的"文马"即出自骊戎。姬昌与太公两次相会都在骊山，"桧"可能就是一个纪念地的命名。因为女娲传承的"华夏源脉"，骊山也是太公一生学识的另一个渊源，包括《阴符经》（《申书》）、《素书》、《素问》，素女就是骊山女，也称骊山老母。

姜太公时代，贵族女性一般有姓无氏。如果姜夫人叫"申姜"，那么可知她是姜人贵族，但必须出五服。例如，周宣王娶了姜姓齐国公主，他们的儿子周幽王娶了姜姓申侯的女儿。"申姜"以国为姓，她就算不是申国的女王或执政者，也至少是申国宗室之女。晋文公重耳的夫人齐姜与卫庄公蒯聩的夫人吕姜也是同样的命名方式。甘肃灵台县出土的西周初"吕姜作簋"，说明某位吕国公主嫁到了灵台。

申国作为吕氏分出的一支，在西周末年举足轻重。除了联合缯国、西戎杀死周幽王，扶立外孙周平王开启东周，申侯干的另一件大事是保秦国女婿。《史记·秦本纪》记载：

> 申侯乃言孝王曰："昔我先郦山之女，为戎胥轩妻，生中潏，以亲故归周，保西垂，西垂以其故和睦。今我复与大骆妻，生适子成。申骆重婚，西戎皆服，所以为王。王其图之。"于是孝王曰："昔伯翳为舜主畜，畜多息，故有土，赐姓嬴。今其后世亦为朕息马，朕其分土为附庸。"邑之秦，使复续嬴氏祀，号曰秦嬴。亦不废申侯之女子为骆适者，以和西戎。

申侯向周孝王进言说的秦国先人传承名单没有错，但说中潏"以亲故归周，保西垂"却完全与史实不符。中潏是飞廉的父亲、恶来的爷爷。他被商王向西分封到霍太山是到占领区对付太公家族以及姜方们。中潏→飞廉→恶来一家都是商的死忠、周的死敌。恶来被俘后在岐山开国大典上被杀了祭祀，飞廉反周被赶到海边杀死，族人被迁到甘肃被迫"保西垂"。

另外，西戎姜人是商朝猎杀的对象，娶骊山女的"戎胥轩"也不可能是中潏的父亲。"胥轩"就是《大雅·绵》记载的古公在姜家帮助下在周原立国的"率西水浒，至于岐下。爰及姜女，聿来胥宇"。太姜是姜太公的姑奶奶辈，太公的父亲叫什么？甲骨文记载为姜方伯。飞廉后人说他是姜"戎"，帮古公"胥轩"。

周孝王会信"中潏归周"？说明他信的申侯所说不是《史记》的版本。司马迁说秦史既简略又不靠谱，因此要么是他所依据的秦史记错了人名，要么是秦人故意篡改美化出身，把中潏父子反周改成了归周，而飞廉则遵从天帝放弃抵抗躺进了石棺，地点都是霍太山。《史记》中飞廉、霍太山、石棺的记载也是莫名其妙。

中潏归周是假，太公归周才是真。申侯口中的中潏应是吕尚。弄混的另一原因是上古文献的命名规则。纣王灭了姜姓吕国，那么新的嬴姓国主中潏就成了霍侯、吕侯。卜辞中此地的"田（周）侯"也会让人误以为周侯镇压了四邦方。这是中潏、吕尚混淆的客观原因。类似姜、田俩齐太公，如果不是隔了几百年，加上齐威王不惮改名改文献，就也会被后人搞混。

《史记》虽然记载的名字有误，却提供了霍太公娶骊山女的线索。这个线索是申侯与周孝王权威确认的："昔我先郦山之女，为戎胥轩妻，生中潏，以亲故归周。"这句话说明骊山女是申国人或申国国母。如果申姜的母亲是"骊山女"，或姜太公与"骊山女"有婚姻关系，那么除了"申姜"之名，姜太公本人的最高思想作品《阴符经》也有了出处。《三国志》记载的刘备遗嘱中《阴符经》被称为《申》。申侯说骊山女嫁给姜太公，姜太公在骊山下与文王两次相会"归周"才合逻辑，"保西垂"指的是从东北的吕国到西南娶骊山氏，并建立西周的新屏障。"毕"的原意就是捕鸟的工具，"申"的原意是逆转朱雀（商朝图腾）。

另外，前朝中潏吓唬不了人，仅仅西戎也未必能吓阻周孝王，姜齐的影响力与国力才是西周支柱。申侯还真不是虚言恫吓。孝王接班人夷王烹杀齐哀公，果然夷王儿子宣王与西戎及晋北姜戎开战大败。申侯迁到南阳，再与西戎联合覆灭了西周。

西周覆灭，与姜家如此紧密的骊山会缺席吗？周幽王烽火戏诸侯肯定是假的，因为在骊山放狼烟，其他诸侯没有长城传递根本看不见。但周幽王确实被杀于骊山。推测，骊山氏在周夷王烹杀齐哀公之后也离心离德了，比申侯更早。所以，骊山氏在正史上再次出现就是"骊戎"了。上一次被称为"戎"还是配合姜太公奉献了"文马"贿赂纣王。周幽王废了申侯女婿太子之位，太子逃到岳父家，周幽王进攻申国追杀太子。申侯除了联络缯、戎，还会不会联合离西安更近的骊山氏？逻辑上肯定会，骊山氏应该负责内应。
所以"烽火戏诸侯"更像是骊山氏发现了幽王在骊山的行踪
后"烽火邀诸侯"来围攻。骊山女最后的故事是东周建立后，
晋献公灭骊戎得"骊姬"，引发晋国"骊姬之乱"。

除了申侯与周孝王确认的线索，太公五代墓地也提供
了验证。

《礼记·檀弓上》载：

> 太公封于营丘，比及五世，皆反葬于周。君子曰：
> "乐，乐其所自生。礼，不忘其本。古之人有言曰：
> '狐死正首丘。'仁也。"

雍正《陕西通志》载：

> 咸阳之北，毕原之上，周文王、武王之陵在焉，
> 而周公、太公之墓亦在于是。

周公去世要求葬在洛阳而不是毕，成王不乐意。太公
却五世反葬于毕。从东头齐到西头毕奔波一千多里，这是
为何？而且《周礼》规定"凡诸侯居左、右以前，卿大夫士居
后，各以其族"，也就是说姜家五代只能选边角地块形成一
组，肯定不如葬在泰山风光，也不便于后人祭祀。即使姜
太公很怀念文王、武王或者比照周公，那他的后代五世呢？
只有一个合理解释：毕地是他们的家乡或者他们自己怀恋
的"家乡"，五世归葬是因为不忘本。类似汉宣帝，因为"巫

蛊之祸"全家被杀只剩下他。因为少年时常在杜地（即毕、唐）流浪，加上发妻许平君也是本地人，宣帝死后要求归葬杜陵。

姜太公是奔逃母家骊山，再娶的申姜是骊山公主，并按骊山传统继位女王。太公墓地在山下"毕"，不仅与老古公安排文王七年与太公在此地相见吻合，而且与《竹书纪年》记载的"西伯治兵于毕，得吕尚以为师"也吻合了。与《诗经》的《唐风》和《桧风》也全部对得上，唐、桧就是华山以西以骊山为中心的渭河区域。后文讲解古公与吕尚密约之后，文王七年与吕尚第一次"会"，确实记载在《桧风》四首之中。而吕尚与文王四十年第二次钓鱼相会的"渭水对"确实记载在《唐风》之中。吕伋迁山西唐国到毕地重建，毕地一分为二，新唐国之外改称"桧"。

《汉书·律历志》言"骊山女亦为天子，在殷、周间"，而唐、宋以后，遂以为女仙，尊曰老母。"天子"就是女王，因此按规则就可以称"申姜"。这个女王传自女娲，又被民间尊为老母，即骊山老母。"女娲"在《山海经》《天问》《归藏》等文献中都有记载，在现实中应当是母系社会的多代首领。同时她的部落一定是最早的文明起源地，也一定是最大的文明传播者。伏羲和女娲相传是八千多年前骊山南边的华胥氏。《列子》记载黄帝梦游学习的"华胥国"如同乌托邦般美好，是道家的"伊甸园"。考古也发现骊山南麓的"蓝田猿人"比"北京猿人"还早几十万年，是亚洲最早的直立人。从正常的发展规律看骊山地区应当最先发展成为文明中心。骊山姜寨遗址已经显示出文明社会的雏形，关中是仰韶文化的发源地，这里的仰韶遗址占了全国的近 40%。
骊山被誉为"华夏源脉"。后文详述，姜太公传承的"黄帝之
道"，与骊山氏相关的至少有《阴符经》(《申书》)、《素问》、
《素书》。骊山女就是素女。

　　考古发现"娲"就是"姜寨遗址"出土的蛙纹图腾，原型
就是蟾蜍。这个图腾在整个黄河流域仰韶文化遗址中几乎
随处可见，西起甘肃马家窑，再到陕县庙底沟，发展到河
南渑池的仰韶，这一条线恰好就是羌人东进的主要路线。
青蛙与蟾蜍的区别就是"娲"的腹部，撇、点表示体表有许
多疙瘩癞刺，代表药用。女娲不是蟾蜍，而是会提取蟾蜍
毒腺制药。《本草纲目》说"蟾蜍，土之精也……为疳病痈疽
诸疮要药"，解毒、消肿、止痛，不怕蚊虫毒蛇，这对早期
人类太重要了。神农百草、姜嫄远志、骊山蟾冰都是第一
期的中药：自然药。

　　骊山女娲最著名的故事就是补天。如果没有外星文明
出场就一定另有所指。"女娲补天"和"共工怒触不周山"是
不同时期的两件事，把这两件事拼凑到一块的是东汉学者
王充。而最早记载"女娲补天"的是《列子》，最早出现女娲
立"四极"的是《竹书纪年》。

　　王充是东汉唯物主义思想家，关注点是天地宇宙。当
他看到下面仅有的两则文献时肯定一头雾水。《列子·汤
问》是问答体的哲学故事，开篇讲的也是天地万物无穷无
尽，有点像现代宇宙观。于是王充从"唯物主义"逻辑猜测：
"天"这种物体曾经倒塌过，而共工这种"巨人"刚好撞到了
"不周山"，恰好女娲会炼石头，也干过"斩鳌足而立四极"

的事情。王充想出了一个人无限大、天无限小的合理性。唯物主义过头了反而变成了唯心主义。《汤问》前文内容过于强调大小的相对性（"故大小相含，无穷极也"）也误导了王充。王充加上列子仿佛是"测不准"的薛定谔。

《列子·汤问》曰：

> 然则天地亦物也。物有不足，故昔者女娲氏练五色石以补其阙，断鳌之足以立四极。其后共工氏与颛顼争为帝，怒而触不周之山，折天柱，绝地维，故天倾西北，日月辰星就焉，地不满东南，故百川水潦归焉。

《竹书纪年》载：

> 东海外有山曰天台，有登天之梯，有登仙之台，羽人所居。天台者，神鳌背负之山也，浮游海内，不纪经年。惟女娲斩鳌足而立四极，见仙山无着，乃移于琅琊之滨。

(1)"立四极""补其阙"都是建立统治秩序，包括建造灵台、明堂类政治建筑。也就是女娲创立最早的"国家"政治制度。古代大殿的柱子确实经常用"鳌"驮着，"斩鳌足"并不一定是用"鳌足"。只要把脚砍了，"鳌"就不能动了，也就稳固了。"女娲氏练五色石以补其阙"，无论女娲是发明了金属冶炼加固建筑，还是烧制红砖绿瓦盖房子都合理。

穴居时代的远古人类，看到能立四根柱子并烧砖盖房子的女娲只能惊为天人。

（2）"天台者，神鳌背负之山也"，"见仙山无着，乃移于琅琊之滨"，东海蓬莱仙山源于对女娲和姜太公的合并误解。骊山的祭天之台不是女娲而是姜太公封"八神"于山东。

（3）"登仙之台，羽人所居"，"羽人"是什么人？肯定不是敦煌的飞天女神。应该是"羽衣"之人，就是姜太公所号之"飞熊"。"怒而触不周之山"的共工手下有位叫浮游的大臣。子产说浮游很美丽，"其状如熊"："昔共工之卿曰浮游，败于颛顼，自沉于淮。其色赤，其言善笑，其行善顾，其状如熊。"《曹风·蜉蝣》赞美的正是"蜉蝣之羽，衣裳楚楚"。

蜉　蝣

蜉蝣之羽，衣裳楚楚。心之忧矣，于我归处。
蜉蝣之翼，采采衣服。心之忧矣，于我归息。
蜉蝣掘阅，麻衣如雪。心之忧矣，于我归说。

这首诗是对蜉蝣（浮游）的赞美与悼念。"心之忧矣，于我归处"，确实像是"自沉于淮"。诗中"衣裳楚楚""采采衣服""麻衣如雪"的蜉蝣更像一位美丽的女工，所以"掘阅"。"掘"类似"崛""倔"的造字，强调手工技术先进；"阅"主管"羽衣"织造，就是江南织造的鼻祖。"羽人"是手工纺织业的先驱。

一般解释蜉蝣是一种朝生暮死的昆虫，非常美丽。也许人们就是为悼念浮游而期望他（她）化成了美丽的飞虫，类似梁祝化蝶的传说。中国四大民间爱情故事中的祝英台与白素贞，传说都是骊山老母的弟子。梁祝故事可考的发源地之一就是《曹风》之地，梁山与济宁。结合骊山女，天台、梁父山祭天，"梁山伯"与"祝英台"这两个名字似乎有关联。再结合许由与素女，白蛇、洪水漫金山、开药房盗灵芝、文曲星华山救母，"白素贞"与"许仙"的取名与骊山也似有关联。历史没了，就会演变成神话与传说。《路史》记载女娲与炎帝系的融合也是婚姻制度的创始。与"姜太公在此，诸神回避"对应，今日骊山婚俗新娘护轿的望子就绣着蛤蟆开路——"女娲娘娘在此，百神让道"。

（4）天台山上如何祭天？《周礼》曰："乃奏黄钟，歌大吕，舞云门，以祀天神"。**"补天"，就是黄铜大钟补齐"大吕"合奏祭天。**考古发现"姜寨遗址"的骊山人在 6500～7000 年前已掌握炼铜技术。《长安志》称："骊山有女娲治处，今骊山老母殿即其处。"女娲在天台山取五色土炼铜，而姜家打磨"磐石"，结合起来就是黄钟大吕。"补（補）"字的"甫"通吕，"衣"代表"羽人"，"舞云门"如霓裳羽衣曲。

综上，女娲或骊山氏会烧砖立柱盖房子，会织造美丽的羽衣，会敲金属敲石头制造出天籁之音，会用蟾蜍制药治病，还能对付远古人敬畏的蛇虫毒物，还能祭天望月制定作息周期（比礼拜七天制更实用），那当然一定是全民票选的女王。

4. "成康之治"的军神吕伋与"文母"邑姜

西周建立了华夏第一个真正大一统的"天下"。从文王建设新西周到武王伐纣推翻旧政权，再从周公东征完全统一到"嘉禾"之谋（详见后文）东西归一，在整个天下一统的过程中太公都是中流砥柱。当第一次盛世"成康之治"开始时，周公已经退出舞台。不仅太公是成王的守护神，太公的长子吕伋与女儿邑姜也始终作为军神与文母护佑着成王。整个康王时代，吕伋始终是"君牙"与军神，完成了西周天下向东南的扩张，保持了西周初百年的稳定。太公及其子女与外孙成王、重孙康王共同推动的第一盛世以及形成的文明成果，在此后三千年里都是各代王朝的榜样。

吕伋是太公的嫡长子。因为死于丁时，周穆王便以商礼谥为"齐丁公"。"伋"，本为"彶"，意思是急速前进。太公给儿子起名为"伋"（"急"），似乎时不我待。《史记》载孔子给嫡孙子起名"伋，字子思"，表达的也是孔子学太公兼济天下且时不我待之志。鲁就是"鱼"，孔子给儿子取名"鲤，字伯鱼"，也就是鲁国栋梁大鲤鱼之意。

吕伋是历经文、武、成、康的重臣，长期担任禁卫军主官虎贲氏。他指挥了牧野之战的精锐之师，《逸周书》记载牧野之战"尚父与伯夫致师"，进军朝歌"百夫荷素质之旗于王前"，战后追缴"吕他（伋）命伐越戏方"。"伯夫""百夫"都是吕伋率领的虎贲。灭唐统帅正是吕伋。"桐叶封弟"是舅舅打地盘给小外甥，为了"嘉禾"归一。

吕伋同时任齐侯，但管着虎贲不能离岗，因此他的弟弟丘穆公代他在齐执政。吕伋是挂名齐侯，所以让后代住在崔邑；丘穆公实际掌权二十八年，仍将政权平稳地交接给了大哥的五子齐乙公吕得（吕伋嫡长子、次子、三子皆早亡）。吕得的哥哥"君牙"吕季也留在朝廷辅佐周穆王，被封为太傅，把齐国让给了弟弟。如此"孝友"之德，吕家也曾是模范家庭。

《齐风·还》描写了两位兄弟猎手，毛诗却望文生义地说是"刺"齐哀公爱打猎，明明人家是在歌颂兄弟孝友之德。

还

子之还兮，遭我乎猱之间兮。并驱从两肩兮，揖我谓我儇兮。

子之茂兮，遭我乎猱之道兮。并驱从两牡兮，揖我谓我好兮。

子之昌兮，遭我乎猱之阳兮。并驱从两狼兮，揖我谓我臧兮。

（1）"子之还兮"与"揖我"，显然是一位要走了，临别"谓我"赠言。"子之茂/昌"都是强壮结实。大概率就是吕伋出差曾回齐国，又要回西周了。

（2）"遭我乎猱之间/之道/之阳"，其实就是哥俩在"猱（náo）"重逢。猱山在今山东淄博东，即当时的营丘地区。

（3）"并驱从两肩/两牡/两狼"，如果解释为两位猎手共同猎野兽很牵强。"并驱"显然是驾着战车，"从"是并肩跟从，打猎应该是打鹿、野猪、大鸟之类，为何打公牛、野狼？"两肩"类似君牙、君肱骨、君吕，为何非要硬解释成大野兽？吕伋与丘穆公都是牧野之战并驾齐驱的百夫长，是能扛事的两个肩膀，是姜太公的左膀右臂。"两牡""两狼"是他们虎贲分队的军旗。这是丘穆公在回忆打仗亲兄弟的光辉岁月。

（4）"谓我儇/好/臧"。《说文》："儇，慧也。""谓我儇"是哥哥夸弟弟敏捷机灵鬼的意思。"好"是友好互助，对比如"彼狡童兮，不与我好兮"。"臧"有两个意思，一个是《素问》的养生之道养气臧精；另一个是《左传》解释的"执事顺成为臧，逆为否"。很清晰，大哥临别赠言：弟弟你多保重，祝你成功！

今人刘斌所编《姜太公志》载：

> 太公封齐，都营丘，命其三子镇守营丘，以封地为氏而为丘氏，卒谥穆公，故丘穆公为丘（邱）氏之祖。

丘穆公的记载基本遗失了，但他有一位著名的嫡系后代——左丘明。周夷王烹齐哀公后，立其弟静为胡公。胡公迁都薄姑（也作蒲姑）。丘娄嘉带领营丘人帮齐献公攻杀了胡公，怕担负弑君罪名，就逃到了楚国担任史官。因为楚国当时也叛周称王，周夷王管不了。丘娄嘉能够担任楚国太史说明他继承了为数不少的太公家族各代史料。楚灵王时期，丘娄嘉有一位后代称"左史倚相"。他能解读古籍《三坟》《五典》《九丘》《八索》，常以史事劝谏楚君，楚君有疑难也会向他请教，他因此被誉为良史、贤者、楚国之宝。由于楚灵王之乱，左史倚相的儿子又逃到鲁国当史官，第二代就是左丘明。左丘明留下了翔实的《左传》以及各代名言录《国语》。他与孔子是互相欣赏的好友。太史世袭，他们"奔"时都带着保存的典册。这是《左传》靠谱的渊源，而且又与东周馆藏比对验证。如果没有左丘明就没有《左传》与《国语》，不仅本书无从验证，整个华夏历史更会是一团团的迷雾。

吕伋一直在朝廷担任虎贲氏直到昭王去世。其间虎贲氏必然参与了淮夷之战、灭奄迁吴之战、六师伐楚之战。把这三大战役中的吕伋梳理出来，常州淹城、无锡得名、昭王之死、泰伯奔吴等多个历史悬案也就自然破解了。

《尚书·顾命》记载："越翼日乙丑，王崩。太保命仲桓、南宫毛俾爰齐侯吕伋，以二干戈、虎贲百人逆子钊于南门之外。"

《左传·昭公十二年》记载："昔我先王熊绎与吕伋、王孙牟、燮父、禽父并侍康王。"

《顾命》记载成王召见召公等交代后事，其中"虎贲"就是虎贲氏吕伋。成王去世，召公命仲桓和南宫毛协助吕伋率禁卫军迎立太子钊。康王继位后，吕伋是辅政大臣兼虎贲氏。从楚国耿耿于怀的排名可以看出吕伋在康王时期的地位。排他之后的王孙牟是晋侯，禽父是伯禽，小臣谜簋铭文记载燮父是东八师统帅。平定淮夷之战，楚国应该也有参战，所以不平。伯禽作《费誓》伐徐、淮应该也是此战。吕伋在此战中没有其他记载，但从其职责及排序地位推测他应该率西六师加入了决战，但作为总预备队没有投入战斗，所以没有记载。

《竹书纪年》记载："（康王）十六年，锡齐侯伋命。王南巡狩，至九江庐山。"

吕伋曾在康王十六年被"锡命"，即授权代表天子出征，而且打过了长江向东南扩张。庐山是南方的拓展基地。这是淮夷之战追击南逃的必然动作，类似召公北追武庚到了燕国。宜簋铭文记载的虞公迁吴应该就在这一时期。因此《周颂·执竞》歌颂康王时期才完成了四海统一："自彼成康，奄有四方。"吕伋再次建功，但是再次功成而不居。他打下东吴后搬迁了"虞"国来占地盘，这样山西空虚，唐叔虞后人的唐就可以扩张为"晋"了。这是一箭三雕的布局，不仅镇压奄人开拓东吴，而且齐、晋还共同成为周朝最强大的两个支柱。

镇江大港镇出土的宜侯矢簋是吴国第一青铜器。其铭文验证了吴国的来历：

> 惟四月辰在丁未，王省武王、成王伐商图，遂省东或（国）图。王卜于宜□土南。王令虞侯矢曰：〔迁〕侯于宜。锡〔秬〕鬯一卣、商瓒一□，彤弓一，彤矢百，旅弓十，旅矢千。锡土：厥川三百……，厥……百又……，厥宅邑三十又五，〔厥〕……百又四十。锡在宜王人〔十〕又七里。锡奠七伯，厥〔庐〕〔千〕又五十夫。锡宜庶人六百又……六夫。宜侯矢扬王休，作虞公父丁尊彝。

（1）作器者"矢"原为虞侯，康王改封为宜侯，被康王"休"于"宜"（即分封于"宜"），故作器纪念。"宜"应在青铜器出土地丹徒一带，向南刚好压制迁徙过来的新奄国。"虞"南迁类似后来申、吕南迁楚地，都是为了开拓坐镇。

古公时代泰伯奔的是"虞"，康王时代虞侯迁吴才是东吴。

（2）"锡奠七伯"应是"锡奠大伯"，"大"同"太"，太伯（即泰伯）的祭祀地从山西搬到了东吴。就像越国把大禹的祭祀搬迁到了绍兴的"会稽山"。

（3）"五锡"：礼器、土地与宅邑、王人、庶人、祭祀泰伯礼仪。"五锡"说明分封赏赐的人级别身份比后来的申侯高，还能有谁？武王告祖时泰伯、虞仲与文王并列说明了虞侯的地位。虞与西周是双子国，即《大雅·皇矣》所言"帝作邦作对，自大伯王季"。丹徒东的"无锡"很可能来自值得纪念的"五锡"。王莽把"无锡"改名"有锡"很荒谬，难道金陵没铜了就叫无金？

（4）"王省武王、成王伐商图，遂省东或（国）图"，康王察看武王、成王伐商的进军地图，北伐、东征先辈们都打完了，所以康王把目光扫向了东南。奄国被"践"后，部分遗民奔逃到常州武进淹城遗址建立新的奄国，淮夷战败后肯定也过江南逃。"宜□土南"就是宜侯篡出土地的正南方，与淹城吻合。周边宜兴、武进也可能都是得名于此事。"王卜于"此地说明兵锋已至，即武进到新奄国。康王占卜决策在此建立新的吴（虞）国坐镇东南。

吕伋淮夷之战与征伐东南的丰功伟绩，线索在《鲁颂·泮水》。

泮　水

思乐泮水，薄采其芹。鲁侯戾止，言观其旂。其旂茷茷，鸾声哕哕。无小无大，从公于迈。

思乐泮水，薄采其藻。鲁侯戾止，其马蹻蹻。其马蹻蹻，其音昭昭。载色载笑，匪怒伊教。

思乐泮水，薄采其茆。鲁侯戾止，在泮饮酒。既饮旨酒，永锡难老。顺彼长道，屈此群丑。

穆穆鲁侯，敬明其德。敬慎威仪，维民之则。允文允武，昭假烈祖。靡有不孝，自求伊祜。

明明鲁侯，克明其德。既作泮宫，淮夷攸服。矫矫虎臣，在泮献馘。淑问如皋陶，在泮献囚。

济济多士，克广德心。桓桓于征，狄彼东南。烝烝皇皇，不吴不扬。不告于讻，在泮献功。

角弓其觩。束矢其搜。戎车孔博。徒御无斁。既克淮夷，孔淑不逆。式固尔犹，淮夷卒获。

翩彼飞鸮，集于泮林。食我桑黮，怀我好音。憬彼淮夷，来献其琛。元龟象齿，大赂南金。

《泮水》歌颂的是鲁侯伯禽，记录的是淮夷之战的庆功大会在鲁国泮水之畔举行。前文已述，虎贲氏齐侯吕伋是这次大会战的总指挥与西六师统帅。因此歌颂鲁侯的作品也必然提到整个大会战的内容。比如："既作泮宫，淮夷攸服。矫矫虎臣，在泮献馘。""济济多士，克广德心。桓桓于征，狄彼东南。烝烝皇皇，不吴不扬。"

后文讲解太公与周公治国思想在齐、鲁的成功实践，他俩创新的新型文明成为后世典范。《红楼梦》追溯的"姬子"主要就是他俩。《鲁颂·泮水》的典故"思乐泮水，薄采其芹"还成为"曹雪芹"取名明志的出处。

"曹雪芹"取名用心良苦，是"字字血泪"的顶级重点。理解关键首先是"曹"字不能直接设定成作者的姓。"曹"本义为粮草，转义为吃粮之人或众人。除了用于姓氏与地名，曹的含义就是尔曹（你等，你辈）、吾曹（我等，我辈）。如《大雅·公刘》"既登乃依，乃造其曹"、《管子》"民轻生则暴人兴、曹党起而乱贼作矣"中，"曹，群也"，都是"众人"之意。"曹"是集体创作，表达集体状态与抱负。"雪"是"靖康耻，犹未雪"。"芹"是辛弃疾《美芹十论》的抗金复国良策"野人美芹"，典故就是《鲁颂·泮水》，君采其芹，出征东夷，灭虏寇，宣教化。《美芹十论》借用《六韬》，大量引用《阴符经》，就是要再次学习、复制姜子牙。"曹党起而乱贼作矣"，汉留、洪门这些"曹党"也要再雪金人之耻，而且阴谋修德，冷子结网，回归姬子炼出补天大药"通灵宝玉"，复兴中华。

昭王时期的吕伋在史书上很少记载。其实昭王本人也是语焉不详，只留下了南征去世的记载。例如，《史记》就只记载："昭王南巡狩不返，卒于江上。其卒不赴告，讳之也。"穆王时代的史墙盘的铭文却赞扬昭王大规模伐荆楚事业之宏伟，"弘鲁昭王，广批荆楚，唯狩南行"，要不然他也不会得到"昭"的谥号。《竹书纪年》记载昭王十九年第三次亲帅六师南征死于汉水之滨（第一次遇大兕，第二次丧六师）。《吕览·音初》的记载是："还反涉汉，梁败，王及蔡公抎于汉中。"《左传》记载楚国不承认害死昭王，说杀他的是"水滨"。以上结合说明，昭王三次南征曾经大胜，凯旋途中在汉水遭遇水军伏击翻船。昭王参战，吕伋作为虎贲与君牙肯定在左右。他与昭王及六师一同丧于汉江。

史书不愿意多说，《诗经》呢？《大雅》是周王的作品。《大雅·行苇》的作者自称"曾孙维主"，应该就是武王曾孙昭王。主角就是吕伋，"黄耇台背"。

行 苇

敦彼行苇，牛羊勿践履。方苞方体，维叶泥泥。戚戚兄弟，莫远具尔。或肆之筵，或授之几。

肆筵设席，授几有缉御。或献或酢，洗爵奠斝。醓醢以荐，或燔或炙。嘉肴脾臄，或歌或咢。

敦弓既坚，四镞既均，舍矢既均，序宾以贤。敦弓既句，既挟四镞。四镞如树，序宾以不侮。

曾孙维主，酒醴维醹，酌以大斗，以祈黄耇。黄耇台背，以引以翼。寿考维祺，以介景福。

"敦彼行苇"指伐江汉，"苇"是地貌特征。"敦"是全面打击而且打赢了。"行"人在《诗经》《周易》中基本上是革命者或造反者。昭王要"敦"的"行苇"就是江汉。"方苞方体，维叶泥泥"，形容此地的不臣之方刚刚滋生，还没有发展到枝繁叶茂无法修剪的程度。在河之洲的典型景象就是蒹葭苍苍。《行苇》记录了一次昭王亲自主持的烧烤酒会，主要的客人是"戚戚兄弟"。这些亲戚兄弟的作用是"敦弓既坚，四镞既均"。教会成王射牛的是太公，教会叔虞射箭的是吕伋，昭王请来喝大酒的射箭高手还能有谁？诗的末尾介绍了身份。能让昭王"酌以大斗"即大满杯"拎壶冲"敬酒的还能有谁？昭王敬酒祝福"黄耇"即年高长寿者"寿考维祺，以介景福"，这位"黄耇"已经"台背"即驼背了还老骥伏枥"以引以翼"，只能是吕伋。

吕伋于周穆王元年去世，可以理解为吕伋与昭王同年去世。吕伋完整地护卫了整个"成康之治"。他是商周革命的功臣，更是成康之治的柱石。应该也是鞠躬尽瘁死而后已尽忠昭王的烈士。周穆王的君牙是吕伋之子吕季，《尚书·君牙》载："周穆王命君牙为周大司徒，作《君牙》。"《君牙》也是太公、吕伋父子的功德碑。

君　牙

王若曰："呜呼！君牙，惟乃祖乃父，世笃忠贞，服劳王家，厥有成绩，纪于太常。惟予小子，嗣守文、武、成、康遗绪，亦惟先正之臣，克左右乱四方。心之忧危，若蹈虎尾，涉于春冰。今命尔予翼，作股肱心膂。缵乃旧服，无忝祖考。弘敷五典，式和民则。尔身克正，罔敢弗正？民心罔中，惟尔之中。夏暑雨，小民惟曰怨咨；冬祁寒，小民亦惟曰怨咨。厥惟艰哉！思其艰以图其易，民乃宁。呜呼！丕显哉，文王谟！丕承哉，武王烈！启佑我后人，咸以正罔缺。尔惟敬明乃训，用奉若于先王，对扬文、武之光命，追配于前人。"

王若曰："君牙，乃惟由先正旧典时式，民之治乱在兹。率乃祖考之攸行，昭乃辟之有乂。"

（1）"惟乃祖乃父，世笃忠贞，服劳王家，厥有成绩，纪于太常"，穆天子这句话说明太公、吕伋都在朝廷而不是在齐国，所以"服劳王家"。"世笃忠贞""厥有成绩"，因此"纪于太常"，即在周室宗庙享受配享祭祀待遇。

（2）"惟予小子，嗣守文、武、成、康遗绪，亦惟先正之臣，克左右乱四方。心之忧危，若蹈虎尾，涉于春冰"，这是穆天子表达继承先王之志，先安内正风整顿吏治"先正之臣"，再攘外"克左右乱四方"。"若蹈虎尾，涉于春冰"，是他学习《履》卦"履虎尾，愬愬，终吉""履虎尾咥人，凶；武人为于大君"的心得。"今命尔予翼，作股肱心膂"，就是君牙吕季"武人为于大君"。这本王室君子教科书还确实有用。

（3）"缵乃旧服，无忝祖考"，继承你们家族的老任务，不给爷爷、老爹丢脸。显然，君牙是太公、吕伋、吕季的世袭职位。"旧服"即"服劳王家"的职责。结尾再强调一遍："君牙，乃惟由先正旧典时式，民之治乱在兹。率乃祖考之攸行，昭乃辟之有乂。"

（4）"弘敷五典，式和民则"，这是君牙的岗位职责：制法度。"尔身克正，罔敢弗正？民心罔中，惟尔之中"，要求以身作则。

（5）"夏暑雨，小民惟曰怨咨；冬祁寒，小民亦惟曰怨咨。厥惟艰哉！思其艰以图其易，民乃宁"这句话很接地气。知百姓之冷暖体民生之艰难，轻刑简罚安宁百姓。

（6）当然，穆天子自己也立志表态发扬光大前人的业绩："呜呼！丕显哉，文王谟！丕承哉，武王烈！启佑我后人，咸以正罔缺。尔惟敬明乃训，用奉若于先王，对扬文、武之光命，追配于前人。"《周颂·执竞》称颂成康时代才实现天下统一，自然包括了一系列战争的胜利与战后的治理。作为君牙的吕伋必然居功至伟。

姜太公的女儿邑姜作为嫡妻嫁给了武王，可以通过《左传》与《诗经》得到共同的确认。姜太公的女儿是大周第一位天子的皇后，第二位天子的母后。这样的历史文献，田氏代齐后是一定要努力销毁的。

官史中，邑姜是太公的女儿没有明确记载。不过周王多次称呼"伯舅大公"的官方说法足以验证。"伯舅"就是母亲的哥哥。《左传》的记载足以判断。

昔伯舅大公，右我先王，股肱周室，师保万民，世胙大师，以表东海。王室之不坏，繄伯舅是赖。（《左传·襄公十四年》）

齐，王舅也；晋及鲁、卫，王母弟也。楚是以无分，而彼皆有。（《左传·昭公十二年》）

当武王、邑姜方震大叔，梦帝谓己："予命而子曰'虞'，将与之唐，属诸参，而蕃育其子孙。"（《左传·昭公元年》）

今兹岁在颛顼之虚，姜氏、任氏实守其地。居其维首，而有妖星焉，告邑姜也。邑姜，晋之姒也。（《左传·昭公元十年》）

楚国右尹子革说楚国先王熊绎筚路蓝缕以事天子，待遇不公恰恰因为"齐，王舅也；晋及鲁、卫，王母弟也"。齐丁公吕伋是"王舅"，所以成王的母亲当然是姜太公的女儿。"当武王、邑姜方震大叔"的记载又补充了她叫邑姜。"邑姜，晋之妣也"，邑姜就是晋国的先妣，即老祖母。

《诗经》显然也不会忽略武王的婚姻。《大雅·大明》不仅记载了姬昌与莘国的联姻，也写了邑姜与武王的联姻。《大雅·思齐》"太姒嗣徽音，则百斯男"就是"文王百子"的由来。其实不是太姒为文王生了百子，而是《大明》的作者夸邑姜孝敬公婆、友爱兄弟，一大家子儿孙百人很和睦的意思。《大雅》的作者都是周王，《大明》的作者是周武王。因此，武王在记录父亲文王娶太姒的同时，也记录了自己的婚姻。他在最后专门赞美师尚父。逻辑是鉴于"上帝临女，无贰尔心"，所以"维师尚父，时维鹰扬"。

大　明

　　明明在下，赫赫在上。天难忱斯，不易维王。天位殷适，使不挟四方。

　　挚仲氏任，自彼殷商，来嫁于周，曰嫔于京。乃及王季，维德之行。

　　大任有身，生此文王。维此文王，小心翼翼。昭事上帝，聿怀多福。厥德不回，以受方国。

　　天监在下，有命既集。文王初载，天作之合。在洽之阳，在渭之涘。

　　文王嘉止，大邦有子。大邦有子，伣天之妹。文定厥祥，亲迎于渭。造舟为梁，不显其光。

有命自天，命此文王。于周于京，缵女维莘。长子维行，笃生武王。保右命尔，燮伐大商。

殷商之旅，其会如林。矢于牧野，维予侯兴。上帝临女，无贰尔心。

牧野洋洋，檀车煌煌，驷骥彭彭。维师尚父，时维鹰扬。凉彼武王，肆伐大商，会朝清明。

太姜、太任的名字与邑姜显然不同。按当时名字法则，"邑"既然不是"氏"，类比伯邑考应当是任职。相当于当时周国首都丰邑的主官。她不仅管理后宫家务，还兼管王城。商朝妇好可以领军出征，姜太公的女儿、武王的嫡妻当个"首都市长"绰绰有余。正如《六韬》所言，"从孤击虚，万人无余，一女子当百丈夫"。《大雅·思齐》中"思媚周姜，京室之妇"的"周姜"即"京室之妇"，就是周邑之姜。此"妇"类比"妇好"是女首领，"周姜"即周都"市长"。

思　齐

思齐大任，文王之母，思媚周姜，京室之妇。大姒嗣徽音，则百斯男。

惠于宗公，神罔时怨，神罔时恫。刑于寡妻，至于兄弟，以御于家邦。

雍雍在宫，肃肃在庙。不显亦临，无射亦保。

肆戎疾不殄，烈假不瑕。不闻亦式，不谏亦入。

肆成人有德，小子有造。古之人无斁，誉髦斯士。

（1）"思齐"被错译为"见贤思齐"，虽然全篇有让后代学习三太当个好"太太"的意思。"齐"就是斋戒祭祀；对应"媚"是哄着的意思。本诗中的"周姜"绝不可能是姜嫄或太姜，因为她们的排序不能在太任、太姒之间。

（2）本篇是赞美太姒。"思齐大任，文王之母，思媚周姜，京室之妇"，这是赞美太姒既想着祭祀婆婆，又能想着哄儿媳妇周姜开心。这样也证明了邑姜＝周姜＝京室之妇。"大姒嗣徽音，则百斯男"，不是文王有一百个儿子，而是三太都贤惠，儿孙满堂、几代同堂的意思。后世约五百位皇帝，生子的最高纪录是既长寿身体又好的康熙，他生了三十五个儿子。其次是朱元璋，生了二十六个儿子。

（3）"惠于宗公，神罔时怨，神罔时恫。刑于寡妻，至于兄弟，以御于家邦"与上节结构对称，太姒想着祭祀，所以"宗公"和"神"们没有埋怨和难受，为邑姜做好了榜样，兄弟和睦。俗话说，"兄弟不和是非多，妯娌不和冤公婆"。邑姜治内和睦就是"予有乱臣十人"，"九人治外，邑姜治内"。"寡妻"不是寡妇而是寡人之妻，是作者武王夸他妈妈和老婆。

（4）"雍雍在宫，肃肃在庙"，无论宫、庙，家里家外都有条不紊。

（5）"不显亦临，无射亦保"和"不闻亦式，不谏亦入"比喻太姒、邑姜做到了润物细无声的教化之功，老子说的无为而治的境界。真是杰出的女领导啊！

（6）"肆戎疾不殄，烈假不瑕"，因为家和万事兴，西戎都不能侵害。武王伐纣时留守的都是女人，由邑姜指挥。

戎人没有趁机骚扰，或者来也防住了。

（7）"肆成人有德，小子有造。古之人无斁，誉髦斯士。"前面的夸赞都是于国于公的评价，那么文王、武王、成王、唐叔虞自己的感受呢？"成人有德，小子有造"就是相夫教子。"古之人"是作古的文王觉得"无斁"，就是无厌无倦，相看两不厌啊。"誉髦斯士"是发了奖状、礼器之类进行表彰。本诗把优秀的女性管理者称为"士"，类似"乱臣"的用法。

综上，邑姜＝周姜＝京室之妇，是个好"市长"。《论语》记载，武王曾说"予有乱臣十人"，因为当时还没有儒家忠孝的观念，"乱臣"还不是贬义。直到"孔子成《春秋》，而乱臣贼子惧"，"乱臣"才从善于治理政务的大臣成了作乱的大臣。孔子说："有妇人焉，九人而已。"朱熹说这位妇人是"文母"。"文母"就是成王之母邑姜。出处在《周颂·雍》中的"既右烈考，亦右文母"。

雍

有来雍雍，至止肃肃。相维辟公，天子穆穆。
于荐广牡，相予肆祀。假哉皇考，绥予孝子。
宣哲维人，文武维后。燕及皇天，克昌厥后。
绥我眉寿，介以繁祉，既右烈考，亦右文母。

"文母"并不是文王之母而是武王之妻、成王之母。"邑姜"是职位，"文母"是谥号。"文"的谥号在后世是顶级的，通常在"武"之上，除了有杰出业绩外，还得最有文化修养。

如周文王、隋文帝武功都是顶级但评价反而是"文"。对比可知邑姜的声望。《公羊传》说："子以母贵，母以子贵。"晋祠文母殿祭的就是邑姜。作为第一位周天子的皇后、第二位周天子的母后，在当时并不叫太后，她的官方称谓是"邑姜""周姜""京室之妇""文母"。第一位称太后的是秦宣太后芈八子，推测她发明"太后"这一称呼的来源或灵感是太姜、太任、太姒三位"太太"，"后"如后稷，是总管的意思。"太后"即太太们的总管，这正是《思齐》的宗旨，后世母仪天下的楷模。

5. 姜周联姻国策，西周立国与崩溃

姜周联盟的历史源远流长，从姜嫄生下后稷开始，姬周与姜氏部族的姻亲关系千年没变，尤其对农业革命的发展影响深远，对西周政权的建立与灭亡而言也都是最重要的基石。各个年代他们的渊源简单梳理如下。

姜嫄是周人之祖。周人也是广义上姜人的分支。在大禹时代与夏朝时，姜、周是亲邻与战友。商汤灭夏，姜、周都是忠于夏的。《国语》记载商人灭夏后不重视农业，"弃稷弗务"。东边的商汤灭夏，西边的周与姜没有参与。夏桀的太子往西北跑，去的就是吕姜的地盘。而后稷的后代"自窜于戎翟之间"，也是往姜人势力范围逃跑。之后，姜方坚持一代代斗争，周人在游击中寻找根据地。古公亶父在姜人的支持、协助下来到周原，姜周反商联盟正式建立。作为姬姜联盟"翦商"计划第一步，姜氏为古公亶父提供了迁徙转移的目的地。古公正妻是太姜，太姜是泰伯、虞仲和季历的母亲。太姜与太公什么关系？古公为何访吕上？武

王娶邑姜，太公与文王同辈，所以太姜应是姜太公的姑奶奶。

周朝立国后仍与姜姓保持联姻，各诸侯也以娶姜女为荣。《陈风·衡门》记录："岂其取妻，必齐之姜？"诸侯最想娶的就是"齐之姜"与"宋之子"。宋是商王室的传人与代表。姜齐则是最强的诸侯，周王的伯舅。另外，吕尚称"父（甫）"，一定是美男子，姜女从基因上大概又高又美，因此《诗经》与各类史籍中都有很多对"姜夫人"的夸赞。比如《王风·采葛》的"一日不见，如三秋兮"；还有著名的《卫风·硕人》中的庄姜。

硕　人

硕人其颀，衣锦褧衣。齐侯之子，卫侯之妻。东宫之妹，邢侯之姨，谭公维私。

手如柔荑，肤如凝脂，领如蝤蛴，齿如瓠犀，螓首蛾眉，巧笑倩兮，美目盼兮。

硕人敖敖，说于农郊。四牡有骄，朱幩镳镳。翟茀以朝。大夫夙退，无使君劳。

《诗经》中的"葛"，以《葛藟》为代表，基本都是指"姜"女。《葛藟》就是众多分封的田上的葛，就是多个诸侯国的姜夫人。

葛　藟

绵绵葛藟，在河之浒。终远兄弟，谓他人父。谓他人父，亦莫我顾。

绵绵葛藟，在河之涘。终远兄弟，谓他人母。谓他人母，亦莫我有。

绵绵葛藟，在河之漘。终远兄弟，谓他人昆。谓他人昆，亦莫我闻。

(1)《大雅·绵》中"绵绵瓜瓞"指代姬姓子孙大瓜小瓜封建天下，四处撒瓜籽。与之呼应的姜家联姻如何描述呢？《葛藟》曰"绵绵葛藟，在河之浒/涘/漘"，沿着河依附着生长也是"绵绵"的。周朝封建立国以大河为主线落子布局。

(2)"终远兄弟，谓他人父/母/昆"，换了家庭。

(3)"亦莫我顾/有/闻"，政治婚姻中女性的情感与利益往往被忽视。即便是出彩的邑姜、芮姜、文姜、宣姜、齐姜，也还是因为娘家姜太公、齐桓公的实力。《红楼梦》中贾迎春在贾府败落时被中山狼孙绍祖虐待，寓意被迎立的第一春福王被得志便猖狂的大清"少主"虐杀。

姜女在联盟婚姻中如此抢手，《齐风·著》用了一整篇描述迎娶姜女的隆重仪式。

著

俟我于著乎而，充耳以素乎而，尚之以琼华乎而。
俟我于庭乎而，充耳以青乎而，尚之以琼莹乎而。
俟我于堂乎而，充耳以黄乎而，尚之以琼英乎而。

"俟我于著/庭/堂"，这是一路恭迎。"充耳以素/青/

黄"，这是三次换装。"尚之以琼华/琼莹/琼英"，应该是三次喝交杯酒的玉器酒杯。

姬姜世代通婚已成定制。西周十二王每隔一代即有一位姜姓王后（妃）。除了太姜，还有武王妃邑姜、康王妃齐姜、幽王妃申姜、桓王后季（纪）姜等。《左传》记载，在各代周王敕命中，齐国统一都是"伯舅大公""兄弟甥舅""甥舅之国"。"夫齐，甥舅之国也，而大师之后也。"周朝国祚八百年为历代最长，与姬姜联姻有极大关系。齐哀公被烹，西周衰落；申侯与周王的博弈导致西周灭亡；姜齐灭国，东周实质灭亡。

《大雅·旱麓》记载，姬姜联姻制度从周武王开始，也是他亲自制定的。

旱　麓

瞻彼旱麓，榛楛济济。岂弟君子，干禄岂弟。

瑟彼玉瓒，黄流在中。岂弟君子，福禄攸降。

鸢飞戾天，鱼跃于渊。岂弟君子，遐不作人。

清酒既载，骍牡既备。以享以祀，以介景福。

瑟彼柞棫，民所燎矣。岂弟君子，神所劳矣。

莫莫葛藟，施于条枚。岂弟君子，求福不回。

"莫莫葛藟，施于条枚"，这就是姬姜联姻的国策。《大雅》都是周王的作品，《旱麓》应是武王作品。主题是与"岂弟君子"们有福同享。武王当然不会忘记邑姜与岳父。《大雅·皇矣》曰"监观四方，求民之莫"；《大雅·板》曰"辞之怿矣，民之莫矣"。在周王语境中，"莫"是关心疾苦的意思。"莫莫葛藟"是要求加倍地关心姜太公子孙们即"葛藟"。方式是"施于条枚"，让葛藤攀缘缠绕"条枚"。周朝是一棵大树，"岂弟君子"们"鸢飞戾天，鱼跃于渊"，都"作"（家室）于"人"（方），他们和他们的子孙就是枝条（"条枚"）。

周武王制定的姜周联姻共荣政策对西周的稳定极其重要。西周覆灭于姜姓申侯与周幽王的联姻以及继承人矛盾。起因却是周夷王时发生了骇人听闻的烹杀齐哀公事件。这是西周衰落与齐国后来称霸的关键。齐哀公是周朝唯一被"烹"的国君，在尊尊亲亲的朝代非常突兀。而且《左传》"展喜犒师"记载成王与姜家"赐之盟"："世世子孙，无相害也。"

"烹"，最早记载的案例就是纣王烹杀伯邑考。在之前只有传说后羿篡夏，被手下寒浞杀后再烹而不是烹杀。烹刑是残忍地把人活活煮死。因为过于残酷，春秋时代可考的"烹"也就两三例，而且除了齐哀公外都是罪大恶极且谋杀国君之人。虽然商鞅将镬烹定为正式的死刑之一，但并没看到实行的记载。韩信背信弃义突袭齐国，导致郦食其被田广烹杀，刘邦破例封其子为侯补偿，而后来韩信则落了个被吕后诱杀并夷三族的下场。项羽恐吓刘邦要烹了刘太公但没实施；李自成烹福王制成"福禄汤"已被证明是吴伟业造谣。总之，齐哀公被烹放在整个中国史看也是骇人听闻的。

周穆王死后，共王、懿王、孝王、夷王被称为中期四王，四王时期内忧外患不断加深。懿王被西戎打得被迫迁都而死，他的叔叔孝王夺位。孝王夺位还能谥号"孝"，说明夷王确实难堪大任。孝王夺位后没杀太子燮，去世后还将大位传回太子，更像是在学习《尚书》中的伊尹与太甲。《竹书纪年》记载，蜀人、吕人来献琼玉，夷王亲自到黄河边迎接并待以宾礼，这哪像个王?! 对此，《礼记》批评："觐礼，天子不下堂而见诸侯。下堂而见诸侯，天子之失礼也。由夷王以下。"对于这个局面，《春秋公羊传》评论为："上无天子，下无方伯。"

"上无天子"，必然群雄逐鹿天下。太公治齐已历五代，齐哀公吕不辰评估齐国具备了当年周文王的国力与地位。但是，吕不辰应该是过早误判了太公一再强调的"天时"与"阴谋"。他设立天坛暴露了野心，也踩了刚性的"红线"。刘伯温说"时未至而为之，谓之躁"，吕不辰太急躁了。刘伯温还有句名言："谗不自来，因疑而来；间不自入，乘隙而入。"周夷王本来就疑神疑鬼，纪炀侯、鲁厉公告密既是出于私利也是事实。正如当年崇侯虎告密，纣王必然处理周文王。周夷王烹杀吕不辰与纣王烹杀伯邑考也是同样做法。但是周、姜关系毕竟不同于周、商。而且纣王是靠权势拿下姬昌的，周夷王却是设局称病诓了齐哀公。刘伯温《郁离子》说："善疑人者，人亦疑之；善防人者，人亦防之。"齐哀公都被诓，诸侯谁还敢再去朝拜? 楚国熊渠趁机自称为王公开反叛。卫国还假意献殷勤哄骗周夷王册封升侯。周夷王烹齐哀公非但没有达到强化权威的目的，反而导致国力持续衰落。《史记》载："周夷王之时，王室微，诸侯或不朝，相伐。"

《左传·成公二年》载："《周书》曰：'明德慎罚。'文王所以造周也。"太公直系与外系两边的后代君主都违背了他的思想和武王的国策，这对他的子孙们而言都是悲剧。齐为姜氏之长，周夷王烹了伯舅之国的长辈意味着姜周联盟破裂。从此，周王与"戎"们开战，而且只能扶持秦人制约西戎，依托晋国对抗北戎。烹齐哀公三年后，夷王伐太原之戎病死了。太原之戎就是姜氏之戎，就是商朝的"姜方"。申侯说他们可以是周的盟友，也可能变成敌人。夷王的儿子厉王上台后励精图治，也遭遇了类似纣王的局面。淮夷反叛进逼到雒邑，经过艰苦拉锯周军获胜。楚国熊渠赶紧学习姬昌取消王号，但与诸戎的博弈还是没完没了。最终，西周也发生内叛——"国人暴动"。厉王逃到彘地而死。厉王的儿子宣王像商末一样四处用兵扑火，最终惨败于"姜氏之戎"。《国语·周语》载："宣王三十九年，战于千亩，王师败绩于姜氏之戎。"宣王之子周幽王被姜家的申侯联合西戎杀死，西周灭亡。

　　齐哀公事件不仅推动了西周体制崩溃，而且也为纪国灭国、鲁国受欺、齐国称霸埋下了伏笔。"哀"是哀其不幸，齐与纪、鲁因此结仇。齐襄公即位后报仇伐纪，鲁桓公出面调停，转年就被齐襄公设宴刺杀。公元前690年齐军终于灭纪，"复九世之仇"。齐襄公复仇就是复仇，齐桓公称霸就是称霸。《左传》记载周王使者宰孔传达天子口谕"无下拜"，天子已经明确承认他可以"不臣之礼"。《史记》记载齐桓公筹备封禅泰山，而不是偷偷摸摸建个天坛。不仅如此，他还公开自比夏商周三代"受命"开国。管仲最后阻止了封禅，这样齐桓公就是第一"霸主"，否则就会被写成"齐王"

或"齐帝"。

姜齐哀公事件之后，另一个姜姓申国在西周末期举足轻重。申侯两次更换秦、周的继承人，一手导演了东西周的巨变，两次都是与犬戎联合。起因其实都是周王不愿继续执行武王《旱麓》制定的联姻共荣国策，都在嫡妻与王位继承人问题上发生了不可调和的矛盾。

《诗经》作为"诗史"不会忽略申侯改变历史进程的重大事件。申国迁徙江汉后，他们写的诗就应该收在"国风"的《召南》中。《召南》里有三首非常怪异的诗，包括虚与委蛇的《羔羊》和看似野合的《野有死麕》，还有一直解释不明白的结尾篇《驺虞》。这三首怪诗结合申侯与东西周巨变就不怪了。

羔　羊

羔羊之皮，素丝五紽。退食自公，委蛇委蛇。

羔羊之革，素丝五緎。委蛇委蛇，自公退食。

羔羊之缝，素丝五总。委蛇委蛇，退食自公。

野有死麕

野有死麕，白茅包之。有女怀春，吉士诱之。

林有朴樕，野有死鹿。白茅纯束，有女如玉。

舒而脱脱兮，无感我帨兮，无使尨也吠。

驺　虞

彼茁者葭，壹发五豝，于嗟乎驺虞！

彼茁者蓬，壹发五豵，于嗟乎驺虞！

"羔羊之皮"加上"素丝",这是制作羊皮袄。召南地区即江汉流域的特色是羊皮袄？羊皮袄与"退食自公,委蛇委蛇"说了三遍,代表什么？还被录入《诗经》？代表原来住在吕梁地区的申侯现在要换"服"了,要从农业姜人退回到"姜戎",要与西戎联盟共同推翻西周。申侯从周廷退出时,脸冲着幽王往后慢慢地退行,这样就走不了直线而是蛇行曲线。"委蛇委蛇"代表了一种留恋与侥幸的盼望。留恋周姜文明大家庭,盼望周幽王突然回心转意。当年周孝王不就是在最后回心转意了吗？

姜太公与文王"渭水对"对天下的比喻就是"鹿"+"树",而"麚"=鹿+困,另外齐桓公、管仲责问楚国的就是进贡"白茅"。《野有死麚》其实是西周亡国的悼念之歌。"野有死麚,白茅包之",是分掉鹿肉还是好好地保管鹿肉？"白茅纯束,有女如玉"这句诗体现了对西周政权的美好怀念。与《羔羊》对比阅读,习惯文明生活的姜人谁还愿意穿回羊皮袄？那该如何？"舒而脱脱兮。"本诗以如玉的美女玉体横陈"脱脱兮"比喻周政权的状态。"有女怀春,吉士诱之"比喻申侯对周政权的向往与占有欲。还好,这个香艳的场景结束于"无感我帨兮,无使尨也吠"。"感"通"撼","帨"与裸体"脱"的差别是还有一层纱巾。"吉士"们包括申侯、秦公、晋侯,他们最终护送"玉女"与"白茅包之"的"麚"回到了东周。也不让犬戎们惦记了,"无使尨也吠"。

《山海经·海内北经》载:"林氏国有珍兽,大若虎,五采毕具,尾长于身,名曰驺吾,乘之日行千里。"一般解释驺吾即驺虞,是一种像老虎的"义"兽、"仁"兽。北方的驺虞怎么出现在召南？它还有力如虎但是只吃死了的动物，对应《野有死麕》，这不就是东西周巨变中的申侯吗？"驺虞"申侯原来确实生活在北方，是迁徙到召南地区的。"驺"指古代养马的人（兼管驾车）；"虞"是畜牧业的主官。"驺虞"不正是秦人的角色吗？《海内北经》中的"驺吾，乘之日行千里"还指的是千里马。除了秦人的祖先，申侯的祖上也是养马驾车的，比如《简兮》歌颂的"西方美人""如虎"；再如姜太公为了救文王从骊山氏获得的"文马"，即"五采毕具"的千里马。所以，《驺虞》就是描写申侯的。

"彼茁者葭/蓬"都是描写召南地区杂草茂盛的样子（猎物野猪藏在其中）。"壹发五豝/豵"，申侯这位"驺虞"在这么混乱的环境能一次射中五只野猪，简单理解这是夸赞申侯的实力如"虎"，当然就能射林中之"鹿"。如果继续推演，指的是申侯在波云诡谲的政局中一箭三雕、一击中的。所以赞叹："于嗟乎驺虞！"

与《羔羊》对比验证的是《郑风·羔裘》。郑国是东周建立后才从东周分出去的，因此《郑风》的早期作品是周公统治商人的内容，后期作品与东周关联。《羔裘》歌颂的就是这位穿着羊皮袄建立东周的"驺虞"。

羔　裘

羔裘如濡，洵直且侯。彼其之子，舍命不渝。

羔裘豹饰，孔武有力。彼其之子，邦之司直。

羔裘晏兮，三英粲兮。彼其之子，邦之彦兮。

（1）"洵直且侯"是夸穿"羔裘"的申侯实在、耿直，而且祖上源远流长。类似《静女》夸微子启"洵美且异"。"孔武有力"不用解释了，类似"驺虞"。"三英粲兮"意味着不止申侯一人，还有其他诸侯。《竹书纪年》有言："伯盘与幽王俱死于戏。先是，申侯、鲁侯及许文公立平王于申，以本大子，故称天王。"

（2）"彼其之子，舍命不渝/邦之司直/邦之彦兮"，"彼其之子"指太子即周平王，很直白地歌颂建立东周复国的事业如此伟大。

第二章　姜太公与"黄帝之道"

　　"光烈之族"姜太公一生的事业是反商，兼济天下的理想是"黄帝之道"。文王、武王都向他求教"黄帝颛顼之道"，《吕览》也自称宗旨于"黄帝之所以诲颛顼"。在被稷下学宫改名"黄老之学"之前，"道"就是太公继承的黄帝以来的历代文明的提炼。在商周革命时代，太公把它们提炼为《阴符经》《素问》《素书》《尚书》《司马法》等系列文献。文王、周公父子把它表述为《周易》。以上这些"道"在西周立朝后，被称为"周道"。《尚书》与《素书》前文已述。"黄帝之道"中指导性的最高哲学即《黄帝阴符经》。基于从黄帝"绝地天通"与"大一统"开始积累的天、地、人数据库，姜太公自然得出"执天之行"的革命之道与"道法自然"的养生治国之道。《黄帝内经》就是基于天、地、人数据库的集大成的养生之道，上医医国，下医医人。在"黄帝之道"或"道"的指引下，"周道"的系列典籍，包括"文王之典"、《周书》、《周易》都是相通的。

上博楚简《举治王天下·古公见大公望》载：

古公见大公望……坪。老古公见大公望于吕隧，曰："吾闻周宗有难，而不……。榿，闻光烈之族。子访之上尚父举词、子得上父，载我天下；子失上父，坠我周室。"子访之，尚父与辞。文王曰："日短而世困？"乃往，既见，将反，文王乃俾之，至于周之东，乃命之曰："昔者，有神顾监于下，乃语周之先祖，曰：'天之所向，若或与之；天之所背，若拒之。'物有所总，道有所修，非天之所向，莫之能得。尚退而思之，其唯贤民乎？子为我得尚父，载我天下；子失尚父，遂我周惧。"既言而尚父乃皆阶至。唯七年，文王访于尚父，曰："我左患右难，吾欲达中持道。昔我得中，世世毋有后悔。唯持市明之德，其世也。……失也；怨并之众人也，非能合德于世者也；也，非天子之佐也。请私之于夫子。昔者舜台以大合口矣。"尚父乃言曰："夫先四帝、二王之道启行五度，汤行三起。"文王曰："道有守乎？"尚父曰："黄帝来光，尧、舜启□视，汤善视。"文王曰："道有乎？"尚父曰："敬人而亲道，毋自□而□人。不知其所极。"文王曰："有后盍乎？"尚父曰："黄帝修三损□，服日行，习女智，于是用将安。"文王曰："请问其荟。"尚父曰："黄帝修三台，设皆纪；四正受任，五事皆李；正将在微。""请问五谷一□二□。""五谷不举，其民能相分余；三年不生粟，五年无冻馁者，此盍民之道也。"文王曰："请问日行。"
尚父曰："日乎？甬口以果，而憿以成；高而均庶，远
而方达，此日行也。"昔尧王天下……。舜王天下，苗
不宾，舜不割其道，不宾其……曰：齐政固在嫩，
请……失也。怨并之众人也，非能合德于世也。合德
同心，尧、舜以德合德，以心合心，君臣合德于世，
故其德灼然著见于四方，内外合德于世而中道立。明
则保国，知贤政治，教美民服。禹王天下……

《举治王天下·古公见大公望》的信息量很大。

（1）"㮚，闻光烈之族。"姜太公族是"㮚"，著名的"光烈
之族"。"光烈"的是什么？当然是炎黄一脉。甲骨卜辞显
示，整个商朝从头到尾与商死斗的就是姜方。周人与姜太
公势力结盟，就是为了"反商复夏"。晋即"㮚"，就是木箭。
史载唐国改称晋是因为晋水，古浍水就是晋水。古时芮城
为"河曲"，此处黄河是个转弯区。"老古公见大公望于吕
隧"，"隧"通"遂"，指远郊之地。周代郊外的行政区划是五
县为隧。马王堆帛书《苏秦谓燕王章》云："自复而足，楚将
不出沮漳，秦将不出商阉（奄），齐不出吕隧，燕将不出屋
注。"苏秦说安于现状不思进取，齐国人不会离开他们的始
居地"吕隧"。综上，吕尚是晋水流域的"㮚"，虞、芮都在
这个区域。

甲骨卜辞中没有关于三皇五帝的任何记载，只有"炎"。
也就是说商朝六百年几乎天天祭祀，一年就叫"一祀"，即
挨个祭祀一遍。但是商人根本就不正式祭祀炎黄和尧舜禹。

对比北魏太武帝自号道君，忽必烈自称孔子学生，努尔哈赤自认关公玛法，以及今日各地找出或造出各种依据也要祭奠炎黄大禹……为何商朝很另类？只有一个解释：商朝自视为"外来"人群而不是炎黄和尧舜禹的继承人。商人将姜人、夏人都只视为奴隶或另一种财产。因此，吕尚们要"光烈"的就是商人要消灭或忽略的炎黄文明。晋中南是华夏文明的"孵化场"，极可能就是《山海经》中频频出现的"大荒"。炎黄之战、蚩尤之战、尧舜禅让、大禹治水等都与此地有关。尧、舜和夏的活动区域也都在此。商人用武力占据了这片乐土，但是只要地不要人，也不要历代传承的夏文明。

（2）"子得上父，载我天下；子失上父，坠我周室。""唯七年，文王访于尚父。"古公布局把与太公的联盟看成"翦商"成功的关键，所以隔代继承人文王必须记住古公的遗言。从历史看，姜周联盟是西周立国的根基。而姜太公本人还是霸权新手西周最缺乏的历史学家与谋略家。古公也认定，"黄帝之道"亦是西周崛起之道。文王七年见吕尚是他第一次伐商争"讼"失败后，已经"帝乙归妹"与商媾和。如同刘备新败后"访"诸葛亮过程一样曲折。吕尚初始态度是"辞"，不受也。当文王说出"日短而世困"才"乃往，既见"。类似诸葛亮睡醒来才出来见刘备。直到吕尚离开送行到"至于周之东（骊山）"，文王才终于说出古公遗言，"既言而尚父乃皆阶至"。诸葛亮"隆中对"前必须问刘备，"愿闻将军之志"。吕尚也是先确认文王完成古公遗志的决心，从此他俩在"黄帝之道"的大旗下成为志同道合的战友。

（3）"尚父乃皆阶至"。根据"光烈之族"的志向，"皆阶至"说明不是一个人，而是一群人，类似钜子带领同党。"皆阶至"的是一群什么人？是继承"黄帝之道"，替天行道、兼济天下的人，也就是始终进行反商复夏斗争的一个组织。类似钜子，尚父在这个组织中的职务就是"丈人"。姜丈人在反商复夏中的历史角色类似反清复明的汉留郑成功、方以智、顾炎武。第一次会盟，太公与文王对话说的都是要恢复的"黄帝之道"的宗旨。

"敬人而亲道"：类似为人民服务，按客观规律办事。

"服日行，习女智"：即《阴符经》开篇的"观天之道，执天之行，尽矣"。

"黄帝修三损"：即《阴符经》所说的天、地、人"三盗"："天地，万物之盗；万物，人之盗；人，万物之盗。三盗既宜，三才既安。"

"高而均庶，远而方达，此日行"：即老子所说"天之道，损有余而补不足"，即墨家的原始共产主义、平均主义，内部上下平定，外部不分远方。实现"五谷不举，其民能相分余；三年不生粟，五年无冻馁者，此盍民之道也"。

"知贤政治"：即太公、墨子的贤人政治，也就是"合德同心，尧、舜以德合德，以心合心，君臣合德于世，故其德灼然著见于四方，内外合德于世而中道立"。

"正将在微""齐政固在嫩"：应该就是尧舜心传的十六字诀"人心惟危，道心惟微；惟精惟一，允执厥中"及下文详述的"绝地天通"。

一、昆仑山的数据库与《阴符经》及
《乾》卦、《坤》卦的天机

《阴符经》与《道德经》并称"古今修道第一真经"。范蠡、鬼谷子、管仲、苏秦、张良、诸葛亮等人主要研习的就是《阴符经》。《阴符经》托名黄帝，作者是谁没有定论。目前仅有的记录是唐代李筌说学自骊山老母。涉及作者最早的记载见《战国策》："（苏秦）乃夜发书，陈箧数十，得太公阴符之谋，伏而诵之，简练以为揣摩。读书欲睡，引锥自刺其股，血流至足。"据此，《阴符经》的作者是姜太公。李筌将三百余字的《阴符经》又分为"神仙抱一之道""富国安民之法""强兵战胜之术"，从内容、文风与思想深度看，本书认为《阴符经》的作者就是姜太公，创作目的是依据黄帝"绝地天通"的昆仑山天文记录数据库寻求商周革命的总指引。

《阴符经》现存只有李筌版三百余字，包括诸葛亮等人的学习体会记录。诸葛亮特别注重对姜子牙的学习，这在《三国志》中有明确记载，而且是在无法作假的刘备遗训《刘备敕刘禅遗诏》中：

> 朕初疾但下痢耳，后转杂他病，殆不自济。人五十不称夭，年已六十有余，何所复恨，不复自伤，但以卿兄弟为念。射君到，说丞相叹卿智量，甚大增修，过于所望，审能如此，吾复何忧！勉之，勉之！勿以恶小而为之，勿以善小而不为。惟贤惟德，能服于人。

汝父德薄，勿效之。可读《汉书》《礼记》，间暇历观诸
子及《六韬》《商君书》，益人意智。闻丞相为写《申》
《韩》《管子》《六韬》一通已毕，未送，道亡，可自更求
闻达。

"丞相为写《申》《韩》《管子》《六韬》一通已毕"，这句话
不是指诸葛亮复写手抄本，而是指写作带阅读理解的教学
手册。现存《阴符经》版本中诸葛亮的学习记录应该就是这
么来的。

《申》，一般认为作者为战国韩相申不害，《史记》说他
专攻"黄老之术"。但是从刘备书单及排序看，申不害并没
有如此重要的学术地位或政治地位。而且诸葛亮重视并注
释的《阴符经》也没有出现在书单中。另外，诸葛亮注解《阴
符经》收篇曰："八卦之象，申而用之，六十甲子，转而用
之，神出鬼入，万明一矣。"所以，推测诸葛亮版的《阴符
经》就叫《申书》，既表示传自骊山申氏，也表明本书"八卦
之象，申而用之"的宗旨。后文述文王造字"乾""坤"，"坤"
之"申"就是颠覆南方七宿，寓意商朝图腾朱雀。

今日《阴符经》的名称是寇谦之、李筌这些道士改的书
名，估计取意"太公阴符之谋"，同时也表达出了暗合天道
的意思。类似《老子》改称《道德经》。《阴符经》在诸葛亮之
后再次出现正是茅山道士寇谦之所为。和帛书《老子》一样，
道士对《申书》的改动到底有多大，只能等有帛书或竹简出
土来对比了。《阴符经》现存版本言简意深而且很古朴。很
难想象寇谦之或南北朝哪个学者有此水平，或有此水平还

有闲心伪造千年前文风的作品。

《阴符经》究其本源还是阐述天道循环与商周革命的合理性。荀子《天论》说："天行有常，不为尧存，不为桀亡。"从其举例不用商周革命而用夏商革命看，估计还是沿袭太公原著。文王、太公明堂观天，发现并等待"变天"的时机。

《桓子新论》记载：

> 文王曰："殷帝无道，虐乱天下，皇命已移，不得复久。"乃作《凤凰》之歌曰："翼翼翔翔，鸾皇兮。衔书来游，以命昌兮。瞻天案图，殷将亡兮。苍苍皓天，始有萌兮。五神连精，合谋房兮。"

《国语》记载：

> 昔武王克商，岁在鹑火，月在天驷，日在析木之津，晨在斗柄，星在天鼋。

既然文王、太公在等待五星聚，可见他们能预测这一天象。这就是他们等的天时、天命、天机。武王伐纣的时间因此被计算出来：公元前 1046 年，五星聚。

《阴符经》曰："观鸟兽之时，察万物之变。""愚人以天地文理圣，我以时物文理哲；人以愚虞圣，我以不愚虞圣；人以奇期圣，我以不奇期圣。""愚"与"虞"都是戴着面具装神弄鬼欺骗百姓；姜太公自称为"哲"，即善于感悟并预言的先知先觉者，不依靠占卜看天象预测吉凶，而是根据

"物"理为天下谋利，通过"时"变寻找、抓住战机。爱因斯坦有句名言"上帝不会掷骰子"，与此有异曲同工之妙。

《阴符经》就暗合了天道规律。开篇明义："观天之道，执天之行，尽矣。"《尚书·周官》曰："（成王）立太师、太傅、太保，兹惟三公。论道经邦，燮理阴阳。官不必备，惟其人。少师、少傅、少保，曰三孤。贰公弘化，寅亮天地，弼予一人。""孔明"就是这个意思，即大明大亮的阴符之道。《阴符经》曰："人知其神而神，不知其不神之所以神。日月有数，小大有定，圣功生焉，神明出焉。其盗机也，天下莫能见，莫能知。""食其时，百骸理；动其机，万化安。""天之无恩，而大恩生；迅雷烈风，莫不蠢然。""蠢"不是愚蠢，而是结束冬眠的虫子"蠢蠢欲动"。"蠢然"者，春生夏长秋敛冬藏，四时成序，周而复始，循环不已，亘古如是。圣人修炼能夺万物为我用，不失其时，不错其机。食其时者趁时而服天之气；动其机者随机而扭转生杀之柄。正因为周文王和姜子牙"知其神而神"而且"诚惧致福"，并且刻意"知之修炼"，故而"谓之圣人"。

革命要抓住天、地、人三个中心、三个"机"："天发杀机，移星易宿；地发杀机，龙蛇起陆；人发杀机，天地反覆；天人合发，万化定基。"宇宙杀机如大荒、大乱等，会如大泽孕育龙蛇一样孕育非常之士。社会杀机则会使原有秩序瓦解。宇宙和社会同时爆发杀机就会造成强弱易势、尊卑易位，圣人乘时创业。

革命的五要素即"五贼"：命、物、时、功、神。"天有五贼，见之者昌。""贼命以一消，天下用之以昧；贼物以一急，天下用之以利；贼时以一信，天下用之以反；贼功以一恩，天下用之以怨；贼神以一验，天下用之以小大。"

"贼"的金文表示武装劫财，"盗"也是劫掠，都明确是武装革命。古诗《短歌行》可以帮助体会"贼"的意思："四季倏往来，寒暑变为贼。偷人面上花，夺人头上黑。"李筌解释说："黄帝得贼命之机，白日飞升。殷周得贼神之验，以小灭大。管仲得贼时之信，九合诸侯。范蠡得贼物之急，而霸南越。张良得贼功之恩，而败强楚。"

革命的方法是太公阴谋："性有巧拙，可以伏藏。""其盗机也，天下莫能见，莫能知。"最终导致商因为"蛊""无妄"而"火生于木，祸发必克；奸生于国，时动必溃"。阴谋三要是"耳、目、口"："九窍之邪，在乎三要，可以动静。"太公曰："三要者，耳、目、口也。耳可凿而塞，目可穿而眩，口可利而讷。兴师动众，万夫莫议。"

《阴符经》是商周革命前的总体指导思想，是所有整体策略的根本哲学与依据。《周易》是《阴符经》指导下商周革命实践的总结记录与思考启迪。《阴符经》把文王演八卦表述为：

自然之道静，故天地万物生。天地之道浸，故阴阳胜。阴阳相推，而变化顺矣。至静之道，律历所不能契。爰有奇器，是生万象，八卦甲子，神机鬼藏。阴阳相胜之术，昭昭乎进于象矣。

诸葛亮的学习记录更清晰：

亮曰：奇器者，圣智也。天垂象，圣人则之。推甲子，画八卦，考蓍龟，稽律历。则鬼神之情，阴阳之理昭著乎象，无不尽矣。

亮曰：八卦之象，申而用之。六十甲子，转而用之。神出鬼入，万明一矣。

1. 黄帝"绝地天通"与"昆仑"的天文地理数据库

吕尚后人吕侯为穆天子制《吕刑》的依据是："乃命重黎，绝地天通，罔有降格。"《山海经》记录为："颛顼生老童，老童生重及黎。帝令重献上天，令黎邛下地。下地是生噎，处于西极，以行日月星辰之行次。"

"重献上天""黎邛下地"是什么意思呢？《国语·楚语下》记载楚昭王请教观射父，观射父说，颛顼"命南正重司天以属神，命火正黎司地以属民"，也就是一个管天上的神，一个管地上的人。按观射父的说法，"下地是生噎，处于西极"怎么解释呢？黎还要生孩子"噎"？又"处于西极"？显然说不通。

历史谜案的科学解释是，《山海经》记载了黄帝开创的全域日月观测体系"绝地天通"，最后在"西极"即昆仑山汇总数据。把《山海经》"日月所出""日月所入"摘出来，并把"出"与"入"理解为升上天与落下地平线，一切就迎刃而解。

《山海经·大荒东经》载：

东海之外，大荒之中，有山名曰大言，日月所出。

大荒之中，有山名曰合虚，日月所出。

　　大荒中有山，名曰明星，日月所出。

　　大荒之中，有山名曰鞠陵于天、东极、离瞀，日月所出。

　　大荒之中，有山名曰猗天苏山，日月所生。

　　东荒之中，有山名曰壑明俊疾，日月所出。

《山海经·大荒西经》载：

　　西海之外，大荒之中，有方山者，上有青树，名曰柜格之松，日月所出入也。

　　大荒之中，有山名曰丰沮玉门，日月所入。

　　大荒之中，有龙山，日月所入。

　　大荒之中，有山名曰日月山，天枢也。吴姖天门，日月所入。有神，人面无臂，两足反属于头山，名曰嘘。颛顼生老童，老童生重及黎。帝令重献上天，令黎邛下地。下地是生噎，处于西极，以行日月星辰之行次。

　　大荒之中，有山名曰鏖鏊钜，日月所入者。

　　大荒之中，有山名曰常阳之山，日月所入。

　　大荒之中，有山，名曰大荒之山，日月所入。

　　《大荒东经》记载了六个"日月所出"，《大荒西经》记载了七个"日月所入"。显然，这是天文台的记录：东方观察记录日出、月升；西方观察记录日落、月沉。这就是四岳的职责之一。另外，"大荒"不能按字面理解为荒凉。《诗经・天作》歌颂古公移民肥沃的周原就叫"大王荒之"。主要看"大王"黄帝、大禹"荒"哪。

"帝令重献上天，令黎邛下地"：重部负责观察记录日出、月升（上天）；黎部负责观察记录日落、月沉（下地）。因为日月升与降，光线投射的角度相反，所以必须在高山的两面建设观察记录设施，类似巨石阵或阶梯神庙。一个团队无法迅速在山的阴阳两面跑，因此要有"重"和"黎"两个观察团队。中原广阔，就需要建立多个观察点，每座山都要记录十或十二个月的本地数据，最后在"西极"汇总。太阳历十个月，月历十二个月，"噎"负责调差。"噎"一般解释为云气掩翳日光，显然与前文"重""黎"分工对不上，而且也解释不了"下地是生噎，处于西极，以行日月星辰之行次"。噎部在最西边综合观察日月五星等也就是阴阳五行，包括日月之外的星云。我国地形西高东低，昆仑山是最高的观察点，所以称"西极"。"重""黎"加上"噎"就是一个科学完善的天文体系。我国现在也是在各地山上设很多的天文台。只有西极的"噎"拥有综合观察阴阳五行的记录以及调差的能力，所以昆仑山才是最重要的文明与权力中心。

黄帝是第一个融合太阳历与月历的统治者，所以昆仑山有黄帝之宫，"轩辕台"其实就是天文台。"昆"同"崑""崐"，是与太阳有关的山的"老大"的意思。"仑"表示次序、条理。整理太阳的次序即时序。"昆仑"就是上古时代观测计算日月时序的最高总部，黄帝合日月之历法，所以建设轩辕台天文中心。

《史记》记录的天文观察分工只是把"重""黎""噎"改成了"官名"："黄帝使羲和占日，常仪占月，臾区占星气。""臾区"是黄帝最重要的历法官，他就是"噎"。"羲和"与农业及太阳相关。"常仪"就是测量月亮之"常"，即固定的周期律。这就吻合了传说的太阳女神"羲和"生了十个太阳，代表太阳历的十个月；月亮女神"常仪"生了十二个月亮，即一年十二月。"臾"缺乏明确的解释。"须臾"是片刻时间的意思，而"区"则是齐国姜子牙所做的一种度量工具（《左传·昭公三年》："齐有四量，豆、区、釜、钟"），"区区"也是很微小的意思，那么"臾区"就是精密度量计算时间的意思。

《尚书·胤征》记载仲康曾命胤侯掌六师讨伐"羲和"并导致"火炎昆冈，玉石俱焚"。根据昆仑山与历法的关系就很清楚了。因为"羲和占日"，而"羲和湎淫，废时乱日"，所以"胤往征之"。羲和占日却废时乱日，把天下的历法"时"搞乱了。所以征伐羲和的依据就是："《政典》曰：'先时者杀无赦，不及时者杀无赦。'"胤征的就是昆仑山。所以战争结果是"火炎昆冈，玉石俱焚"。

如此重要的昆仑山在哪？《山海经》描述的昆仑山地理特征基本吻合河西走廊，但也有人认为吻合埃及。管仲代表作《管子·轻重甲》建议征收四夷的特产为流通货币或储备金，用经济手段促使四夷来朝。《管子》证明春秋时代的"昆仑之虚"与吴越、朝鲜、禹氏一样都在东周边界，其特产"璆琳、琅玕"，《禹贡》也记载了雍州以西的"西戎"。因此，推测黄帝到春秋时代的昆仑就在祁连山，秦穆公"霸西戎"时被战火摧毁。秦穆公"灭国十二，开地千里"，其中就有"昆戎"；开地千里，也就到达祁连山了，但到不了更远的今日昆仑与埃及。之后气候变化，居延海干涸，此地更加萧条。秦军既占据着河西阻碍了东西交流，又执着于东出。"昆仑"逐渐从中原视野消失。直到张骞再次"凿通西域"后，汉武帝确认昆仑山所在，沿用至今。同期大月氏与匈奴人曾前后占据河西，并将原昆仑改名"阴山"与"祁连山"。"敕勒川，阴山下。天似穹庐，笼盖四野。""阴"是祭祀月亮，类似明堂祭天。"祁"（"祈"）表示祭祀，"连"是连绵不断。霍去病河西之战不仅夺得祭天金人，也导致匈奴再向西迁徙，很可能如泰山东迁般而西迁到今日昆仑与天山。

　　黄帝因为融合阴阳历法，所以第一次实现了大一统。大一统首先就是统一历法。《春秋》每一篇开始都会有"春，王，正月（或二月、三月等）"，这就是孔子认为的大一统的象征，即由"王"来确定哪个月作为起始的"正月"。姜子牙在西周自建灵台，就意味着独立于商的大一统之外。

　　"绝地天通"天文观察的"天意"就是这个数据库。基于这套数据库的"二十四节气"是中国第五大发明，人类非物质文化遗产。它是当时社会运行的基础数据库，不仅用于农牧业生产，还是吕侯等统治者制定《吕刑》等法规的依据。观射父说得很玄，目的是唬人。黄帝—颛顼的天地体系被九黎挑战过，因为楚国的祖先需要的是"明神降之，在男曰觋，在女曰巫"。这是神学与科学的冲突。继承黄帝的姜子牙不信巫术占卜，只信天道与天、地、人三螺旋。神棍刘向、刘歆父子把《山海经》改成了神话。

《素问》也建立在这套数据库之上。《素问·诊要经终论》的"诊要"即二十四节气周期：

> 正月、二月，天气始方，地气始发，人气在肝；三月、四月，天气正方，地气定发，人气在脾；五月、六月，天气盛，地气高，人气在头；七月、八月，阴气始杀，人气在肺；九月、十月，阴气始冰，地气始闭，人气在心；十一月、十二月，冰复，地气合，人气在肾。

《素问·六节藏象论》曰：

> 天度者，所以制日月之行也；气数者，所以纪化生之用也。

"天度者"是对天进行度量的团队："处于西极，以行日月星辰之行次。"

"气数者"是孔子说的颛顼："养材以任地，履时以象天，依鬼神以制义，治气以教化。"

综上，黄帝第一个建立了全域的天文观察记录体系，并建立了三个专业团队（或家族）。"天通"就是观察了解天文运行规律及对人与大地动植物的影响，指导历法与农业、医学等；"绝地"没有隔离的意思，就是在地上的观察网没有盲点，全域覆盖。"绝地天通"，这是一个科学、逻辑、立体、全面、精密计算的天、地、人数据体系。这个体系对于继承"黄帝之道"的"四岳"与姜太公来说非常重要，可以说是姜太公一生学识与智慧的基础。

《阴符经》开宗明义："观天之道，执天之行，尽矣。天有五贼，见之者昌。五贼在心，施行于天。""圣人知自然之道不可违，因而制之。"

2. 乾坤万年的"红羊劫"

竺可桢研究过五千年中华气候。他从科学角度发现王朝周期的"天命"就是"天时"，低温的拐点正是改朝换代的节点。这就是姜太公观天象预测等待的"时"吗？

五千年前的仰韶时期到三千年前的殷商时期的年平均气温比现在高 2～3℃。恰好是在商末周初时，气候转折变冷。竺可桢还发现，冷周期都是从东太平洋海岸开始向西传播到欧洲，同时从北向南传播。历史中的王朝之乱往往也起于东或东北、东南。所以，恰恰商末先是东夷西进、商都断流，而西岐、西南降温延后，武王、太公把握住了时间差。《素问》有个著名论断："天倾西北，地陷东南。"司马迁也总结："夫作事者必于东南，收功实者常于西北。"在竺可桢看来，大波动的原因主要是受太阳辐射的控制，小波动的原因与大气环流有关。换个说法就叫科学版的"阴阳五行、五运六气"。

"绝地天通"千年演变后，日月观察基地与专业团队成了"四岳"，"四岳"因掌握天文地理、四时规律成为权力传承家族。太公不仅是太岳数据库传人，还在西周建设了灵台、明堂。他通过天文观测预见到天下有变的时机拐点。

这个说法肯定让历史虚无主义者无法相信。除了前文"五星聚"的证明，《周髀算经》也佐证了当时的天文学成就与部分测量方法。君之"髀"（大腿骨）这个职位传下来就叫"周髀"。天文规律是目的，"算经"只是手段。大腿骨的比喻很贴切，西周之道、西周之德（本意睁大眼睛看路而行），其核心支撑就是客观的天文之道。但不是儒学宗教化的推手董仲舒主观的、人性化的"天人感应"。

"天人感应"思想源于《尚书·洪范》，相传是箕子向周武王陈述的"天地之大法"。《汉书·五行志》言："周道敝，孔子述《春秋》，则《乾》《坤》之阴阳，法《洪范》之咎征，天人之道灿然著矣。"姜太公继承的"黄帝之道"或昆仑山数据库，可以统计宏观的周期规律，也可以升级到天、地、人的阴阳三螺旋。三螺旋指的是客观的互相决定又互相推动螺旋升级，而不是主观的互相有意识的暗示。《汉书·五行志》说得非常明确，正是因为"周道敝"，所以孔子的《春秋》才以主观价值观为准绳，理解错了"《乾》《坤》之阴阳"，倒退到了商朝箕子崇拜天帝的《洪范》。（后文详解《明夷》卦中太公、周公对箕子的扬弃）

《周髀算经》是中国第一部天文历算著作，用测日影的方法计算阴阳五行，确定天文历法。《周髀》为了计算日月地球的立体结构，率先提出了勾股定理。用勾股定理和地面日影投影距离就可以反算星球距离。也许这就是"丈人"名称的来历。《周髀》盖天宇宙模型对于极昼、极夜等现象的科学表述能力完全超出了现代人对古人的认知。比如"极下不生万物，何以知之？……北极左右，夏有不释之冰"。

难道他们去过北极？

　　另一个佐证是马王堆孤本《五星占》和《天文气象杂占》。《天文气象杂占》画有《史记·天官书》所描写的异常星象。《五星占》记载金星的会合周期为 584.4 日，跟今测 583.92 日只差 0.48 日。还记载了土星的会合周期为 377 日，跟今测 378.09 日只差 1.09 日；土星的恒星周期为 30 年，跟今测 29.46 年只差 0.54 年。

　　《国语·周语》有言：

　　　　古者，太史顺时脉土，阳瘅愤盈，土气震发，农祥晨正，日月底于天庙，土乃脉发。

　　太史还要负责记载"天时"，所以司马迁记录了很多天文内容。马王堆利苍家族也保存有天文文献。《史记》中的《天官书》是现存第一篇系统描述全天星官的著作。如果把几千年的天文记录与历史事件进行大数据分析会得出什么结论呢？宋朝柴望统计了战国到五代 1260 年的数据。《丙丁龟鉴》得出结论："丙午丁未者有一，其年皆值中国有浩劫战乱之年。"每六十年一次的"丙午丁未之厄"即"红羊劫"。靖康之耻就发生在丙午年（1126 年），前文所述的刘邦驾崩吕后执政的公元前 195 年、武则天为太宗侍疾与太子李治暗生情愫的 646 年也都是"红羊年"。太公望家族做的笔记比柴望要久远得多。公元前 1066 年正是丙午"红羊劫"之年，也正是姬昌去世前十年，结合他称王后在位九年以及农历与阳历的偏差，他和姜太公正是谋划了"红羊劫"称王，并坚定认为获得了改朝换代的天命。

过度迷信大数据、利用天文周期的"谶纬"是不可信的，因为统计分析也有误差，而微观是绝不可能预测的，比如人名之类的细节。刘向、刘歆父子的"谶纬"还加进了很多政治投机的主观"天人感应"，更不可信。如果世界早就写好了剧本，那么这个世界的意义是什么？

所有"谶纬"书都是利用天文统计编造而成的。类似刘氏父子的"谶纬"，袁天罡、李淳风作《推背图》的目的并不在预言，而在为武后称帝造势。得到验证的"谶纬"，鱼腹丹书、篝火狐鸣之类都是胜利者的宣传工具而绝非未卜先知。如果败了也就没什么影响了。武则天、朱洪武都赢了，所以后世才能看到他们组织的"预言"书《推背图》《烧饼歌》。金圣叹评点《推背图》是在清初，清以前预言内容都能扯上，看似靠谱，但以后的事件却都是模糊的。类似"亡秦者胡"，"胡"是胡人还是胡亥？金圣叹也是洪门成员，以"通海"罪被处死，所谓"通海"就是通郑成功。他评点"预言"也是为了造势。另一位"通海"的钱谦益负责与他配合表演，写了好几首诗证明金圣叹真的很"神"，类似《文王操》与鱼腹藏书的配合。有兴趣的读者可以查阅《红楼大梦》的考证。

《乾坤万年歌》传说也是姜太公的作品。今版估计是洪门方以智假托姜太公编造的反清革命书。从李自成起义到清朝建立，已经发生的事情当然"预测"得很准："十八孩儿跳出来，苍生方得苏危困。相继春秋二百余，五湖云扰又风颠。"关键在随后对洪门起义的"预测"：

人丁口取江南地，京国重新又一迁。两分疆界各保守，更得相安一百九。那时走出草田来，手执金龙步玉阶。清平海内中华定，南北同归一统排。谁知不许乾坤久，一百年来天上口。木边一兔走将来，自在为君不动手。又为棉木定山河，四海无波二百九。

显然，洪门"预测"第一步在南方起义划江而治，这在汉末、晋末、唐末都发生过，可惜南明只坚持了十九年。十九本来就是一个易经周期，所以预测洪门的"南北朝"一百九十年。"那时走出草田来""木边一兔走将来""又为棉木定山河"，这些都是洪门暗语。洪门后期的天地会、红花会、三合会、哥老会的成员都是底层农民，当然"那时走出草田来"。"木边""棉木"的关键在"木"，洪门虚拟总部叫"木杨城"，取自《周易》"枯杨生华"，洪门领袖方以智自称"木立"和尚并穿"木棉袈裟"。

上溯至姜太公，洪门创立的革命"预测"学客观上也鼓舞了下层民众的斗争信念。脱胎于洪门的早期革命党自然也不会丢弃这一武器。1899 年秋，孙中山作七言绝句《咏志》：

万象阴霾扫不开，红羊劫运日相催。
顶天立地奇男子，要把乾坤扭转来。

此诗又称革命歌、起义歌。孙中山是在学习姜太公的天时革命并以"红羊劫"（1906 年）号召起义。1906 年是农历丙午年，共 384 天，该年长江决堤，末代皇帝溥仪出生，孙中山写下《中国同盟会革命方略》并正式提出三民主义。12月初，同盟会在萍浏醴发动了第一次武装起义。1906年清政府拿出最后的家底启动编练新军，然而大部分新军却成了革命党，辛亥革命就是新军起义。宣传方面，姜子牙时代只有《诗》与《文王操》，洪门集体则创作了《红楼梦》记录南明史（明清革命代玉史），同时也利用"小说"潜移默化。英国的"莎士比亚"们利用戏剧与剧院塑造新国民。洋务派翻译《茶花女》，革命党人蔡元培、章太炎重解"红楼"，孙中山与宋教仁甚至准备亲自上手再创作一部新的小说。（详见《红楼大梦》）

天文周期的"运气"不应只对中国或华人有效吧？1906年，世界上也发生了不少大事，包括旧金山地震、维苏威火山爆发等，特别是俄国首相斯托雷平该年上任并推行土地改革，他的改革失败对世界格局的拐点意义更大。斯托雷平是近代俄国通过改革实现转型的唯一救星，却功亏一篑遇刺身亡。此后一轮轮革命不可逆转地持续爆发，最终布尔什维克夺取政权实现了工业化。这个政权是人类第一个"穷人"的政权，开创了马克思主义的新世纪。斯托雷平留给世间的最后一句话是："请打开电灯！"

3. 天地《乾》《坤》第一卦的科学解读

《周易》是《阴符经》指导下，对商周革命实践的总结记录与思考启迪。有人站在谷底，依旧仰望星空。文王拘演《周易》开宗明义，就是客观性的天道运行。

第一卦　乾

乾：元，亨，利，贞。

初九：潜龙勿用。

九二：见龙在田，利见大人。

九三：君子终日乾乾，夕惕若厉，无咎。

九四：或跃在渊，无咎。

九五：飞龙在天，利见大人。

上九：亢龙有悔。

用九：见群龙无首，吉。

第二卦　坤

坤：元，亨，利牝马之贞。君子有攸往，先迷后得主，利。西南得朋，东北丧朋，安贞吉。

初六：履霜，坚冰至。

六二：直、方、大、不习，无不利。

六三：含章，可贞。或从王事，无成有终。

六四：括囊，无咎无誉。

六五：黄裳，元吉。

上六：龙战于野，其血玄黄。

用六：利永贞。

（1）天命所在，造字乾坤：天人合一，参升商落。

"乾"字在甲骨文中未见，完全是周文王特地创造的。《连山》《归藏》中的《乾》卦也不在开篇。文王按照"天人合一"造字，参升商落才是"乾"之本义，代表第一卦的主题：革命。

𣎃，左为西方七宿"参宿"象形，右为东方七宿"心宿"象形。参宿和心宿的赤经相差 180°，"参商不相见"的"乾"就是势不两立、不共戴天。《红楼梦》中宝钗来到贾府开始"参商"也是寓意明清革命，革命是革朝代的"天命"。

"坤"字也不见于甲骨文，还是周文王创造的。"坤"不能简单理解为"地"(《明夷》卦有"初登于天，后入于地")。"坤"字是"土"＋"申"。"土"明确了土地的重要。"申"如果按天象思路理解，南方"井宿"逆转 60°便得到与"申"字相似的图案。"坤"字＝南方七宿逆转＋"土"。而南方七宿"朱雀"正是商人的图腾。所以"坤"是颠覆、夺取商人土地。

"乾"代表东西两宿，南方七宿贡献了"井"，北方七宿是"时"。北方七宿中的"牛宿"主秋，主肃杀之象，寓意革命。因为"土"太重要，所以文王把"时"体现在文字中："履霜，坚冰至。"周文王的逻辑非常缜密，真是天命在我。

自称学习周文王的曹操修有"铜雀台"，历代对命名来历无解。实际上他在邺城修了三个台：铜雀、金虎、冰井。冰井就是寒水，三个台分别代表南朱雀、西白虎、北玄武，故意漏了东青龙。因为刘家自称来自夏代养龙的刘累。曹操的用意是没必要替汉献帝或刘备修建青龙台，修了也没用。魏都邺城原是商王畿，所以更突出"铜雀台"，这是反着用"乾"的一上一下。同时，曹操用三台表明他已经四分天下有其三，九州只剩下益、荆、扬尚未统一。《论语》吹捧周文王"三分天下有其二，以服事殷。周之德，其可谓至德也已矣"。那我曹操"以服事汉"比周文王如何？是不是更加"可谓至德也已矣"？所以曹操说："若天命在吾，吾为周文王矣。"他是利用儒家的虚伪与逻辑漏洞戏弄荀彧、孔融等人。

（2）君子、大人、小人与东方七宿的运行周期。

《周易》中"大人"出现十二次，"君子"出现十八次。《周易》行文缺少主语，但内容和口气却是王者的立场。"小人"指普通百姓；"大人"指"百官"诸侯，最有代表性的就是姜太公。"君子"在《周易》中不是指道德高尚的人，而是指王室成员。比如《泰誓》中武王就自称"君子"："呜呼！我西土君子。"

"小人勿用"因词义变化被误解。其他多卦也出现。它的本意是"举旗集会"的集体行动。《说文》释曰："勿，州里所建旗。象其柄，有三游，杂帛，幅半异，所以趣民，故遽称勿勿。""勿"是猎猎军旗，用来召集民众。《尚书·盘庚》言："其有众咸造，勿亵在王庭。盘庚乃登，进厥民。""勿亵"就是旗帜破了。"用"的甲骨文有两种，一种形似大钟，那么"小人勿用"就是"举旗敲钟"。另一种可参考蒙古族保存下来的过年"祭火节"，全族老少身着节日盛装围着一个大火堆，而火堆的金属栅栏的形状就是"用"字，只是倒过来三个金属头朝上，便于插上羊头之类烧烤，也可以放上大盆当作大火锅。甲骨卜辞中"姜方伯"被"用"了，就是被斩首并在商人集会上"烧烤"。总之，"小人勿用"都是以旗帜和大火盆聚集百姓与军队。

《乾》《坤》卦中的"潜龙""见龙在田""或跃在渊""飞龙在天""亢龙有悔"等均是对东方七宿傍晚时分出现在空中不同位置的描述，代表不同的节气："春分而登天"（"或跃在

渊"），"迎夏则凌云而奋鳞"（"飞龙在天"），"秋分而潜渊"，
"涉冬则涸泥而潜蟠"等。"潜龙勿用"是龙星宿尚未出现，
但已经潜藏于此，即将出现，这是冬至天象。此时用军旗
召集百姓"勿用"，春祀备耕。二月二，"龙抬头"，角宿代
表龙角从地平线上显现，"利见大人"。另一个"利见大人"
是"飞龙在天"，大约是五月初五赛龙舟时。此时龙星宿在
傍晚已全部出现，仿佛龙行银河。夏至亢星宿处于天顶，
称"亢龙"。"亢龙有悔"是夏至太阳南移，阴气渐侵，即将
迎来变化。"悔"指星象模糊，也指变化而不定。"有悔"指
的是上卦或叫外卦有变才能根据变化而预测。如果天时有
变，那就决定是否起兵，而不是胜利后后悔。

（3）"群龙无首"就是"馘"。

《乾》卦收尾"群龙无首"，这是商周革命胜利结局的标
志。"无"对应"有"，无论在《诗经》的《文王有声》还是《周
易》的《大有》卦，都是诸侯捧起来称王的意思。相应地，
"无"当然是削了对方的王与不服的诸侯。本卦"亢龙有悔"
比喻的是文王自认为实力足够早早地"有"。"无中生有"换
个表述就是枪杆子里面出政权。

"无首"实际上就是拿着敌人首领的人头献祭祖庙，"群
龙无首"指的是商人众首领的人头。记载武王伐商革命成功
的《尚书·武成》中"告以馘俘"出现六次，全篇九十九国群
龙无首。"馘"的本义是取敌人首级"无首"，对应"聝"是收集
敌人耳朵献功。武王砍下纣王与妲己的首级就是"玄钺"＋"黄
钺"＝"其血玄黄"，"龙战于野"寓意"牧野之战"。最后这些
首级都被"燎于周庙"。

妇好墓中有一件类似蒸锅的特殊青铜器"三联甗
(yǎn)"。出土时甗里还装着一个被蒸过的人头。这就是
"炁"首的考古证据。

"无"的甲骨文$\bar{\mathcal{R}}$，传统解释像人死葬在地下，表示没
了。与"无"对应的"有"，在《大有》卦中阐述得很清楚，指
的是众首领臣服于文王。"有"的甲骨文像手张开抓持。金
文加肉突出手持肉。人死了而且手抓肉，这个肉只有和死
人联系，那抓的就是人肉，实际是人头。我"有"了敌人的
人头，敌人被砍头后的身体顶端只剩下"一"，头就"无"了。
如果不与首级相关，"有无相生"的逻辑就合不上。

与"无"相关的"炁"不同于"气"，被后世道家解释为一
种神秘能量。实际就是妇好墓的甗中蒸人头，主要是伯邑
考之类贵族首领的人头，被迷信为更有能量。

老子把"群龙无首"的境界升华为"太上"："太上，不知
有之；其次，亲而誉之；其次，畏之；其次，侮之。"用元
宇宙或区块链理解，就是通过边缘计算与共享实现中心强
化并且无处不在（而不必独处传统金字塔结构的顶端）。

（4）"元，亨，利，贞"与"利牝马之贞"，表达的是姜周
联盟反商的必胜信念。

《乾》卦的卦辞简单明确："元，亨，利，贞。"初心必
胜，革命必成。"元"就是开始、本、根本。"亨"后分化为
"亨""享""烹"三字。"亨，通也。""享，献也。""烹，煮也，
或作亨。"三字同源于祭祀过程，比如伯邑考，先献上帝
"亨"，处理方法是煮肉汤"烹"，最后大家分了吃"享"。

《周易》中的"贞"全部都是卜问。《尚书·洪范》记载八

卦占卜之法，其中"曰贞，曰悔"指的是"内卦曰贞，外卦曰悔"。"悔"字从心从每。"每"在《周易》中指"变化"，因为只有变化才能或者才需要预测，所以"内卦为贞，外卦为悔"。

"用六"与《乾》卦"用九"既是序数也是正文。六十四卦中只有《乾》《坤》有这种总结语。"用"既是敲钟开会又是大型祭祀，寓意汇总、总结。《乾》"用九"的结果是"群龙无首"。而涉及抢商人土地以及土地本身问题的结论是"利永贞"，长期课题要永远高度关注研究。

《乾》卦的卦辞只有四个字"元，亨，利，贞"，而《坤》卦的卦辞却很长："元，亨，利牝马之贞。君子有攸往，先迷后得主，利。西南得朋，东北丧朋。安贞吉。""元，亨，利牝马之贞"比"元，亨，利，贞"多了个"牝马之"。"牝马"就是母马。《坤》卦的问题"土地"以及"夺取商人土地"的占卜，专门用了"母马"当祭品。马是战略物资，一般舍不得杀，可见隆重与诚恳。母马的生育能力也对应《坤》卦的周族繁衍问题。所以占卜结论虽吉利，却多了曲折过程："君子有攸往，先迷后得主，利。西南得朋，东北丧朋。安贞吉。"这是对周人万里长征到周原的总结。

《坤》卦爻辞"含章，可贞。或从王事，无成有终"中，"含章，可贞"特指决策安居周原的占卜。接受商王任命"或从王事"就是《随》卦记载的听从商王，韬光养晦，结论是"无成有终"。"章"本义指完整的乐谱，"含章，可贞"可以视为带乐舞的祭祀占卜，很是隆重。魏徵为李世民作《五郊乐章·黄帝宫音》就是此意："黄中正位，含章居贞。既长六律，兼和五声。毕陈万舞，乃荐斯牲。神其下降，永祚休平。"西方人也说城市文明的标志就是养得起一个乐团。

(5)天时：履霜坚冰与秋明武威。

姜太公说："日中必彗，操刀必割，执斧必伐。日中不彗，是谓失时；操刀不割，失利之期；执斧不伐，贼人将来。""天与不取，反受其咎；时至不行，反受其殃。非时而生，是为妄成。故夏条可结，冬冰可释，时难得而易失也。"

周文王人狠话不多。"履霜，坚冰至"是起兵时机的暗语：秋天或隆冬。西周在周边扩张阶段起兵"侵伐"主要选秋季，而伐纣总决战出于水系地理原因，加上突袭战法，必须选河流结冰的隆冬时节。

《周易》中不断重复"利涉大川"，周军东进不仅要过黄河，还要过向南流的大河，如山西的汾河、沁河、涑水河、三川河、昕水河等。传说李自成起义军过不了黄河，闯王一夜白头。当年的周军最佳的快速进军时机就是河流结冰之时，就是《豳风·七月》中的"二之日凿冰冲冲"，冬至为"年"，二月正是隆冬。所以武王选在二月初一发兵。另外，姜太公声西击东从河南北上也避开了水系，实现了闪电突击。文献中只记载了孟津过黄河用"舟"即水军，其他河流应当都"冯河"了。"冯"的本义就是借结冰过河。

"时"在战争中往往决定胜负。匈奴进攻一般选秋季"打秋风"，而冬季繁衍人畜，春天刚好是孕期。孕妇最怕颠簸，所以卫青打匈奴特意改为春季出兵。《汉书》载："汉兵深入穷追二十余年，匈奴孕重堕殰，罢极苦之。自单于以下常有欲和亲计。"

"天时"的另一个关键是"牛宿"，表示文王六征统一西部各邻国的出兵时机。《谦》卦将此"时"定义为"侵"："不富，以其邻。利用侵伐，无不利。""鸣谦，利用行师征邑国。"甲骨文"侵"字从牛从帚。牛就是北方牛星宿，牛宿在黄昏时处于中天，表明秋天来临万物凋零。凋谢的枯枝落叶需要扫除，故在牛旁加帚。毛主席解释："凡是反动的东西，你不打，他就不倒。这也和扫地一样，扫帚不到，灰尘照例不会自己跑掉。"清华简《程寤》是天命种树之梦，也以秋时比喻侵伐时机。"欲惟柏梦，徒庶言□，矧又毋亡秋明武威，如械柞亡根"说的就是牛宿秋中举旗起兵。

《革》卦以衣裳之变讲全社会大变革。"黄牛之革"的"牛"代表王的地位与政权，"黄"代表黄帝以来的文明恢复。《坤》卦总结："黄裳，元吉。"

二、华夏文明的宝典《黄帝内经》

黄帝昆仑山的数据库，通过四岳传承到姜太公，不仅成为姜太公一生的学识基石，也成为商周革命的指引。这个"道"同时也成为炎黄子孙养生治病的根本哲学与养国治国的最重要的哲学指引。经过王子朝奔楚的演变，这一脉的思想以"道"的名义经过《道德经》的阐述，成为道教思想之源。所谓"黄老之术"，无论是太公所继承的"黄帝之道"还是未来的阐述者老子之道，最典型、最基础、最宝贵的就是《黄帝内经》。

本书推论：《黄帝内经》，特别是《素问》就是太公、文王托名岐伯、黄帝继承整理八千年中医成就的作品。和《尚书《周易》《司马法》等一样，是周朝"典册"的一部分。

现版《黄帝内经》包括《素问》和《灵枢》。《素问》侧重藏象生命哲学以及天、地、人的三螺旋关系，并细分阴阳五行、五运六气、五藏六腑、五谷五味、气血精神等，论述病因病理以及平衡调养。而《灵枢》则侧重经络与针灸技术。《灵枢》中很多内容与《素问》不一致，甚至恰恰是黄帝批评指正雷公的五过四失之类。《素问》强调"道"、系统论、整体论、平衡调养论，明文"刺法""按摩""汤药"都是同类的调节平衡方法。《内经》中混杂了不少后人添加的内容，可以推断《内经》原文就是纯理论的《素问》＋遗失部分《玄女》等。

1. "不死之药"就是阴符天道：执天而行、道法自然

医学与思想的成熟，必然经历一个长期演化的过程。《黄帝内经》不会突然出现。它的起源至少包括《素问》中提到的古籍《太始天元册》，也至少可以上推到《山海经》已经记载的"巫"。上古首领的左右手是史和巫。文王身边能传授《尚书》的史官也就只有姜太公。而太公望、天望本身也是"大巫师"。《山海经》中明确记载巫与医药有关，如十巫炼药与"不死之药"。神奇的"不死之药"不能简单理解为永生，像《齐太公年表》引用汲冢《周书》推算姜太公活到110多岁，在当时足以称为长生不死。也就是说，姜太公就有"不死之药"。老子定义的"不死"为"长生久视"。

"绝地天通"的颛顼历一直用到汉初，能用三千年当然是"不死"。黄帝、颛顼"长生久视"就是"不死"，"不死之药"就是"长生久视"之道，即基于历法的阴阳平衡和谐之

道。换句话说，"不死"第一重点就是天地周期，或叫"天气"与"地气"影响"人气"。天地的本质能量是"气"，颛顼"治气以教化"，"养材以任地"，"抚教万民而利诲之"。"治气"就是以气修身养生治病，并以治气之道治天下。这就是《素问》的逻辑。《素问》中的圣人养生之道正是如此。

《素问·著至教论篇》有言：

> 道上知天文，下知地理，中知人事，可以长久，以教众庶，亦不疑殆⋯⋯子不闻《阴阳传》乎！

《疏五过论篇》有言：

> 圣人之治病也，必知天地阴阳，四时经纪，五脏六腑，雌雄表里。

从黄帝到姜太公，《山海经》《素问》中的"不死之药"都不是真的药物，而是则天而行与道法自然。《周易》《诗经》中也有明确阐述。

《豫》卦说："贞疾，恒不死。""豫"是如同大象漫步一样的安然之像。《咸》《恒》是《周易》下经的开篇。上篇是阴阳对立的革命，下篇是阴阳统一的融合。所以"贞疾，恒不死"的药是阴阳合一之道，就是老子"长生久视"之道。

《小雅·天保》结尾说："如月之恒，如日之升。如南山之寿，不骞不崩。"我们今天常说的"福如东海，寿比南山"的出处就是"如月之恒""如南山之寿"，都是"天保定尔"。

"不死之药"到汉朝才被讹传成了炼丹炼出某种药。《淮南子》中关于"嫦娥奔月"的记载实际上还是曲解了"月"之道："羿请不死之药于西王母，羿妻姮娥窃之奔月，托身于月，是为蟾蜍，而为月精。"嫦娥本名姮娥，汉代避刘恒的讳改"姮"为"嫦"。显然，《恒》卦与嫦娥不死都与"月"有关。

综上，无论人体还是国体，这两种组织要想"恒不死"（《周易》）、"长生久视"（《老子》），都必须依据"天保"（《诗经》），"执天之行，尽矣"（《阴符经》）。天道通过阴阳五行、五运六气展示给人学习、遵循，人要建立"明堂"来观察、学习，首先学习的是"月历"之道，如果做到了就叫"阴符"。此即"不死之药"（《山海经》）。

姜圣人为何能活到一百岁以上？

《素问》解释：

> 故美其食，任其服，乐其俗，高下不相慕，其民故曰朴。是以嗜欲不能劳其目，淫邪不能惑其心，愚智贤不肖不惧于物，故合于道。所以能年皆度百岁而动作不衰者，以其德全不危也。

《老子》解释：

> 甘其食，美其服，安其居，乐其俗。邻国相望，鸡犬之声相闻，民至老死，不相往来。

《庄子》补充：

平易恬淡则忧患不能入，邪气不能袭，故其德全而神不亏。

以上老庄的文字和《素问》几乎一样，说明后者不是原创而是摘抄。"度百岁而动作不衰"的养生要点恰好也是姜太公治齐的总纲领。除了许多文字几乎相同，老子的许多名言可以直接引用于中医，而庄子甚至可以认为就是在阐述《素问》。比如，《素问》第一篇《上古天真论篇》就是《老子》的内容；《老子》的开篇就是讲"牝"这个"根"，通过"玄"（阴阳三螺旋）这个"门"化成了宇宙与生命，《赤子篇》就是在解释"先天之精"，等等。

《老子》文风类似格言摘抄，每一句都是结论和观点，没有中间论述，这在古代经典中是独一无二的。《老子》的另一个特点是书中没有任何时间、人物、事件，这在各国哲理书中也是独一无二的。《老子》的哲理与《周易》下经以及《阴符经》也高度重叠。

综上推论：老子在担任周王室图书馆馆长期间，摘抄提炼了《周易》《阴符经》《素问》等，形成了《道德经》。

另一个摘抄的案例是鬼谷子。他的摘抄本叫《本经阴符七术》，书名就是原版《阴符经》的学习摘抄与体会。老子是理论性混编摘抄，而鬼谷子是实战性提炼。然而鬼谷子摘抄的"本经阴符"却不像《阴符经》，反而更像《素问》，其内容重点是养生与养国的转换链接阐述（读者可以自行阅读比对）。《本经阴符七术》作为《阴符经》的要点阐述，却表达了《素问》的内容，说明在鬼谷子看来，《阴符经》与《素问》是同一组作品或同一人作品。这个人，除了"百家宗师"姜太公还能有谁？《阴符经》讲的是"天道"，《素问》《素书》讲的是"人道"。姜太公继承的"黄帝之道"就是养生与养国一体，下医医人、上医医国。

《阴符经》开篇第一句话是："观天之道，执天之行，尽矣。天有五贼，见之者昌。五贼在心，施行于天。宇宙在乎手，万化生乎身。"对这一句话，《素问》在第一篇《上古天真论篇》结合身体组织与生命周期进行了同样开宗明义的阐述。黄帝和岐伯谈人一生的生命周期，强调各节点"养气"的作用，包括肾气、正气、真气，最后列举了真人、至人、圣人、贤人等修炼状态。样板不就是姜圣人吗？实现方法是"合于道"。"合于道"就是"阴符"。黄帝阐述的关键词是：天地、阴阳、日月星辰、四时、八风、精气神。巧了，姜圣人封的"八神"除了"兵主蚩尤"外，就是《素问》总结的这几个关键词。姜圣人把《上古天真论篇》开宗明义的养生与养国思想在齐国全面应用于治国与保民，而且为了全面贯彻，他创造性地以全国布点祭祀的方式，把客观性的天、地、人规律与要素以"神"的方式加以宣传推广，使之深入人心。这就是《阴符经》所宣示的：

　　愚人以天地文理圣，我以时物文理哲；人以愚虞圣，我以不愚虞圣；人以奇期圣，我以不奇期圣。

　　是故圣人知自然之道不可违，因而制之。至静之道，律历所不能契。爰有奇器，是生万象，八卦甲子，神机鬼藏。阴阳相胜之术，昭昭乎进乎象矣。

第一段话写成一本书就是《周髀算经》，用数学演算天地运行规律并对必然性"不奇期"进行预测，非神而圣。第二段话的前一句就是《老子》的道法自然，后两句就是《周易》。它们与《素问》背后的哲学思想和客观性逻辑都是统一的"八神"。

"养生"是《素问》最早发明的词语与修行方法。《上古天真论篇》就是养生大法。"天真"指的是"执天之行，尽矣"，就是"真"。真人、至人、圣人、贤人是四层次的修行境界，是"天真"的程度不同。最"天真"的当然是老子赞美的"赤子"。四层境界中，圣人只排第三但是最重要。因为真人、至人都是传说，可向往而不可追求。圣人与贤人是看得见摸得着的，比如姜太公、文王、召公、辛公甲、毕公、吕伋、邑姜等西周群贤。这是在入世状态下最理想的修行方法与成就了，因此是《素问》关注的重点。

修炼方式：

> 知道者，法于阴阳，和于术数，食饮有节，起居有常，不妄作劳，故能形与神俱，而尽终其天年，度百岁乃去。

贤人：

> 贤人者，法则天地，像似日月，辨列星辰，逆从阴阳，分别四时，将从上古合同于道，亦可使益寿而有极时。

圣人：

> 圣人者，处天地之和，从八风之理，适嗜欲于世俗之间。无恚嗔之心，行不欲离于世，被服章，举不欲观于俗，外不劳形于事，内无思想之患，以恬愉为务，以自得为功，形体不敝，精神不散，亦可以百数。

圣人才是"知道者"，贤人是"合同于道"。圣人自觉自悟知道而不病，贤人行为上合天道但尚未觉悟。老子解释，"知道者"是德的最高境界"玄德"。

"玄德"的标准与定义是：

> 载营魄抱一，能无离乎？专气致柔，能婴儿乎？涤除玄览，能无疵乎？爱民治国，能无知乎？天门开阖，能无雌乎？明白四达，能无为乎？
>
> 生之畜之，生而不有，长而不宰。是为玄德。

姜圣人是"知道者"，不为良相也可为良医。三千年前的中国就有如此神医？为何没有代代相传呢？

首先，《黄帝内经》的"医学"实际上就是"养生学"。《素问》已经把"道"说全了，就看后人的学习程度是圣人、贤人还是普通人。比如，张仲景就是半路出家学通了《素问》，从太守变成了医圣。葛洪也是大将军出身。《太公兵法》和《孙子兵法》应用到医学上就是《太公金匮》和《伤寒论》。到了近代，北京名医萧龙友弃官行医；上海名医恽铁樵本是

《小说月报》主编；上海名医陆士谔是鸳鸯蝴蝶派小说家，著有《冯婉贞》《新上海》等。传统中医的特点就是不看文凭看疗效，名相名将更能成名医。关键是要能读懂《素问》，但实际真能读懂的人太少。也就是说，《素问》就不是写给普通人看的，这就导致正宗中医的学习难度很大。张仲景、葛洪、孙思邈、李时珍都是在做持续的通俗化，自然有失真与偏差。

其次，姜圣人时代《素问》未必叫《黄帝内经》。刘向编辑时才第一次出现这个书名。那么刘向一定还认为有"黄帝外经"记录药方、针灸、按摩、手术等技术门类，除了外科手术，实际上药方、针灸、按摩确实传承了下来。药方部分，后世中医家认为张仲景《金匮要略》是"众方之祖"。《伤寒论》偏理论，《金匮要略》偏应用。《金匮要略》原名《金匮玉函要略方》，书名显示也是摘抄，是摘抄自失传的《太公金匮》吗？《太公金匮》与《太公阴谋》《太公兵法》合称"太公三书"，政治、军事之外的《金匮》，内容还能是什么？周公为武王和成王祝由治病的记录不就在"金縢之匮"吗？不正是太公查找出来这份医案给成王看，证明了周公的忠诚吗？

2. 真实的岐伯与明堂：姜太公托名编《素问》

中医素称"岐黄之术"，《素问》是黄帝问岐伯答。岐伯是谁？如果岐伯是黄帝之臣，"岐黄"却将其名列黄帝之前，此"名"居然能在封建名教等级制度下一直沿用？如果岐伯是炎帝，也就是黄帝前任的天下共主，那么炎黄、岐黄就都合理了。岐伯之"岐"是岐山岐水。历史上有两位岐伯，无论黄帝时代的岐伯还是真实历史上的西周岐伯，都证明真正问答《素问》的只能是文王与姜太公。

第一位是黄帝时代的岐伯：治道、治兵，不治病。《路史》记载，黄帝请到岐伯后第一个问的就是军队的士气。岐伯的答案是音乐提气："治兵先治其心，励兵先鼓其气，气实则斗，气夺则走。而治心者，莫过于音乐。"《资治通鉴》也记载："黄帝命岐伯作镯铙、鼓角、灵髀、神钲以扬德而建武。"从以上有限的记载来看，黄帝时代的岐伯治乐、治兵、治心，但是并不治病；而黄帝本人关心的都是军事、政治，也并不关心医学。其他不确信的《玄女经》之类演绎出的黄帝本人仍然不关心科学性的医学，只爱好升天成仙的神学，或者及时行乐还不得天子病的房中术。在道家语境中黄帝最后升天成仙，与《黄帝内经》的科学精神以及120"天年"限制也完全不吻合。总之，文献或传说中的黄帝本人与《黄帝内经》科学性的医学几乎完全无关。当然，懂得治乐、治兵、治心，治病自然也不是什么难事。但是除了《黄帝内经》的冠名，并没有岐伯转行实践的记载与传闻。

如果黄帝时代的岐伯不是医生，那他是谁？《难经疏注》曰："昔者岐伯以授黄帝，黄帝历九师以授伊尹……历经汤、太公、文王、医和，秦越人始成章句，以授华佗。"《难经》是解释《素问》疑难问题的专著。这段话说明，黄帝时代的岐伯如果传授黄帝《素问》，那么《帝王世纪》记载的这位岐伯的作为，就刚好和炎帝相符："岐伯，黄帝臣也，帝使岐伯尝味草木，典治医病，经方《本草》《素问》之书咸出焉。"所以黄帝时代的岐伯如果存在，就是炎帝的别称。因为炎帝是黄帝的前任领袖，炎黄子孙包括姜太公都不能认为炎帝是"黄帝臣也",所以只能化名。

第二位岐伯应该是周伯姬昌。岐伯同黄帝在"岐"合著《内经》是传说,姬昌和太公在"岐"休养生息是史实。古公迁徙岐山时还只是"公"爵。季历、西伯昌是正史中的"岐伯",季历早亡,只有西伯昌可能研究养生。既然黄帝不关心医学,黄帝时代的岐伯也不治病,而周岐伯姬昌与姜太公则热爱医学,那么《黄帝内经》中的岐伯应该就是托名炎帝的姜太公。

《素问·六节藏象论篇》载:

> 岐伯曰:"此上帝所秘,先师传之也。"

《难经》记录《素问》传承:

> 岐伯、黄帝……汤、太公、文王、医和,秦越人、华佗。

以上传承,只有"黄帝、岐伯"和"太公、文王"是成双的,而且承前启后。"黄帝、岐伯"组合中的岐伯还有"上帝"与"先师"?那只有外星人或史前文明了。因此,在地球上只有"太公、文王"组合吻合。"上帝所秘"即《难经》提到的"汤"与历代商王室收藏,"先师传之"所指的学生只能是姜太公。因为姬昌之前忙着打官司,关在监狱里的八年在推演八卦,哪有心情系统学习医学。

综上,《黄帝内经》中的岐伯只能是姜太公,但托名黄

帝时代的炎帝，因为炎、黄不能君臣而姬、姜是君臣，只能是炎帝再化名臣子岐伯。而姜太公的"黄帝"只能是当时的岐伯姬昌。当然，也有可能是稷下学宫与刘向直接将岐伯/太公改成黄帝/岐伯，稷下学宫就是人为造出"黄老之学"掩盖姜太公的始作俑者。

证明"太公、文王"组合的另一个重要证据是被中医想当然误用的"明堂"。"明堂"在《黄帝内经》中多次出现，如：

> 黄帝坐明堂，始正天纲，临观八极，考建五常，请天师而问之曰：论言天地之动静，神明为之纪；阴阳之升降，寒暑彰其兆。余闻五运之数于夫子，夫子之所言，正五气之各主岁尔，首甲定运，余因论之。

这位"黄帝"在明堂请来的"天师"不就是天望姜太师吗？其问答内容也类似《阴符经》。除了《黄帝内经》，涉及黄帝的其他文献几乎没有提到过明堂。中医把明堂误以为是门诊大厅了。实际上明堂是文王、太公当时的议政大厅。明堂即日月之堂，以天地四时规律而"明政教之堂"，相当于金銮殿。

《周礼·考工记》载："周人明堂，度九尺之筵，东西九筵，南北七筵，堂崇一筵，五室，凡室二筵。"目前最早记载的是太公望在辟雍顶建造的"明堂"。"明堂"在《逸周书》中出现得更多。"辟雍"是姜太公首创；"天子"也是周朝首创，第一位天子就是太公女婿武王，恐怕这也是岳父姜丈人想出来的新名词。吕望本来就是"天师""天望"，他为了文王能受命于天，规划设计并督建了灵台及明堂。因此《尚书·泰誓》中武王说："惟我文考若日月之照临，光于四方，显于西土。"据此，明堂就是太公望的发明。也就是说黄帝时代只有轩辕台而没有明堂的概念。后来的皇帝坐金銮殿，不能想当然地认为周文王也有金銮殿。

最著名的明堂是武则天建的洛阳明堂，又叫"万象神宫""通天宫"，与太公望的天命逻辑一脉相承。女皇代唐也面临合法性问题。她自称是周文王的继承人建立周朝，通过重建明堂，以政治建筑获得天命。洛阳明堂是紫微宫正殿中心的中心，是皇权的象征。至少在唐朝不能开门诊叫明堂。武则天的明堂高98米，是世界史上体量最大的木质建筑。文王的明堂一样是当时最高的政治建筑。要达到政治目的，既需要通天的天才设计，也需要积累的建筑技术，更需要"共工"的组织能力。如果历史上第一个明堂是姜太公为岐伯文王修建的，黄帝时代还没有技术能力修建明堂，那么《黄帝内经》中的"黄帝坐明堂"，提问的黄帝是谁？答题的岐伯是谁？西伯昌与姜太公托古编书很正常。

3.《素问》的世界观：素女、玄女的阴阳三螺旋

《素问》标题明明是"素"问，为何内容却是黄帝问、岐伯答？黄帝、岐伯谁也不"素"。《黄帝内经》这个书名最早出现于汉代刘向编辑的《方技略》，所以很多学者认为《黄帝内经》创作于西汉。如果到西汉才有《黄帝内经》，那么姜嫄远志、周公祝由、扁鹊行医靠的是什么？难道全是经验医学？周朝的医疗保健制度靠几个个体户？所以，只能推断《黄帝内经》的各篇早就有，从炎黄就开始积累了。只是在

刘向和他师傅邹衍之前不叫《黄帝内经》，和《司马法》的命运一样，也许叫《太公金匮》，是太公自称继承"黄帝之道"的医学部分，其中包含《素问》《素女》《玄女》等。现存版的《黄帝内经》至少遗失了《素女》《玄女》。

何为"素"？庄子曰："故素也者，谓其无所与杂也；纯也者，谓其不亏其神也。能体纯素，谓之真人。""纯素之道，唯神是守。守而勿失，与神为一。一之精通，合于天伦。"

谁是"素"？"素问"的本义就是"问之素人"或"问之素女"。《素问》的内容都是天、地、人之问，问阴阳五行、五运六气、天文地理。根据内容推断，问答的是黄帝与素女或周岐伯与姜素人。更准确的描述是岐山老大问骊山氏传人，类似文王、武王问姜太公"黄帝之道"。《桧风·素冠》是文王召唤姜子牙回归朝堂的诗歌。其中文王描述的姜太公就是"素人"："素冠"＋"素衣"＋"素韠"（皮甲）。

素　冠

庶见素冠兮，棘人栾栾兮，劳心慱慱兮。

庶见素衣兮，我心伤悲兮，聊与子同归兮。

庶见素韠兮，我心蕴结兮，聊与子如一兮。

《阴符经》与《素问》的哲学思想完全一致。姜太公从骊山氏那里继承了这一学问。周初同期的其他重要的才华之士，如周公、召公、辛公甲缺乏这个渊源。《骊山老母玄妙真经》记载，骊山女正是"斗姥者，乃先天元始阴神"。"先天元始"的作品叫什么？《素问》说叫《太始天元册》。《太始天元册》在《素问》中出现了两次，都是最重要的篇章。鬼臾区就是教会黄帝五行的人，他自己也说他的知识来自更早的《太始天元册》。

《素问·天元纪大论篇》言：

> 鬼臾区曰："臣稽考《太始天元册》文曰：太虚廖廓，肇基化元，万物资始，五运终天，布气真灵，总统坤元……"帝曰："光乎哉道，明乎哉论！请著之玉版，藏之金匮，署曰天元纪。"

《素问·五运行大论篇》亦言：

> 岐伯曰："……臣览《太始天元册》文：丹天之气经于牛女戊分，黅天之气经于心尾己分，苍天之气经于危室柳鬼，素天之气经于亢氐昴毕，玄天之气经于张翼娄胃。所谓戊己分者，奎壁角轸，则天地之门户也。夫候之所始，道之所生，不可不通也。"

综上，《素问》就是素人传承的"素女之道"。另一个证据是《吴越春秋》的记载："（越王）问于范蠡曰：'何子言之其合于天？'范蠡曰：'此素女之道，一言即合大王之事。'"后文详述，范蠡的作为就是完全复制姜子牙。他的老师计然又是老子的学生。老子对"素女之道"也有解释："见素抱朴，少私寡欲，绝学无忧。"

马王堆帛书版：

> 绝声弃知，民利百负。绝仁弃义，民复畜兹。绝巧弃利，盗贼无有。此三言也，以为文未足，故令之有所属。见素抱朴，少私寡欲，绝学无忧。

今版：

> 绝圣弃智，民利百倍；绝仁弃义，民复孝慈；绝巧弃利，盗贼无有。此三言也，以为文未足，故令有所属：见素抱朴，少私寡欲，绝学无忧。

虽然两版结论一样，但马王堆帛书版更强调"绝声弃知，民利百负。绝仁弃义，民复畜兹"。"绝声弃知"类似墨子的"非乐"，主要针对孔子"盛为声乐，以淫遇（愚）民"，而不是反对音乐本身。《论语》说以乐行礼就是仁政："兴于诗，立于礼，成于乐。""绝仁弃义"针对礼乐仁政，就是少谈仁政、义利忽悠百姓，才能实现百姓的安居乐业与繁荣昌盛，"民利百负（倍）"，"民复畜兹（孝慈）"。注意，老子并不是鼓吹让百姓无知，他认为修养的对象应当是君子、大人，他们"见素抱朴，少私寡欲，绝学无忧"，得益的才是"民"，才能如姜太公般"兼济天下"。

《道德经》第二十章是一段类似《诗经》的"绝学无忧"。在枯燥的《道德经》中很另类，估计摘抄自姜太公原创的"大知似狂"：

唯之与阿，相去几何？

善之与恶，相去若何？

人之所畏，不可不畏。

荒兮其未央哉！

众人熙熙，如享太牢，如春登台。我独泊兮其未兆，如婴儿之未孩。

傫傫兮，若无所归。众人皆有余，而我独若遗。我愚人之心也哉！

沌沌兮，俗人昭昭，我独昏昏；俗人察察，我独闷闷。

澹兮其若海，飂兮若无止。

众人皆有以，而我独顽似鄙。我独异于人，而贵食母。

所谓"素女之道"，即"见素抱朴，少私寡欲，绝学无忧"。老子歌颂的这位如赤子般纯洁、如处子般淡定安静、如仙子般独立世外的"素人"，我们也可以称她为"素女"。出世为仙女，入世则如姜圣人般"长生久视"。

历史上的"素女"其人应该就是骊山氏的女首领，全称"九幽素阴元女圣母大帝弇兹氏"。这位素女被认为是古代第一位鼓瑟的女乐师："伏羲作瑟"，"素女鼓瑟"。《世本》记载，素女把瑟由五十弦变为二十五弦，实际上就是阴阳一半一半，阴阳和谐的意思。后来与黄帝有瓜葛的素女，类似商汤身边的傅说，既会弹琴也会医学，底子都是阴阳天地之道，既可治病也可治国。由于涉及性爱的《素女经》

失传，素女又被葛洪《抱朴子》等曲解为黄帝的性学老师。其实男女之学离不了性爱，但肯定不止性爱，至少还有邑姜的"胎教"学。阴阳的符号"**--**""**—**"，竖起来就是人类最早认识的阴阳：男女生殖器。男女引申就是阴阳之道。素，即世界的最原始本质。

《山海经》提到素女住在"都广之野"。这块后稷的下葬之地水土丰美，四季有庄稼。五千年前的年平均气温比现在高约3℃，骊山之下的关中盆地四季如春。考古也证实，骊山北麓姜寨遗址的蛙图腾是女娲起源。姜寨遗址至少目前是最早的华夏繁荣发源之地。所以"都广之野"推测就在骊山一线，素女就是骊山女。

素女出自骊山，玄女则出自昆仑山。西晋《博物志》引《玄女传》云：

> 蚩尤幻变多方，征风召雨，吹烟喷雾，黄帝师众大迷。帝归息太山之阿，昏然忧寝，王母遣使者被玄狐之裘。以符授帝，符广三寸，长一尺，青莹如玉，丹血为文。佩符既毕，王母乃命一妇人，人首鸟身，谓帝曰："我九天玄女也。"授帝以三官五意阴阳之略，太乙遁甲六壬步斗之术，阴符之机，灵宝五符五胜之文。遂克蚩尤于中冀。又数年，王母遣使白虎之神乘白鹿集于帝庭，授以地图。

(1)"帝归息太山之阿"，如果黄帝的大本营是"太山"，就是霍太山，看来确实也与姜太公渊源很深。西王母命九天玄女向黄帝传授的道法，可以理解为霍太山传承的"天道"或"黄帝之道"。这是黄帝—四岳—姜太公的传承。

（2）"九天玄女"的"玄"，在道家语境中就是三螺旋的变化，因此民间传说九天玄女有九种化身，每种化身拿着两仪、八卦，以及拂尘、宝剑、天书、照妖镜之类神器，当然少不了最简单的"玄"即"葫芦"。这个信息提示：素女＝阴阳（素，即世界的最原始本质），玄女＝三螺旋；素女＋玄女＝阴阳三螺旋。这就是姜太公融合的哲学，也就是道家所说的"道"。老子表述为："道生一，一生二，二生三，三生万物。万物负阴而抱阳，冲气以为和。""谷神不死，是谓玄牝。玄牝之门，是谓天地根。绵绵若存，用之不勤。"

阴阳三螺旋就是《黄帝内经》的总体哲学。第一，有阴有阳；第二，阴阳对立统一；第三，阴阳三螺旋升级。《黄帝内经》只保存下来《素问》，遗失了《玄问》。素女与玄女、《素问》与《玄问》，本身是不可分割的。素女与玄女之所以分不清，是因为阴阳三螺旋不能分割。同时，由于阴阳三螺旋被理学机械成了阴阳对立，素女与玄女也就更混乱说不清了。

《玄问》的失传，给中医学也造成了重大损失。现存的不确定真伪的玄女类经文，几乎都涉及男女养生术。玄女本是阴阳三螺旋之道，但只被简单记住了其中一种或用于举例的男女之道。目前可见的有道士版《玄女经》中的男女养生术，以及《黄帝九鼎神丹经》中的"神丹金液"。

男女养生术有其合理性，但神化到"金液"是对素女与玄女的无知。《素问》非常重视"津液"，重视的是循环而不是某种液体，"津"是摆渡的意思。《黄帝内经》与《伤寒论》中也没有拿人体组织当药材的药方。《素问》中根本不关心"精子"，提到"葵水"也是讲解女性生育周期。而把男女的体液特别是处女的体液拿来炼所谓"神丹金液"，绝不是《黄帝内经》的客观科学逻辑。目前所知，正史记录中似乎只有嘉靖帝用处女月经炼"红丸"的荒诞案例。

"神丹"被术士解释为"内丹"与"外丹"。

《素问·上古天真论篇》曰：

> 余闻上古有真人者，提挈天地，把握阴阳，呼吸精气，独立守神，肌肉若一，故能寿敝天地，无有终时，此其道生。

《素问·刺法论篇》曰：

> 肾有之病者，可以寅时面向南，净神不乱思，闭气不息七遍，以引颈咽气顺之，如咽甚硬物。

以上就是道家所谓"内丹"的起源。《素问》最高境界的真人不吃仙丹，而是始终炼心，最多导引服气而已。"外丹"之说则完全是对中医的篡改。《素问》只有七个药方；《灵枢》是讲针灸的，只有四个药方。其中只有《刺法论遗篇》曾提到一个怪异的小偏方，也是唯一的矿物方："小金丹方"。"遗篇"即非原版，不确定是否正宗真实。而且"小金丹"功效也是增强抵抗力"无疫干"，并不涉及成仙：

> 辰砂二两，水磨雄黄一两，叶子雌黄一两，紫金
> 半两，同入合中，外固，了地一尺筑地实，不用炉，
> 不须药制，用火二十斤煅了也；七日终，候冷七日取，
> 次日出合子埋药地中，七日取出，顺日研之三日，炼
> 白沙蜜为丸，如梧桐子大，每日望东吸日华气一口，
> 冰水一下丸，和气咽之，服十粒，无疫干也。

这个"遗篇"中唯一的偏方，应该就是后世道家炼丹术的起源了，包含了最重要的炼丹材料：水银、砒霜、金。《素问》与《伤寒论》中涉及的矿物少之又少。只有面对古人解决不了的细菌感染时，才会被迫采用石灰之类消炎。西医贡献了抗生素之后，在面对炎症时矿物中药基本可以退场了。汉朝刘安炼丹能炼出豆腐，说明当时的炼丹术以保健为主，至少还是"快乐的草"（藥）。豆类本身就是西周保健医生挑选的"五谷"之一，现代科学也发现豆类可以提供最优的植物蛋白。也许是因为技术进步，也许是因为贤人或闲人们财大气粗，从魏晋开始道家术士忽然开始主攻金属与矿物。他们研发了一些金属类、矿物类丹药，如著名的"五石散"。

神医葛洪也曲解了"神丹金液"，他觉得茅山缺矿才不能炼出"金丹"，听闻交趾出产优质丹砂，就辞了句容侯爷与伏波将军，自请出任勾漏（今广西北流）令。赴任途中听广州刺史邓岳说罗浮山就有好矿，葛洪就立刻弃官上山。好处是葛洪在此讲学搞医学普及，校舍扩大了四倍，从此在两广留下了熬汤的基因。华南沿海地区信奉的黄大仙是

茅山弟子，推测就是葛洪的学生。同期的茅山弟子潘茂名，学成回乡治病救人，广东茂名就是以他的名字命名的。

"素"＋"玄"，被炼丹道士和欧洲炼金术士解释为世界上所有的物质都可以互相转化，他们相信能提炼"化"出最本质的"素"，"素"既能保持生命的本质又能让人得道，即所谓"神丹""哲人之石"，或《红楼梦》中的"通灵宝玉"。这确实很玄幻或魔幻。不过，中外炼金术士意外地催生了化学、锅炉学、地质学等，成了科学的先驱。葛洪是化学的鼻祖，培根、牛顿等人都是炼金术秘密组织的成员。牛顿晚年担任了开创英镑金本位的皇家铸币局局长，和他沉迷于炼金术应该不无关系吧。

4. 道祖的"玄通"：三螺旋与道学的退化

《汉书·艺文志》曰：

> 道家者流，盖出于史官，历记成败存亡祸福古今之道，然后知秉要执本，清虚以自守，卑弱以自持，此人君南面之术也。

道家思想的源头正是太公的"人君南面之术"，其数据库正是太公继承的"历记成败存亡祸福古今之道"。道家强调"养"，儒家强调"治"。"无为而治"不是啥也不干，而是强调"静养"与待机干涉。所以，真正的道家以养生而养国。太公明明是道家思想之源，老子、庄子也在引用、阐述他的著作，为何他反而不是道教的大神，《封神演义》却又编出元始天尊弟子姜太公的"封神榜"？真实的姜太公的遗失导致的是中华本土两大教（道教、儒教）的公信力损失与思想衰退的遗憾。

太公建齐所封"八神"是时间和空间的客观宇宙神，史上真实建立神话"封神榜"的是梁武帝萧衍的大军师陶弘景。"梁"这个国号就是陶弘景命名的。萧衍原是雍州（今湖北襄阳）诸侯，因为齐末帝冤杀了他哥萧懿，他从荆州造反，夺权建梁。萧衍在文王称王二十六个甲子后称帝，齐梁革命过程和武王伐纣也类似。不同的是梁武帝重用亲属、排斥功臣，还成了佛教最大的赞助人。达摩是他请来的，吃素与烧戒疤也是他首创推行的。因此陶弘景功成身退，上茅山修仙，号"山中宰相"，并真的建立了"封神榜"，即《洞玄灵宝真灵位业图》（简称《真灵位业图》）。之前葛洪在茅山总结了道教的理论体系《抱朴子》，陶弘景上茅山"封神"建立了道教神仙谱系。两位大神奠定了道教的成熟，茅山也成为道教上清派主庭即最高理论中心。

葛洪、陶弘景的前半生都是名将，后半生才修仙。《真灵位业图》像是一支军队的编制。它将道教的天神、地祇、人鬼分为七等，每等有主神和左右两辅神，总数是三千。和别的教派对比，万流归海又支系旁生的道教、儒教有个共同点：边界模糊，像一个动态更新的数据云。《真灵位业图》是第一次梳理神仙体系，所以比较凌乱。很遗憾，第一大神姜太公在陶弘景的"封神榜"中没有位置。

茅山派"封神榜"可以前溯到刘向《列仙传》。刘向第一次为神仙写传记，侧重修道成仙的方法：服食丹药、服气养气、行善积德。七十一位列仙中，吕尚地位就很不高，说他靠"服泽芝地髓"活了二百岁，只是长寿而已，但比彭祖八百寿之类差得也太远了。

> 吕尚者，冀州人也。生而内智，预见存亡。避纣之乱，隐于辽东四十年。西适周，匿于南山，钓于磻溪。三年不获鱼，比闾皆曰："可已矣。"尚曰："非尔所及也。"已而果得《兵钤》于鱼腹中。文王梦得圣人，闻尚，遂载而归。至武王伐纣，尝作《阴谋》百余篇。服泽芝地髓，且二百年而告亡。有难而不葬，后子伋葬之，无尸，唯有《玉钤》六篇在棺中云。

葛洪《枕中书》记曰：

> 混沌未开之前，有天地之精，号"元始天王"，游于其中……与太元玉女通气结精，生天皇、西王母，天皇生地皇，地皇生人皇，其后庖羲、神农皆苗裔也……上官是盘古真人元始天王、太元圣母所治。

元始天尊既无史料也无神话，最早出现在葛洪《枕中书》中，称"元始天王"，陶弘景再改称"元始天尊"。显然，茅山派的创意来自《素问》记载的"《太始天元册》"。借助茅山派的实力，包括寇谦之灭佛等，隋朝时各派终于共尊"三清"：元始天尊、灵宝天尊、道德天尊。

佛、佛学、佛教，道、道学、道教，都是三回事。从道的角度来说，姜太公虽然没能进入道教的《真灵位业图》，但仍然是道学、道家真正的思想之源。实际上老子的很多语录都出自姜太公原著。老子讲"道可道，非常道"，这个"道"到底是什么？姜太公在与文王、武王的谈话中，都明确表示他继承了"黄帝之道"。**"黄帝之道"就是天、地、人之道，或叫天、地、人三螺旋。**

"玄"是水的一种状态，包括旋涡与颜色。黑里透红就是玄色，而且幽远高深莫测。道家把"玄"作为他们的最高哲学，太极图就是一个旋涡。老子说"玄之又玄，众妙之门"。如果按照"DNA"理解，就是"梯形自螺旋""密码子三螺旋"，或"天（基因）、地（环境）、人（生物体）三螺旋"。"玄"字也可看成道家法器"葫芦"的象形，代表最简单版本的两层三螺旋。

《灵枢》所说的"天谷元神，守之自真"，老子解释为："谷神不死，是谓玄牝。玄牝之门，是谓天地根。绵绵若存，用之不勤。"

《素问·天元纪大论篇》说："夫变化之为用也，在天为玄，在人为道，在地为化，化生五味，道生智，玄生神。"这是对三螺旋的最高表述。

在河图洛书中，"玄牝"特指河图内五圆中心。所谓图由中起，玄牝定四方四门。四方即震、兑、离、坎（东、西、南、北）；四门为巽、乾、艮、坤（东南、西北、东北、西南）。"玄牝"＝5，洛书各线数字之和是"15"，5×3＝15，"3"代表变。周公营建成周时，设定日影长度标准"15"找到地中，并且成周城长8里、宽7里（15里被汉唐长安城的边长以及明清北京城的中轴线长度继承沿用）。**九天玄女就是**

三三螺旋。

今日河图洛书来自朱熹《周易正义》，据说朱熹得自四川彝区。彝文《玄通大书》列有多幅"太极图"，古彝文就写作"宇宙"。《玄通大书》中"太极图"画的是两条盘绕的龙，其实就是伏羲女娲纠缠图。伏羲女娲图上日下月，背景是星星，就是河图洛书中的"圈圈"。他俩手中的圆规与矩尺表示将繁乱的星象整理出次序与规律并记录描绘出来，有数字有图形。用八卦符号描述时空也可称为古代数学，圆规矩尺作图是几何学。用代数学和几何学描绘出的宇宙星空是人类一切科学的起源。从无序中寻找有序，就是对世界运动规律的探索。所谓科学，就是一套观测世界、认识世界的方法论，并人为发明了一套语言来描述，这套语言就是数学与哲学。正如莱布尼茨与黑格尔的争论，数学与哲学描述"人"与"生存环境"（天和地）方法有异，最终必然统一。如何统一？只有三螺旋。

"河出图，洛出书，圣人则之。""圣人则之"指以数学与哲学描述人类生存的外环境，主要是天和地（反过来，能理解描述环境并指导人类生存发展的当然是"圣人"，也就是领袖）。"河出图，洛出书"的神话传说是龙马负图，龟背载书。真实的信息只有"河"与"洛"的地理概念，为何不理解为"圣人"在河洛地区观天象察地理，归纳为"河图洛书"？"河""洛"在洛阳交汇，洛清而黄浊。上游动能不足时偏静态的"泾渭分明"，清水入黄必然激荡成漩涡与融合。"圣人"在此钓鱼时会得到什么启迪？阴阳螺旋。

朱熹只得到"河图"与"洛书"，没有融合的旋涡"太极图"，因此《周易正义》能"正"出阴阳对立"存天理，灭人欲"，而不能融合，更不能螺旋升级。后世所谓"卫道士"的"道学"，实际上就是"理学"。理学既是对儒学的又一次修正，又从韩愈所谓"道统"开始抢了"道"的大旗。

《说文》："理，治玉也。顺玉之文而剖析之。玉未理者璞。"

《荀子·儒效》："井井兮有其理也。"

《吕览·劝学》："圣人之所在，则天下理焉。"

《庄子·秋水》："是未明天地之理，万物之情者也。"

《韩非子·解老》："理者，成物之文也。长短大小、方圆坚脆、轻重白黑之谓理。"

"理"的本义是整理出天、地、人之条理和秩序。大宇宙中，最大的"理"就是《阴符经》，"执天之行，尽矣"；小宇宙中，尊重人性就是"理"。天人之间，"地"是人的全部生存环境，"道法自然"就是"理"。天、地、人合一，三螺旋才是"理"。而程朱理学借用的"理"却与宇宙秩序规律对立，实际上是偷换概念。最终，"酷吏以法杀人，后儒以理杀人"。

"玄乎"本是阴阳激荡融合的形象描述，说不清道不明就成了忽悠。直到明末清初，发明"物理"这个词的方以智才重新为《周易》"正义"，提炼出"所以"的符号"∴"，这恰恰因为他是数学家与物理学家。何谓"道法自然"？"所以然"而"不得不然"。方以智之名即来自《易传》"蓍之德圆而神，卦之德方以知"。《东西均》讲的就是对"东西"（即阴阳两面的万事万物）进行"均"（即类似制作陶器的螺旋），真正实现"圆而神"。他还用了一个概念"轮"，可以理解为宇宙由各种圆与旋转构成稳定：

> 贯、泯、随之征乎交、轮、几也，所以反覆圆∴。
>
> 轮有三轮，界圆而裁成之：有平轮，有直轮，有横轮。三者拱架而六合圆矣，象限方矣，二至、二分、四立见矣。如浑天球，平盘四桥；如交午木，一纵一横。南北直轮，立极而相交；东西衡轮，旋转而不息。
>
> 物物皆自为轮。直者直轮，横者横轮，曲者曲轮。

《鬼谷子·谋篇第十》以"变"为中心，考察天变"三仪"、人变"三才"，得出结论："故百事一道，而百度一数也。"这其实是说，世界就是"道"与"数"，运行规律"三变"就是三螺旋。《本经阴符七术》的"转圆篇"更明确把三螺旋称为"转圆"：

> 转圆者，无穷之计也。无穷者，必有圣人之心，以原不测之智。
>
> 圆者，所以合语（悟）；方者，所以错事。转化者，所以观计谋。

这段话不是教人方方圆圆地做人，而是说用"方"分析、算清事物。"错"的本义是打磨玉、金属的纹路，"错事"就是"格物"。王阳明格竹子的体会是格物，但并不能致知，还得靠三螺旋才能"合语（悟）"。陶弘景的注解也很清晰，

"言圣智之不穷，若转圆之无止"，三螺旋不断螺旋升级。

三、王子朝奔楚：周道的分水岭与诸子登场

西周建立后，经过"文王之典"以及太公、周公等"元圣"的共同努力，华夏古文明曾经有过一次"文艺复兴"。周朝继承、整理、重建了典册系统，并总结归纳了黄帝以来的文明积累，同时为三千年的农业文明奠定了基础。导致周朝典册遗失的主要是西周覆灭与东周的王子朝奔楚事件。因为周朝还存在，所以只是部分遗失而不是毁灭。王子朝奔楚十年引发的混战还无意中成为古中国政治与思想两条线的分水岭，其历史意义类似17世纪东西方文明十字路口的欧洲三十年"宗教战争"。

王子朝奔楚对周天子体系的影响不仅仅是促进了典册传播与百家争鸣，更重要的是它引发了一系列诸侯博弈与新型"国家"的产生。历代研究忽略了它与吴越春秋、三家分晋、田氏代齐的历史关联，忽略了它在"黄帝之道"传承中的重要节点作用。这些事件都是环环相扣而不是刚好同时发生的，历史没有那么多偶然。王子朝奔楚后周敬王在位四十四年，其间春秋巨变走向战国；孔子、老子、鬼谷子也成了宗师，他们各自继承了部分王室典册，通过深入实践的体会又各自删改阐述，在传播中也影响世界至今。

王子朝奔楚首先是一个极大的政治事件，而不是文化事件。这件事可类比的是周公奔楚、奥斯曼帝国杰姆王子奔罗马、英国亨利·都铎奔法国等。为了防止王子朝复辟，

他在公元前516年冬刚到楚国，公元前515年春吴军就首次伐楚，未果，其后周天子（敬王）在公元前506年组织了晋、齐、鲁、宋、蔡、卫、郑等十八国在楚国北部会盟，随后吴军在南方战线突破成功。公元前506年底吴军破楚，公元前505年初王子朝被周敬王派人刺杀。在王子朝流亡与周敬王追杀的十年间，孔子集团以及墨子、老子都深入参与其中。此事又成为儒家、道家、墨家在学习古籍与深入实践中诞生的重大文化事件。周室图书馆馆长老子伴随王子朝奔楚，各方对王子朝典籍的争夺，周敬王特批孔子阅览周室典籍，等等，都直接促成了周室之典，包括姜太公继承归纳的"黄帝之道"的传播。可以认为王子朝事件是太公传承的"黄帝之道"（周道）分为儒、道等的分水岭。

以下部分从另一个视角，尝试对王子朝事件中诸子的实践作出新的解读，供读者换一个角度理解历史实践与政治思想形成的合理逻辑。因为是第一次混编验证，误差在所难免，敬请读者留意。

周景王有嫡子猛，次子匄，长庶子朝。周景王宠爱朝，欲更立太子但未行而崩。公元前520年周景王去世，王子猛继位为周悼王，王子朝随即发动政变杀周悼王自立为王，四年后晋国打败王子朝，拥立王子匄为周敬王。于是，公元前516年秋冬之际，"王子朝及召氏之族、毛伯得、尹氏固、南宫嚚奉周之典籍以奔楚"。周室图书馆馆长老子应该同行。当时恰逢楚国动荡，王子朝滞留于西鄂（在今河南南阳）。楚灵王杀侄子楚郏敖自立为君导致楚国内乱，最后楚灵王幼弟楚平王继位。楚平王诛杀伍奢、伍尚激发了伍子胥破楚入郢。楚国一破，王子朝随即被周敬王派刺客刺杀，他死后"周之典籍"成了谜。我们来梳理一下当时的思想与军事两条线。

（1）王子朝奔楚之后，孔子往楚国跑。王子朝死后四年，孔子自称五十而读《易》（公元前 501 年），《易经》是周室秘藏典籍，说明"周之典籍"已外传，从此造就了民间百家争鸣。庄子说孔子找老子索要周室典册被拒绝，那么老子保存的部分被简要记录为《道德经》，这就是儒、道两家的起源。

（2）王子朝滞留于南阳十年，南阳地区出了范蠡、文种。当时文种是宛令，即本地主官，肯定是接待与保护的负责人。"蠡"是书虫，"文种"的意思更明确，似都与文献有关。而本区域的道教名山武当山，最初住山的神仙就是向老子学《道德经》的尹喜。王子朝、老子与典册留在南阳，直接带动了本地的学术进步与人才成长。

（3）公元前 516 年秋冬之际，王子朝奔楚；公元前 515 年春，吴首次伐楚，未果。公元前 511 年，吴师两度袭扰楚境。公元前 506 年春，晋、齐、鲁、宋、蔡等十八国在召陵会盟商议伐楚。蔡昭侯牵线，吴、蔡、唐三国组成反楚先锋。公元前 506 年底，吴军攻破郢都。公元前 505 年初，周敬王派刺客到楚国杀死了王子朝。从这一过程看，吴王像是受周与盟国的委托伐楚，目标就是王子朝。吴军从东伐楚，北方盟军必然陈兵威慑。

（4）公元前 505 年王子朝死后，秦援军与楚军连败吴军。越与楚是老盟友，之前越曾两次出兵助楚。这次越王允常再次侵吴，吴军被迫撤回。秦、越是楚王复国的主要外援，这样理解老子与申包胥去秦国而范蠡与文种去越国、伍子胥与孙武去吴国，含义就不一样了。

（5）申包胥在秦城墙外哭了七天七夜滴水不进，这显然是夸张，不吃不喝还能哭七天七夜？楚昭王是秦哀公的外孙，救肯定要救，但是哭七天七夜的作用有那么大吗？重点还是七天七夜的外交利益。申包胥是楚历王后代，又称王孙包胥，因封于申邑，故称申包胥，申邑还是在南阳。

以上各国、各事与时间顺序显示出王子朝奔楚与吴军伐楚、秦越救楚的背后关联。加上后续的吴越春秋、吴鲁伐齐、三家分晋、田氏代齐，可以把这段历史看成是周朝末年第一次诸侯大战，战后形成了战国七雄的新格局。

在这一次诸侯大战期间，孔子非常活跃也非常反常。墨子甚至言之凿凿地说孔子集团就是幕后搅浑水的主谋。按照《墨子·非儒下》的记载，齐国内乱、田氏代齐、吴越争霸、艾陵之战等，起因都是晏子、齐景公没有重用孔子："孔某乃恚怒于景公与晏子，乃树鸱夷子皮于田常之门，告南郭惠子以所欲为，归于鲁。"墨子证实了"鸱夷子皮"即范蠡的间谍身份，而且是孔子"树鸱夷子皮于田常之门"，还专门通过艾陵之战中表现反常的南郭与田常勾连，"因南郭惠子以见田常"。子贡的任务是为以上事件穿针引线，"乃遣子贡之齐"。"赐乎！举大事于今之时矣！"

墨子是一家之言，《史记》等记载如下：

在诸侯大战最激烈的时候，孔子来到楚国边境，"孔子迁于蔡三岁，吴伐陈。楚救陈，军于城父。闻孔子在陈蔡之间"。

在楚昭王复国战争期间,"孔子曰:楚昭王知大道矣! 其不失国,宜哉"。

楚昭王复国后,"闻孔子在陈蔡之间,楚使人聘孔子。 孔子将往拜礼","昭王将以书社地七百里封孔子"。

以上记载导致的全是问号。孔子在战区三年干什么? 孔子为何被蔡围困?孔子为楚昭王立了多大功劳才能封地 "七百里"?这个级别相当于周王畿八百里秦川,要么是孔 子吹牛,要么是另有隐情。实际上,孔子及孔子集团确实 隐藏了他们真实的形象与实力。《吕览·慎大》说孔子故意 隐藏武力而且是个大力士:"孔子之劲,举国门之关,而不 肯以力闻。"孔子为何要隐藏武力?他还隐瞒了什么?

(1)"孔子长九尺有六寸,人皆谓之'长人'而异之。"真 实的孔子不是文弱书生而是身材魁梧,还教弟子射、御等 当时军训主科目。三千弟子搞军训是姜太师在辟雍教周室 子弟训练三千虎贲的场面。孔老师要当姜太师?《左传》记 载艾陵之战,孔子弟子冉求、樊须率鲁国左军以攻为守突 袭国书得胜。胜利后季康子问冉求:"子之于军旅,学之 乎?性之乎?"冉求答复:"学之于孔子。"

(2)孔子是宋国君主微仲嫡系后代。微子启过世,弟弟 微仲继位。微仲就是《邶风·击鼓》中的"从孙子仲,平陈与 宋"。他是《卫风·河广》的作者,一苇一刀踏平宋国。孔子 的六代祖孔父嘉曾任大司马,孔父嘉被害后其子孔防叔奔 鲁。这才是孔子的家学与抱负的渊源。

(3)孔子的弟子们也不是一帮文弱穷酸书生。子贡类似范蠡，是当时首富，而且是善于串联的间谍或外交家，一手推动了吴伐齐、越袭吴。艾陵之战，子贡就在吴鲁联军中，其表现像是赤壁之战的诸葛亮。同时冉求、樊须也在鲁军扮演关羽、张飞的角色率领左军。子路就是武夫兼卫队长，类似赵子龙。孔子手下诸葛亮、关、张、赵齐备，本人也是宋王之后，这不就是刘备吗？

（4）孔子弟子三千的规模以及军事教学，类似太公虎贲三千。唯一能与墨子集团抗衡的孔子集团要人有人要钱有钱，只缺地盘。《史记》记载，"昭王将以书社地七百里封孔子"，楚令尹子西坚决反对，理由不是妒忌，而是对孔子集团真实实力与抱负的忌惮，这是"昭王乃止"的客观原因。

> 楚令尹子西曰："王之使使诸侯有如子贡者乎？"曰："无有。""王之辅相有如颜回者乎？"曰："无有。""王之将率有如子路者乎？"曰："无有。""王之官尹有如宰予者乎？"曰："无有。""且楚之祖封于周，号为子男五十里。今孔丘述三五之法，明周、召之业，王若用之，则楚安得世世堂堂方数千里乎？夫文王在丰，武王在镐，百里之君卒王天下。今孔丘得据土壤，贤弟子为佐，非楚之福也。"昭王乃止。

墨子记录的孔子就不是《吕览》中隐藏实力这么简单了。《墨子·非儒下》载："孔某为鲁司寇，舍公家而奉季孙，季孙相鲁君而走，季孙与邑人争门关，决植。"孔子当鲁司寇时，"舍公家而奉季孙"，刚好与晏子二桃杀三士相反。这倒解释了孔子为何要杀少正卯，因为"少正"是宰相正卿的副手，是政敌。原来孔子"举国门之关"是真事，是为了放跑三桓的老大季孙氏。孔子执政时的鲁国三桓都是王室后裔，类似齐国的国氏、高氏、公孙氏。孔子站队的是季孙氏。

《墨子·非儒下》说齐景公本打算重用孔子，但晏子阻止并以孔子在楚国协助白公作乱为例，认为孔子就是一个浑水摸鱼的阴谋家：

> 孔某之荆，知白公之谋，而奉之以石乞，君身几灭，而白公僇。……今孔某深虑同谋以奉贼，劳思尽知以行邪，劝下乱上，教臣杀君，非贤人之行也。入人之国，而与人之贼，非义之类也。知人不忠，趣之为乱，非仁义之夜。

楚国"白公之谋"即白公与石乞弑君篡位自立。墨子说孔子不仅知道白公谋反的计划，而且还派出石乞协助。《左传》记载，伍子胥带走的太子建的儿子白公胜被他叔叔——也就是拒绝孔子的令尹子西——糊涂地召回了，结果白公因为私怨而发动政变，杀死了公子闾与令尹子西。白公事败后，石乞被活捉后，因为不肯说出白公尸体的下落而被"烹"，成为历史上极为罕见的"烹杀"案例。《左传》也记载白公谋叛时"求死士"，而孔子"奉之以石乞"。墨子指控孔子参与白公叛乱是有依据的。

墨子集团也不会对这一次诸侯与宗师大混战置身事外。

有记载说楚、越都曾要裂地相封，看来墨子也参与了不少事情而且屁股坐在楚、越方。楚惠王欲以书社五百里封之，墨子不受而去；又越王欲以吴地五百里封之，墨子也辞封而去。因为墨子认为："不用吾道，而吾往焉，则是我以义耀也。"墨子借此批判孔子集团与诸侯及叛臣搞交易："今士之用身，不若商人之用一布慎也。"

《墨子·非儒下》还举证孔子指使子路谋反：

> 子贡、季路，辅孔悝乱乎卫，阳货乱乎齐，佛肸以中牟叛。

《庄子·盗跖》也指责孔子指使子路谋反并称孔子为"盗"：

> 今子修文、武之道，掌天下之辩，以教后世。缝衣浅带，矫言伪行，以迷惑天下之主，而欲求富贵焉，盗莫大于子。天下何故不谓子为盗丘，而乃谓我为盗跖？子以甘辞说子路而使从之，使子路去其危冠，解其长剑，而受教于子，天下皆曰孔丘能止暴禁非，其卒之也，子路欲杀卫君而事不成，身菹于卫东门之上，子教子路菹此患，上无以为身，下无以为人，是子教之不至也。

庄子学晏子讲故事还提供了关键线索。《庄子·天道篇》说，子路与孔子见老子，"而老聃不许"：

　　子路谋曰：由闻周之征藏史有老聃者，免而归居，夫子欲藏书，则试往因焉。孔子曰：善。往见老聃，而老聃不许。

　　子路是一位喜欢长剑的武夫，然而正是这位武夫建议孔子向老子索要图书："孔子将修《春秋》，与左丘明乘如周，观书于周史。归而修《春秋》。"显然孔子缺乏史料，所以"观书于周史"才能归而修《春秋》。这就出了一个很大的问题："孔子晚而喜《易》"，"古者《诗》三千余篇"，三千首周王室馆藏的《诗》以及《周易》《尚书》等，孔子从何而得？"吾从周"只有三个来源：图书馆馆长老子、周王、王子朝。老子已经拒绝，因此只有周王与王子朝了。周王只是批准了孔子、左丘明看书而不是搬书。但是既然是一同看，左丘明的作品却没有《诗经》《尚书》，因此，孔子主要的资料来源就是王子朝。

　　王子朝与周敬王你死我活，孔子能去周王室看书，显然是周敬王一边的，与王子朝就是对立面，怎么武夫子路还拉着孔子去"见"老子？王子朝/老子当然不会把典册交给孔子。很巧，周敬王派人入楚向王子朝索要典册，王子朝不给就被刺客杀死。周敬王派的使者与刺客是谁？只有老子守着王子朝，孔子才会去找他要文献。所以，孔子/子路见老子隐含着见了王子朝。另外，楚昭王为何要重赏七百里给孔子？一个假定可以解释一切：子路杀了王子朝。

　　子路是"孔门十哲"之一。然而孔子对这位保镖的评价很怪异："好勇过我，无所取材。""由也升堂矣，未入于室也。"孔子对子路的正面评价一个是能收税，另一个是"无宿诺"，这是古之侠客一诺千金而且说干就干的特点。子路作为周敬王的刺客杀了王子朝，孔子能得到一部分王子朝的典册；作为回报，周敬王同意孔子查阅周史并给他一部分典册。"礼乐自此可得而述，以备王道，成六艺。"

正史中的子路"结缨遇难"，死于卫出公被他父亲卫庄公联合孔悝复辟。孔悝是卫国的摄政，子路是卫国蒲邑的大夫。据说孔悝的母亲逼着他和舅舅庄公盟誓，子路赶来搅局，放火烧了盟誓的台子，被剁成了肉酱。按正史记录，庄公、出公是父子，孔悝的母亲和庄公是兄妹。"政变"后孔悝地位并没有受损，子路要效忠的是孔悝，谁当卫国国君和他关系很大吗？他如果烧死了庄公、孔悝，是帮助出公吗？他如此怪异地妄图左右老板的决策，如此鲁莽地介入王室的纠纷，合适吗？合理吗？更奇怪的是，如果真的是孔悝的母亲突然逼孔悝表态，子路怎么知道的？而且那么快赶过来破坏盟誓？

正史记载过于荒诞。《庄子·盗跖》记载子路是弑君谋反失败后在东门上被公开处决（而不是莫名其妙地私闯盟誓被杀）。剁成肉酱是杀叛乱者的刑罚，"上无以为身，下无以为人"。庄子借盗跖说孔子为"盗丘"即窃国之徒，而且"盗莫大于子"。子路死后孔子非常伤心，见到肉酱就想到子路，不忍食用。随后第一弟子颜回也死了，孔子哀号"天丧予"。孔子应该哀号"天丧予之两位学生"而不是他自己"予"。他留下了完整的教材，还有很多学生，如何能说是"丧"呢？站在孔子角度，丧失了一文一武左膀右臂就合逻辑了。

卫南子是孔子一生唯一的"风流韵事"。把这件事情剥去温情脉脉的面纱，就能发现孔子、子路行为怪异的政治斗争背景。卫国父子政变的关键人物就是南子。南子是子姓宋国公主，孔子本家远亲，嫁给卫灵公当夫人并参与执政。《左传》记载灵公识人，执政四十二年而卫国无乱事，同时还记载了灵公与南子共同处理的几件事，侧面证明南子参政而且有见识有能力。这对夫妇类似唐高宗与武则天。晚年的灵公已安排"移政南子"。

《左传》记载，定公十四年（公元前 496 年），卫灵公前夫人生的太子蒯聩（庄公）策划刺杀南子失败出逃奔宋。《史记》记载相同，稍微多了一点，"太子蒯聩奔宋，已而之晋赵氏"，即流亡的蒯聩联络宋国与赵简子想杀回来。南子则鼓动卫灵公追杀蒯聩，并寻求孔子的帮助（比如派个刺客）。孔子敷衍卫灵公说："军旅之事，未之学也。"（没说实话）《史记》记载："（孔子）居卫月余，灵公与夫人同车，宦者雍渠参乘，出，使孔子为次乘，招摇市过之。"虽然"孔子为次乘，招摇市之过"，但最终双方没谈拢。孔子抱怨说："吾未见好德如好色者也。"这句话的意思放在这个背景下就是卫灵公更信任夫人执政，孔子不满于"次乘"。《史记》还记载，"孔子入门，北面稽首"，但"子路不说"。

《左传》记载，卫灵公遗命南子扶立少子郢继位，但是郢不肯蹚浑水。南子遂立蒯聩的儿子继位，即卫出公。南子还要求卫出公再请回孔子巩固统治。孔子虽然说"名不正，则言不顺"，但行动上派来了子路、高柴等弟子。《论语·子路》第九章记载的就是师徒俩讨论如何治理卫国。孔子并非帅哥，南子与他出游、约琴都是政治而非暧昧，南子看上了孔子集团的实力，孔子扭捏而已。当然也可能是用风流韵事掩饰了政治斗争的失败。至于南子淫荡偷情，还是出自刘向《列女传》的意淫。

综上，孔子与南子实际结盟，就是与卫庄公蒯聩为敌。蒯聩拉孔悝结盟复辟，南子/孔子势力将被清算，子路能不急吗？

卫国政变与周敬王刺杀王子朝都是王室国君之争，子路参与的目的都是火中取栗，为孔子争取裂土相谢的功劳。有了根据地孔子集团才能实现共同的抱负。子路杀王子朝为何立大功于楚呢？秦哀公作为楚昭王的外公，出兵的障碍就是王子朝，否则等于与周及晋、齐、鲁、吴、宋等十八国同时交恶。楚国被天子号召围攻，吴军只是南路打手而已。楚昭王要想解围，必须却又无法杀掉王子朝。申包胥在秦的七天七夜就在等一个消息。这就是孔子集团的"大功"。这也是"孔子曰：楚昭王知大道矣！其不失国，宜哉"的真实含义。楚"不失国"的"大道"、秦迟疑七天七夜才出兵的顾虑都是政治正确。孔子刺杀王子朝也获得了周敬王的认可与授权，不仅可以查阅王室典册，而且如果有了根据地，周敬王也会尊孔子为"某某伯"，孔子也可以成为齐桓公或教皇的盟友丕平。

王子朝奔楚对周敬王来说是很大的政治风险。当年周公奔楚，成王在太公、召公、南宫支持下伐楚，"公弋，取彼在穴"，把周公带回宗周才踏实；之后周昭王持续伐楚，直到自己死于汉江。楚国在齐哀公吕不辰同期称王，与周天子体系保持独立。当过四年周天子的"王子"奔楚意味着什么？小白、重耳这两位霸主都"奔"过。亨利·都铎奔法国回来就推翻了理查三世，建立都铎王朝。更类似的是奥斯曼王子杰姆1481年与哥哥巴耶塞特争王位失败后出奔罗得岛。巴耶塞特的对策先是和周敬王一样派人刺杀杰姆，教皇和楚王一样肯定严防死守。最后双方达成协议，各取所需：教皇负责囚禁弟弟，而哥哥每年支付三万金币并附加归还耶稣的圣物铁钉。杰姆被囚禁十五年后在狱中逝世。综上，王子朝和奥斯曼王子一样是各方博弈的焦点，随时会被当作政治物品出卖。

老子在本次事件中也是核心人物之一。真实的老子，肯定不只是骑着青牛，仙风道骨的白胡子老头。马王堆帛书《老子》与今版对比，有七百多处不同。帛书更偏政治与军事，甚至还附有遗失的《黄帝十六经》，包括黄帝战胜蚩尤后，"剥其□革以为干侯，使人射之"，等等。按照帛书《老子》，反而能理解武乙射天、纣王烹伯邑考、纣王剁九侯以及姜太公做法射丁侯（详见后文关于"越裳献雉"事件的叙述）的含义。《老子》实际上是某位高人对政治军事斗争经验的总结。再看看今版《老子》中关于"取天下""治天下"的论述，哪像是一位神仙老头能说得出来的？

　　取天下常以无事，及其有事，不足以取天下。

　　将欲取天下而为之，吾见其不得已。天下神器，不可为也，不可执也。

兵者，不祥之器，非君子之器，不得已而用之……夫乐杀人者，则不可以得志于天下矣。

道常无为而无不为。侯王若能守之，万物将自化……不欲以静，天下将自定。

朴散则为器，圣人用之，则为官长，故大制不割。

万物得一以生，侯王得一以为天下贞……抱一以为天下式。

圣人处无为之事，行不言之教。

老子西出函谷关为何倒骑青牛而不是骑马？如何驾驭牛辨别方向？从"牛人"姜子牙的时代到老子时代，"牛"都是最尊贵的天子祭祀用品，不是用来骑的。黄帝也不会骑着"龙"，他第一次搞出阴阳合历，关键是掌握了东方七宿之"龙"，即《乾》《坤》卦的龙周期。《周易》中"丧牛于易""或（国）系之牛"两个典故说明，"牛"的祭祀权是国家政权的标志。老子倒骑青牛并不是真的旅行。这可能表示三个意思。

一是王子朝的无妄之灾，"丧牛"于东周，所以老子倒骑青牛西出，面向东周。

二是老子自己曾经"反牛"即颠覆政权，失败后向西投奔秦国。西出函谷关，显然出发地在东周，而且并不表示要往西域，否则应该记载为西出昆仑了。

三是老子掌握了"牛"之道，即颠覆、夺取政权与治理国家之道。类似黄帝掌握了骑"龙"之术。《道德经》即"得"之"道"。所以孔子问道老子后说他"神龙见首不见尾"。

老子失踪后，武当山来了尹喜，鬼谷山横空出世了鬼谷子。"守藏室之官"老儋在王子朝奔楚后失踪了。王子朝被刺杀次年(公元前504年),其旧部又有一位"儋翩"起兵报仇赶走周敬王,之后该部一直占据雒邑。晋国出兵送回了周敬王,但周室被迫迁都至雒邑之东,从此东周再一分为二。这位"儋翩"是谁?"儋翩"家族的封地"穷谷"与"谷城"后来又出了一位鬼谷子。鬼谷子据说姓王名诩,一作王禅。王姓没那么早出现,毕竟还是周"王"天下,谁吃错了药敢自称姓"王"?如果再叫"王禅"的话,我们只能认为他是王子朝或其后人。也就是说,孔子/子路可能伪造了刺杀向周敬王交差,王子朝隐姓埋名成了"王禅"。

鬼谷子门人遍布各地,风云一时。其弟子孙膑、庞涓、苏秦、张仪等直接左右了战国局势的发展:"一笑则而天下兴,一怒使诸侯惧。"但是他们的时间跨度超过二百年。这说明"鬼谷"并不是一个人,而是一个学派、一个组织,他们的纲领是"王禅"即改朝换代,而且付诸"纵横"行动搞倾覆。《史记》评价苏秦、张仪说:"此二人真乃倾危之士也!"如果这个组织的创始人是王子朝、儋翩的话,他们要倾覆东周也就必然要倾覆东周的支柱晋、齐,于是开启了战国时代当作试验品。鬼谷学派综合了六韬三略、纵横捭阖、天道循环、鬼测神算。实践出真知,王子朝引发第一次天下大混战,鬼谷与道、儒一样,都重视经验教训的总结。鬼谷门以鬼谷山为教学修炼基地。根据王子朝奔楚的恩怨,鬼谷门人祸害的都是晋、齐、周,得益的则是秦、楚。

"王禅",即改朝换代的志向,实际上也是孔子集团的志向。《史记》记载老子曾告诫孔子:"去子之骄气与多欲,态色与淫志，是皆无益于子之身。"老子眼中的孔子"多欲"已经包含了好色；"淫志"不是色情狂，而是过度的志向，野心太大。子贡把孔子类比为伯夷、叔齐、虞仲等贤人，孔子可不认为自己与他们是同类："我则异于是，无可无不可。"孔子集团类似到处漂泊找地盘的刘备集团。只有明白孔子没能实施的抱负，才能理解他为何急于杀死少正卯，为何集团化周游十四年，为何编出禅让制。所以哪个国君会信他呢？楚昭王分地七百里，也是在绝境中把孔子当成了姜太公。这是孔子集团最后、最好的一次机会，差点刘备屯新野借荆州就能提前上演。孔子的天下观、治国政策、管理团队，甚至周王室的加持认可，万事俱备只欠根据地。

急于获得根据地的孔子甚至饥不择食、火中取栗了。他曾说："危邦不人，乱邦不居，天下有道则见，无道则隐。邦有道，贫且贱焉，耻也，邦无道，富且贵焉，耻也。"但是《论语》记载在孔子/子路居卫一前一后，先是公元前501年鲁国费邑的季氏家臣公山弗有不臣之心，请孔子为相；后是公元前490年晋国范氏家臣佛肸盘踞中牟对抗赵简子，请孔子为相。公山弗、佛肸都是鲁、晋的地方割据"乱臣"。两次都是"子欲往"，反而是子路两次质疑。孔子并不是一般意义上的读书人怀才不遇。他回答子路的话再清晰不过："吾岂匏瓜也哉？焉能系而不食？"孔子自喻为道家法器葫芦，不愿意像许由一般"独善其身"，而是要学习太公实践"兼济天下"。当然他有点强词夺理说自己能与狼共舞，出淤泥而不染。最重要的是"夫召我者，而岂徒哉？如有用我者，吾其为东周乎"。"岂徒哉""吾其为东周乎"说明孔子只是想借用别人的地盘而不是甘居人下，始终以尊王攘夷、王霸天下为真正志向。

子路两次阻止老师，主要是认为对方的实力与名声都不足以实现集团的目标，是出于策略的考虑。这也能让我们从侧面理解子路在卫国的行为。子贡使楚，差点获得八百里封地。子贡使吴，串联艾陵之战，如果夫差不亡也可能会把齐吴边境的地盘交给立下大功的孔子集团，类似刘备借荆州。孔子集团运气确实差了一些。好在子夏实现了孔子的部分愿望。孔子死后他在魏国"西河设教"。魏文侯、吴起、李悝、公羊高等都是他的学生。魏文侯就是完成"三家分晋"、接生"田氏代齐"的魏斯。他建立魏国后重用了两位同学。李悝开启变法、大兴水利，是商鞅的老师；吴起组建"魏武卒"百战不败。孔子的徒孙终于实现了"禅让"，还建立了战国第一霸的霸业。

孔子集团和姜太公集团一样有兼济天下的伟大抱负。和刘备给儿子起名"禅"（封禅）一样，禅让制是孔子最大的抱负。田氏、魏斯、王莽、刘备的成功证明孔子的抱负并非无望。如果孔子成功了，中华的历史一定更加精彩！可惜历史上少了一位刘备或司马懿，多了一位文宣王（司马懿谥曰文宣，唐玄宗封孔子为"文宣王"）。

牢曰："子云'不试，故艺'。"

子曰："弗乎弗乎，君子病没世而名不称焉。吾道不行矣，吾何以自见于后世哉？"乃因史记作《春秋》。

孔子虽然刻意隐藏了军事实力与禅让抱负，但是生活中的细节总会流露出内心的躁动。比如"三月不知肉味"，正是他听了舜帝之乐《韶》之后的神往。《史记》记载，孔子壮志未酬，去世前唱了三句歌，还是对封禅念念不忘："太山坏乎！梁柱摧乎！哲人萎乎！"泰山封，梁甫禅，哲人将逝。

第三章　姜太公的时代背景："商周之讼"

《大雅·文王》曰："周虽旧邦，其命维新。"周人是最重要的农业氏族，在历史上最大的意义是从经济基础到上层建筑领导推动了农业革命。

《史记》记载，周人祖先"弃"是姜嫄（《史记》作"姜原"，《诗经》作"姜嫄"）之子，很可能根据生活地区的水系象形以"姬"为"氏"，再成了"姓"。之前黄帝本姓公孙，占据此处后改姓"姬"。他们其实都是"有姬氏"。黄帝与周人应当是"同乡"而不是"同族"。姜嫄显然是炎帝后裔，因此教会了弃农业技术。靠着姜家的家传本领，帝尧举弃为农师。舜帝接班后朝廷开始正规化、专业化，设置了农官"后稷"，"后"就是主官，"稷"是粮食。舜曰："弃，黎民始饥，汝后稷播时百谷。""弃"被封为"后稷"，是史载农官第一人，主管粮食事务"稷"和农业生产"播时百谷"。周朝以农业为经济基础，始祖后稷代替炎帝成为"农神"。国家祭祀社神和农神。"江山"＝"社"＋"稷"＝"社稷"。

一、周、商、犹太的第一位"生民"与《圣经》的巧合

《史记》记载："姜原出野，见巨人迹，心忻然说，欲践之，践之而身动如孕者。"踩着脚印怀孕？应理解成不知其父只知其母时代的艳遇，只是记录得很文学化而已。类似商人始祖也是野外的二女一男（"三人行浴，见玄鸟坠其卵，简狄吞之，因孕生契"）。我们不能用后来的耻感文化掩盖不需要掩盖的上古故事。伏羲传说也是华胥族女子踩巨人脚印而生。世界各族都有巨人传说，不排除在远古时代确实有巨人族。《山海经·大荒北经》记载："有人名曰大人。有大人之国，厘姓，黍食。有大青蛇，黄头，食尘。"这位"大人"姓厘，吃黄小米，应该生活在黄土高原。所以，陕西人姜嫄是在陕西的野外，偶遇了一位非常高大的帅哥，"心忻然说，欲践之"，于是有了"弃"。姜嫄不仅是后稷的农业导师，她也是一位炎帝系的中医。中药"远志"原来叫作"嫄志"，李时珍编《本草纲目》时将"嫄志"改成"远志"，他的奇怪理由是"嫄志"被发现最早、药用年代最远，但是改名反而掩盖了发现它的姜嫄，令人不明所以。

大雅·生民

厥初生民，时维姜嫄。生民如何？克禋克祀，以弗无子。履帝武敏歆，攸介攸止。载震载夙，载生载育，时维后稷。

诞弥厥月，先生如达。不坼不副，无菑无害。以
赫厥灵，上帝不宁。不康禋祀，居然生子。

诞置之隘巷，牛羊腓字之。诞置之平林，会伐平
林。诞置之寒冰，鸟覆翼之。鸟乃去矣，后稷呱矣。
实覃实吁，厥声载路。

诞实匍匐，克岐克嶷，以就口食。艺之荏菽，荏
菽旆旆。禾役穟穟，麻麦幪幪，瓜瓞唪唪。

诞后稷之穑，有相之道。茀厥丰草，种之黄茂。
实方实苞，实种实褎，实发实秀，实坚实好，实颖实
栗，即有邰家室。

诞降嘉种，维秬维秠，维穈维芑。恒之秬秠，是
获是亩，恒之穈芑，是任是负。以归肇祀。

诞我祀如何？或舂或揄，或簸或蹂。释之叟叟，
烝之浮浮。载谋载惟，取萧祭脂。取羝以軷，载燔载
烈，以兴嗣岁。

卬盛于豆，于豆于登，其香始升。上帝居歆，胡
臭亶时。后稷肇祀，庶无罪悔，以迄于今。

《生民》的主题是歌颂后稷，所叙述的周人起源与《史
记》基本一致，再次证明了《诗经》是史诗。农业起源于更早
的周人母系姜人。后稷的主要事业是农业推广，因此《生
民》记载了尧舜时期的农业面貌，这是世界最早详细记载的
农业起源。在姜嫄的教导下，弃从小就能种豆子、火麻、
小麦、葫芦："艺之荏菽，荏菽旆旆。禾役穟穟，麻麦幪
幪，瓜瓞唪唪。""有相之道"说明他会考察研究地力、风水；

"诞降嘉种，维秬维秠"说明他掌握了育种改良技术。最后两大段是说后稷用农产品祭祀天与先祖。周人特色"祀"礼标志着周人国家的诞生："即有邰家室。""上帝居歆，胡臭亶时。后稷肇祀，庶无罪悔，以迄于今"，这就是周部落、周朝之源，也是农业革命替代牧业经济之源。正是依据于此，《逸周书·商誓解》中武王在朝歌宣称："明祀上帝，亦维我后稷之元谷。"天命垂青改朝换代的依据正是上帝偏爱周家供奉的农产品——"后稷之元谷"。

《生民》描写这个婴儿被"弃"于"隘巷""寒冰"而不死的神异。如果换一个版本，仿佛是《圣经》里面的摩西。《圣经》也有"生民"的故事。该隐是亚当与夏娃的第一个孩子即人类生的第一个后代，就是"生民"。该隐的意思就是"得"，与"弃"刚好相反。该隐也是种地的，他弟弟亚伯牧羊。《圣经》与《诗经》刚好相反，上帝不喜欢该隐的农产品而喜欢亚伯的羊脂。该隐因妒杀弟后去往伊甸东方的"挪得之地"（Land of Nod），"Nod"在希伯来文中是流浪徘徊的意思。这与商周后人的迁徙也刚好相反，周初被迫迁移的是商夷，其中飞廉家族就是一路向西。东方农业、西方牧业倒是实事求是。也许是一种错觉，《圣经》很像是信仰上帝的商人反着记述的商周历史，记述于飞廉、恶来后裔向西流浪的四十年。恶来与摩西父亲暗兰（Amram）可以说是同名。

第一位天子姬发（"发"佬）说："明祀上帝，亦维我后稷之元谷。"犹太人就说上帝喜欢亚伯的羊。飞廉后人往西跑反说该隐往东去。上帝对"不喜欢"的谋杀者还特别保护，虽然很奇怪，但这是无法改变的事实。东边政权人多势众，所以耶和华说:"凡杀该隐的,必遭报七倍。"耶和华给该隐立记号免得有人遇见就杀他。《圣经》说该隐是第一个"生民",这个世界上并无他人可遇见,谁来杀他? 这是又一个逻辑漏洞。似乎是上帝建议商人西迁而不是向东复仇(隐含对商人的爱护)。于是该隐就将眼目离开了耶和华,不再视见耶和华的面。这是说周人不信上帝(上帝也不佑周人)。该隐在伊甸东边建了一座城并按他儿子的名把那城叫作"以诺"(Enoch)。又巧了,"发"佬在东边建了一座城并用他儿子的名"成"叫"成周",而且选址在"伊洛"。这城是叔父完成,却是"发"佬向上帝发愿:"宅兹中国"。

根据《圣经》,古代以色列建立了一个"编年史":

公元前 1003 年,以色列王大卫(David)占领并修筑耶路撒冷。

公元前 1000 年,大卫(David)建以色列国,在位 40 年。

公元前 970 年,所罗门(Solomon)接续大卫王,在位40 年。

公元前 931 年,以色列国分裂为北方以色列国和南方犹太国。

公元前 722 年,北方以色列国亡于亚述帝国。

公元前 586 年,巴比伦占领耶路撒冷,犹太国亡国。

以色列"编年史"之前还有两段历史说不清,一是祭司时期,二是摩西出埃及磨磨蹭蹭四十年。整个商朝天天占卜祭祀也可以叫作"祭司时期",飞廉、恶来一部分不愿被奴役的后人如果四十年西迁中东地区的海边也完全吻合。周公东征、飞廉家族被迫迁移是在公元前 1043 年前后,到公元前 1003 年大卫王占领并修筑耶路撒冷城，很巧刚好四十年。西奈山传《十诫》后漂泊四十年才到以色列，四十年才走几百里？《旧约》对这个逻辑大漏洞的解释是上帝惩罚他们不虔诚，所以让他们在旷野大漠打圈四十年，那为何不惩罚他们在埃及再被奴役四十年呢？

西奈山＝"月亮山"，用闪族神话月亮老人辛（Sin）命名，刚好和纣王的名字"辛"一样。帝辛原来的岗位就是"上帝"。"Shem"被译成"闪族"，若是译成"商"呢？摩西来到 Sin 山之顶拜上帝，不就是飞廉在正宗的日月山霍太山筑坛报上帝帝辛的场景吗？石棺也出现在摩西出发之前祭祖明志时。"希伯来"是过河的人的意思（Jews 也可译为"游"），过哪条"河"才如此重要到可以区分民族？从飞廉家族迁徙的甘肃甘谷向西过"黄河"就是河西走廊，一旦过河也就意味着逃离周政权。过河再往西跑百里就到了祁连山的"日月山"。此日月山自古就是历史上"羌中道""丝绸南路""唐蕃古道"的三岔口，通往西域和西藏。如果我是恶来（暗兰）的后人，完全可能冒险过河再往西迁，就改名叫"摩西"以明志，从此自称过河之人。摩西（Moses）在希伯来语中的意思是从水里拉上来。在日月山汇合整顿队伍，再转战大漠四十年到达中东。之所以停留在中东，是因为再往西就是地中海了，和飞廉向东逃到东海边是一样的逃法。飞廉族人越过黄河，"发"佬的军队会追杀，但止步于"涉大川"。河西与西域大漠是西戎的活动区，也必定会起冲突。《旧约》记载摩西出埃及一路厮杀是军民合一的转移。设想战车家族一路在西域遗留的部族会叫什么？车师、高车、莎车。

　　商人的"生民"叫"契"，与犹太人也有雷同。各文献都记载商人起源于一只鸟和鸟蛋。鸟蛋生商很怪异。郭沫若解释鸟是生殖器、卵是睾丸，其实是一次郊外的香艳野合诞生了商人祖先。契协助大禹治水有功封于商。契是殷民第一祖先，但是商朝祭祀卜辞中却找不到这个"人"的记录。《商颂·玄鸟》记录"生民"也没有提到"契"："天命玄鸟，降而生商，宅殷土芒芒。"《商颂》在歌颂先祖时更强调与天帝的关系，这是天选之民的另一种表达。《荀子·成相篇》明确记载了"契"："契玄王，生昭明，居于砥石迁于商。十有四世，乃有天乙是成汤。"成相是先秦古老的民间说唱，是快板、弹唱之祖。不排除就是商夷人散落民间的"商诗"，诸如"凡成相，辨法方，至治之极复后王"，"世之灾，妒贤能，飞廉知政任恶来"，"比干见刳箕子累。武王诛之，吕尚招麾殷民怀"。

　　"契玄王，生昭明。"换个角度，"契"本来就不是人名而是契约，天帝就是"玄王"或上帝，还有一只天使"玄鸟"。这个场景在《圣经》中就是亚伯拉罕与上帝契约生子。欧洲三大迁徙民族，犹太人的商业与信仰上帝、凯尔特人的善战与残暴、吉卜赛人的占卜与迁徙，三合一就是商人的特征。犹太人通过《圣经》重建了编年史，而凯尔特人与吉卜赛人因为完全没有记载，来源不明，他们在欧洲出现的时间都在商周之后。

　　西方的很多传说都能从东方的真实历史中找到影子。比如《圣经》索隐学派开创人之一、传教士白晋就认为"船"＝八口＋舟，即八个人的挪亚方舟。他解读《生民》证明姜嫄就是圣母玛利亚，《生民》讲述了基督降生的故事，基督叫后稷。英国人约翰·韦伯等认为古汉语就是抵抗大洪水的“巴别塔”失败之前世界通用的原始语言。比对《圣经》索隐学派，还能发现一个更惊人的巧合。西方神秘主义的代表人物，也是共济会的大神“路西法”（Lucifer），如果按粤语发音，就是“吕尚父”。“大天使路西法＋妻子莉莉丝＋女儿莉莉姆”，这个结构如果翻译成“大天望（天与人间的使者）＋妻子骊山氏＋女儿骊山老母”呢？看起来，西方的大天使传说就来自姜天望的家庭故事。实际上，共济会的标识中，“金字塔＋大眼睛”就是甲骨文“望”的图案，“圆规＋标尺”也是“丈人”的工具。

字典中的 Lucifer 表示以下内容：（1）晓星（Phosphor）；金星（Venus）；（2）恶魔，傲慢的撒旦（Satan as proud）。Lucifer 作拂晓明星，即金星、启明星，是大天使，又是反叛上帝的傲慢天使（太公不信上帝，人称“狂夫”，为被压迫的天下人带来启明）。

他引诱该隐杀死弟弟亚伯，这是西方人类第一桩凶杀案（太公与周公杀管叔）；

他引诱人类用科技代替信仰上帝（共工、墨子）；

他引诱世人造通天巴别塔自救于上帝的洪水（共工、鲧筑城）；

他利用共济会控制世界（太公的志向就是兼济“天下”）。

路西法原为地位最高的大天使长（四岳天望之长吕上），后来率领天界三分之一的天使叛变战败被打入地狱（姜太公率领天下三分之二诸侯）。这个版本刚好是反着的《封神榜》，如果同源，必然是向西逃亡的商人遗民所编造。犹太教类似路西法的大天使称"梅塔特隆"（Metatron）。他是天界的书记官（记录、传承文献），负责守护神宝座（守护成王、康王）。他拥有"小耶和华""契约之天使""天军之王""万物的创造者"等一系列称号（太公名号有 18 个）。他是上帝身边最伟大的天使，还是人类和上帝沟通的渠道（天亡）。基督教的《圣经》中没有梅塔特隆，却有路西法堕落（对太公的以讹传讹）。

Lucifer 的另一个解释是金星和五角星。最亮的金星绕太阳四年一循环正好是一个正五角形，角更接近花瓣而且是多重，很美。这个图案的简化版其实就是"三星堆太阳轮"。对于如此精密的图案，天望们一定感到敬畏与美，所以金星和五角星便成了至善至美和周期性的象征。这在黄帝"绝地天通"时代肯定能被发现并记录。金星古称太白，早上在东方叫启明、晓星，傍晚在西方叫长庚。《小雅·大东》歌颂："东有启明，西有长庚。有捄天毕，载施之行。"太白金星在道教的地位仅在三清之下，经常巡视人间，被称为西方巡使，就是"大天使"。苏美尔文献则大约在公元前 3000 年用五芒星象征维纳斯（Venus），代表性爱和美女。希腊人每四年一届组织奥运会礼赞金星。奥运标志五环就是五星的改良版。

莉莉丝（Lilith）也可译为骊山氏（有骊氏）。她是天使战争的导火索。古犹太首领和祭司封立时额上被敷膏油（四邦方起义脸上抹的是牛血），称弥赛亚。上帝封亚当为弥赛亚，要求众天使膜拜亚当并把莉莉丝赐给亚当（对照"上帝"

商王创造了新吕公、霍侯的场景）。大天使路西法断然拒绝并带领三分之一天使群叛乱，最终失败。吕尚父带领天下三分之二的诸侯却推翻了"上帝"纣王。喀巴拉经典《光辉之书》把莉莉丝描画为人首蛇身（类似女娲）。莉莉丝也反抗亚当，被神放逐到地狱，并与战败后坠入地狱的路西法生下儿子李林（Lilin）和女儿莉莉姆（Lilim）。他们等待着千年后再战重返伊甸园。吕尚发起四邦方起义失败后逃奔骊山，和骊山女生下骊山老母，也等着五星聚的机会造反重返老家。

莉莉姆（Lilim）也可译为骊山老母。她是莉莉丝和路西法的女儿。基督教骂她是类似狐狸精的"地狱娼妇"，说她在春梦中吸取男性的灵魂（或精气）。莉莉姆的标识"六芒星"到 17 世纪才成为犹太人的标志。西方史学家考证说六芒星源于性交崇拜的印度古代坦陀罗教（Tantrism），上下三角代表交合。该教派基本教义认为宇宙能量储存在女性体液中，因此忍精不射采阴补阳，通过脊椎（或督脉）向上"还精补脑"就能"精化气，气化神"，同时高潮中大脑一片空白就会见到"上帝"。这就是房中术或遗失的《素女》。

综上，如果如此多的巧合，也许正是源于商周文明的斗争史。不妨把《圣经》故事当作姜太公出场于商周革命背景的另一种比对解读。还有其他故事显示《圣经》与《周易》经常说同一件事，但是立场往往不同或相反。包括"上帝"的倾向以及对"上帝"的态度。因为产业与信仰，商人与犹太人都不对外通婚，都自认为是上帝选民；而周人的思想是普天之下皆王臣，四海之内皆兄弟。东西方文明的两大起源《易经》与《圣经》在商周之际各自走向了不同的方向。

二、《困》《井》：第一块试验田"醹"
与第二块根据地周原

周人本来就是种地的人，只要改行种地都是"周人"。周文明的根本是农业。对农业生产来说人口就是财富。上古地广人稀更是如此，所以周文明"保民"。农业必须上知天文下知地理，因此周文明以及炎帝文明长于观察阴阳五行以及风雷雨雪等气象科学。周文王研究东方七宿"龙"的周期，姜太公"望"天望月望山望川，即日月四时、天文地理的科学重要性高于"上帝"。

类似满族向半农半牧转型的"八旗"制度，周人发明了"三单"与"井田制"。此后，从周原开始建立了一个又一个的武装农业据点"国"，"国"的外城就是农业区。周人以这些据点为根据地进行战争，蚕食周边地盘，再分封建立更多的武装农业据点，这是一种典型的新兴产业与新型社会组织的扩张与革命。姜周农业联盟布点、扩张到一定程度，必然与商朝发生新旧势力的冲突。

武王、周公封邦建"国"，是像下围棋一样布点连线建"国"，还不是"面"。"疆以周索"的国策即大力推广新兴农业，就是在各"国"复制周原的模式。齐哀公就是因为圈地而与邻国鲁、纪产生仇怨。《左传·哀公十二年》记载，直到春秋末期中原各国间还有大量空白地带："宋郑之间有隙地焉，曰弥作、顷丘、玉畅、嵒、戈、锡。""隙地"直到战

国时期才逐渐填满，井田制完成使命，走向崩溃。西周与东周用了八百年终于在整个中原大地筑满了"国"，成为秦汉"郡县"的基础。

第一个农业武装据点"豳"是西周农业革命的最早诞生地与试验田，它的生产、生活风貌，详细记录在《豳风·七月》中。

七　月

七月流火，九月授衣。一之日觱发，二之日栗烈。无衣无褐，何以卒岁？三之日于耜，四之日举趾。同我妇子，馌彼南亩，田畯至喜。

七月流火，九月授衣。春日载阳，有鸣仓庚。女执懿筐，遵彼微行，爰求柔桑。春日迟迟，采蘩祁祁。女心伤悲，殆及公子同归。

七月流火，八月萑苇。蚕月条桑，取彼斧斨，以伐远扬，猗彼女桑。

七月鸣鵙，八月载绩。载玄载黄，我朱孔阳，为公子裳。

四月秀葽，五月鸣蜩。八月其获，十月陨箨。一之日于貉，取彼狐狸，为公子裘。二之日其同，载缵武功。言私其豵，献豜于公。

五月斯螽动股，六月莎鸡振羽。七月在野，八月在宇，九月在户，十月蟋蟀，入我床下。穹窒熏鼠，塞向墐户。嗟我妇子，曰为改岁，入此室处。

六月食郁及薁，七月烹葵及菽。八月剥枣，十月

获稻。为此春酒，以介眉寿。七月食瓜，八月断壶，
九月叔苴，采茶薪樗，食我农夫。

九月筑场圃，十月纳禾稼。黍稷重穋，禾麻菽麦。
嗟我农夫，我稼既同，上入执宫功。昼尔于茅，宵尔
索绹。亟其乘屋，其始播百谷。

二之日凿冰冲冲，三之日纳于凌阴。四之日其蚤，
献羔祭韭。九月肃霜，十月涤场。朋酒斯飨，曰杀羔
羊。跻彼公堂，称彼兕觥，万寿无疆！

《七月》叙述农人一年周期的生产劳动和生活，包括"公
子""公"与民融融，以及节气与祭祀等。"豳"即老周家，是
后来周公封地的"周"，区别于岐山周原、丰镐宗周、雒邑
成周。因为是周公的封地，所以《豳风》中的大部分篇目与
周公有关，包括东征等。只有《七月》才是真正的本地赞歌。
豳是周朝祖先公刘迁居开发的地方，一般认为在陕西栒邑
（今旬邑县）、邠县（今彬州市）一带。因为是第一块老根据
地，又是新型生产生活与政治军事制度的第一块试验田，
所以《七月》和记载虞、芮双子国建国史的《桑柔》一样篇幅
很长。这是根据周公制礼作乐的"规格"体现其重要性。

《史记》记载：

后稷卒，子不窋立。不窋末年，夏后氏政衰，去
稷不务，不窋以失其官而奔戎狄之间。不窋卒，子鞠
立。鞠卒，子公刘立。公刘虽在戎狄之间，复修后稷
之业，务耕种，行地宜，自漆、沮度渭，取材用，行

者有资，居者有畜积，民赖其庆。百姓怀之，多徙而保归焉。周道之兴自此始，故诗人歌乐思其德。公刘卒，子庆节立，国于豳。

产业革命与社会变革的道路总是艰难曲折的。西周的新兴农业与新型社会组织，在夏亡之后遭到了沉重打击，"不窋以失其官而奔戎狄之间"。《史记》记载，从不窋到古公亶父历经十三代周王，几百年都是和戎狄生活在一起，颠沛流离。这一整段时期，周人既没心思也没条件继续发展农业了。《周易》中，《困》《井》一组是对周族早期苦难史的回顾，解困靠《井》（详见后文）。

商汤灭夏时周人忠于夏朝，所以"自窜于戎狄之间"。《坤》卦与《诗经》记录的早期的商周关系主要是逃亡到投降。周人称商为大国而自称"小邦周"，这是客观实力差距。武乙时古公迁周原，武丁是武乙的曾祖父。武丁时期的卜辞多次提到伐周，诸如"令多子族从犬侯璞（扑）周"等。武丁的后妃里有位"妇周"，显然是周人被武丁打服了才献美女。当时的商朝武力强大、文化科技发达，周人降商也能学到流亡期间遗失的文化和科技，包括甲骨文。这段历史也记录在《困》卦中，包括山林之困、马车与青铜兵器之困。

周人命运的转折是古公迁徙周原找到了第二块根据地。《周颂·天作》是对周原的歌颂，非常朴素："天作高山，大王荒之。彼作矣，文王康之。彼徂矣，岐有夷之行，子孙保之。"

第十三代周主古公为西周的崛起获得了第一桶金——

"岐邑"（周原）。这是西周农业革命真正成熟的第一个大型基地。周原是一块南北宽三十多公里、东西长八十多公里的肥沃平原，《坤》卦称其"直方大"。后来的秦人也是据此而兴。周原对于周人的意义，类似红军长征抵达延安。"先迷后得主"的"得主"就是找到指路明灯。明灯之主因此被追封为周朝第一位王即"太王"，就是周太祖的意思。古公在周原根据地规划"翦商"，把东北方向的商视为革命对象，而将西边与南边被商压迫的蜀与江汉各国都视为统战对象："利。西南得朋，东北丧朋。"古公迁岐是周人的一次万里长征，既是一次大转移也是一个大转折，它改变了周人的命运，也改变了中华的历史走向。

第四十七卦　困

困：亨，贞，大人吉，无咎。有言不信。

初六：臀困于株木，入于幽谷，三岁不觌。

九二：困于酒食，朱绂方来，利用享祀。征凶，无咎。

六三：困于石，据于蒺藜。入于其宫，不见其妻，凶。

九四：来徐徐，困于金车，吝，有终。

九五：劓刖，困于赤绂。乃徐有说，利用祭祀。

上六：困于葛藟，于臲卼。曰动悔有悔，征吉。

（1）"亨，贞，大人吉，无咎。有言不信。""困"能转危为安，卦辞很辩证：越困难越有利；无中生有。万里长征的艰难困苦淬炼了领袖与领导团队，"大人吉"。本卦更侧重"环境"对"人"的辩证作用，而不是局限于诉说苦难。"有言不信"不是"名正言顺"。本卦的历史是周人降商，周人"有言"即用"言"承认商的领导地位"有"，因此双方都"不信"。这个评价既很客观，也有找补投降之意。老子把它美化发挥为无私成其私，为百姓、为姜方、为商王无私付出，反而成就了自己从无到"有"："信言不美，美言不信。善者不辩，辩者不善。知者不博，博者不知。圣人不积，既以为人己愈有，既以与人己愈多。"

（2）"臀困于株木，入于幽谷，三岁不觌"是投降前的历史背景。商汤灭夏后，周人逃亡深山老林，流窜到"幽谷"。"三岁不觌"是好多年不见，指商军找不到这支山沟游击队，盟友估计也找不着。"三年"指多年。"觌（dí），见也。"

（3）"困于酒食，朱绂方来，利用享祀。征凶，无咎。""困于酒食"指吃不饱也没酒搞祭祀，当时祭祀是政权存在的象征，周人快家破国亡了。所以"朱绂方来"。"绂（fú）"是绶带。"朱绂"是红色的商朝官服，比喻被商朝"抚"了（之前是"剿"）。"方来"指不宁之方朝拜商朝"来"，《大雅·绵》中有"古公亶父，来朝走马"。"利用享祀"是对商朝巩固政权与周国政权生存互相都有利，体现在进贡的"享"与周"祀"延续。

（4）"困于石，据于蒺藜。入于其宫，不见其妻，凶"是解释降商后古公为何迁岐，为何与姜人结盟。古公被封"汾"是由于协助商朝打击姜方等，结果是"入于其宫，不见其妻，凶"。来到了霍太山没娶到老婆，指的是姜方等不与周融合，人家败了也不跟你混。自己赢了也被消耗，"凶"。古公选择与姜人密约"翦商"，既有了岐山新的"家室""姜女"，同时布局泰伯、虞仲留在山西的"吴/虞"。这就叫"有言不信"。

（5）"来徐徐，困于金车，吝，有终。""徐"本义是慢步走，如《孙子·军争》："其疾如风，其徐如林。""来徐徐"是朝拜大商磨磨唧唧的意思。前文已述古公在商、姜之间搞三角平衡。地盘与老婆都有了，但是"困于金车，吝"。"金车"指青铜与战车，都是商朝可以提供支援的（也是"来朝走马"的约定）。"吝"的原因就是卦辞说的"（周）有言（商）不信"。"有终"指这次"有"的最后还是给了"金车"。这是季历阶段的总结。周人因此学会了先进的"现代战争"与"制造科技"，崛起的条件具备了。周人是如何做到玩平衡的呢？《庄子·天道》解释得很微妙："不徐不疾，得之于手而应于心。"

（6）"劓刖，困于赤绂。乃徐有说，利用祭祀"说的是后续的商周关系。"劓刖，困于赤绂"指季历、文王、伯邑考之困。"劓刖"是肉刑，"劓"是割鼻子，"刖"是砍脚。"于"不是现代意思的"于"，在《周易》与《诗经》中基本通"滥竽充数"的"竽"，以吹鼓手表示臣服。一咬牙，继续装孙子（《随》）。用"赤绂"而不用"朱绂"，色不改心更坚。"乃徐有说，利用祭祀"是韬光养晦慢慢集聚实力的意思。"乃"是"奶"的本字，一个字代表了太姜、太姒与"帝乙归妹"。"有"是"大有"称王。"说"通"兑"，"利用祭祀"。太姜带来"爱始爱谋，爱契我龟"；太姒做梦；太公"望"带来灵台与各种天命。一个"徐"字就是漫长的崛起史。

(7)"困于葛藟，于臲卼。曰动悔有悔，征吉"说的是泰伯、虞仲、季历时期与姜、戎、商的关系。前文已述，"葛藟"指代姜方、姜戎，三角关系中对谁都"于"，古公、文王、姬发出场搞婚姻联盟，季历有反复。"臲"字从臬从危。《说文》："臲，不安也。""臬，射准的也。从木从自。""卼"字从兀从危。兀即尢。"尢，跛，曲胫也。""臲"是危险如箭靶子，"卼"是危如跛脚。"臲卼"连用，比喻季历之后三角平衡打破的后果，被商当箭靶子，被姜甩了联盟瘸了一条腿。所以古公晚年要求姬昌找回姜子牙。

"曰动悔有悔"更传神精辟。"动"与"静"相对，就是"作"，指的是季历的"动作"打破了平衡。开篇已述，"亢龙有悔"本义不是后悔，而是《大有》之"悔"。"动悔"是季历，"有悔"是姬昌。大反攻"征吉"是姜太公来了之后文王六征与武王伐纣。

第四十八卦　井

井：改邑不改井，无丧无得。往来井井，汔至，亦未繘井，羸其瓶，凶。

初六：井泥不食，旧井无禽。

九二：井谷射鲋，瓮敝漏。

九三：井渫不食，为我心恻；可用汲，王明并受其福。

六四：井甃，无咎。

九五：井洌，寒泉食。

上六：井收，勿幕；有孚，元吉。

(1)《井》卦的主题是"改邑不改井，无丧无得。往来井井，汔至。亦未繘井，羸其瓶，凶"。"改邑不改井，无丧无得"，就是改周国或改朝换代，产业与制度不改、众人生活不改善，改革与革命都没有意义。反过来说改革或革命就是要"改邑改井"。无论"往"还是"来"，谁朝拜谁，都取决于"井井"，即产业与社会制度是否吻合君子、大人、小人的"利"。孟子因此总结的"民为贵，君为轻"更侧重"小人"老百姓，并不全面。《六韬》更明确、更全面："天下攘攘，皆为利往；天下熙熙，皆为利来。""天下者天下人之天下"，只有兼济天下才能革命得天下。"盛世"＝君子"醉饱"＋大人之"同"＋小人"小康"。

"汔至，亦未繘井，羸其瓶，凶。"这句话的关键是断句。

"汔至"指终于实现了小康局面。《广雅》："汔，尽也。""汔"表示一个过程的完成，如水慢慢干涸。《大雅·民劳》歌颂的"汔可小康""汔可小休"就是这种状态："民亦劳止，汔可小康。惠此中国，以绥四方……民亦劳止，汔可小休。惠此中国，以为民逑。"

"未繘井，羸其瓶，凶"也很清楚。以系水桶打水的"井绳"与水桶寓意税收制度与国库，重点还是政府与百姓都有积极性的井田制。从前不搞改革，瓶小水少，民贫国弱"凶"。"未"字否定过去，"不"字否定将来。《说文》："繘，绠也。从糸，矞声。"《玉篇》："用以汲水也。""羸"本义为瘦羊，表示人体或国家瘦弱贫弱疲困。

"亦"的甲骨文是"大"旁加两点，指示两腋所在，是"腋"的本字。结合本卦，应当指的是"井"为小康与民贫国弱两种状态的关键。换个描述就是现象背后暗含的"软肋"。所以断句应为："汔至，亦，未繘井，羸其瓶，凶。"

（2）"井泥不食，旧井无禽"描述商周双方的改革前状态。周人在类似黄泛区的泥水地区没吃没喝。《需》卦说"需于泥，致寇至"，还被周边各部抢掠。典型如《大雅·桑柔》表述的泰伯奔吴的遭遇，之后虞仲大力开展新兴农业欣欣向荣，并记录在"虞芮之风"《魏风》中。《山海经》记载相繇制造黄泛区，大禹治理的措施就是挖井，包括淘水池与开沟渠。"井泥不食"借用大禹、伯益凿井的典故以及泰伯、虞仲的成败强调"井"。"旧井无禽"指出商朝的产业与制度的问题及灭亡根源。"旧"以猫头鹰比喻商王，而"禽"是商王以外的鸟类。纣王的改革"改邑不改井"，"未繘井，羸其瓶，凶"。"无禽"就是前文详述的"群龙无首"。姜子牙在《阴符经》中断言："禽之制在炁。"

（3）"井谷射鲋，瓮敝漏。"回顾泰伯、虞仲奔吴的虞芮之地，此地为《大雅·桑柔》"大风有隧，有空大谷"的"谷"。"射鲋"比喻附庸被"射"，"鲋"不是小溪的鲫鱼，尊重造字本义即可。"瓮敝漏"，陶器"瓮"又破又漏水，一是形象描绘第一代虞芮之公建的公室瓦房破漏；二是形容因为内外环境发展得不好，好的制度改革还需要好的地盘。后世周室君子学习革命家史，内心更加坚定了下围棋占地盘"疆以周索"的信念。

（4）"井渫不食，为我心恻；可用汲，王明并受其福。"

古公迁徙周原，正式实施《坤》卦"直方大"的"井田制"改革"井渫"。"渫"是淘去污泥疏通水流的意思，形象地展示了"不习"的周原地区挖井开渠引流灌溉的场景，也就是《周颂·天作》中的"大王荒之"。"井渫"而"不食"，指古公休养生息，节约粮食不醉饱用于扩大再生产，比如禁酒。"为我心恻"是忧国忧民，"可用汲"是组织群众修建基础设施。"可"就是学习大禹担土方修人工河黄"河"，"汲"是水速较快的引水渠，类似后世郑国渠。太王英明，"王明并受其福"。

（5）"井甃，无咎。""甃"的本义是井壁。"井甃"就是修治井壁，比喻稳固、完善井田制。

（6）"井洌，寒泉食。""寒"则冰雪，比喻天灾，但是因为"井洌"，周人有"泉"可"食"。

（7）"井收，勿幕；有孚，元吉。""勿"即以旗帜聚众，"幕"即覆盖。"井收，勿幕"比喻收获交公粮以及各部进贡的场面。"有"即"大有"，周王与各部都"孚"。一旗代表一部，旗帜如幕遮天蔽日标志着周的崛起。周人高唱"国歌"《天作》："天作高山，大王荒之。彼作矣，文王康之。彼徂矣，岐有夷之行。子孙保之。"

三、第一次崛起：季历开疆引发"商周之讼"

从历史规律看，新兴势力都是扩张成性的。古公有了地盘就谋篇布局"实始翦商"。他的继承人季历则发起了第一轮扩张。《史记》关于季历一生的全部记载就只有寥寥数语："修古公遗道，笃于行义，诸侯顺之。"看不出何为"道义",为何"诸侯顺之"。《逸周书》和《竹书纪年》关于季历的记载则全是四方征讨、开疆拓土。小邦周的崛起和秦军东出、清军南下以及奥斯曼、普鲁士的崛起都很类似,都是守边的部落或民族在强敌环伺中成长为军民合一政权,他们的力量一旦爆发,对原来的"大邦"商、周、明以及罗马、法国来说就是灾难。这样的崛起是好还是坏,是前进还是倒退,区别是新兴的政权能否带来新兴产业、新兴组织、新兴文明。

季历第一轮扩张时,商人没有打压干涉。《竹书纪年》记载当时的武乙正忙着对付威胁更大、更直接的方国。他名号中带"武",确实也是武功赫赫。殷墟卜辞显示,当时商朝东、西、北三面都被多"方"围攻。如"癸酉贞方大出,立史于北土",武乙击败了"大出"的"北"方并立了北监"史"。卜辞中有很多武乙亲征西北的"召方",还记载了西部羌人"四邦方"以及东夷"二邦方"之乱。"方"甲骨文表示披枷流放的罪人,"放"就是"方"再加一根鞭子。说明"方"泛指敌对的动乱部族。《尚书》之《多方》就是成王对东征后仍然蠢蠢欲动的"方国"的训诫。周在商末崛起和明末局势很类似,一是当时"方"太多,二是大商也想不到西南一角的小邦周最后代商。小邦周发展到武乙、季历时期才脱颖而出成为西部小霸。从逻辑上讲,四面树敌的武乙对周人只有一个选项:怀柔。底线是不让周加入"方"的阵营,能"以夷制夷"当然更好。因此季历才能第一次"帝乙归妹"(此时是武乙)。《诗经·大明》说:"挚仲氏任,自彼殷商,来嫁于周。""挚仲氏任"的"任"可追溯到少康复国依靠的母家。

季历一崛起，武乙身上就发生了两件怪事："武乙射天"与"暴雷震死"。《史记》记载：

> 帝武乙无道。为偶人，谓之天神。与之博，令人为行。天神不胜，乃僇辱之。为革囊盛血，卬而射之，命曰"射天"。武乙猎于河渭之间，暴雷，武乙震死。

"射天"应是帛书《老子》记载的黄帝对付蚩尤的"厌胜之术"，《太公金匮》记载姜太公用过此术，使"不朝"的丁侯臣服。显然，这些都是针对重要的国家分裂势力的。商人迷信上帝，"厌胜"的对象不可能是"天"。"木"偶与"革囊"应当是代表东方夷人与西北戎羌人，其中可能就有季历。怀柔和"射天"显然不能阻挡季历打到太行山。《竹书纪年》记载武乙建设了两个副都："武乙三年，自殷迁于河北。十五年，自河北迁于沫。""河北"与"沫（牧野城）"都是军事中心而且南向，明显加大了对西南周人、正南鄂侯等的监控。

《竹书纪年》也记载了更加奇怪的武乙之死，而且是死在周人的地盘："武乙猎于河渭之间，暴雷，武乙震死。"如果属实，武乙就是历史上唯一被雷劈死的君主。结合"震死"和"射天"，更像是互相验证的假历史。畋猎是震慑敌人的军演即"大蒐礼"，武乙很可能因为遏制周人而死。至少他南下建副都并"猎于河渭之间"，显然对周人已有敌意并采取了行动。《竹书纪年》记载，下次纣王九年再"猎"于渭河，就带走并囚禁了姬昌。

武乙的儿子"托"继位，他的名号是"文武丁"，说明能文能武。季历在文丁时期没有停止扩张，他在位二十六年，连战连胜，周的实力大涨，而且已经与商王畿只隔着太行山了。商王的所有安排只是让季历和其他各方以夷制夷。当周初步具备以太行山为界与商抗衡的实力时，真实的新霸主季历与老霸主武乙、文丁共同挖了个"修昔底德陷阱"。用现代的语言来讲就是，一个新崛起的大国必然要挑战现存大国，而现存大国也必然来回应这种威胁，这样战争就变得不可避免。

最后，商周双方围绕武乙之死、季历之死的"讼"终于爆发。《竹书纪年》记载，文丁十一年季历到商都献俘，刚开完庆功会就突然被囚禁而死。季历之死和武乙之死一样都是历史之谜。文丁先封季历为"牧师"后又囚杀季历，实际是周崛起打破平衡的必然结果。文丁也绝不会真信"武乙射天"与"暴雷震死"的鬼话。周与季历只是第一次遇到了"亢龙有悔"的新局面，直到文王再被囚禁八年才想明白，他的反思记录在《乾》卦和《坤》卦中。季历与文王都曾误以为"帝乙归妹"后的商朝真会和他们共享"G2""夫妻国"，结局只有"凶"。所以《周易》以《归妹》卦专题回顾历史教训。武乙、文丁、帝乙、纣王一脉相承的政策主线都是维持霸权，对各诸侯都是有打有拉。封伯授权、拉拢赏赐，武乙射天、畋猎河渭，文丁翻脸、帝乙归妹，都在六百年老霸主的工具箱里。

第六卦　讼

讼：有孚，窒惕。中吉，终凶。利见大人，不利涉大川。

初六：不永所事，小有言，终吉。

九二：不克讼，归而逋；其邑人三百户，无眚。

六三：食旧德，贞厉，终吉；或从王事，无成。

九四：不克讼，复即命；渝，安贞吉。

九五：讼，元吉。

上九：或锡之鞶带，终朝三褫之。

商周之争，是一场最大的"讼"。由文王发起，持续了三代商王。最后姜太公出场，武王伐商，《师》《剥》了结。 "有事之世易为功，无为之时难为名"，这是大神姜太公诞生的政治大背景。"商周之讼"自季历之死而起。原告是受害人的儿子姬昌，被告与第一任法官是文丁，《竹书纪年》说季历死后不久，文丁同年也死了。其子"羡"（帝乙）继位，继续当被告与法官。

毛主席说过，美帝国主义者很傲慢，凡是可以不讲理的地方就一定就不讲理，要是讲一点理的话，那是被逼得不得已了。这个论断同样适用于大邦商。姬昌与帝乙的讼可想而知百分百"不克讼"。姬昌说"不永所事，小有言"，替商王守边这活干不下去了，不再以小事大了。"小有言"不是说说而已，小邦周以"有"的方式组织了西部联军讨个说法。《竹书纪年》记载帝乙二年"周人伐商"，从周人又"小心翼翼"地事商几十年看，伐商的结果应该是惨败。原告打法官"不克讼"，姬昌逃回周原老家被追捕，"归而逋"。文王的权衡是诉讼失败后宁可牺牲自己，也要为后代保住革命的本钱"其邑人三百户"。

"归而逋"说明文王战败被俘了。"逋"一般解释为逃亡，但已经"归"了再重复"逃"？因此"逋"通"捕"。比如纣王为"天下逋逃主"以及《大诰》"于伐殷逋播臣"。文王这一生因为打官司至少被捕了两次：帝乙一次，纣王一次。按照《竹书纪年》的记载，还要加一次，即文王先称王，被纣王率军带到朝廷，只是羁縻没有囚禁。之后又被囚禁羑里。本卦记载："或锡之鞶带，终朝三褫之。"

姬昌的判决书记载在第十二卦《否》"有命无咎，畴离祉"和第十一卦《泰》"帝乙归妹，以祉，元吉"中。"畴"代表井田制八户的一半。"畴离"就是割地一半求和才能"祉"。帝乙二年惨败后，周人丧失了山西和陕东，重新龟缩到岐山一带。所以《孟子》说"文王以百里（兴）"。不过帝乙还面临其他威胁，于是补充了补偿受害人的民事判决："帝乙归妹"。对于败诉判决，原本估计结果是姬昌被"册"，"其邑人三百户"被屠或迁徙当奴隶。结果是"其邑人三百户，无眚"，"安贞吉"，所以"讼，元吉"。

"帝乙"的名号既没有武也没有文，说明他对待周等各部几乎无所作为，这也验证了站在姬昌角度的"讼，元吉"。

"食旧德，贞厉，终吉；或从王事，无成。"在《周易》中"旧"出现了两次，还有《井》卦"井泥不食，旧井无禽"，均用猫头鹰代表最大最凶的"鸟人"商王。白天的猫头鹰长时间不动，"旧"字被借用为久、老。这个形象比姜子牙"鹰视"还慑人。可见后来周公写《鸱鸮》把成王比喻为猫头鹰多么恶劣。姬家几代"食旧德，贞厉"都很艰难。《坤》卦总结过大结局："或从王事，无成有终。"所以"终吉"。

"或从王事"表示文王再次臣服商王，而且周的军民既要生产纳贡，还要出兵参与王发起的战争。"王事"就是会盟、狩猎、征伐。战败国纳贡的负担很重，所以《周易》记载"翩翩不富，以其邻"，不是翩翩起舞而是周人再勤奋也不能富国强兵，因为被"邻"即商王剥削压制。《吕览》记载："文王处岐事纣，冤侮雅逊，朝夕必时，上贡必适，祭祀必敬。"周原甲骨也证实当时姬昌虔敬地祭祀商王，包括拘死他爹的文丁。这就是"有孚，窒惕"。《大雅·大明》形容此时的文王："维此文王，小心翼翼。"

"或锡之鞶带，终朝三褫之。"姬昌以为已经"终吉""元吉"的"商周之讼"，突然因为商朝换法官而被重审改判。《竹书纪年》记载，帝乙在位九年，继位的就是纣王帝辛。"帝纣资辨捷疾，闻见甚敏。"帝辛一上台就任命了三公（西伯姬昌、九侯、鄂侯），让他们到朝歌"或锡之带"。"锡"通"赐"，"带"是腰带。古代服饰是身份象征，百姓布衣，官员服饰需要朝廷赐予。"褫衣"就是罢官或降级。《史记》记载的"终朝三褫之"为："九侯女不憙淫，纣怒，杀之，而醢九侯。鄂侯争之彊，辨之疾，并脯鄂侯。"按《周易》的男女比喻，不是"九侯女不憙淫"，而是九侯不好好伺候纣王，"鄂侯争之强，辨之疾"，还是"讼"不肯臣服。《蒙》卦所说"勿用取女，见金夫，不有躬"，他俩就是典型。

"是非只为多开口，烦恼皆因强出头。"姬昌只是"闻之，窃叹"，也被逮捕囚禁羑里。姬昌再次被捕后仍然信守本分遵从商王"有孚"，行为上继续循规蹈矩"窒惕"。"惕"可理解为"小心翼翼"。"窒"字太苦了，既表示囚室严密，也表示身心的巨大悲愤。《吕览·尽数》云："精不流则气郁，郁处头则为肿为风……处鼻则为鼽为窒。"囚禁状态当然"精不流则气郁"；各种悲愤当然"郁处头则为肿为风"。"窒"也说明生龙活虎的季历为何就死了。

纣王囚文王意外促成了《周易》的诞生。六十四卦源自伏羲，不需要文王"发明"。姬昌被囚于羑里八年，肯定对自己和周族的命运忧心忡忡。人为刀俎、我为鱼肉而且朝不保夕，父亲季历死于商都，两个同僚也惨死商都，除了忧就是愤。文王愤而演周易无非三个目的：回顾革命史总结经验教训；提炼出新的革命指引；留下政治遗言以防不测。商人好巫卜，文王只是以巫书的面目掩盖革命之义。

文王对与三代商王打官司的总结词是："利见大人，不利涉大川。"既然"不利涉大川"，就继续韬光养晦。"利见大人"既包括见姜子牙，也包括见微子启、胶鬲、比干、商容等人挖墙脚，详见《升》卦。只有彻底打倒被告和法官才能"利涉大川"打赢世纪之"讼"。"讼"在现体制下永远赢不了，索性联合姜人、蜀人、江汉人这些败诉被杀的苦主，打倒法官自己做主重新宣判。这就是《剥》卦。《师》与《剥》就是世纪之"讼"的最后了结。

《讼》卦后的《师》《剥》卦的内容是武王伐纣与杀俘登基，是"讼"的了结。这个内容提前穿插，证明文王《周易》被周公重新改写过，刻意更突出了《讼》的主题以及报仇雪恨。

四、《泰》《否》与《随》：姬昌艰难的韬光养晦

当文王败诉惶惶不可终日时，商王居然又递来了橄榄枝："帝乙归妹"。从历史看，几代商王对周都是以拉为主，必要时威慑修理并通过"畴离"（割地）削弱。纣王之前的商王政策目标很清晰，就是防止周直接威胁商即可。这也是西部格局所致。商灭了周，更西的犬戎就会填补进来。李成梁杀了努尔哈赤的父亲，俘虏了努尔哈赤，还得放他回去给钱给地守边，正是因为把"熟女真"杀光了，还有北部的"生女真"填补。大明的决策逻辑和纣王之前的商王一样，重在维持平衡。

"商周之讼"第一阶段的结果是姬昌惨败并丧失了季历开拓的所有领土。祸不单行，《竹书纪年》称周军伐商失败的第二年或帝乙三年，周国又发生了地震。《泰》卦记录为："城复于隍。"《吕览·制乐》本意是赞美文王的灾后处理，但无意中记录了文王在位51年，还验证了文王因天灾认罪人祸的态度："夫天之见妖也，以罚有罪也。我必有罪，故天以此罚我也。今故兴事动众以增国城，是重吾罪也。"在姬昌看来，本以为国力日进可以与大商一搏是"泰"，没想到结果却是"否"。面对天灾人祸，姬昌吸取教训以"忍"为策：对外恭顺商朝、交友诸国，对内卧薪尝胆、生聚教训（勾践学习的榜样）。

老子说："勇于敢者则杀，勇于不敢者则活。"

庄子说："是非以不辩为解脱。"

莎士比亚说:"生存还是毁灭,这是一个值得思考的问题;默然忍受命运的暴虐的毒箭,或是挺身反抗人世的无涯的苦难,通过斗争把它们清扫,这两种行为,哪一种更高贵?死了,睡着了,什么都完了。"

帝乙给了姬昌"韬光养晦"的战略机遇期。既有他不文不武的个人能力原因,更有商朝四处狼烟的无奈。卜辞记载,帝乙九年动员多个诸侯国讨伐盂(邢)历时一年,鄂侯就是这次被暂时打服的。同时西北羌人"四邦方"也借机起义:"乙丑王卜,贞……遣告侯田,册盩方、羌方、羞方,䇇方,余其从侯田甾伐四邦方。"客观上,鄂侯的反抗以及姜家"西方美人"四邦方起义的鲜血拯救了装孙子的姬昌。所以他在"否"中看到了"泰"。

文王本人最大的"否"是被囚羑里。起因仍然是势力扩张的"泰",长子献祭更是"否"之极矣,但文王因此获释。文王最大的"泰"是"赐之弓矢斧钺,使西伯得征伐"。纣王和文王通过伯邑考之"否"各自都自认"泰"。纣王信上帝,文王信"通"。《泰》《否》两卦真实地说明,在当时国力下,文王自己也认为被中央重新信任授权征伐而不是被封锁打击,就已经是得"天命"而"泰"了。后来《大有》卦中的称王是利用商王授权六征"同人"的结果。从历史角度,因"讼"导致的"泰""否"是一个转折点。

"泰""否"转换的关键有二:征伐权与"帝乙归妹"。"帝乙归妹"在《周易》中出现了两次,讲的是季历与姬昌分别被武乙、帝乙赐婚。其一见《泰》卦:"帝乙归妹,以祉,元吉。"其二见《归妹》卦:"帝乙归妹,其君之袂不如其娣之袂良。"《泰》卦的"帝乙归妹"也有两次,帝乙做媒,第一次又悔婚爽约无果,第二次安排莘女太姒嫁姬昌。所以,《归妹》卦说:"帝乙归妹,其君之袂不如其娣之袂良,月几望,吉。"关键在"娣之袂良",即更好的联袂(联盟)。

太姒的家族有莘氏是大禹母亲的家族,同时又是伊尹甘愿为奴的家族,在河南伊水流域。《诗经》中周人称莘为"大邦"。因为有莘氏既是夏王室的一支,又是商王朝的开国合伙人,类似西周的微子启宋国。现在太姒嫁给姬昌,自然辛公甲及其族人归周。日后的贡献至少见于《耆夜》的伐黎,周公东征,当太史时组织《虞人之箴》等。另外对于信"命"的姬昌来说,有莘氏与大禹联姻开创了夏朝,与商汤联姻开创了商朝,现在太姒嫁给了我姬昌,这不是"天意"吗?

《大雅·大明》记载了姬昌与莘国联姻风光盛大的场面。姬昌的兴奋之情溢于言表。太姒还让姬家人丁极为兴旺,培养了伯邑考、姬发、姬旦等"君子"。武王在记录父亲娶太姒的同时也记录了自己的婚姻,因此最后专门赞美"师尚父"。诗中记载:"上帝临女,无贰尔心。"所以才有"牧野洋洋,檀车煌煌,驷騵彭彭。维师尚父,时维鹰扬"。《大明》再次证明姜太公确实嫁女武王。文王在最"否"的时刻迎来了"帝乙归妹"以及与有莘氏联合,又在下一次最"否"的时候等来了姜子牙巩固了姬姜联姻。两次联姻奠定了胜利基础。这是"否"还是"泰"?

姬昌显然高兴得有点早。韬光养晦就是"忍"。《泰》《否》割地求和与"帝乙归妹"还不是"忍"的极限。姬昌忍到老还又经受了一次极限的打压与悲惨的抉择。这就是《随》卦记载的姬昌之囚与伯邑考之死。

《史记》只说伯邑考早死，没提原因。《大雅·荡》说明伯邑考一家全部被杀害："如蜩如螗，如沸如羹。小大近丧。"《左传》中周襄王大夫富辰在历数"文昭十六国"时也没提到伯邑考后代的封国，按伯邑考的地位，如有子嗣必有封国。

《封神演义》中伯邑考被妲己害死并制成肉酱应该取材于《帝王世纪》：

> 纣既囚文王，文王之长子曰伯邑考，质于殷，为纣御，纣烹以为羹，赐文王。曰："圣人当不食其子羹。"文王得而食之。纣曰："谁谓西伯圣者？食其子羹尚不知也。"

《尚书·金縢》无意中透露伯邑考是高级祭品。周公祭祀祷告时提及伯邑考："予仁若考，能多材多艺，能事鬼神。"意思是，我与邑考一样"仁"，适合作为祭品代替武王，就像当年邑考代替文王。

《太公金匮》记载了伯邑考被烹，文王被迫吃了肉汤。文王亲口说："天下失道，忠谏者死。予子伯邑考为王仆御，无故烹之；囚予于羑里，以其羹歡（饮）予。"道家的《开元占经》部分内容复制了《太公金匮》，保存了这段文字，还披露了伯邑考为纣王"仆御"，无故被烹。

周原甲骨有"册周方伯"的记载："王其邵帝……天口典

册周方伯……囱（斯）正亡左……王受又（有）又（佑）。""册周方伯"即杀周方伯用于祭祀。其时代应为纣王时期，因为同期甲骨提到了"帝乙"（商王死后才有谥号"帝乙"）。所以"周方伯"应指伯邑考。武王伐纣时也说："予克纣，非予武，惟朕文考无罪。纣克予，非朕文考有罪，惟予小子无良。""文考"就是文王和伯邑考。"纣克予"即"纣克""文考"，残酷迫害文王以及伯邑考。烹伯邑考祭祀天帝是如此贵重的祭礼，因此"王受又（有）又（佑）"，与纣王说的"此一物足矣"同义。

伯邑考当过"周方伯"有两条证据。最重要的文字证据是武王祭祀先王时伯邑考在列。《逸周书·世俘解》记载："王烈祖自太王、太伯、王季、虞公、文王、邑考以列升，维告殷罪，篇人造，王秉黄钺，正国伯。"逻辑证据是文王拘八年，谁在管理周，保证了周没有因文王拘而崩溃？合理的选择是长子伯邑考。伯邑考治周八年后新的权力中心形成，纣王会怎么想？他的问题和也先、金兀术一样。也先选择放回朱祁镇导致大明内乱，"南宫复辟"果然发生，当年赶走也先的于谦冤死。金兀术们的选择是供养着二帝等时机。如果赵构表示愿意用自己换回宋徽宗呢？姬昌被放回的条件就是换成长子伯邑考被献祭。

文王十五岁时太姒生伯邑考，此时文王刚继位约三年；从羑里被释放时文王继位已四十年，其时伯邑考约三十七岁，应该有子嗣。没有留下子嗣不排除纣王烹的是伯邑考妻儿全家。所以《大雅·荡》记载为："如蜩如螗，如沸如羹。小大近丧。"

"先考""先妣"应该来自周朝官方对伯邑考与比干的纪念。《礼记》："生曰父，曰母，曰妻，死曰考，曰妣，曰嫔。"郑玄注："考，成也，言其德行之成也；妣之言媲也，媲于考也。"郑玄显然是在臆测，难道每个普通人的父亲都如成王的谥号"成"？只有"成"适用于父亲？臆测不如推测：周初武王祭祀先王最后一位是邑考，据此"考"成为先父的尊称。《周易》等以周人为夫、商人为妇，商人的祭祀权归了微子启，他祭祀的最后一位先祖会不会是"比干"？武王修整比干坟，封比干国神，所以比干墓称为天下第一墓、天下第一碑。

《周易》是商周历史最权威的记载，《诗经》其实也是以史诗为主。今人要想回到当年真实的时代背景，《周易》与《诗经》是最可靠的钥匙。

附文一　第十一卦《泰》与第十二卦《否》

第十一卦　泰

泰：小往大来，吉，亨。

初九：拔茅茹，以其汇。征，吉。

九二：包荒，用冯河，不遐遗。朋亡，得尚于中行。

九三：无平不陂，无往不复。艰贞，无咎。勿恤，其孚于食，有福。

六四：翩翩不富，以其邻，不戒以孚。

六五：帝乙归妹，以祉，元吉。

上六：城复于隍，勿用师，自邑告命。贞吝。

第十二卦　否

否：否之匪人，不利，君子贞，大往小来。

初六：拔茅茹，以其汇，贞吉，亨。

六二：包承，小人吉，大人否，亨。

六三：包羞。

九四：有命无咎，畴离祉。

九五：休否，大人吉。其亡其亡，系于苞桑。

上九：倾否，先否，后喜。

《泰》《否》两卦是商周革命的转折之卦。泰卦下三阳上三阴，否卦下三阴上三阳。三阳开泰为正月之始，天地通泰；否则上下不通。"否"就是闭塞阻隔不通。《师》卦"否臧凶"，就是"师出于律"上下一致的反面。《泰》《否》之始都是"拔茅茹，以其汇"，都力求将杂乱汇集堵塞道路的茅草拔掉。

《泰》《否》说的是同时期同事件的正反两面，所以两卦主要内容看似很像。老子解释为"塞翁失马"的祸福相依。从"帝乙归妹""城复于隍""有命无咎，畴离祉"可以判断这个时期是文王发起季历之"讼"遭遇惨败的时期。这个阶段也是商中央与周地方最不通"否"的时候。"否之匪人"就是与对方商王这个"匪人"不通。对文王也很不利，因为商王必然加大从上往下"拔茅茹"的力度，"不利，君子贞"。经过割让一半领土的"畴离祉"，"有命无咎"，商周之间大的闭塞解决了，文王可以凭商王授权重新开始征伐；但是因为周的挫败必然丧失前期的积累，所以周与之前势力范围的诸侯大人之间的政令不再畅通。从塞翁失马的另一个角度说，却是小泰没了，大泰通畅。绕口令说得这么累就是因为辩证法。

文王自觉为"泰"，自命为王"自邑告命"，"勿用师"全军攻商复仇，结果"无平不陂，无往不复。艰贞"，各路人马被打回，周地一片狼藉，"贞吝"。"城复于隍"即城墙倾覆于护城河，指的是帝乙三年周国地震。古代城墙就地取土垒成，城墙外形成护城河就叫"隍"。"自邑告命"指姬昌没有天命或中央授权之前"告邑"，下了帝王权限的诏令，行使王的权力"勿用师"反抗中央，造成严重后果。结果"泰"转到了"否"。

《泰》卦中"无平不陂，无往不复。艰贞"局面下，居然还"有福"？"福"的甲骨文表示巫师手奉美酒祭祀祈求富足安康。"福"为上天所赐，而"幸"为帝王所赐，"幸"更吻合文王造反失败不死的历史事实，类似努尔哈赤。

《否》的临界点"倾否"，形势逆转反而"先否，后喜"。"喜"不是高兴，而是各部族及周人群众拥护擂鼓助威。"倾"的本义伸长颈脖以就匙中食物。"倾否，先否，后喜"，很形象地描述了文王当时是期望商王给台阶和解。"倾否"是仰着脖子期待商王来打通否。

《泰》卦解释"先否，后喜"的转换是因为"艰贞，无咎。勿恤，其孚于食，有福"。老子的解释是掌握了天道"大象"："执大象，天下往。往而不害，安平泰。乐与饵，过客止。""大象无形""大音希声""大方无隅"都用来比喻阴谋修德称王之道。"执大象"即坚守大道。"勿恤，其孚于食"就是体恤众人，真诚收留流民与逃亡诸侯大人，就是"天下往。往而不害，安平泰。乐与饵，过客止"。

"勿恤，其孚于食"，这句涉及"有亡荒阅"的辩证法。《泰》卦"包荒，用冯河，不遐遗。朋亡，得尚于中行"，《否》卦"包承，小人吉，大人否，亨"和"休否，大人吉。其亡其亡，系于苞桑"都是说这件事。当时纣王用暴政，在全国搜捕逃亡奴隶。文王推出"有亡荒阅"，到底是搜捕送还还是"包"起来保护，取决于周与中央是通是塞，是"泰"是"否"。

《泰》卦"包荒，用冯河，不遐遗。朋亡，得尚于中行"，一般理解是荒野搜捕逃奴送回，军费"朋亡"，获得表扬"得尚于中行"。楚君收容逃犯当民工兴建章华台，无宇进章华台抓逃奴。无宇说："周文王之法曰有亡荒阅，所以得天下也。"又引楚文王法说："吾先君文王作仆区之法，曰'盗所隐器，与盗同罪'。"楚君理屈，只能让他把逃奴领走。后人都按照"仆区之法"解读"有亡荒阅"，认为是查逃奴还原主，是周军"用"而聚集"冯河""包（围）荒"，逃亡奴隶们"不遐遗"全部被抓回。

"否"时周与商对着干，还会努力执行纣王的政策吗？文王痛斥纣王残暴抓逃："纣为天下逋逃主。"这时的"包荒，用冯河，不遐遗"，就是以河为界，也是作为防守纣王抓捕的依托，把逃亡的人一个不落地接收养起来。

"冯"的金文表示车马借冬冰过河。本义只见于典出本卦的"暴虎冯河"。凭借的是渭河，暴的是纣王的虎皮。

"阅"的本义：看，察看；经历；容，容许；本钱；总聚，汇集。

"荒"字见于《周颂·天作》："天作高山，大王荒之。"还有《大雅·公刘》："度其隰原，彻田为粮。度其夕阳，幽居允荒。""荒"显然是"开荒"，而且是一"国"一"国"地建设布点。

"有"即"大有"称王。古代常见"有虞氏""有莘氏"，"有"类似夏朝的"后"，是某地公认的老大。"大有"就是若干"有某氏"公认的更大的"有"。

"否"时"有亡荒阅"指西周收容宝贵的人口，用他们开"荒"建立一个个新的"国"，并巡"阅"他们。这些人口是尊奉支撑文王将来"大有"的基础。勾践叫"十年生聚"。

"休否，大人吉。其亡其亡，系于苞桑。"梁山七器铭文记载召公儿子被"赐休余土"，表示封地燕国休养百姓。刚好验证了"休否，大人吉"的"休否"就是"休"封否地给"亡"的部落。同时"其亡其亡，系于苞桑"。与《无妄》卦"或系之牛"的结构类似，安置亡者积蓄力量如十年生聚，寄托命运的关键在于"苞桑"。其在《诗经》中出现过多次，"苞栩""苞杞""苞蓍""苞萧""苞稂""苞棣""苞栎""苞棘"等，都是草木丛生的意思。类似"战略新兴产业集群"与"实体经济集群"。

《否》卦将"包荒用冯"和"有亡荒阅"表述为："包承，小人吉，大人否，亨。"把与商朝对着干的结果表述为"包羞"。"包承"就是收留保护逃亡奴隶，因此"小人吉"。而因此被中央惩罚"大人否"就是"包羞"。"包"本义是裹着胎儿的胞衣。如《姤》卦"包有鱼"。《否》卦是作动词用，指建"国"容纳。"承"表示接生双手捧着新生儿。"包承"新的人口包括大人与小人，就是《大雅·抑》描写的"承"，都是招降纳叛："惠于朋友，庶民小子。子孙绳绳，万民靡不承。""羞"是双手持羊进献臣服。"小人吉，大人否，亨"指百姓因为妥协还能安居乐业，自己作为"大人"有羞耻有愤怒有仇恨，但如同勾践复国结果是"亨"，想明白了所以"倾否，先否，后喜"。

《泰》总结"小往大来"，《否》总结"否之匪人，不利。君子贞，大往小来"。显然《泰》的结果是，"小人（百姓）"割让给商王，而原盟友诸侯"大人"们也朝拜商王。这个结局是众叛亲离。《否》的总结多了"否之匪人，不利。君子贞"。《否》首先是"君子"姬昌重视并认识到与对方（商）上下不通（分裂隔绝）的危机。"大往"是自己与鬼侯、鄂侯等都被带去朝歌。因为十年生聚，收容了很多小人（百姓），实力在悄悄增强。

《泰》和《否》的辩证法实在太拗口，"大小往来"的引申意义是大、小、往、来都是辩证的。极限煎熬的时刻与局面，想明白了是天堂，想不明白是地狱。

附文二　韬光养晦的《随》与伯邑考之死

第十七卦　随

随：元亨。利贞，无咎。

初九：官有渝，贞吉。出门交，有功。

六二：系小子，失丈夫。

六三：系丈夫，失小子。随有求，得利居，贞。

九四：随有获，贞凶。有孚，在道以明，何咎？

九五：孚于嘉，吉。

上六：拘系之，乃从维之。王用亨于西山。

本卦是对纣王在渭河田猎带回文王再拘羑里时期的回顾。随国公杨坚认为"随"字不好创"隋"。可见"随"不是啥好字。

卦辞"随：元亨。利贞，无咎"充分回顾肯定了"随"的策略。长跑接力夺冠，文王负责"随"，武王负责冲刺。本卦全部与狩猎相关。"商周之讼"无非狩猎天下。小邦周崛起后遇上了很有手腕的纣王，这就给文王出了个考题："随"还是不"随"？

"官有渝，贞吉。出门交，有功。"三公之变叫"官有渝"，小心谨慎只是一声叹息，所以"贞吉"。父子俩离开了根据地"出门"，在人屋檐下只能屈膝"交"。"功"表示利用器械巧妙发力"有功夫"。"有功"指父子继续尊纣王之"有"，尊王的表示是"功"，如《太公金匮》记载伯邑考"为王仆御"。

"系小子，失丈夫。""系"本义是绳子打死结，表示套在颈上行刑。穿绳打结为"系"，结绳记事为"纪"，结束纪事为"十"。"系小子，失丈夫""系丈夫，失小子"原来是道恐怖的选择题。

"系丈夫，失小子。"前文已述这里引用了鲧、大禹父子与舜博弈的典故。"渔丈人"鲧被"系"（吊死），"小子"大禹被放。子婴投降项羽就是"自系其颈以组"。《吕览·行论》

言："帝舜于是殛之于羽山，副之以吴刀。禹不敢怨。"

"随有求，得利居，贞。"这是姬昌被囚、伯邑考主周的记录。"求"得"利居，贞"。"利居"就是还能安心当妇女在家生孩子。遇人不淑还要随遇而安。这也证明伯邑考治理西周保持了稳定。"求"通"逑"，表示揪住动物尾巴（还没抓到）。这个画面就是紧随其后随时冲刺反超。

"随有获，贞凶。有孚，在道以明，何咎？""随有求""随有获"是狩猎的经验。"获"表示猎获，抓到了。《巽》卦"田获三狐"也是此意。老二抓住了猎物，实力再增强，当然"贞凶"。"有孚，在道以明，何咎"是运用智慧"明"和真诚"有孚"，从而解决了老大的警惕与打击。这就是真诚且苦涩智慧的"系小子"。

"孚于嘉，吉。"这就是文王喝肉汤的记载。"嘉"是击鼓奏乐以赞美，为重大美好事件举行嘉年华。一般解释是文王脱身回到周国大庆狂欢，但文王不需要"孚"，所以实际上是纣王举行嘉年华，"小子"伯邑考被做成了肉汤，先祭祀上帝再给来宾分享。姬昌只能"孚于嘉"，"真诚地"把肉汤喝了为纣王祝福。老子感叹："受国之垢，是谓社稷主；受国不祥，是为天下王。正言若反。"

周公特地把大结局写上："拘系之，乃从维之。王用亨于西山。"这是武王胜利后在岐山祖庙祭祀的场景。画面翻转为报仇雪恨。受祭者包括文王与伯邑考这对"小子""丈夫"，祭祀品是纣王与妲己的人头烧烤。这回"拘系之"的是商人。"维"的造字本义是用绳子"系"住鹰隼双足。大鸟人纣王就是"鹰隼"。"乃"是"奶"的本字，甲骨文象形女性胸部侧视时突出的乳峰。"乃从"就是妲己裸尸"从"祭。"从"也是人跟人，与"随"类似，但不是打猎而是夫死妇随。

老子总结《随》卦父子与夫妻打猎复仇记："天下皆知美之为美，斯恶矣；皆知善之为善，斯不善已。故有无相生，难易相成，长短相形，高下相倾，音声相和，前后相随。"

五、纣王暮世之治病与《无妄》之解

文王因为长寿，前后与文丁、帝乙、纣王三代商王打交道。帝乙继位后，围绕"商周之讼"双方达成了妥协，把问题留给了纣王。太公家族姜方在三代商王时期都是被武力镇压的对象，"姜方伯"因起义再次失败而被"册"（肢解）。西周的韬光养晦与光烈之族最终合谋，在文王与姜太公钓鱼会之后正式发起了第三轮也是最后一轮的反霸之"讼"，成功地建立了农业文明的新政权，也终于实现了太公复兴"黄帝之道"的夙愿。商朝方面，虽然几代商王都在镇压各"方"，也几代防范周或在为商周总决战做准备，然而科技与产业革命的洪流让这一切的努力都成为"无妄"，最终的结束者击鼓传花到了纣王手上。"纣"字的本义是套马的皮带。"纣"是骂他对如马般善良的国民管得太紧，就是暴君，也可见他维护霸权的决心与努力。在千年一次的转型大舞台上，他成为姜太公建功立业最大的对手与反角。

姜周联盟实际上是一股全新的力量。他们的革命不只是氏族的复仇，不只是霸主的竞争，不只是军事的较量，更多是在推翻一个旧时代，这个旧时代是自黄帝以来包含三代的时代，是畜牧业的时代。这支力量是在开创一个新的时代，是一个长达三千年的农业时代、大一统时代。所以，这股力量不仅屡败屡战，而且能越战越强。太公、周公这一群人也不同于历代改朝换代的杰出人物，他们更是新一代文明的系统开创者。他们的武功已经随着历史淹没，但他们总结提炼创新的一系列文献典籍保留下来，成为中华文明之渊源。

恩格斯说：

> 生产力和交往形式之间的这种矛盾……每一次都不免要爆发为革命……一切历史冲突都根源于生产力和交往形式之间的矛盾。

商人重商而周人重农，这是商周产业与文明的根本区别。姜人半农半牧而周人专注于种地，这是周人而不是姜人领导产业革命的根本原因，也是农业姜人成为周朝千年盟友而游牧姜戎与周朝分分合合的根本原因。姜太公的祖先炎帝是农神，共工发明了筑堤，伯益发明了井渠，这些历代技术积累都通过姜周联盟得以继承与集成。井田制绝不只是孟子理解的什九税一的税收制度，它包括以井为中心的农田基础设施建设，路、途、沟、渠阡陌纵横，也包括以公田为基础的社会救助保障体系。"周"的甲骨文就是以"国"为中心的种植体系。为了种地，周人必须研究客观的天文地理；为了水利基础设施，周人必须"小人勿用"组织起来，包括从三单到六师的军事体系。"京师""辟雍""明堂"等也是周人的发明。周人创新集成的这个体系，既可以自成一体也可以分布式复制，商周的博弈以周人占了三分之二的棋盘而大局落定。周朝建立后的上层建筑促进生产力发展。当周人的农业体系复制到天下，大一统的农业文明自然要求秦汉大一统帝国诞生。所谓儒家文明圈就是农业文明圈。这个产业与文明体系在工业革命之前都是最先进强大的。

商人产业是牧业与商业。"虞""牧师""牧正"都是典型的牧业时代的主官。商人重视商品的生产和交易，所以手工业高超，青铜器非常精美。交易离不开交通工具，所以商人先祖相土发明了马车，王亥发明了牛车。因为与各族交易必然会有冲突，王亥被杀人越货，所以商人必须仗剑行商大力发展军事技术，马车与青铜成为他们称霸赚钱的利器。商朝的经济基础是商品经济与战争经济，所以战争频繁。对商人而言，猎取动物与猎取其他部族都可以制成腊肉，因此完全没有"仁政"的概念。而农业经济人口才是财富，周人必然"保民"，自然通过吸收合并人口越来越多。有人研究牧野之战时，周人口约七十万，商直系一百五十万，即使武王伐纣失败，融合后的周人人口远超商人的那一天也很快会到来。

农业可以预测，所以周人热爱科学；商业不可预测，所以商人信神好占卜。商人用占卜来做政治决策就有投票表决的味道。《尚书·洪范》说王有疑难要和卿士、卜、筮商量而不是独断专行。纣王"不事上帝"，妄图集权却没有经济基础。对比千年后的阿拉伯部落、蒙古部落，牧业与商业经济体的政权总是很"民主"的，选举制与一神宗教很普遍，除了偶然出现的穆罕默德与成吉思汗曾经实现过统一，部落内部基本是分裂与内斗的。所以商朝从商汤到纣王，贵族内斗始终是问题。农业文明从孝友角度理解的"商奸"微子启、胶鬲对商人来说都不是问题。纣王以前的历代商王打了三百年的东夷本来就是自家人。

在大时代转型的大拐点，不能顺天而行就必然失败。姬姜联盟抓住了人类第一次产业革命的脉搏，无论是农业技术还是组织体系、制度建设、文明思想，文王、太公、周公们都做好了充分的准备，他们因此成为三千年中华农业文明的"元圣"。而无论是纣王还是所谓贤人如箕子们，他们从经济基础到上层建筑都已经全面落后于时代转型的要求。所以，周人胜利商人失败是必然的。纣王无论是明君还是昏君，无论是勤政还是懒政，无论有没有妲己，都是注定失败的。姜周联盟正好相反，无论他们经历过多少次失败，最终一定会取得胜利。

商周巨变约两千年后，农业文明积重难返的末期癌症也发作了。当初的先进文明进入病危状态。自唐朝从巅峰滑落之后的杨炎变法开始，到王安石、张居正都没有找到药方，明末的"汉留"思想家们想到了第一次产业革命时代的"姬子"，他们集体创作《红楼梦》就是期望在贾府这个没有新生命的炼丹炉中提炼出"通灵宝玉"，但他们也失败了。从中国历史上第一个摄政王周公到最后一个摄政王载沣，农业文明完成了它的周期。洋务派、维新派、袁世凯、蒋介石都是"无妄"的，直到牧野之战之后三千年，朝鲜战场签订停战协定，新一轮的中华工业文明才历经各种疗法的阵痛启航。

从产业革命与千年大历史周期的角度，我们会重新认识、定位纣王。

古代中华能对照的只有古罗马。无论后人如何解读，罗马与中华都遵循同样的社会规律，只是罗马社会整体比东方滞后五百到一千年。到了君士坦丁推行人丁税、户口制、东方式朝廷，改尊基督教（类似"独尊儒术"），他就成了西方的千古一帝。纣王、武王在汉武帝之前一千年，凯撒与屋大维在君士坦丁之前四百年。东西方交流使罗马后期转型得以加速。

汉武帝尊孔 447 年后，君士坦丁一世于 313 年颁布"米兰诏书"承认基督教。霍光组织盐铁会议 406 年后，君士坦丁于 325 年召集了第一次天主教主教代表大会"尼西亚会议"，也靠权力"决议"了日后天主教主要的教义。他的前任戴克里先对基督徒的政策是大迫害（类似秦始皇），而君士坦丁一世变镇压为诱降、改造、招安。基督教会与儒教投靠皇帝的好处都是成为政权的一部分。从此，《尼西亚信经》和四书五经一样成为官方背书的正统，凡是"异端"皆被迫害，直到马丁·路德新教改革（类似王阳明心学）。为了政府财政，他也学会了开征土地税和人丁税，因此他也要配套建立类似士农工商的"户口"制度，将农、工商、元老分别限定于土地、城市、元老院。君士坦丁的政治改革还包括引入东方式的官僚机构与"礼制"（君主戴皇冠，臣民须跪拜等）。随着罗马帝国"全盘东化"，330 年君士坦丁迁都拜占庭，罗马变成了"东罗马"。

如果说君士坦丁类似汉武帝或霍光，是帝国制度的完善者，那么在之前罗马共和国向帝国转型的人物凯撒、屋大维就类似于东方的转型人物纣王、武王。以历史唯物主义的眼光看，相差一千年的商纣王与罗马独裁官凯撒非常相似。他们都推动了文明圈向大一统帝国转型。纣王死了，武王成为第一位天子；凯撒死了，屋大维成为"第一公民"。只不过新的罗马帝国第一位"皇帝"屋大维是凯撒的甥孙、养子，因此凯撒的历史形象就仿佛季历、文王与太王，从没称帝的凯撒被尊称为西方第一"大帝"。凯撒与纣王都是有手腕的强势领袖，都活跃在王朝转型的历史拐点；都曾东征西讨取得胜利，都曾强势镇压内敌又都死于贵族斗争，死得都比较戏剧性。最重要的是，纣王、凯撒之死都意味着旧体系结束，新天下诞生。正如王国维研究《红楼梦》得出结论：这是大时代转型的大悲剧。

商朝、罗马的形成都主要靠军事征服。罗马大征服时代，迦太基、马其顿、塞琉古等国成为罗马的行省或殖民地。在纣王之前，商朝早就完成了大征服。大征服意味着统治圈大大扩展，原统治结构必须创新。"奴隶制"的大征服首先制造了大量奴隶。大征服获得的廉价奴隶使贵族们可以轻易地兼并土地，罗马军队的主力自耕农却大量破产，因此罗马军队难免叛乱与倒戈。对比看，商朝日复一日地东征西讨、日复一日地杀俘祭祀又激化了被征服部族的反抗，倒戈的是奴隶军，持续起义的是被征服部族。无论罗马还是大商，它们超出控制力的大征服都给自己制造了大难题，都动摇了"国本"，都需要强势领袖领导适应"天下"而不是"大邦"的统治体制大改革。凯撒与纣王于是应运而生。

转型时代的改革者必须依靠新力量（依然是贵族），必然与旧势力为敌。纣王打压贵族重用"小人"这种说法并不确信，而凯撒确实出身贵族却与贵族集团为敌。纣王打压的是王室贵族，启用的飞廉、费仲、胶鬲是官僚贵族，意图显然是进行类似晋献公或晋文公的集权改革。凯撒的父亲当过罗马大法官和财政官，舅舅还当过罗马执政官。他的同盟仍然是军功贵族，对手是元老院。凯撒与元老院斗争维护平民利益，首先也是抓住"军心"。他们最终都没有成功建立并稳固新治理体系。

纣王迅速锄奸微子启集团，凯撒则率军赶走了庞培。庞培的盟友元老院与凯撒的斗争白热化。他们也竭尽所能翻盘。商容倚仗"马徒"伐纣未遂；凯撒身中二十三刀毙命，是罗马元老们亲自动手的，为首的是"罗马三贤"——该尤斯·卡西乌斯、马可斯·布鲁图斯、德基摩斯·布鲁图斯。他们自称"解民倒悬者"（Liberators）。和纣王作对的不是哥哥就是叔叔，刺中凯撒要害的布鲁图斯也是他的私生子。权力和集团利益面前，东西方亲情都很脆弱。凯撒和纣王还都有对敌人"仁慈"的毛病，根本上也是源于转型的掣肘太多，本人的出身与地位又导致革命性不彻底，或者说对内部反对派心存统战拉拢的幻想。凯撒明知与元老结仇却不斩草除根，还大意地手无寸铁、孤身一人赴会，他忘了自己是真想当皇帝，他是纣王而不是郭子仪。纣王被描述成几乎变态的暴君，但是无论内奸三贤还是外敌姬昌，他对这些不甘人下的顽固政敌都没有赶尽杀绝。凯撒和纣王的弱点都给了对手阴谋刺杀或长期组织"文伐"的机会。

凯撒和纣王就个人素养来说都是人中龙凤。《荀子》说纣王"长巨姣美，天下之杰也；筋力越劲，百人之敌也"，《史记》也说他"资辨捷疾，闻见甚敏；材力过人，手格猛兽；知足以距谏，言足以饰非"。凯撒也天赋异禀而且文武全才，十几岁就发表了《俄狄浦斯》等作品。作为军人，凯撒体魄强健；作为领袖，凯撒沉稳开朗颇有风度。论战绩，凯撒征服高卢，实现了罗马的百年夙愿；他还征服了不列颠，让罗马版图空前扩大。作为征服者，估计纣王在东征后也写下过"我来，我见，我征服"之类的豪言壮语。英雄爱美人，大帝更爱美人。凯撒也一样"好酒淫乐，嬖于妇人"，比纣王还要放纵离谱。凯撒宠爱埃及艳后，简直是纣王与妲己的翻版。

顾炎武亲身经历了明清革命，从复社书生转型为抗清义士，渡江北上前烧掉了所有文稿，因为他发现旧学问没用。顾炎武以精卫填海之志继续组织"汉留""洪门"等复兴组织，即"雀金裘"。在去世之前，他无时无刻不在反思（《日知录》），终于成为经世致用的启蒙思想家。作为战士与大思想家，他对商周革命的认识与旧史学完全不同：商朝积重难返必然灭亡，非革故不足以鼎新。他认为帝辛与崇祯一样都是末任悲剧。与纣王结局类似的崇祯在位十七年苦苦支撑，不仅和纣王一样政事勤勉、力求有为，而且还不好酒色，对陈圆圆都不感兴趣。他虽然镇压了阉党集团，却摆不平东林党与各地军阀集团；虽然一时防住了女真，却挡不住闯王们。大明276岁寿极而终。

《红楼梦》将顾炎武烧文稿、弃八股、推翻旧史学记录为"顾前不顾后的"晴雯"将股子跌折"（寓意八股），随后撕掉了一堆文物古扇子（比喻旧史学）。书中还专门提到贾府曾联合官府霸占了"石（史）呆子"的二十把古扇："全是湘妃、棕竹、麋鹿、玉竹的，皆是古人写画真迹。"

中国历代王朝大多只有二三百年，只有周超过了商，享国约八百年。但西周也就276年，东周阶段早已衰落。五百多年的商朝，按正常周期也到了各种慢性病同时发作的晚期。治不治、如何治都是大难题。《无妄》卦评价纣王是一位没搞清病因开错药方但很努力的医生。

《素问》把"常"与"妄"作为健康长寿的正反对照，"邪气伤人，此寿命之本"。这个原理同样适用于国家组织。商末早已不是"常"的正常状态，而是内外"邪气"侵蚀病入膏肓。该怎么办？《素问》按照"贞内悔外"预测病疫，同时也给出了防病治病的策略。前提是养精蓄锐等待一个"可逆"的"时"。

（1）尊重"天"道，顺应外环境周期，首要的是绝不"妄"为。《无妄》卦以纣王"励精图治"反而死得更快为例，讲政权组织大病时应当无为、静养、待时。

（2）无为而治不是等死，而是以"静养"等待干涉趋势的时机。时机到来必须下手。《素问·五常致大论篇》总结：其久病者，静以待时；养之和之，待其来复。

以上的周期论和"节点时机"干涉策略，老子与庄子在春秋乱世时把这套策略更多地表达为"静养"，就是《素问》

的"养生"。在"时"到来前要耐心地静养，才能等到时机到来的那一刻。"养生"不是"养身"，重在"养心"，养心的方式是清静不"妄"。

如何不"妄"？老子的解药是"知"，现实中无知却刚愎自用缺乏自知之明的人更多。庄子的解药是"无心"或"忘"。"忘"在《庄子》中出现了八十多次，"忘"就是淡定。《应帝王》举例，道心就是"浑沌"，"忽""倏"二人自以为是地给"浑沌"开了七窍，混沌就死了。《天地》说黄帝遗失了道心"玄珠"，"知"（才智）、"离朱"（明察）、"喫诟"（巧言）三人都找不到，"象罔"（无智、无视、无闻）却轻松找到。庄子以此比喻纣王靠"才智、明察、巧言"不能治疗"无妄"之疾。

在养精蓄锐不妄作的基础上，终于等来治疗时机，还必须正确地操刀治疗。如果主治医生的治法有误，还是会功亏一篑。《素问》要求抓住四个关键。

第一，"治病必求其本"，就是要避免纣王式"暮世之治病"。

第二，"治之极于一"，"一者，因得之"。就是要专注，上下同欲，达到最高境界神治。

第三，"治在权衡相夺，奇恒事也，揆度事也。"这正是"丈人"的"秘"与"密"。

第四，"去故就新"，就是"创新"。

病是因，症是果。要治的是"病"不是"症"。如果孤立地治局部的症状，而不是从整体除掉导致该症状的病因，看似好了其实没治，还会反复发作。比如商朝几百年内斗、几百年四面起义，都是"症"而不是"病"。纣王自认把症都消灭了，其实周只是潜伏不发症而已。《素问·移精变气论篇》批评这是"暮世之治病"：

> 治不本四时，不知日月，不审逆从，病形已成，乃欲微针治其外，汤液治其内，粗工凶凶，以为可攻，故病未已，新病复起。

特别注意，相对于各种托古改制与全盘什么化的休克疗法之类"逆从倒行，标本不得，亡神失国"，《素问》明确要求不背方不套方。把各种病与各种方罗列出来的是《千金方》，把各种病分类再分为药方与药物清单的是《本草纲目》，它们都不是《素问》之道。《素问》只有七个药方，《伤寒论》只有112个药方，《太公兵法》也绝不是三十六计。仅仅套用各种战场与各种阵法汇编案例，这仗能赢吗？所以说，"治在权衡相夺，奇恒事也，揆度事也"。

《素问》与老子、庄子给纣王的建议一定是务必先"无摇女精，乃可以长生"。病皆起于过用。长期积累的慢性病，吃药不是最重要的，关键是不能再挥霍肾精，老子强调"治人事天，莫若啬"。第一救命方法就是养精蓄锐。老子解释"无妄"行的反面就是"守静笃"。

> 必静必清，无劳女形，无摇女精，乃可以长生。
>
> 治人事天，莫若啬。夫唯啬，是谓早服；早服谓之重积德；重积德则无不克；无不克则莫知其极，莫知其极，可以有国；有国之母，可以长久。是谓深根

固柢，长生久视之道。

复命日常，知常日明，不知常，妄作，凶。知常容，容乃公，公乃王，王乃天，天乃道，道乃久，没身不殆。

与纣王面临类似局面的是汉初的吕后、清末的慈禧。我国历史上有个现象，大帝之前往往有一位强势的女人，而女性政治家天然更能理解黄老之道。如宣太后和秦昭襄王，吕后＋窦太后与汉武帝，武则天＋太平公主与唐玄宗，萧太后与辽圣宗，孝庄与康熙。而且这几位皇帝还都活得长，也刚好在位时间非常长。换句话说，无论国家处于"病"的哪个阶段，黄老之道即姜子牙继承的治国、治身之道，才是"长生久视"之道。"长生久视"的本意就是活得长兼在位管事时间长。老子总结："有国之母，可以长久。是谓深根固柢，长生久视之道。"

"黄老之术"不是机械无为，当"时"与"知"同时具备，就必须干预治疗。《恒》卦与《素问》都认为世上没有绝症。"道"的三螺旋理论告诉我们，"恒"的一面是不变，另一面却是螺旋升级。螺旋升级是"恒"的高级形式。在螺旋升级的葫芦脖子位置的历史人物，**只有正确地"振"才能"恒"，在历史转折关头消极无为或者开历史倒车一样都是"凶"。**

《周易》本身就是第一次产业革命时代的作品。我国也是全世界仅有的经历了所有五次产业革命的唯一大国，也因此我国历史上出产了全世界最多的改革家。"振恒，凶"，历史上的变法成功者极少，加速死亡者很多。"治在权衡相

夺，奇恒事也，揆度事也。"变法治病如抽丝，需要"密"与
"秘"，严谨周详、小心探索、随时调整。小小的失误，甚
至下药的前后次序不当，往往带来严重的后果。首先能"望
闻问切"体察国情，才能开出准确的药方，孔子、王莽托古
改制都找错了药方。"去故就新，乃得真人。"改革药方的难
题与重点是"创新"，"创新"的本意就是割旧肉长新肉。《周
易》说的"枯杨生稊"就是让肌体长出新芽，产生新的"利"，
如西周的农业诸侯、秦国的军功阶层、德国的"冯"（军事贵
族）、英国的绅士阶层，等等。

欲振恒，心必静。历史上的改革失败者基本有着与王
莽同样的"病"："性躁扰，不能无为。"越是大动手术越需要
心静如水，耐心、平静、淡定。成功者需要文王、武王、
太公、周公的"谦"与"忍"。王安石、徐阶、张居正、李鸿
章、康有为们，核心干部团的私心与奢靡是变法失败的重
要因素，而近代资本主义变革转型的舵手们几乎都是"清教
徒"。阳明学的缺陷是融合了佛儒道，却遗失了大禹、姜丈
人、墨家钜子一条血脉的大公无私、团队纪律、工匠精神。

我国农业文明晚期最杰出的改革思想家是王阳明。他
身体先天不足，到五岁改名"守仁"才开始说话。"守仁"出
自《论语》，"阳明"则是《素问》术语，《太阴阳明论篇》专门
讲脾胃是后天养生第一重点。"阳明经"包括大肠经和胃经，
是吸收"地气"养身体的唯一通道。《革》卦专门讲改革，卦
象下火上泽，就是一口"火锅"或中医的"胃"。胃里或锅里
有水有草，有鱼有虾还有微生物。大融合之"泽"不是水，
水至清无鱼，上水下火是"未济"。胃火与锅火都不可急，

文火慢炖味自美（养胃就是煲粥煲汤）。周商之"革"把他族当"新民"而非"牲"，就是"仁者爱人"或"守仁"。阳明本人多病早逝，晚年才得子。他多次上书以病喻国。王守仁，号阳明，这也是他的期望与自勉吧。

附文　第二十五卦《无妄》

第二十五卦　无妄

无妄：元亨，利贞。其匪正，有眚。不利有攸往。

初九：无妄往，吉。

六二：不耕，获；不菑，畬。则利有攸往。

六三：无妄之灾。或系之牛，行人之得，邑人之灾。

九四：可贞，无咎。

九五：无妄之疾，勿药有喜。

上九：无妄行。有眚，无攸利。

《无妄》总结伐商顺利的原因：对方系"无妄之灾"，己方不劳而获。

"妄"＝"亡"＋"女"。不是女人死了，也不是女人本身无妄。而是指"女亡"这件事是"妄"，是一个比喻。即使在现代，东西方被拐卖的女人能跑掉被解救仍然很难，女人有逃跑这个想法叫"妄想"，这个行为叫"妄为"。

《阴符经》对"无妄"的描述是拿"树木"做比喻："火生于木，祸发必克；奸生于国，时动必溃。"《红楼梦》描写秦可卿之死，宁府不宁而乱，她的病就是"水亏木旺的虚症候"。

没了水，木还能旺？李筌解释说："火生于木，火发而木焚。奸生于国，奸成而国灭。木中藏火，火始于无形。国中藏奸，奸始于无象，非至圣不能修身炼行，使奸火之不发。夫国有无军之兵，无灾之祸矣，是以箕子逃而缚裘牧，商容囚而蹇叔哭。"

（1）"无妄往，吉"，指在商陷入"无妄之灾"时"往，吉"。"文伐"及"蛊"之下，商已经"多将熇熇，不可救药"，对周人而言类似不战而胜，可以下手摘果子了。

（2）"不耕，获；不菑，畬。则利有攸往。"农业革命家喜欢用农业规律比喻。"不菑，畬"，没有翻耕的生地都自己变成熟地。《尔雅》解释说："田一岁曰菑，二岁曰新田，三岁曰畬。""菑"的字形像用火烧野草，是第一轮开荒。《周颂·臣工》歌颂的周王开会布置的最重要工作就是"畬"："嗟嗟臣工，敬尔在公……如何新畬？于皇来牟，将受厥明。"回想《大雅·皇矣》中古公开发周原处女地的辛劳："作之屏之，其菑其翳。修之平之，其灌其栵。启之辟之，其柽其椐。攘之剔之，其檿其柘。"武王面对天上掉熟地，当然"则利有攸往"。"则"应该是用青铜器上铭刻的与微子启、胶鬲等人的盟约。

（3）"无妄之灾。或系之牛，行人之得，邑人之灾。"攻防双方是零和博弈。关键是代表国家政权的"牛"与组织"文伐"与"蛊"的"牛人"太公。

（4）"可贞，无咎"是继续审视，等果子熟透。《六韬·文伐》最后指出："十二节备，乃成武事。所谓上察天，下察地，征已见，乃伐之。"

（5）"无妄之疾，勿药有喜。"本该静养，纣王却"勿药"。"勿"是召集军民的旗帜，指纣王对东夷大动干戈，却自以为是治病的药。"有喜"指的是孟津誓师，各国联军遵从武王，"喜"是擂鼓相助。

（6）"无妄行。有眚，无攸利。"结尾对应卦辞"其匪正，有眚"。"正"是"征"的本字。对方纣王征东夷是"有眚"的"无妄行"。"眚"就是老眼昏花。"有眚"指的是无妄之行导致纣王的"有"出了问题（还看不清），隐含着纣王不能再"有商"了。这句话还引用了武丁中兴的典故："若药不瞑眩，厥疾不瘳；若跣不视地，厥足用伤。尔交修余，无弃！"武丁很懂中医的"瞑眩反应"，指用药必须要有明显的身体反应才有疗效。纣王治病虽然大动干戈，却没有对巩固商朝政权产生明显作用，白费力气。

《周易》很客观，对纣王的评价是一位没搞清病因开错药方但很努力的医生。

六、攘外安内：伐东夷、削三藩与《大壮》卦的反思

《大雅·荡》中，文王针对纣王面临的内外交困局面，第一次提出了"寇攘式内"的课题。《伤寒论》针对"太阳病"最早提出了"攘外安内"：先"汗、吐、下"去伤寒，再调和胃气恢复机能，其中"甘草甘平，有安内攘外之能"。

纣王对外动手术伐东夷、削三公获得了空前的成功，然而手术成功的商朝却没有"胃气"续命。商末多年的战乱与大范围的自然灾害，导致牧业与商业经济严重衰弱。而

西周靠新兴农业日渐兴盛。商朝也没有"甘草"调和矛盾，只有几百年贵族内斗养成了"大妖"。贵族们讳疾忌医抵制纣王治病改革，甚至搞暗杀并勾结外敌反叛。而太公"文伐"与周公"纳约自牖"就是主动喂养、利用了"蛊"。《吕览》记载武王入殷时问纣王败因，殷之遗老答："吾国之妖甚大者，子不听父，弟不听兄，君令不行，此妖之大者也。"为何王室不团结呢？还是改革闹的，"欲复盘庚之政"。

《左传》记载："桀克有缗以丧其国，纣克东夷而陨其身。"甲骨文、金文"夷"字做动词"平息"解，并不做族名。广义上东方的族群都属于东夷，狭义的东夷则指山东一带的夷人。传说太昊是最早的东夷领袖，生活在古济水一带。比较确定的少昊是黄帝的儿子，与东夷最大的"风"氏联姻而成为领袖。曲阜又被称为"少皞之虚"。少皞，即少昊，名鸷，以玄鸟为图腾（嬴）。他继位时有凤鸟至，故以鸟为官，号称"百鸟之国"。少昊各部的区分就是各种"鸟"。所以，《周易》《诗经》只要提到鸟，基本就是指商人或其本家东夷人。除了周公以《渐》卦之雁比喻自己是管理商人的优美高远的大鸟，以及以《鸱鸮》猫头鹰指责成王像纣王消藩对付自己。

商夷本是一家人。成汤的左右手伊尹、仲虺代表的都是东夷。他们为何翻脸？

首先，还是商业与牧业文明的内斗特征。游牧和商业的产业特性为内斗提供了一条出路：迁徙。所以商人的统治中心迁来迁去。盘庚中兴把都城从奄迁到朝歌，也一定是本宗各种"鸟"的势力让他待不下去了。可见齐、鲁建国东夷核心区多么不易。也可见"疆以周索"的军事、农业产业政策多么重要，新兴农业才是伯禽三年后能在"少皞之虚"站稳，后来还培养出孔孟的基础。

其次，商人西迁，更多与华夏族融合，自然与东夷拉开了距离。忽必烈与金帐汗国的关系就很不好，再往后就开战了。匈奴人从夏末逃亡大漠，两千年后汉匈已经看不出曾是一家人。所以忽必烈心腹汉人许衡说，入夷则夷，入夏则夏。

最后涉及争夺战略物资"盐"。盐是人类的必需品，需求量大，消费弹性为0。古罗马曾用食盐作军饷，英语薪水salary就源于盐salt。到了汉武帝时代仍然在利用盐打经济战，而且顺利压服了南苗。古代控制食盐产地，正如现在控制石油产地。中华第一战与第二战，即炎帝、黄帝与蚩尤的两次抢盐大战，形成了华夏的基础。古代中国只有几个产盐区：山西运城盐池、东夷海盐、青海盐湖。考古发现运城盐区的商文化遗址消失于商代中后期，也就是说该地区已脱离商人掌控，那就是"泰伯奔吴"的效果吧。商人失去山西盐区后就必然觊觎东夷海盐。胶鬲如此重要，也与盐有关。"鬲"的金文字形就是用于煮盐的锅。胶鬲就是胶州地区煮盐部族的首领。他与海盐生产技术创始人夙沙氏以及食盐专营创始人管仲是三位"盐宗"，都在东夷盐区。纣伐东夷，胶鬲很可能是投降的东夷首领，这也可能是周人拉拢他的原因之一。牧野之战，胶鬲率领的前锋倒戈，与文献记载的商军奴隶军团倒戈吻合。

《左传》记载："商纣为黎之蒐，东夷叛之。"纣王继位后封周、鬼、鄂三公是为了先镇压各个"方"。当四邦方被镇压后，纣王立刻反手处置三公。抓一个、杀两个也很成功。这时腾出手来的纣王可以集中兵力打击东夷或西周了。"商纣为黎之蒐"类似孟津会师很合理，但是恰在此时"东夷叛之"非常奇怪。

"黎"有两个可能。

一个是在《耆夜》的"耆/黎"。如果因为周军占领了这个"黎"，纣王应该组织征伐而不是演习"为黎之蒐"。如果是以演习突袭，这时"东夷叛之"只能说明东夷是与周人密切配合的盟友，但是没有任何记录证明东夷会为周人挡子弹。否则周公东征征谁？《竹书纪年》记录的纣伐东夷要比《耆夜》早二十年，这才能解释胶鬲在殷的时间以及东夷叛周。

另一个"黎"在朝歌以南，西周与东夷的正中间。"为黎之蒐"沿着黄河与济水西进或东伐都有可能，显然纣王是有意为之。"东夷叛之"的真实含义是东夷没有遵从纣王号令参加伐周联军。如果纣王一开始就打算攻东夷，东夷能认为商军主力会师是"叛之"撞枪口的时机？纣王九年春，东夷攻商。第二年九月，纣王亲征东夷。按《竹书纪年》记载，之前发生的是"（帝辛八年）冬，大蒐于渭"，"（帝辛九年）囚西伯于羑里"。纣王会师于西周与东夷中间，应该是向双方都发出了会盟号令，文王、伯邑考决定认怂并当人质，而东夷决定拼命。周军东征轻车熟路，不排除参加了纣王的打猎联军。《随》卦记载的就是在帝辛八年、九年的生死关头，西周选择"随"而东夷选择"叛"。

相对于东夷，周人的命运也好不到哪去。文王被扣押的八年，东夷也平息了。《随》卦记载此时纣王又出了个题：系小子，还是系丈夫？这是赤裸裸的霸凌与极限施压。文王坚持再"忍"。纣王伐东夷应该完成了有效治理，所以周公东征都是恶战。太公建齐也是莱夷即残留的东夷起兵。但是商军主力对东夷打了两年以上，既消耗国力还要分兵留守。卜辞显示纣王出师班师都专门绕道西南转一圈，防的是西周突袭。然而根据墨菲定律，怕什么就会来什么。

纣王接手的大商有点像现在的美国。一方面国力、军力仍然最强，另一方面内部暗潮涌动，外部群雄环伺。纣王击败了姜方、东夷，镇压了鬼、鄂（孟）。有实力的"方"只剩下西周与随时死灰复燃的姜方。显然，连年征战必然因为摊派军费以及减少祭祀更加得罪了贵族。这也是崇祯面临的局面，短期的关键还是对权贵征税，长期的关键是培育新兴产业养"胃气"。

纣王对"三公"的前后处置思路清晰。鬼侯应是《周易》记载的"鬼方"："高宗伐鬼方，三年克之"，"震用伐鬼方，三年"。周公举例帝乙伐鬼方证明自己东征的功绩，证明了"鬼方"的实力。三公都被帝乙打到暂时服软。《周易》《诗经》中几乎所有的"女"都代表需要压服的诸侯"妹邦"。九侯之女不伺候纣王就是鬼方不服。"醢九侯""脯鄂侯"都是镇压诸侯并精品祭祀。唇亡齿寒、物伤其类，所以"西伯昌闻之，窃叹"。

纣王为何杀鬼侯和鄂侯而不杀周侯？鄂国相对较弱，鄂侯被杀后被迫南迁湖北随州。鬼方在陕北李家崖遗址，应该也是过黄河转移的新基地。纣王评估西周才是最强的第一内患，故筹划最后决战。在决战前纣王对周实施比鬼、鄂还要残酷的极限施压与经济绞杀。杀伯邑考、囚老姬昌的同时还榨取周人财富，包括太公、散宜生等人费力筹齐的贡品，以及让胶鬲、费仲索取的"玉版"等。《太公金匮》记载纣王故意在春耕时征召周人在周地狩猎，让农业国错过农时不说，还跑马驾车践踏青苗。所以《周易》哭叹"翩翩不富，以其邻"。纣王也在等一个时机：文王老死。而伯邑考已死，事实显然也朝着纣王的预期发展。意外的因素是姜太公和老文王太能活。文王的最后十年加上师尚父的教导，让姬发、姬旦等度过了危险的交接期。

纣王不杀姬昌，但更加残酷地折磨周国，其实是在打一个长期的整体战。泰伯奔吴的挫折以及纣王的太爷爷武乙、父亲帝乙都南下沬邑，显然在应对"翦商"之谋。纣王布置的决战阵地就在沬邑城下（牧野）。武乙在渭河演习而死，帝乙镇压了姬昌，纣王东征前"大蒐于渭"带走姬昌。

《升》卦记载姬昌之前已经称王，与纣王分庭抗礼："孚乃利用禴""王用亨于岐山"，不过还想麻痹纣王而悄悄称王，"冥升，利于不息"。与《升》卦验证，《竹书纪年》记载文王二十年（而不是四十一年）就已经先"初禴于毕"称王。而且第二年"诸侯朝周。伯夷、叔齐自孤竹归于周"，这才导致下一年即帝辛八年"冬，大蒐于渭"。于是帝辛九年"囚西伯于羑里"。西周在文王二十一年就已能做到"诸侯朝周"，纣王当然会穷尽手腕长期谋划，而不是简单处死姬昌或轻率地发起决战。文王长期的"装"与"忍"给了双方台阶与准备时间，起决定作用的还是文伐、武伐的实力消长。

在第一次孟津会盟后，纣王立刻果断清理内奸。此时的西周在纣王与太公看来都已不是"藩"而是"王"，双方的四代博弈已到了收盘大决战时刻。

附文　第三十四卦《大壮》

第三十四卦　大壮

大壮：利贞。

初九：壮于趾。征，凶。有孚。

九二：贞吉。

九三：小人用壮，君子用罔。贞厉。羝羊触藩，羸其角。

九四：贞吉，悔亡。藩决不羸，壮于大舆之輹。

六五：丧羊于易。无悔。

上六：羝羊触藩，不能退，不能遂。无攸利，艰则吉。

《大壮》卦研究的就是削藩。肥羊变"壮"怎么办？《大壮》卦的主题是"利贞"，就是按本卦要求仔细研究对策，防止"大人之壮"。

（1）"壮于趾。征，凶。有孚。""壮于趾"对应"壮于大舆之輹"。"趾"在人体的最边缘，比喻边区，如鬼方、东夷、西周，另外也隐含刚刚开始壮，此时不宜征伐，保持原《遁》卦政策的宽容诚信。

（2）"小人用壮，君子用罔。贞厉。羝羊触藩，羸其角。""羝羊"就是公羊，有野力。普通百姓如愤青的思维才会动不动挥拳头，王室精英要研究的是结好"网"。"藩"是篱笆，也是一种"网"。网就是"建极"，建立"内监外监"制度以及各种司法体系笼罩四维。所以"羝羊触藩，羸其角"，网束缚住了公羊的角。"羸其角"是削弱它的角。最终能实现"羝羊触藩，不能退，不能遂。无攸利，艰则吉"。其实商朝对西周就是如此，只是对其他"方"与诸侯的政策混乱。老子解释："勇于敢则杀，勇于不敢则活……天网恢恢，疏而不失。"

（3）"贞吉，悔亡。藩决不羸，壮于大舆之輹。"这段话说的是"强干弱枝"。"輹"通"辐"，指车轮。公羊就算能把网冲破了，仍然记住大车轮即中央政权的"壮"才是最重要的（早晚收拾公羊），所以"贞吉，悔亡"。纣伐东夷与吕后对匈奴的妥协差距就在此。

（4）"丧羊于易。无悔"与《旅》卦"鸟焚其巢，旅人先笑后号咷。丧牛于易，凶"，前文已述，引用了"王亥丧牛羊于易"与纣王征东夷的历史案例。俾斯麦也是"君子用罔"，用利益输送（"丧羊"）拉拢各州建立关税同盟，目标明确，就是统一德国，钱可让权不可让。

（5）"羝羊触藩，不能退，不能遂。无攸利，艰则吉。"终极状态描述了一种平衡。"羝羊触藩"是反叛行为，然而并不能得逞，"不能退，不能遂"，如西周也是进退两难。原因就是"君子用罔"，"壮于大舆之輹"。对中央政权而言，既不能算平稳也得不到利益，"无攸利"，甚至"丧羊"。"艰则吉"与本卦卦辞"利贞"都是警示统治者注意心态。一是双方力量消长是长期过程，要认识并认可这种艰难痛苦的平衡本身不易。二是如果主动打破平衡急于最终解决，恐怕就不是"丧羊"，而是有"丧牛"之不测。"则"也提醒加强王权的两个方面：一是加强法治的"则"，二是稳固外交盟约的"则"。穆天子学习《大壮》很有心得。一是与楚国妥协，稳住南蛮公羊；二是发布《吕刑》；三是拜会西王母签约。

康熙、拿破仑、俾斯麦分别发动了针对"大壮"的贸易战，成败都在"网"。康熙执行了人类历史上唯一成功的"大陆封锁政策"，通过禁海令打击了郑氏的立足之本海上贸易。与拿破仑不同的是，康熙控制着制造业基地大陆，而且联合了另外一个海上强权荷兰做盟友。俾斯麦发起"关税同盟"对付奥匈，主要采取拉拢手段，在关税收益分配上舍得重大让步，例如加大代价拉拢黑森加入，使东西普鲁士在经济上连成一片，而奥匈的南北贸易路线则被普鲁士关税区截断。同时重视打击奥匈帝国的盟友州，我方统一战线不断壮大，敌方阵营瓦解投降，最后主攻奥匈。俾斯麦"关税同盟"搞了四十年，康熙大陆封锁也搞了二十多年，结局毫无悬念。

18世纪初拿破仑席卷欧洲，只剩英国未纳入囊中。他颁布《拿破仑法典》在欧洲推广，做到了"则"。他策划了大陆封锁政策对付英国，是"君子用罔"。最后因西班牙起义以及法俄战争失败，关键是没有对西、俄两个"羝羊触藩"做到"丧羊于易。无悔"。英法从大陆与海洋互相封锁，贸易战导致双方损失惨重，"不能退，不能遂。无攸利，艰则吉"。拿破仑靠"用壮"军事逼迫西、俄加入对英国的"网"。

俄国是英国粮食与工业原料的主要供应国，没有俄国的配合，"网"就很难成功。当时西班牙最主要的财政来源是羊毛，失去了英国客户日子就没法过。因此西班牙和俄国都需要"丧羊"补偿，但是拿破仑对西班牙只有"羝羊触藩，羸其角"，对俄国又舍不得波兰，因此西班牙走私破网，俄国干脆退网，几乎陷于绝境的英国起死回生。《周易》替拿破仑总结："壮于趾。征，凶。有孚。""贞吉，悔亡。藩决不羸，壮于大舆之輹。"

本书定稿之时，美国与北约、欧盟正发起对俄罗斯的"网"，结果会如何？且拭目以待。

七、贾母《掰谎记》与纣王六罪

今天看来，纣王是类似凯撒的历史人物，他的灭亡首先是历史转型的大悲剧。他的改革也并不是商朝灭亡的因而是果。那么，和凯撒对比，纣王的形象为何如此恶劣？客观分析，首先来自周人为证明改朝换代的合法性而抹黑，如同田氏代齐贬损抹黑姜家。其次是百家争鸣"案往旧以造说"（《荀子·非十二子》），拿失败者举例编故事。最后是"小说家"刘向与《封神演义》起了最大作用。正如《三国演义》对曹操的丑化，人们已经不在意《三国志》中的曹操了。

朱元璋仇视孟子，而孟子说过"君之视臣如土芥，则臣视君如寇仇"。朱元璋极大地强化了皇权，也导致明朝皇权与文官集团的斗争最为激烈。《封神演义》出现在万历年间，而万历年间最大争议便是"国本之争"。"国本"就是废立太子，其实质是皇权与文官集团之间的较量，类似纣王与贵族的斗争，在权在利不在贤。万历皇帝与文官集团博弈了十五年，最后皇帝让步立朱常洛为太子。当时文官集团的舆论战手法便是集体创作小说《封神演义》。同期的《一捧雪》骂张居正，《金瓶梅》讽刺张居正、严嵩与陈太后等。《封神演义》把万历比作纣王，因为宠妃而废立太子是亡国的昏君。编书的结果，连今日学界都有明亡于万历的说法，可见影响之大。

中国历史上自杀殉国的皇帝极少，纣王与崇祯是其中名气最大的，其他如后梁末帝朱友贞、后唐末帝李从珂、金哀宗完颜守绪、南明绍武帝朱聿粤等，都不太为人所知。万历妥协未立福王朱常洵是为了政权稳定的"国本"，文官集团口号式的"国本之争"却不肯停手。崇祯死后，马士英等迎立的是福王的儿子朱由崧而不是崇祯太子。太子在北京"失踪"后历经艰险到达南京时他们却不认，老太监相认就被灭口，皇子师方以智从北京逃到南京就被通缉追杀。这就是《红楼梦》第一案英莲失踪与贾雨村乱判葫芦案的"冯冤"。当多铎南下时，钱谦益、赵之龙等东林贤人"葫芦僧（胡虏生）"卖关投降，小福王也被卖给清军。更恶劣的是贾雨村/吴梅村编造"诗史"谣言，说陈圆圆导致清军入关，李自成把老福王煮了"福禄汤"（福王陵墓已验证杜撰）。

对"湖州"（胡诌）的假语村言恶意抹黑、篡改历史的行为，伟大的《红楼梦》借贾母之口做了最精彩的批判。第五十四回"史太君破陈腐旧套　王熙凤效戏彩斑衣"中，贾母元宵节看戏《西楼记》（公子歌姬故事）、《八义》（宋代八个

"古惑仔"故事)、《观灯》(类似唐伯虎作奴拐走大小姐),提出《掰谎记》,而且就针对"本朝本地本年本月本日本时"。贾母的"掰谎"首先对吴梅村们为代表的作品归纳出了套路:拿女人说事。"这些书都是一个套子,左不过是些佳人才子,最没趣儿。"老太君分四条对吴等进行批驳。

(1)崇祯、顺治、吴三桂们出身教育都很不差:"这小姐必是通文知礼,无所不晓,竟是个绝代佳人。"至于那么没见过世面? 田妃、董小宛、陈圆圆一出场就被迷倒了? 真是村言。纣王也不至于宠着妲己,还为鄂侯女儿不够风情就杀了鄂侯。

(2)"男人满腹文章去作贼,难道那王法就说他是才子就不入贼情一案不成?"明确批判吴梅村、钱谦益们虽然"满腹文章"是"才子",却也是"贼"。通过对姜太公的梳理可以发现,多少的历史文献被出于各种目的,像"作贼"一样篡改伪造,以至于我们在广泛传颂一个历史上不存在的名字"姜子牙"。

(3)"这样大家人口不少。"说明贾母已经意识到是利益集团,而不是"就只小姐和紧跟的一个丫鬟"这样简单的个人行为。吴梅村并不是"国本之争"的参与者,也没有被魏忠贤迫害,他还猛追陈圆圆的闺蜜卞玉京。但是他属于东林党利益集团。刺杀凯撒的凶手、出卖纣王的内奸其实都是他们的血缘亲人,都是利益集团之争。

(4)对于"作贼"的"才子",贾母拿王熙凤开涮讲了一个故事,结论是他们喝了"猴子尿",满腹骚气一张口就臭不可闻。吴梅村"前言不答后语"歪曲崇祯、陈圆圆、柳敬亭、李自成等，"你们自想想，那些人都是管什么的"？一是为东林党自吹自擂，二是为清找到替代大明君昏臣奸的合理性。三是为自己的罪与不肖"自护己短"。莎士比亚说："魔鬼也会引证《圣经》来替自己辩护。一个指着神圣名字的恶人，就像一个外观光鲜、心中腐烂的苹果。"

历史上的造反派总是搜罗、编造一切的理由。比如李密造反控诉隋炀帝之罪产生了一个成语"罄竹难书"。"姬子"们要厚道很多。《诗经》《周易》《尚书》总结的纣王罪行或失策出奇的一致：最客观的是《诗经》的《板》《荡》；最口号的是《尚书》的《泰誓》《牧誓》；最逻辑的是《周易》的《无妄》与《随》卦。

姜太公起草的《泰誓》《牧誓》总结的纣王之罪主要有六条：酗酒、信有命在天、不用贵戚旧臣、任用小人、听信妇人之言、不留心祭祀。《诗经》中的《板》《荡》两篇是文王作品。"板"就是反，倒行逆施的意思；"荡"就是横向来回动摇大树。老话说"树怕三摇，女怕三撩"，纣王的罪行就是倒行逆施，以及爱折腾动摇国本。巧合的是两首诗记录的纣王之罪也刚好各有六条。

《泰誓》《牧誓》六罪除了把间谍妲己当罪证外，基本都很客观。

第一条：酗酒。

《太公兵法》记载，武王问："胜负何如？"太公认为纣王因为喝酒多收税所以必败："夫纣之行，不由理积，其酒池赋敛，甚数百姓苦之。"周公《无逸》也赞成太公看法："无若殷王受之迷乱，酗于酒德哉！"周公《酒诰》说："天降威，我民用大乱丧德，亦罔非酒惟行；越小大邦用丧，亦罔非酒惟辜。"无论是国民大乱还是国家灭亡，都是因为喝酒。周康王也说："唯殷边侯甸与殷正百辟，率肆于酒，故丧师。"

太公、周公、康王看得很客观，饮酒的问题在于全民饮酒的社会腐败以及高层奢靡导致的民生艰难。纣王"受之迷乱，酗于酒德"是贪杯过度了才是"淫"。商朝败亡的原因是统治者"率"奢靡酗酒。殷商遗址中出土的青铜器以酒器为多。检测商代贵族遗骸含铅量大大超常，与古罗马末期的腐败很类似。

"酒"只是一个表面现象，或者是奢靡腐败社会的一个表现指标而已。望闻问切不能只依靠一个指标断病。尼采曾总结末世腐败社会的四个特征，既吻合商末的情形，也具有普遍性。

（1）异端大行其道而民族信仰苍白。尼采当时主要批评迷信基督教腐败人类。这一点在商末很典型，正所谓"国之将亡，必有妖孽"。

（2）人民娱乐至死，精英阶层尸位素餐。体现在"率肆于酒"。

（3）全社会追求自我利益最大化而罔顾集体利益。也就是内卷、互害、对黑暗麻木不仁，太公《文伐》与《蛊》卦不仅看得很清楚，而且制造"无妄"。

（4）最终会有一个凯撒式的人物实现社会重构。姜太公与武王伐纣，对商人、对商统治的天下人都是救赎。"至强至高的生命意志绝不表现在悲惨的生存斗争中，而是表现于一种'战斗意志'，一种'强力意志'，一种超强力意志！"

正因为过于强调"酒"这一个指标，所以纣王喝酒明明有罪，看着却反而不真实。比如纣王和夏桀一样搞"酒池肉林"，过于雷同显得太假。夏朝发明的酒以及商末的酒都是低度米酒，而不是后世经过蒸馏的高度白酒。一大池的米酒很快就会变质，酒池馊了还带土味能好喝？肉林即使存在，也只能是挂在树上风干的腊肉而不是小鲜肉。这种"干肺"腊肉《噬嗑》卦讲过，极其难吃，需要姜大牙才能撕咬（详见后文）。妹喜、妲己能喜欢吗？朱门酒肉臭的王公贵族谁愿意参加这样的酒会？酒池肉林"沙丘"在商都东面，不排除纣王伐东夷后在此屠杀战俘做成"腊肉"挂成肉林。庆功宴上酒水不够众将士喝倒进水池同饮也合理。《御览》引《黄石公记》说酒池的发明人正是姜太公，这也正是霍去病学习的酒泉："一箪之醪，投之于河，令士众迎饮，三军为其死，战如风发，攻如河决。"

第二条："信有命在天"，指的是烹伯邑考、册姜方伯。

文王也占卜弄筮，自称"受命于天"。纣王"信有命在天"本身不是罪，为了"信仰"残害别人才是罪恶。应当是暗指纣王"册周方伯""醢九侯""脯鄂侯"献祭上帝。姜家、姜方以及牧誓八国的各部都少不了和纣王的血海深仇。

第三条和第四条：不用贵戚旧臣、任用小人。

贵族"倒戈"是牧野之战失败的战术主因。这涉及产业基础、征伐仇恨、文伐离间等多方面原因。"小人"指地位低下的人，不是指道德品质而言。周文王的政策确实是尊尊亲亲，贵族时代君王提拔任用平民当然是错误，比如凯撒、晋献公。而按照后人的叙事标准，姜太公起于微末岂不是自相矛盾？这一条反证了太公的出身。

第五条：听信妇人之言，指宠信妲己。

这条罪的逻辑是纣王信的“妇人”有罪导致纣王连带。“妇妃”妲己与“妇好”的区别在于前者是间谍。武王专门创作《思齐》夸自己老婆邑姜，《大雅·瞻卬》也是他专门创作出来骂别人的老婆妲己，目的还是高举义旗而牺牲妲己。

第六条：不留心祭祀，关键是军费与税收。

这条看似与第二条“信有命在天”矛盾。前文已述，纣王为了增加军费必然减少祭祀费用，主要压缩非直系王室祖先的祭祀。从甲骨卜辞中发现纣王时代祭祀确实是减少了。此外，取消王室旁宗祭祀也压制了旧贵族的权势地位，自然得罪了比干、商容等人。祭祀少了内部反对，祭祀多了没钱打仗。祭祀确实成了纣王的命门。《阴符经》概括为：“禽之制在炁。”

以上六条罪状是太公起草的武王决战动员令，是当时西周最高层决议的纣王之罪。另一位与纣王长期博弈的文王怎么看？《板》《荡》就是文王认定的纣王罪行，而且从天下人的角度表达文王的忧国忧民。《板》《荡》被认为是假托文王骂纣王讽刺周厉王。其实《荡》为《大雅·荡之什》的第一篇，其他篇还有《抑》《桑柔》《云汉》《崧高》《烝民》《韩奕》《江汉》《常武》《瞻卬》《召旻》。这明显是歌颂周王的组诗，如果第一篇是假托，那后面的呢？周王室辛辛苦苦保存、排练讽刺周王的歌舞？季札还能景仰地听出“文王之德”？

板

上帝板板，下民卒瘅。出话不然，为犹不远。靡圣管管。不实于亶。犹之未远，是用大谏。

天之方难，无然宪宪。天之方蹶，无然泄泄。辞之辑矣，民之洽矣。辞之怿矣，民之莫矣。

我虽异事，及尔同僚。我即尔谋，听我嚣嚣。我言维服，勿以为笑。先民有言，询于刍荛。

天之方虐，无然谑谑。老夫灌灌，小子蹻蹻。匪我言耄，尔用忧谑。多将熇熇，不可救药。

天之方懠，无为夸毗。威仪卒迷，善人载尸。民之方殿屎，则莫我敢葵。丧乱蔑资，曾莫惠我师。

天之牖民，如埙如篪，如璋如圭，如取如携。携无曰益，牖民孔易。民之多辟，无自立辟。

价人维藩，大师维垣，大邦维屏，大宗维翰，怀德维宁，宗子维城。无俾城坏，无独斯畏。

敬天之怒，无敢戏豫。敬天之渝，无敢驰驱。昊天曰明，及尔出王。昊天曰旦，及尔游衍。

《板》中批评或告诫纣王的内容就是纣王之六过。

(1)不能听取老人姬昌、比干、箕子们的劝谏："匪我言耄，尔用忧谑。"

(2)不能团结微子启等同宗贵族："大宗维翰。"

(3)打压西周而不是支持西周发挥"大邦维屏"的作用，是孤家寡人。

(4)对天意示警态度轻慢："敬天之怒，无敢戏豫。"

(5)天道有变时还在穷兵黩武："敬天之渝，无敢驰驱。"

(6)让老百姓过不好日子："上帝板板，下民卒瘅。"

荡

荡荡上帝，下民之辟。疾威上帝，其命多辟。天生烝民，其命匪谌。靡不有初，鲜克有终。

文王曰咨，咨女殷商。曾是强御，曾是掊克。曾是在位，曾是在服。天降滔德，女兴是力。

文王曰咨，咨女殷商。而秉义类，强御多怼。流言以对，寇攘式内。侯作侯祝，靡届靡究。

文王曰咨，咨女殷商。女炰烋于中国，敛怨以为德。不明尔德，时无背无侧。尔德不明，以无陪无卿。

文王曰咨，咨女殷商。天不湎尔以酒，不义从式。既愆尔止，靡明靡晦。式号式呼，俾昼作夜。

文王曰咨，咨女殷商。如蜩如螗，如沸如羹。小大近丧，人尚乎由行。内奰于中国，覃及鬼方。

文王曰咨，咨女殷商。匪上帝不时，殷不用旧。虽无老成人，尚有典刑。曾是莫听，大命以倾。

文王曰咨，咨女殷商。人亦有言：颠沛之揭，枝叶未有害，本实先拨。殷鉴不远，在夏后之世。

《荡》在批评纣王动摇国本。其天命"靡不有初，鲜克有终"就是有始无终，纣王最终丧失了商汤开启的五百多年基业的意思。"人亦有言"盖棺定论："颠沛之揭，枝叶未有害，本实先拨。殷鉴不远，在夏后之世。"纣王"荡荡"折腾的结果是就像大树的枝叶表面光鲜但是根基已烂，所以武王一击而倒。"颠沛之揭"就是鲁智深倒拔垂杨柳。文王认为夏、商末代垮台都一样。本诗以六条"文王曰咨，咨女殷商"即文王批评商纣的格式归纳商人的罪行或失策。"咨"是叹息的意思，叹惜商朝的灭亡命运。

（1）"曾是强御，曾是掊克。曾是在位，曾是在服。天降滔德，女兴是力。"这一段是文王以自己举例。周侯曾忠贞地为商朝戍守边疆，曾恪尽职守纳贡，曾在朝廷服侍纣王，然而上帝纣王回馈我的却是"滔德"。纣王一罪：过于依赖权力、权术与暴力。

（2）"而秉义类，强御多怼。流言以对，寇攘式内。侯作侯祝，靡届靡究。"封周侯、册周伯，封三公、杀二公，翻手为云覆手为雨没完没了。纣王二罪：内外矛盾分不清。

（3）"女炰烋于中国，敛怨以为德。不明尔德，时无背无侧。尔德不明，以无陪无卿。"纣王嚣张跋扈杀戮内部功臣与诸侯，敛积了无数怨恨还认为自己削藩很成功。结果众叛亲离。纣王三罪：残暴跋扈拉仇恨。

（4）"天不湎尔以酒，不义从式。既愆尔止，靡明靡晦。式号式呼，俾昼作夜。"这一段很著名。纣王四罪：沉湎酒色，彻夜狂欢，醉生梦死。

（5）"如蜩如螗，如沸如羹。小大近丧，人尚乎由行。内奰于中国，覃及鬼方。"纣王五罪：杀害伯邑考、鄂侯、九侯、姜方伯等诸侯。

（6）"匪上帝不时，殷不用旧。虽无老成人，尚有典刑。曾是莫听，大命以倾。"纣王不只是生不逢时（为末代背锅），自己折腾也是原因。纣王六罪：激进的改革。

历代学者热爱托古文王与周公，却对他们的作品《诗经》与《周易》视而不见，还人云亦云，牵强附会。历史的真实与逻辑，"姬子"们其实写得明明白白。唐太宗写有"板荡诗"赠给萧瑀："疾风知劲草，板荡识诚臣。勇夫安知义，智者必怀仁。"太宗夸赞说萧瑀作为两朝皇亲，看待朝代更替更多的是"智者必怀仁"，而不是"勇夫安知义"。文王在《诗》中更是悲天悯人。此谓"仁恕之道"。

吾明 著

姜太公评传

下册

北京师范大学出版集团
BEIJING NORMAL UNIVERSITY PUBLISHING GROUP
北京师范大学出版社

第四章 "太公阴谋"解密：
《文伐》与《蛊》

　　《太公阴谋》与《太公金匮》《太公兵法》合称"太公三书"，已经全部遗失或改头换面。《孙子兵法》正是在《用间》篇中称太公为"吕牙"："昔殷之兴也，伊挚在夏；周之兴也，吕牙在殷。故明君贤将，能以上智为间者，必成大功。此兵之要，三军之所恃而动也。"太公的形象不像周公那么美好，首先就是因为搞"阴谋"令人恐惧。《史记》记载太公"阴谋修德以倾商政"，这也是小邦周反抗大邦商的没办法，这是姬姜联盟大军师为了最终推翻霸主精心筹划布局实施四十三年的"文伐"之战，这是商周革命第一功！"阴谋"首先从姜太公与古公第一次见面开始谋划，到文王七年姬昌与姜太公第一次会面开始卧底，直到文王四十年钓鱼相会姜太公在殷商潜伏了三十三年。文王、太公又继续执行十年之后，才有了武王伐纣整体战的战略胜利。用间、文伐、"蛊"惑之道，集大成者正是"太公阴谋"。

一、古公"翦商"战略：围棋布局与忍者卧底

《诗经》歌颂老古公是"翦商"事业的总设计师。《鲁颂·闷宫》言："后稷之孙，实维大（太）王。居岐之阳，实始翦商。至于文武，缵大王之绪。""居岐之阳"就是"实始翦商"的第一步。"翦"是把羽毛齐根剪去。"翦商"就是去其羽翼。

《礼记》记载，西周诸侯分为五等，公、侯、伯、子、男，"公、侯田百里，伯七十里，子、男五十里"。西周一个男爵国相当于现代一个县，公国相当于现在 10～20 个县。周代 1 里 = 477.84 米，公、侯国方百里，也就是不到 1 万平方公里，比上海大比北京小。"国"的本意就是"邑"。《墨子·杂守》记载战国时代一个城也就 2 平方公里 1 万户："率万家而城方三里。"太公建造营丘东西 1000 米，南北 1200 米，约 5000 户 3 万人。据此，一个公国的核心人口"国人"，按全民皆兵最多也就 3 个"师"7500 兵力。如果是常备军，也就 1 个"师"。西周伐纣时 6 个"师"，推测包括了周原、虞、芮、镐京 4 个"师"，以及辛公甲、散宜生 2 个亲友团，还有太公组建的特种兵"虎贲"。

另一个算法，古公规划"翦商"，核心区的实力至少要接近商王畿直接控制的实力。商王畿范围可以参考周王畿，相当于宗周六师或成周八师。周朝一师 125 马车，管仲时齐国 150 万人口供养八师千车。只要虞、芮站稳脚跟，西周向东打到丰镐连成一片，就可以组建六师，实力直逼商王畿了。季历横扫山西靠的就是这个实力。季历打到太行山后

实力已经不逊于商王畿,必然被文丁赶紧打压。这也是文王为何一上位就凭实力敢发起伐商之"讼"。有点像弗里德里希·威廉三世,他自认为30万普鲁士战士足以与拿破仑25万法军一决雌雄,为了汉诺威之辱宣战!

当时的"天下",商朝是个联盟体,而不同于秦以后朝代的统一国家。季历、文王只看到了静态的实力,漏算了更大权重的天下诸侯变量,也就是太公强调的天命、阴谋与"时"。《墨子·明鬼》说:"桀有勇力之人,推侈大戏,生裂兕虎,指画杀人";夏王畿也是"富有天下"。一打一商汤不是夏桀的对手。"汤欲伐桀"的关键变量是九夷之师的态度。伊尹建议商汤先抗税试探一下,结果夏桀"起九夷之师"攻汤。伊尹立刻交税并继续等待"九夷之师不起"。同理,太公的检验标准也是东夷叛商与孟津会师。文王婚姻联合了辛公甲等亲友团,平"虞芮之讼"后再次稳固了三个"公",再与姜方结盟。至此,实力已经不小于商自身实力,博弈的主战场便是"天下"诸侯的统一战线。

《坤》卦也记载了古公谋划的"翦商"战略。"坤"就是逆转朱雀夺其土地。"君子有攸往"指的是到达安居乐业的根据地岐山。"先迷后得主"指的是季历选择与"东北"的商朝联盟结果"丧朋";姬昌改弦更张"西南得朋"。重点是蜀地白马姜与江汉各国。所以,文王伐蜀、召公串联江汉。武王伐商的"牧誓八国"包括庸、蜀、羌、髳、微、卢、彭、濮。史书说八国感文王"仁德"参加义举,其实他们与商朝都有世仇。敌人的敌人就是朋友,他们组团报仇。八国也是姜太公"渭水对"中原逐鹿分肉的"天下人",武王伐纣强调"硕果不食"分配给各部。另外一点，科技革命与产业变革时代必然要求新的霸主或盟主掌握先进生产力，带动"天下"各部实现产业升级、文明进步，《坤》卦以"直方大"记录了农业区的新基建面貌。

《六韬·发启》有言：

> 天下者，非一人之天下，乃天下之天下也。取天下者，若逐野兽，而天下皆有分肉之心；若同舟而济，济则皆同其利，败则皆同其害。

中国古天下就是以河道与山脉切割的棋盘。周初分封建国的布点方式，非常像是在"天下"的纵横棋盘上落子布局。传说是尧教导儿子丹朱治理天下时发明了围棋。当时应该就是在地图上布据点"国"。真正形成两大集团博弈，围棋应当成熟于商周革命。商王、周王分封诸侯都是在下围棋。西周的布局和商朝的应对如下。

首先，西周占住三三必活的关中，然后又沿着水系分支布局。北方第一条龙在今山西境内，沿汾水及太行、吕梁向北落子。虞、芮就是第一组落子，与姜方等连上呼应。商朝则在霍太山下落子中滴，打断了这条大龙，导致四邦方被吃掉，而泰伯奔吴差点弃子。姜方在太公带领下退子骊山，虞、芮反而连上重新做活。

其次，商周双方的主战场是羊水到黄河到济水的东西线大龙。文王先吃掉程国营造镐京。六征第一步就是吃掉西部密须，随后硬吃掉崇侯虎，沿着黄河到达北上拐点。

再向东就是东夷了。商朝方面的应对是武乙先南下落子沬邑，纣王先杀了鄂侯做实孟国，再布置崇侯虎坐镇嵩山，随后南下会师"黎"国。这个阶段西周完全被动，只能被极限打压。纣王的失误是没有继续落子做实黄河中段，包括把崇侯虎看成了弃子。纣王先是过多关注了边角的鬼方九侯，之后吃掉东夷组团看似占了很多地，实际上已经是严重的中盘失误，因为"势"已落下风。

最后，太公誓师伐纣没有走"耆"国出兵，而是从洛阳附近北上。这着棋绝妙，直接截断了东夷组团与商王畿组团的连接。否则纣王与东夷组团可进可退。

1. 虞、芮建国史：《绵》《桑柔》与《魏风》

古公"居岐之阳"，"实始翦商"。实际是古公与姜家谋划好同盟，他迁到岐山而原"古"地留给泰伯。所以《穆天子传》说："太王亶父之始作西土，封其元子吴太伯于东吴。"这个"吴/虞"在山西不在江苏。宜侯夨簋铭文记载了康王将原封于山西吴/虞国的诸侯"夨"改封到宜国，这就是后世江苏吴国的前身。"虞芮之讼"时，显然周文王当时没有能力调解东南地区纠纷。这个山西的"吴"就是"邨"。

《吕览·审为》载："太王亶父居邠，狄人攻之。"钱穆《周初地理考》说："临汾有古山、古水，公亶父本居其地，故称古公。"

"虞/吴"在山西的局面很复杂，至少有商、周、姜、夏、戎五股势力胶着。商朝派中潏、飞廉家族坐镇于此，再封亶父为古公/邠公，目的也是"以夷制夷"让周人与姜家火拼。古公的应对策略是娶太姜达成默契联盟（所以见吕尚于吕隧），自己迁周原，两个儿子"奔吴"。吕尚也奔了渭水毕地骊山氏。这两个盟友你中有我、我中有你，即《大雅·绵》中的"自西徂东，周爰执事"。自西向东，周原—渭水骊山—虞、芮—霍太山连成一线。除了中潏/飞廉家、姜家、周家，这个地区还有"汾水四国"沈、姒、蓐、黄。甲骨卜辞中多有商王令黄军出击的记载，如"贞勿赐黄兵""往出狩"等。

季历哀悼"先王既徂，长陨异都"，指泰伯死于异乡复杂的斗争。季历称泰伯为"先王"，和武王祭祀名单的规制一致，证明泰伯曾为周人法定首领或继承人。季历感慨的正是泰伯、仲雍奔虞获得前哨基地，才能对山西戎人各部取得一系列的胜利。所以《大雅·皇矣》歌颂双子国布局："帝作邦作对，自大伯王季"，"虞芮质厥成，文王蹶厥生。予曰有疏附，予曰有先后。予曰有奔奏，予曰有御侮"。所以《史记》的"世家"系列中，位居第一篇的周朝第一诸侯不是齐、鲁、燕、晋等而是吴，即使吴后来迁到了东南。

文丁囚杀季历证明古公的布局已经获得巨大成功。只是季历作为霸权新手低估了拥有五百余年治国经验的商王的手段。古公早就告诫必须要把历史学家、谋略家姜太公请来。文王、武王都迫不及待地要求太公尽快讲解"黄帝之道"，从历史中学习霸权博弈与逐鹿天下之道。

古公与姜家密约的风险是在商与姜方之间脚踩了两只船，玩的是商、周、姜大三角的危险平衡。这也是泰伯奔吴被杀、季历被杀、伯邑考被烹以及姜太公被迫潜伏三十三年的陷阱。古公先与姜方结盟迁徙周原，随着泰伯被剿杀、姜方发起的四邦方起义失败、白马姜退出反商等格局变化,他在晚年又转而与商联盟,安排了三个儿子的不同命运。如果说古公还是保存自己的策略的话,季历在第一次"帝乙归妹"后则至少行动上是坚定右转,与商人同盟攻击霍太山周边各部。他消灭了很多山西地区的"戎",其中少不了姜人。文王在父亲死后发起"讼",至少缺乏姜人的坚定支持而迅速失败,随后拖到第七年再与吕尚在"桧"见面,但是在履约上也是犹犹豫豫(也可叫"小心翼翼"),直到伯邑考被烹。《尉缭子·武议》记载,此时的吕尚"过七十余而主不听,人人谓之狂夫也"。证明了季历时期与文王早期西周高层对鼓吹反商革命的姜太公集体不以为然。抗战前"和平主义"者多,抗战中投降派不少,古往今来既得利益者皆如此。

《大雅·绵》记录了古公与姜族联盟建国(周、虞、芮)。

绵

绵绵瓜瓞,民之初生,自土沮漆。古公亶父,陶复陶穴,未有家室。

古公亶父,来朝走马。率西水浒,至于岐下。爰及姜女,聿来胥宇。

周原膴膴,堇荼如饴。爰始爰谋,爰契我龟,曰止曰时,筑室于兹。

乃慰乃止,乃左乃右,乃疆乃理,乃宣乃亩。自西徂东,周爰执事。

乃召司空,乃召司徒,俾立室家。其绳则直,缩版以载，作庙翼翼。

　　捄之陾陾，度之薨薨，筑之登登，削屡冯冯。百堵皆兴，鼛鼓弗胜。

　　乃立皋门，皋门有伉。乃立应门，应门将将。乃立冢土，戎丑攸行。

　　肆不殄厥愠，亦不陨厥问。柞棫拔矣，行道兑矣。混夷駾矣，维其喙矣！

　　虞芮质厥成，文王蹶厥生。予曰有疏附，予曰有先后。予曰有奔奏，予曰有御侮！

　　(1)"绵绵瓜瓞"的主题就是姬家子孙昌盛(或昌、发)。对应姜家就叫"绵绵葛藟"。大者曰瓜，小者曰瓞。"瓞"，一根连绵不断的藤上结了许多大大小小的瓜。

　　(2)"自土沮漆。古公亶父，陶复陶穴，未有家室"说明在古公亶父之前，周人"未有家室"。此家室不是娶妻成家，而是尚未开国承家。

　　(3)"古公亶父，来朝走马。率西水浒，至于岐下。爰及姜女，聿来胥宇"，这是古公开国的记录。"来朝"，他此时朝拜的只能是商朝。但是有吕尚密约，周原有姜氏联姻联盟支援"爰及姜女"。"聿来胥宇""筑室于兹"描述的是结婚结盟大典。"聿"是书写下盟书；"来"是朝会；"胥"是"婿"之礼；"宇"是房屋的四边檐下。"聿来胥宇"就是约定到西边发展，似乎也有寄人篱下的感觉。传统说法是古公不忍百姓为自己与狄戎开战而牺牲，因此主动搬家，但老百姓跟着走到岐山。《绵》倒是很老实说是"来朝"，"爰及姜女"。古公迁徙周原是与姜族合谋同时朝见商帝得到批准。类似汉献帝发衣带诏，刘备经曹操批准东占徐州。

（4）"爰始爰谋，爰契我龟，曰止曰时，筑室于兹……自西徂东，周爰执事。"这两段解释迁徙立周的缘由。"爰始爰谋"是联盟开始第一步的谋划，经过占卜确认为"元亨利"。"自西徂东"的决策与实施都是"周爰执事"，即周姜联盟决策执行。

（5）"虞芮质厥成，文王蹶厥生"，强调泰伯、虞仲、季历三子三国都"厥"（坚守）。文王"蹶厥"生，指文王生于"蹶"后还坚持"厥"。"蹶"是季历之国摔了大跟头晕倒的意思。文王自己也曾经"蹶"。"蹶厥生"就是"泰""否"。虞、芮、周三国都生存下来。芮国在陕西大荔，守着黄河、渭河之口，隔着黄河与虞国相对。芮国正是吕、申姜人东迁的第一站，也是姜太公家族的老地盘。

（6）"予曰有疏附，予曰有先后。予曰有奔奏，予曰有御侮"，这是古公下围棋布局双子国（其实是三子）的构思逻辑与战略目标。就如红军到达延安后，东出太行、晋察冀，"有先后"；一路宣传抗日、发动民众建立基层政权，就是"奔奏"；打击日本侵略者，就是"御侮"。

《大雅·桑柔》篇幅比《大雅·绵》还要长。按周公"制礼作乐"的规则，这么长篇显然极其重要。当然不是什么芮良夫谴责周厉王，而是泰伯、虞仲奔吴到虞芮之地立国的艰难苦绝的建国史。老古公见吕尚的吕隧就是《桑柔》的"大风有隧，有空大谷"。"大风有隧"不是通风的山谷而是地名，"大风""大谷"说明此地多风多谷。《诗经》是宣传部的官宣，记录了大量史诗。《大雅》的作者都是周王。从内容看,《桑柔》应当是季历怀念两位哥哥的作品,记录泰伯奔吴第一阶段的挫折,第二阶段虞仲站住了脚。

桑　柔

菀彼桑柔,其下侯旬,捋采其刘,瘼此下民。不殄心忧,仓兄填兮。倬彼昊天,宁不我矜。

四牡骙骙,旟旐有翩。乱生不夷,靡国不泯。民靡有黎,具祸以烬。于乎有哀,国步斯频。

国步蔑资,天不我将。靡所止疑,云徂何往?君子实维,秉心无竞。谁生厉阶?至今为梗。

忧心殷殷,念我土宇。我生不辰,逢天僤怒。自西徂东,靡所定处。多我觏痻,孔棘我圉。

为谋为毖,乱况斯削。告尔忧恤,诲尔序爵。谁能执热,逝不以濯?其何能淑?载胥及溺。

如彼遡风,亦孔之僾。民有肃心,荓云不逮。好是稼穑,力民代食。稼穑维宝,代食维好。

天降丧乱,灭我立王。降此蟊贼,稼穑卒痒。哀恫中国,具赘卒荒。靡有旅力,以念穹苍。

维此惠君,民人所瞻。秉心宣犹,考慎其相。维彼不顺,自独俾臧。自有肺肠,俾民卒狂。

瞻彼中林,甡甡其鹿。朋友已谮,不胥以谷。人亦有言:进退维谷。

维此圣人,瞻言百里。维彼愚人,覆狂以喜。匪言不能,胡斯畏忌?

维此良人，弗求弗迪。维彼忍心，是顾是复。民之贪乱，宁为荼毒。

大风有隧，有空大谷。维此良人，作为式谷。维彼不顺，征以中垢。

大风有隧，贪人败类。听言则对，诵言如醉。匪用其良，复俾我悖。嗟尔朋友，予岂不知而作。

如彼飞虫，时亦弋获。既之阴女，反予来赫。

民之罔极，职凉善背。为民不利，如云不克。民之回遹，职竞用力。

民之未戾，职盗为寇。凉曰不可，覆背善詈。虽曰匪予，既作尔歌！

(1)泰伯、虞仲按照古公的布局，前后到"大风有隧，有空大谷"的虞芮之地建立双子国，过程中遭到了全面战乱，几乎化为灰烬："四牡骙骙，旟旐有翩。乱生不夷，靡国不泯。民靡有黎，具祸以烬。于乎有哀，国步斯频。"

(2)东进的结果是："自西徂东，靡所定处。多我觏痻，孔棘我圉"，"天降丧乱，灭我立王"。

(3)初期失败的原因，从周人角度是四面受敌"孔棘我圉"，但是自己军力不足"靡有旅力，以念穹苍"。从同盟方"朋友"角度，诗文埋怨他们："朋友已谮，不胥以谷"，"维彼愚人，覆狂以喜"，"贪人败类。听言则对，诵言如醉。匪用其良，复俾我悖"，"既之阴女，反予来赫"。显然，盟友因为忌惮泰伯的迅速站稳脚跟并壮大而毁约了，想窃取泰伯的建设成果。确实进退两难，"人亦有言：进退维谷"。

（4）泰伯无后，应该是死于这次战乱："天降丧乱，灭我立王。"虞仲继泰伯之后接替执行古公布局。正因为如此重要，涉及武王胜利后告祖六人名单中的四位，所以这首颂歌篇幅才这么长。孔子说："泰伯可谓至德矣，三以天下让。"其实泰伯为了古公"翦商"牺牲很大，这个岗位是苦差。

（5）《桑柔》是季历的口吻，"既之阴女，反予来赫"说明背约的不是姜方们，而是安排太姒嫁给季历的商朝廷。"阴"是北面、雌性的意思，"阴女（汝）"指周人已经北面事商，知其雄而守其雌。商"反予来赫"的威慑手段是鼓动四面的其他诸侯围攻骚扰，"四牡骙骙，旟旐有翩。乱生不夷，靡国不泯"。"汾水四国"（沈、姒、蓐、黄），按甲骨卜辞，至少黄国出了兵："贞勿赐黄兵"，"往出狩"。

（6）泰伯的遭遇是季历多次对山西用兵的导火索："嗟尔朋友，予岂不知而作。如彼飞虫，时亦弋获。""弋"是带绳子的箭射出去再收回，形容季历对山西"飞虫"们的军事打击。季历曾经征燕京之戎、余无之戎、始呼之戎、翳徒之戎。季历率周军主力多次出击复仇，吴国是远征的后勤基础。

古公布局如此重要的虞、芮立国，仅以《桑柔》歌颂显然不够。《魏风》七篇就是"虞芮之风"。《诗·魏风谱》云："魏者，虞舜、夏禹所都之地也。在《禹贡》冀州雷首之北析城之西，周以封同姓焉。"孔子去世后魏斯才建魏，所以孔子删改《诗经》时还没有战国之魏。春秋时期有一个姬姓魏在今山西芮城县北，其实就是虞芮之地。《左传·桓公三年》记载："芮伯万之母芮姜恶芮伯之多宠人也，故逐之，出居于魏。"《汾沮洳》证明其地就在汾水流域。

《汾沮洳》:泰伯、虞仲奔吴的赞美诗。

汾沮洳

彼汾沮洳,言采其莫。彼其之子,美无度。美无度,殊异乎公路。

彼汾一方,言采其桑。彼其之子,美如英。美如英,殊异乎公行。

彼汾一曲,言采其藚。彼其之子,美如玉。美如玉,殊异乎公族。

(1)"彼汾沮洳""彼汾一方""彼汾一曲",讲得很明确,"魏"就在"汾"。汾水在今山西省中部地区,西南汇入黄河。当时的黄河与汾水交汇之处应该有很大面积的浅水滩,所以描述为"彼汾沮洳",即汾水流域的地貌。

(2)"言采其莫/桑/藚",是对该地区百姓农业生产的描写。

(3)"彼其之子,美无度/如英/如玉",这是对古公之子泰伯、虞仲的赞美。

(4)"殊异乎公路/公行/公族",这三句都是指泰伯、虞仲奔吴。从此与古公以及族人人各天涯,东西迥路。

《陟岵》:虞仲奔吴后怀恋父母及兄长的感怀诗。

陟 岵

陟彼岵兮,瞻望父兮。父曰:嗟!予子行役,夙夜无已。上慎旃哉！犹来无止！

　　陟彼屺兮，瞻望母兮。母曰：嗟！予季行役，夙
夜无寐。上慎旃哉！犹来无弃！

　　陟彼冈兮，瞻望兄兮。兄曰：嗟！予弟行役，夙
夜必偕。上慎旃哉！犹来无死！

（1）"陟彼岵/屺/冈"，虞仲分别登上由高而低的高处拜祭父、母、兄。

（2）父、母、兄在远方或天上的嘱咐和祝福略有不同。父亲说"无已"，是勉励奋斗不止；母亲说"无寐"，是不做噩梦睡觉安稳无忧无虑的祝福；哥哥泰伯的祝愿是"必偕"，兄弟相继治理虞、芮必能成功。

（3）"上慎旃哉"，你当虞芮之地的"上"可要"慎"啊。"旃"是一面红旗。《周易》中"小人勿用"本意就是用"旃"旗召集百姓。父、母、兄都对他充满期望。

（4）"犹来无止/无弃/无死"，父、母、兄都期待他能在虞芮之地长期立足才能"犹来"。父亲强调一代代传下去"无止"，母亲说不要忘了娘亲"无弃"，哥哥说好好活下去"无死"（哥哥已死）。商周祭祀"祭必有尸"，由一位子弟或祭司代替被祭祀的先人说话。《桑柔》中"天降丧乱，灭我立王"说的就是泰伯已经死于这次战乱。

《硕鼠》：立志建设新的乐土虞芮之国。

硕　鼠

　　硕鼠硕鼠，无食我黍！三岁贯女，莫我肯顾。逝

将去女,适彼乐土。乐土乐土,爰得我所。

硕鼠硕鼠,无食我麦!三岁贯女,莫我肯德。逝将去女,适彼乐国。乐国乐国,爰得我直。

硕鼠硕鼠,无食我苗!三岁贯女,莫我肯劳。逝将去女,适彼乐郊。乐郊乐郊,谁之永号?

在虞、芮建国的背景之下,再读《硕鼠》的意境就完全不同。剥削、掠夺的"硕鼠"就是《桑柔》中谴责的"贪人败类"。"三岁贯女"不是三年而是多年。《硕鼠》把剥削掠夺者比喻为老鼠,说明虞仲来了以后就没有打算走,而是要开展灭鼠行动。"逝将去女",即"誓将去汝",不是我走而是消灭老鼠。建设"乐土/乐国/乐郊"的新的虞芮之国。

《伐檀》:虞仲开辟之赞歌。

伐 檀

坎坎伐檀兮,置之河之干兮。河水清且涟猗。不稼不穑,胡取禾三百廛兮?不狩不猎,胡瞻尔庭有县貆兮?彼君子兮,不素餐兮!

坎坎伐辐兮,置之河之侧兮。河水清且直猗。不稼不穑,胡取禾三百亿兮?不狩不猎,胡瞻尔庭有县特兮?彼君子兮,不素食兮!

坎坎伐轮兮,置之河之漘兮。河水清且沦猗。不稼不穑,胡取禾三百囷兮?不狩不猎,胡瞻尔庭有县鹑兮?彼君子兮,不素飧兮!

周人是农业部落，泰伯、虞仲在"吴"地虞、芮一定开展推广当时的新兴产业农业。《魏风》中著名的《伐檀》，"坎坎伐檀兮"是砍树开垦农田以及制作马车的"辐""轮"，推广的重点是"不稼不穑，胡取禾三百"。"不狩不猎"的影响是"胡瞻尔庭"的祭祀品。虞仲这位"君子"没有尸位素餐，"不素食兮"；而是自力更生、艰苦奋斗。

《葛屦》《园有桃》《十亩之间》：都是新家园农业生产生活的场景。（略）

葛　屦

纠纠葛屦，可以履霜？掺掺女手，可以缝裳？要之襋之，好人服之。

好人提提，宛然左辟，佩其象揥。维是褊心，是以为刺。

园有桃

园有桃，其实之肴。心之忧矣，我歌且谣。不知我者，谓我士也骄。彼人是哉，子曰何其？心之忧矣，其谁知之？其谁知之，盖亦勿思！

园有棘，其实之食。心之忧矣，聊以行国。不知我者，谓我士也罔极。彼人是哉，子曰何其？心之忧矣，其谁知之？其谁知之，盖亦勿思！

十亩之间

十亩之间兮，桑者闲闲兮，行与子还兮。

十亩之外兮，桑者泄泄兮，行与子逝兮。

2. 《桧风》之"会"与《诗经》中的"忍者"之歌

前文分析《举治王天下·古公见大公望》时已述，姜太公与文王第一次见面于文王七年，共同达成完成古公遗志，实现反商复夏，以"黄帝之道"兼济天下。这就是说，他俩著名的钓鱼相会"渭水对"实际上是三十三年后的第二次"会"。这三十三年姜太公在干什么？在当"忍者"。作为最高级的间谍，他本人学习"伊挚在夏"，深入朝歌为纣王担任祭祀官"屠牛"，此即"吕牙在殷"。与伊尹不一样的是，他还将立志恢复"黄帝之道"的组织"光烈之族"改造为类似洪门的间谍组织，他的职位从"吕上"改为"丈人"。该组织传承共工以水路为据点控制天下的"专渚"网络，是为体制外的"江湖"，姜丈人因此也称"渔丈人"或"渔父"。无论是"棘津"还是"磻溪"抑或是"渭水"的传说，都是江湖网络的据点，并不是一处。宋代《武王伐纣平话》记载姜太公用直钩无饵钓鱼并自言"负命者上钩来"，就是比喻《文伐》《蛊》的"太公阴谋"。

"渔"对太公与文王都是一个标志性的符号。《举治王天下》中文王七年第一次的交心也是吃鱼喝酒。《桧风》的最后一篇《匪风》记载他俩吃火锅："谁能亨鱼？溉之釜鬵。""匪风"是对方的风，即西风："匪风发兮/飘兮""匪车偈兮/嘌兮"。这阵风把姬昌车队刮来了。年轻的吕尚还没那么淡定，所以"谁将西归"之际"顾瞻周道，中心怛兮/吊兮"。

匪 风

匪风发兮，匪车偈兮。顾瞻周道，中心怛兮。

匪风飘兮，匪车嘌兮。顾瞻周道，中心吊兮。

谁能亨鱼？溉之釜鬵。谁将西归？怀之好音。

"桧"地在骊山东、华山西的渭河流域，即"周之东"。**此地也是文王与姜太公第二次"渭水对"的相会之地，为了纪念两次如此重要的历史事件，很可能改地名为"桧"。**实际上，"桧"＋《唐风》的"唐"＝毕业的"毕"地。也基于同样的毕生事业，此地在唐国西迁前曾改名"毕"，表示捕鸟之志。文王、武王、周公与太公五世全部归藏于此。《小雅·祈父》记载毕公曾在此守墓："祈父，予王之爪牙，胡转予于恤，有母之尸饔。"

《桧风》共四首，除了鱼火锅，另外三首都是文王七年姬姜对话的内容。按照周公"制礼作乐"的标准，"国风"都是异姓诸侯之诗，制式以三段为主。《桧风》比干巴巴的上博楚简《举治王天下》生动有趣太多了。因为第一次见面吃鱼汤火锅打趣，所以吕尚接受姬昌的邀请兄弟同心闹革命，之后就是漫长的敌营三十三年。所以，吕尚再一次与姬昌相会选择了钓鱼的方式。姬昌在写第一稿《周易》时特地挑了"上泽下火"的火锅卦象来记录《革》卦。火锅的上面不是清水而是"泽"，因为水至清则无鱼，没有鱼的白开水火锅就叫"未济"。"泽"的特点是有鱼有虾有贝类，有草如水芹菜，这是一口融合的大锅。小火慢炖出来就是"新民"。《革》就是羊皮袄换狐皮袄，大人变成诸侯即"大人虎变"。"鱼"与火锅是属于他俩的故事。

素 冠

庶见素冠兮,棘人栾栾兮,劳心慱慱兮。

庶见素衣兮,我心伤悲兮,聊与子同归兮。

庶见素韠兮,我心蕴结兮,聊与子如一兮。

隰有苌楚

隰有苌楚,猗傩其枝,夭之沃沃,乐子之无知。

隰有长楚,猗傩其华,夭之沃沃,乐子之无家。

隰有苌楚,猗傩其实,夭之沃沃,乐子之无室。

羔 裘

羔裘逍遥,狐裘以朝。岂不尔思?劳心忉忉。

羔裘翱翔,狐裘在堂。岂不尔思?我心忧伤。

羔裘如膏,日出有曜。岂不尔思?中心是悼。

这三首诗都很轻快,像是姬昌有一点逗乐吕尚的口气。《素冠》向吕尚表达了有福同享的意思。"庶见素冠兮,棘人栾栾兮,劳心慱慱兮",姬昌称呼吕尚为"棘人",桧地在渭河与黄河三岔口,再向东就是另一个三岔口"棘津"。看来吕尚当时确实在棘津,"栾栾"是瘦高瘦高的形象,原因是"劳心慱慱兮"。"慱慱"是忧劳、忧思的样子。这时的吕上类似隆中的诸葛亮瘦高书生心怀天下的形象。

《隰有苌楚》中姬昌拿吕尚打趣,吕尚把姜家比作葛藟,姬昌说是猕猴桃"苌楚"。猕猴桃的枝条细长,但不如葛条结实,而且蔓延得不够广阔。虽然也很茂盛"夭之沃沃",但"无家""无室"。"乐"很有趣,姬昌说吕兄你的家族背景与学问都好,居然不能建国成为诸侯,让弟弟我见笑了啊。

《唐风》中描述他俩是表兄弟，古公夸赞的一对麒麟儿。

吕尚说你哥我虽不像你有周国，但我也是光烈组织的"丈人"有江湖地位啊。就是《羔裘》所谓"羔裘逍遥""羔裘翱翔""羔裘如膏，日出有曜"。电视连续剧《琅琊榜》中以陶弘景为原型的江左盟宗主梅长苏就是这个形象。《素冠》已经说过，"庶见素冠兮，棘人栾栾兮，劳心慱慱兮"，人都瘦成树干了，你"劳心忉忉"图个啥？如果你的志向是"兼济天下"，不得在正规组织中施展才华吗？所以吕兄需要"狐裘以朝""狐裘在堂"。游艇再拉风也不是航母，羊皮袄再精美也不是狐皮大衣。周人在《豳风·七月》中记录，猎获的狐狸要献给公子作裘，"取彼狐狸，为公子裘"。

"岂不尔思？劳心忉忉"的"忉"应是"忍"字的一种写法。同样的表述也出现在《齐风·甫田》中："无思远人，劳心忉忉。"再次证明《桧风》《羔裘》与太公的关联。

甫　田

> 无田甫田，维莠骄骄。无思远人，劳心忉忉。
> 无田甫田，维莠桀桀。无思远人，劳心怛怛。
> 婉兮娈兮，总角丱兮。未几见兮，突而弁兮！

"甫田"即"吕田"。"无田甫田"，不能在家乡故国吕国耕田的意思。这位"远人"还能是谁？"婉兮娈兮，总角丱兮"，"婉娈，少好貌"，两位麒麟儿总角之交为了"翦商"之谋"丱兮"，用一劈两半比喻双方骨肉分离的意思。"未几见兮，突而弁兮"，弁是成人的帽子，男子二十而冠。文王七年时二人都已成年。

《桧风》之"会"之后，姜太公忍了三十三年，忍字头上一把刀，"劳心忉忉"是什么心情？《唐风》与《王风》中各有一篇《扬之水》。而《小雅·小弁》以及《邶风·谷风》居然有重复的四句诗："无（毋）逝我梁，无（毋）发我笱。我躬不阅，遑恤我后！"这四首分散的诗篇很有可能都是太公当时的感怀。孔子编辑时窜了篇，自然后世解读也就千奇百怪不明所以。《王风》描写的是商王畿，《唐风》描写的是骊山地区，《邶风》描写的是商王畿东部，"扬之水"就是"羊水"。《王风·扬之水》《小雅·小弁》《邶风·谷风》这三首诗都是太公在殷三十三年期间的作品。《小弁》恰恰点题忍者之心："君子秉心，维其忍之。"

王风·扬之水

扬之水，不流束薪。彼其之子，不与我戍申。怀哉怀哉，曷月予还归哉！

扬之水，不流束楚。彼其之子，不与我戍甫。怀哉怀哉，曷月予还归哉！

扬之水，不流束蒲。彼其之子，不与我戍许。怀哉怀哉，曷月予还归哉！

唐风·扬之水

扬之水，白石凿凿。素衣朱襮，从子于沃。既见君子，云何不乐？

扬之水，白石皓皓。素衣朱绣，从子于鹄。既见君子，云何其忧？

扬之水，白石粼粼。我闻有命，不敢以告人。

《王风》中与《唐风》同名的《扬之水》再次证明这位君子
是姜太公。姜家三大姓同时列出："彼其之子，不与我戍
申/甫（吕）/许。""素衣朱襮/朱绣"表示他是商、周两色的双
面人。作者在唐地歌咏渭水很正常，"白石"正是姜人特征。
但他为何在商王畿也歌咏渭水呢？因为《唐风·扬之水》中
的他"既见君子，云何不乐"，"我闻有命，不敢以告人"。
他在唐地即毕地与文王相会之后，就领了"不敢以告人"的
任务，当时三十多岁的他不能痛痛快快地上战场杀敌，只
能在秘密战线"忍"着。姜太公是四邦方起义的主要将领，
现在"彼其之子"周文王却"不与我戍申/甫（吕）/许"，当然心
情是"既见君子，云何不乐"，"怀哉怀哉，曷月予还归哉"。

《小雅·小弁》与《邶风·谷风》很奇怪地出现了重复句：
"无（毋）逝我梁，无（毋）发我笱。我躬不阅，遑恤我后！"目
前的解释是说周朝诗人们通用这十六字金句，合理吗？为
什么就不能正常地理解是同一位作者写的呢？这句诗表达
的正是在殷的"忍者"强烈要求回归本部。"无逝我梁，无发
我笱"，"梁"的本意是水上架桥，也指围合水流的水堤；
"笱"是竹制的鱼篓。"忍者"姜太公再次以钓鱼的比喻强调
要保护家乡的设施，保护族人的生计。这还是对"彼其之
子，不与我戍申"的埋怨。"我躬不阅，遑恤我后"，我自己
不去管，如何保护我族后代？"阅"，就是考察、检视。《管
子》"常以秋、岁末之时阅其民"，说的就是齐桓公经常在秋
天和年末的时候视察民众，考察人口与土地，把户口按什、

伍组织编制起来。十人一什、五人一伍，实行严格的人口管理制度，以便发展。

《邶风·谷风》与《小雅·小弁》篇幅都比较长，已经提示了作者必然是高级别的诸侯。这个级别在周初也就只有姜太公、周公、召公了。从内容看和周公、召公都无关。所以作者只能是姜太公。两首诗都很哀怨，朱熹分别解释为怨妇诗和周幽王太子被废诗。如果《诗经》中保存那么多的怨妇诗，那连薛涛、李清照的格调都达不到，何以为"经"？如果解读为"幽王太子宜臼被废而作此诗"，那么任何被免职的人都可以是作者，而且掌握作者命运的是"君子信谗""君子不惠"的"君子"，"君子"在西周文献中是君的子弟而不是王。这位"君子"在《小弁》中出现了四次，就是《周易》上经中的君子姬昌。

《邶风·谷风》是姜太公在文王七年秘密结盟后出发去朝歌前对战友的赠别。

谷 风

习习谷风，以阴以雨。黾勉同心，不宜有怒。采葑采菲，无以下体。德音莫违，及尔同死。

行道迟迟，中心有违。不远伊迩，薄送我畿。谁谓荼苦，其甘如荠。宴尔新昏，如兄如弟。

泾以渭浊，湜湜其沚。宴尔新昏，不我屑以。毋逝我梁，毋发我笱。我躬不阅，遑恤我后！

就其深矣，方之舟之。就其浅矣，泳之游之。何有何亡，黾勉求之。凡民有丧，匍匐救之。

　　　　不我能慉，反以我为雠，既阻我德，贾用不售。昔育恐育鞠，及尔颠覆。既生既育，比予于毒。

　　　　我有旨蓄，亦以御冬。宴尔新昏，以我御穷。有洸有溃，既诒我肄。不念昔者，伊余来塈。

　　(1)"习习谷风，以阴以雨"比喻的是革命低潮，商军横行的整体时局。

　　(2)"黾勉同心，不宜有怒"，"黾"是蛙的一种，"黾"蛙一语双关，既说明结盟地在女娲地盘骊山，同时"不宜有怒"还是"忍者"。"怒蛙"即鼓足气的蛙。《韩非子·内储说上》中勾践学习"忍者"以"怒蛙"激励将士就源于此处："越王勾践见怒蛙而式之……士人闻之曰：'蛙有气，王犹为式，况士人有勇者乎！'"

　　(3)"采葑采菲，无以下体"，"葑"和"菲"并不一定特指某种植物，否则不如采薇、采卷耳吧。应按"封""非"理解，指的是自家的封地与外乡。姜太公离开封地家乡在外乡谋生，"无以下体"即"无以体下"，吕上无法照顾手下族人。

　　(4)"德音莫违，及尔同死"，这句话是重复双方的盟誓。

　　(5)"行道迟迟，中心有违。不远伊迩，薄送我畿。谁谓荼苦，其甘如荠。"姜太公离开骊山渭水出发，因为"中心有违"，所以"行道迟迟"。周文王一路相送，"不远伊迩，薄送我畿"。"谁谓荼苦，其甘如荠"，多年潜伏在敌营的地下党们苦不苦？甜不甜？

　　(6)"宴尔新昏，如兄如弟。"新婚燕尔"如兄如弟"，同性恋？所以新婚＝新盟。姬姜才是"如兄如弟"。新婚燕尔原文是"宴尔新昏",还是吃鱼头火锅。

（7）"泾以渭浊，湜湜其沚。""泾渭分明"就源于此处，比喻界限清楚或是非分明。"湜湜"是水清澈的意思，"沚"是水中的小洲陆地，《秦风·蒹葭》也有"宛在水中沚"。整句的意思是说陕西人现在去河南了，姜太公去商人那上班了但是泾渭分明。在殷卧底的姜太公自比为"湜湜其沚"，类似"宛在水中沚"，孤胆英雄出淤泥而不染。

（8）"宴尔新昏，不我屑以"是一个反语，我能在敌营保持初心与本色，坚守"新婚"的盟誓，你姬昌可别因为我在殷商难免演戏而鄙视我啊。这是单线联系的间谍的顾虑。《风筝》中的高级间谍六哥在军统混得风生水起，怎么看都不像共产党员。除了最高级的部长最后为他证明，其他同志对他都是"不我屑以"。

（9）"就其深矣，方之舟之。就其浅矣，泳之游之"，这是在敌营随机应变的工作方法。兵来将挡水来土掩，逢山开路遇水搭桥。不想了，只顾风雨兼程。

（10）"何有何亡，黾勉求之。凡民有丧，匍匐救之。"屈原"路漫漫其修远兮，吾将上下而求索"的出处是："就其深矣，方之舟之。就其浅矣，泳之游之。何有何亡，黾勉求之。"姜太公加了"何有何亡"，不计个人得失、不患得患失的无私无畏；"黾"即怒蛙的战斗精神，他是不会绝望投河的。因为他的抱负不止一姓一国的利益，而是救民于水火："凡民有丧，匍匐救之。"

（11）"不我能慉，反以我为雠，既阻我德，贾用不售"，这是姜太公对商朝的态度，也是让"新婚"战友放心的表态。

《周易》中有《大蓄》《小蓄》卦，分别指周朝对异族官员大人、百姓小人的蓄养。商朝没有这样的仁心德政，"反以我为雠"，"雠"是大仇大怨。学成文武艺，货与帝王家。"我"姜太公要推行新思想新的德政被商朝镇压，我当然不卖给他们了，"既阻我德，贾用不售"。

（12）"昔育恐育鞠，及尔颠覆。既生既育，比予于毒"，这也是一句造反宣言。商人过往的所作所为"育恐育鞠"，产生的都是"恐"与"鞠"。"鞠"是抓住拷问或穷困的意思。商人行的是军事恐怖主义的暴政，所以要颠覆他，"及尔颠覆"。这个政权的苛政猛于虎已经给我族制造了悲惨命运，我去殷商上班就是报仇雪恨。《比》卦讲的就是与异族首领的合作，姜太公将自己与商朝的合作定义为"比予于毒"，近朱者赤近墨者黑，近毒者呢？

（13）"我有旨蓄，亦以御冬。宴尔新昏，以我御穷"，这是临别对战友关心生活的回应，我去了生活费不用替我担心。《鲁颂·泮水》中有"既饮旨酒"，"旨"指美味。新旧工作有一个青黄不接的时间，姜太公还有不错的积蓄。

（14）"有洸有溃，既诒我肆"应该是"有觥有馈，既诒我肆"。在我的小酒馆"酒肆"中觥筹交错有吃有喝，"馈"是请客的食物。看来他开小酒馆的谣言就是从这里来的。

（15）"不念昔者，伊余来墍"这句结尾词如果被误解为不念旧日之情，那么"伊余来墍"就没法解释了。新婚者的"昔"指的是"旧恨"，就是前文"昔育恐育鞠，及尔颠覆"。姜太公的意思是革命工作第一生活好坏不重要。如果不闹革命他过的也是有酒有肉的日子，还很富余，叫"伊余"，成家立业盖个大瓦房也没问题。"来"是小麦或通"莱"，要么说房子里装满了优质小麦，要么指如果变节投靠商朝也能"成家"当个诸侯。这应该是借用了当年古公与姜太公密约反商时古公朝拜商王后到周原建房立家的典故。见《大雅·绵》："古公亶父，来朝走马。率西水浒，至于岐下。爰及姜女，聿来胥宇。"

姜太公为了姬周革命事业，在《桧风》之"会"后去当卧底三十三年。《诗经》记载他就是最早的"忍者"："劳心忉忉"，"君子秉心，维其忍之"。

历史总是惊人地相似，除了勾践（后文详述），日本也出现了德川家康与"忍者"。日本忍者自称学自"吴人"，传自太公。德川家康从小和文王一样当过人质，他的名言是忍耐，忍耐，再忍耐。他面临的局面类似商周，当时丰臣秀吉想统一日本，而他作为最强的诸侯隐忍待机。最终德川家康在关原决战击败了丰臣秀吉的得力干将石田三成。电影《关原之战》中，美丽的女刺客初芽是伊贺忍者的首领，她的原型是被德川家康送往石田身旁的女忍者初芽局（はつめのつぼね）。初芽就是日本的女艾（正史记载的第一位女间谍，后文详述），只是名字起得有点像"子牙"。初芽的结局是被德川所杀。明治维新后，"初芽"成为新一代女忍者"阿菊"的雏形。

忍者的中国祖师爷是姜太公。忍者经典《万川集海》说忍术出自《六韬》。《万川集海》归纳了忍道、忍术、忍器三方面，分上、中、下三等。上忍又称"智囊忍"，负责策略布局，像姜太公本人；中忍是作战的指挥，武功高强，类似吕伋兄弟；下忍在最前线冲锋陷阵，是普通的士兵。

忍者的日本祖师爷是情报官大伴细人。他生活在第一位称"天皇"的推古时代。推古在内政上最早建立起日本法律制度，外交上第一次派小野妹子（中国名苏因高）向隋炀帝递交国书。大伴细人出生在甲贺（今滋贺县），那里是弥生人的发源地，弥生人是外来人——其中就有来自古代中国东南沿海的居民——与本地绳文人融合之后形成的。显然，甲贺流很有可能就来自中国大陆。

忍术是如何传到日本的呢？日本忍者自称学自"吴人"，推测第一代滋贺忍者就是逃亡日本的南朝鬼军。大伴细人同时代，宋明帝刘彧杀侄夺位时训练了三千"鬼军"。鬼军喝下哑药后在栖霞山进行魔鬼训练。他们的战甲很特别，估计就是忍者将军铠甲的原型。鬼军脸涂银灰扮成"鬼"，只在夜间突袭，这就是忍者军团的战法。鬼军见不得人，刘彧坐稳皇位后下令灭迹。残余的南朝鬼军完全可能逃去滋贺。滋贺著名忍者"鬼半藏"其实姓秦，也是东渡来人。"鬼子"的最早出处就在南朝《世说新语》中骂人的"鬼子敢尔"。实际上江南地区与日本的频繁交流被低估了。《红楼大梦》即考证《源氏物语》的唐式挽歌与南唐的渊源，重光王子与李煜的重名，紫式部出现与小周后失踪的时间一致等。史载南唐与北宋对抗时通过海路与北辽串联，为何不能与更近的日本联络？南明抗清，黄宗羲、朱舜水都去日本借兵，朱舜水最后留在了日本成为"日本孔子"。

二、渔父的江湖与姜太公钓鱼的玄机

《管子》说共工利用水利枢纽控制天下："共工之王，水处什之七，陆处什之三，乘天势以隘制夫下。"共工建立的这个组织如果演变下来叫什么？渔父或"专渚"。"临渊羡鱼，不如退而结网"，从"用间"的角度看，江湖上的"渔父"更像是姜太公开创的联络组织。

洪门最初建立的联络网首先是顾炎武、傅青主开创的山西票号体系，这个体系平行配合着镖局体系，其后方以智父子在两广建立"江相帮"发展物流体系，从洪门分裂出去的青帮控制着大运河漕运。参考洪门的网络体系，姜太公会不会创立"渔父"网络呢？"吕尚困于棘津"，"棘津迎客之舍人"，姜太公在棘津这个黄河最重要的渡口到底干啥？

史载伍子胥就至少利用了两位"渔父"，分别为他逃亡吴国以及协助阖闾夺位发挥了关键作用。伍子胥逃亡，与他素昧平生的江上渔父载其渡江。过江之后为了保密，渔父毅然沉水自尽。这位渔父自称"渔丈人"。他俩的行为都不合情理。一个亡命徒凭什么让帮他过江的普通渔父自杀？与伍子胥类似，项羽败退乌江也恰好有"渔父"在此要救他过江。项羽不过江东，伍子胥则靠渔父过了江东，但到溧阳时快饿死了，据说是一位"浣纱女"给饭。而韩信快饿死的时候也是来到了河边被"漂母"供饭。伍子胥、项羽、韩信与渔父漂母的故事，要么是后人的想象，要么就是有人提前安排。姜渔父《六韬》曰："免人之死，解人之难，救人之患，济人之急者，德也。"

伍子胥依靠的另一位渔父是专诸。"专诸进炙，定吴篡位。""专诸擘鱼，因以匕首刺王僚，王僚立死。左右亦杀专诸。"专诸是江苏厨师之祖，最擅长做"全鱼炙"。"专诸"写为"专渚"更贴切，他是在水边生活的渔父，又不是"言者"。"渚"表示水边之地或水中之地，如太湖的鼋头渚。

伍子胥的对手范蠡也与渔父有重大关联。范蠡的老师计然就是"渔父"。计然很神秘，据载是辛公甲的后代辛鈃，号"渔父"，"时遨游海泽"。辛鈃，"晋公子，学于老君，为范蠡师，号通玄真人"，"少而明，学阴阳，见微知著，其志沉沉，不肯自显，天下莫知"。范蠡自己也成了江湖上的"专渚"和"渔父"。《计然》曰："范蠡乘偏舟于江湖。"专渚专渚，他在齐国海边专的是海运码头的"渚"。范蠡和西施也被期望成为泛舟太湖的"渔公渔婆"。记录明清历史的《红楼梦》中，黛玉宁可跟宝玉成为"渔公渔婆"也不愿意嫁给北静王，寓意朱三太子不愿归附"延平王"郑成功，而与老师方以智随着洪门流落江湖。

"渔父""专渚"，是不是有一个专业性的人群或组织？在地广人稀的时代，"专"着江河湖海之"渚"，这个人群就叫"江湖"。商周时期的"江湖"也是一个自成一体的无政府主义的法外社会。《周易》中专门讲解征税的《需》卦警告："需于泥，致寇至。"如果向"专渚"们征税，他们就会"打渔杀家"。《庄子·让王》记载："中山公子牟谓瞻子曰：'身在江海之上，心居乎魏阙之下，奈何？'瞻子曰：'重生。重生则利轻。'"庄子的意思是"渔父"们重"利"而轻"生"，然而对于舍命救助伍子胥的渔父，我们看不出他的"利"在哪。逻辑上，既然不能体现在个人，那就只能体现在一个共同组织中吧。

《史记》收录的都不是一般的王侯将相："自古富贵而名磨灭者不可胜记，唯倜傥非常之人称焉。"司马迁专门为刺客游侠们立传，只能推论他阅览的历史资料显示刺客游侠们对历史进程有重要影响。"不欺其志，名垂后世，岂妄也哉！"可惜今天看到的只有名垂后世的个人英雄，看不到当年立志的"渔父"组织，更不清楚"不欺其志"的志向。

《庄子·渔父》讲的是一位"须眉交白，被发揄袂"的渔父教导孔子的故事。这位渔父就是假托姜太公，善意地提点孔子求"真"。"真"可视为渔父之"志"，比如修炼成"真人"，用"真"为核心的哲学兼济天下。

《六韬》记载的"渔父"姜太公重点不在"钓鱼"而是渭水会谈，钓鱼台是接头地点。但是终于说明白了"渔父之志"。

第一，自称圣人，以渔明志，立志建立新秩序。

> 文王劳而问之曰："子乐渔邪？"太公曰："臣闻君子乐得其志，小人乐得其事。今吾渔甚有似也，殆非乐之也。"

> 太公曰："……圣人之虑，各归其次，而树敛焉。"

第二，大钓无钩，饵钓天下。

> 太公曰："钓有三权：禄等以权，死等以权，官等

以权。夫钓以求得也，其情深，可以观大矣。"

太公曰："源深而水流，水流而鱼生之，情也。"

太公曰："……夫鱼食其饵，乃牵于缗；人食其禄，乃服于君。故以饵取鱼，鱼可杀；以禄取人，人可竭；以家取国，国可拔；以国取天下，天下可毕。"

第三，天下之道，利他之德。

太公曰："天下非一人之天下，乃天下之天下也。同天下之利者，则得天下；擅天下之利者，则失天下。天有时，地有财，能与人共之者，仁也。仁之所在，天下归之。免人之死，解人之难，救人之患，济人之急者，德也。德之所在，天下归之。与人同忧、同乐、同好、同恶者，义也；义之所在，天下赴之。凡人恶死而乐生，好德而归利，能生利者，道也。道之所在，天下归之。"

《桧风》之"会"后，姜太公钓鱼就不是偶遇文王，而是文王、太公合谋出山的表演，类似刘备三顾茅庐演戏演足。姜忍者只是"忍"得太久了。为了不暴露身份提醒纣王，该如何归位？这个问题当然难不倒半神姜太公。《六韬》载："术士二人，主为谲诈，依托鬼神，以惑众心。"姜太公迎合当时的"众心"，将重逢演成钓鱼偶遇。所以偶遇就是必然，而回归既戏剧又自然还很神圣。为了扩大宣传效果，文王还专门创作了《文王思士》传唱歌颂。钓鱼会充分体现了太公阴谋"秘"与"密"的特点,既机密又缜密。为太公营造了神秘人设,完全掩盖了三十三年的经历,迷惑了纣王、崇侯虎。还为宣传姬姜联盟的"天命"提供了爆炒的热点。

"冷子"激活之时就是"兴"周灭商。《红楼梦》中的"周瑞"家的女婿冷子兴"来历不明",日常买卖古董。但他对四大家族的来历与每个人的特点可是清清楚楚。很有本事的贾雨村"最赞这冷子兴是个有作为大本领的人,这子兴又借雨村斯文之名,故二人最相投契"。冷子兴的"作为"与"大本领"是什么?冷子兴说:"'正'也罢,'邪'也罢,只顾算别人家的帐。"他就是布局"冷子"的顾炎武。顾炎武布的"冷子"就是山西票号与镖局。"只顾算别人家的帐"指顾炎武开创了代人理财与记账方法。太公在朝歌、棘津做"买卖"时,估计也"借雨村斯文之名",和比干、箕子、胶鬲们喝喝酒,也对商朝王室贵族了如指掌,但是对方对他的"来历"却"不明"。顾炎武两次被告发入狱,一次是"通海"间谍案,一次是"十四人逆诗案"("黄培诗案")文字狱。顾炎武能两次逃脱,只能是靠"王熙凤"了。王熙凤喻指明清权臣,在明代表阉党;在清代表"后党"孝庄势力。卧底生存必须利用对方高层的派系斗争。

"封锁经济、藏金于民"是洪门反清纲领之一。顾炎武与傅青主在山西祁县实践开创了中国第一个票号"义振泉",比"志成信"早 20 年,比"日升昌"早 162 年。《清稗类钞》载:"李自成掳巨资败走山西,及死,山西人得其资,以设票号。其号中规则极严密,为顾炎武所订,遵行不废,故称雄于商界者二百余年。"梁启超、章太炎也考证票号为顾炎武所创。顾炎武意外地成了票号与银行业的真正创始人。文献中他抵押收回改造的虎坊桥客栈、杭州码头货柜等就是类似"渔父"的江湖网络。南方洪门主要是方以智父子"江相帮"（江湖宰相）及"天地会"等，向南洋扩散建了很多"公司"，有些至今还在。"票号＋镖局＋码头＋公司"，这个反清网络在《红楼梦》中被比喻为"雀金裘"（却金酋）；因为票号开到了俄罗斯，所以《红楼梦》中才有俄罗斯裁缝（还能超过江南织造？）。康熙二年顾炎武票号被告密查封，为了补雀金裘累到吐血的"晴雯"就是"炎武"。冷子兴＋晴雯＝顾炎武，这是《红楼梦》为了安全必须采用的分身笔法。

姜太公钓鱼另一版本是汉代《尚书帝命验》。在这类书中，姜太公的故弄玄虚刚好成了王莽、刘秀利用互相验证的"历史"案例。在王莽篡位背景下，谶纬典籍《尚书帝命验》同期出现。该书言朝代兴亡取决于天命，随五行更替各有征验，故名《帝命验》。《帝命验》把姜太公的忽悠强化成了天意："望钓得玉璜，刻曰：姬受命，吕佐旌。""鱼腹藏玉璜、帛书。""周受命，吕佐昌，德合于今，昌来提。"钓鱼有鱼饵、鱼钩就不是故事，钓到鱼也不是新闻。只有无饵、直钩，钓到了玉版和兵书才是大新闻。

文王、太公钓鱼千古戏，贵宾厅的观众是纣王。纣王的第一观感当然是养老院的俩老头把军国大事当儿戏，但他对道具"玉版"却高度警惕。《竹书纪年》记载："（帝辛）四十年，周作灵台。王使胶鬲求玉于周。"姜太公已经建好灵台，那就是公开退出"大一统"了。纣王的应对很绥靖，没有派兵抓人"烹"，而是派了两轮外交使团。胶鬲求的"玉"

就是姜太公钓到的天命玉版。姜太公已经设计好了"计中计"。这块"玉"还促成了贤人胶鬲被周人收买，奸人费仲被纣王重用。

《韩非子·喻老》载：

> 周有玉版，纣令胶鬲索之，文王不予；费仲来求，因与之。是胶鬲贤而费仲无道也。

《六韬·文伐》载：

> 五曰，严其忠臣，而薄其赂。稽留其使，勿听其事。亟为置代，遗以诚事。亲而信之，其君将复合之。苟能严之，国乃可谋。
>
> 十一曰，塞之以道。人臣无不重贵与富，恶死与咎。阴示大尊，而微输重宝，收其豪杰。内积甚厚，而外为乏。

《文伐》用不同的态度离间敌国的忠臣和奸佞，只要一块"玉"而已。故意尊敬纣王的忠臣如胶鬲却送给他薄礼。外人会以为他和周要好，但胶鬲自己不知道。当胶鬲前来要玉时就故意拖延不办，这样纣王就会怀疑胶鬲的能力甚至怀疑他与周人勾结，于是纣王会改派使者。费仲是小人，周人巴不得他被重用祸害商朝，所以就让费仲顺利拿走玉版，同时贿赂重礼真给钱，外界却不知道。纣王拿到了玉版，再加上费仲拿了钱必然替周人说话哄纣王开心，胶鬲无路可走只能上我梁山；费仲得志猖狂，比干也就活不长了。

《邶风·北门》描述了胶鬲被一块玉陷害后的感受，即"胶鬲之困"：

> 出自北门，忧心殷殷。终窭且贫，莫知我艰。已焉哉！天实为之，谓之何哉！
>
> 王事适我，政事一埤益我。我入自外，室人交遍谪我。已焉哉！天实为之，谓之何哉！
>
> 王事敦我，政事一埤遗我。我入自外，室人交遍摧我。已焉哉！天实为之，谓之何哉！

"邶"在河南东，属于微子启的"微"地。《邶风》大部分的前期作品和微子启有关，但《北门》中"我入自外，室人交遍谪我/摧我"，说明作者不是王室成员，而是微子启的同谋胶鬲。一位盐王、少师"终窭且贫，莫知我艰"，这才是"胶鬲之困"。"已焉哉！天实为之，谓之何哉！"说了三遍，说明非常郁闷而且百思不得其解，他把姜太公的《文伐》当成"天实为之"了。"王事适我，政事一埤益我/遗我"，显然本来很受重用，但是重用与狠使是有区别的。表面上都是事情多任务重，区别是自己人会被理解和提拔，如果不当自己人就只不过是个牲口。所以胶鬲埋怨"我入自外"是个外人，被"室人"们批评指责还迫害。于是出北门去找微子启密谋造反。

太公钓鱼表演估计学自黄帝"玄龟衔符"。《黄帝出军决》记载如下：

> 帝伐蚩尤，乃睡，梦西王母遣道人，披玄狐之裘，以符授之曰："太一在前，天一备后，河出符信，战即克矣。"黄帝寤，思其符，不能悉忆，以告风后、力牧。风后、力牧曰："此兵应也，战必自胜。"力牧与黄帝俱到盛水之侧，立坛，祭以大牢。有玄龟衔符从水中出，置坛中而去。黄帝再拜稽首，受符视之，乃所梦得符也。广三寸，表一尺。于是黄帝备之以征，即日擒蚩尤。

黄帝和文王一样，先做一个梦，而且梦境一定是上帝、西王母之类权威托梦给个东西就能"战即克矣"。这个梦一定要广为人知，黄帝"以告风后、力牧"。为了验证这个梦，一定要很正规、很有仪式感地占卜，黄帝"立坛，祭以大牢"。结果必然是"有玄龟衔符从水中出"，"乃所梦得符也"，反正我梦只有我知。"玄龟衔符"是技术活，必须要专业人士提前准备，黄帝的操盘手是力牧。此梦之前，黄帝就先做一梦，"梦人执千钧之弩，驱羊万群"，果然遇上了力牧，力牧立刻当上了总司令兼宰相。力牧像是"骊山之牧"，加上善射，应该是姜太公的先祖。文王和太公觉得多一个环节就多一次演砸的风险，所以二梦合一，加了个更有趣的钓鱼环节。还省了在河边立坛的钱，比黄帝更节俭。

黄帝与力牧、文王与太公具体是怎么准备道具的呢？《史记》生动记载了陈胜、吴广的模仿秀：占卜＋鱼腹丹书十篝火狐鸣。(略)《史记》解密鱼腹藏书之后，再钓鱼就没人信了。刘向、刘歆父子搞起了专业的"伪科学天命"，就是谶纬学。王莽之后刘秀的皇位主要靠豪强平衡，难免有真定王刘扬等人不服。刘秀本来就爱读书有学问，因此抓"笔杆子"大力扶持谶纬学。他还亲自编辑多部教科书。刘秀加持之后，谶纬达到鼎盛，虽然东汉末之后逐渐衰落，但始终未断绝。后世的武则天与袁天罡《推背图》、赵匡胤与陈抟《紫微斗数》、朱元璋与刘伯温《烧饼歌》，走的还是这条路线。不过老百姓是越来越不信了，东汉黄巾起义还打着"黄天当立"，唐末黄巢开始就直接要求分钱分地"均平"了。

三、"纳约自牖"的秘籍："用间"的大宗师

《周易》记录了商周革命的历史，其中"纳约自牖"就是收买内奸。《坎》卦记载的秘密渠道很传神，不走大门走窗户订约："樽酒，簋贰，用缶，纳约自牖。""樽酒，簋贰，用缶"是约定事成之后内奸如"元夫"微子启的待遇。《升》《萃》卦记载文王与太公在殷时期就已经拉拢了这些"大人"。《吕览》记载的微子、胶鬲使周与周公、召公再"纳约"，又补了正式协议。《尚书·大诰》"十夫"就是殷商内部的十个大贵族"第五纵队"："民献有十夫予翼，以于敉宁、武图功。""爽邦由哲，亦惟十人迪知上帝命越天棐忱。"

微子启、胶鬲、箕子、商容等具体是如何被收买的呢？毕竟不光明正大，官史无载；《诗经》也只是歌颂而已。只

能从秘籍《周易》以及实战性的《六韬》等文献中查找。

文 伐

文王问太公曰："文伐之法奈何？"

太公曰："凡文伐有十二节。

"一曰，因其所喜，以顺其志，彼将生骄，必有奸事。苟能因之，必能去之。

"二曰，亲其所爱，以分其威。一人两心，其中必衰。廷无忠臣，社稷必危。

"三曰，阴赂左右，得情甚深，身内情外，国将生害。

"四曰，辅其淫乐，以广其志。厚赂珠玉，娱以美人。卑辞委听，顺命而合。彼将不争，奸节乃定。

"五曰，严其忠臣，而薄其赂；稽留其使，勿听其事。亟为置代，遗以诚事。亲而信之，其君将复合之。苟能严之，国乃可谋。

"六曰，收其内，间其外，才臣外相，敌国内侵，国鲜不亡。

"七曰，欲锢其心，必厚赂之；收其左右忠爱，阴示以利，令之轻业，而蓄积空虚。

"八曰，赂以重宝，因与之谋；谋而利之，利之必信，是谓重亲。重亲之积，必为我用。有国而外，其地大败。

"九曰，尊之以名，无难其身；示以大势，从之必信；致其大尊，先为之荣；微饰圣人，国乃大偷。

"十曰，下之必信，以得其情。承意应事，如与同生。既以得之，乃微收之。时及将至，若天丧之。

"十一曰，塞之以道。人臣无不重贵与富，恶死与咎。阴示大尊，而微输重宝，收其豪杰。内积甚厚，而外为乏。阴纳智士，使图其计；纳勇士，使高其气。富贵甚足，而常有繁滋。徒党已具，是谓塞之。有国而塞，安能有国？

"十二曰，养其乱臣以迷之，进美女淫声以惑之，遗良犬马以劳之，时与大势以诱之。上察而与天下图之。

"十二节备，乃成武事。所谓上察天，下察地，征已见，乃伐之。"

三　疑

武王问太公曰："予欲立功，有三疑：恐力不能攻强、离亲、散众，为之奈何？"

太公曰："因之，慎谋，用财。夫攻强，必养之使强，益之使张。太强必折，太张必缺。攻强必强，离亲以亲，散众以众。

"凡谋之道，周密为宝。设之以事，玩之以利，争心必起。

"欲离其亲，因其所爱，与其宠人，与之所予，示之所利，因以疏之，无使得志。彼贪利甚喜，遗疑乃止。

"凡攻之道，必先塞其明，而后攻其强，毁其大，除民之害。淫之以色，唆之以利，养之以味，娱之以乐。

"既离其亲，必使远民，勿使知谋，扶而纳之，莫觉其意，然后可成。"

姜太公说，离亲、散众而攻强的三要素是：因之、慎谋、用财。"因其所爱，与其宠人"很"阴险"，不仅目标是敌人核心层，而且用敌人的筹码离间敌人，己方居然是无本买卖。纣王所爱者有二：权位、美人。因此收买微子启的标的是商王的权位，收买胶鬲的标的是美人妲己。微子启与胶鬲原本也是纣王的核心"宠人"，牧野之战成了最关键的"无间道"。《文伐》解释了这一不可思议现象背后的人性弱点原理："与之所予，示之所利，因以疏之，无使得志。彼贪利甚喜，遗疑乃止。"站在微子启的角度，周军是自己夺权的外援，类似何进请来了董卓。除了"求玉"事件外，周人对胶鬲进行离间还下了更大的本。后文详述妲己是周公与苏护共谋安排的女间谍，用妲己迷惑纣王类似王允用貂蝉离间董卓、吕布。此即《文伐》所言"亲其所爱，以分其威。一人两心，其中必衰。廷无忠臣，社稷必危"，"收其内，问其外，才臣外相，敌国内侵，国鲜不亡"。

对付比干、箕子、商容等一类人，《蛊》说"干父之蛊，用誉"，《文伐》说"尊之以名……致其大尊，先为之荣；微饰圣人"。周人故意"捧"这些"贤人"当在野党反对派与纣王死磕，害比干被杀的就是"文伐"的捧杀，鼓动表彰商容搞暴恐暗杀的也是令人恐惧的"文伐"。在"文伐"的导演之下，这些反对派再拉帮结派互相吹捧号称"三贤"："徒党已具，是谓塞之。有国而塞，安能有国?"姜太公明确定义这些"贤人"实际上是"国之大偷"。他还预言纣王、贤人与商朝的共同命运结局是"时及将至，若天丧之"。明明是有意识有步骤的"文伐"与"蛊"，表面看却似"若天丧之"，太公阴谋确实够厉害。所以《六韬》记载商容见到姜太公的表现不自然，显得心虚与畏惧，太公对他则"威怒自副"。商容应该很清楚他在太公心里是什么形象。

对于飞廉、恶来、崇侯虎这些实力派能办事的忠臣干将，要怎么"文伐"呢？前文所述胶鬲"求玉"与"胶鬲之困"就是典型。"五曰，严其忠臣，而薄其赂；稽留其使，勿听其事。亟为置代"，忠臣替纣王办事时既不配合还要毁他，连环计让忠臣失信、奸臣当道。"凡谋之道，周密为宝。设之以事，玩之以利，争心必起。"周军灭"崇"时崇侯虎很顽强，但是三年恶战没见到商军救援。不排除他也失去了信任，或者"文伐"导致诸将不和，类似章邯看着李由战死孤城。文王六征各个击破，对方没有互相救援，而且密、崇两大恶战最终都是内部响应献城。

针对纣王本人的要点是"迷惑"。"十二曰，养其乱臣以迷之，进美女淫声以惑之，遗良犬马以劳之，时与大势以诱之。"正史说纣王因为西周的韬光养晦、阴谋修德放松了警惕。太公看他，其身边围绕着妲己、胶鬲、"三贤"。站在纣王的角度，至少因"文伐"离间已经不知道信谁。他也会把劝谏的忠臣当伍子胥。"一人两心，其中必衰。廷无忠臣，社稷必危。"牧野大决战时飞廉、恶来居然都不在，胶鬲才能当前锋，奴隶军才能仓促上阵。往好了说是纣王判断有误并被胶鬲忽悠导致部署出了大错，往坏了说飞廉、恶来就如赵高政变前被支走的蒙恬、蒙毅。"攻强必强，离亲以亲，散众以众。""既离其亲，必使远民，勿使知谋，扶而纳之，莫觉其意，然后可成。"

"文伐"四十三年，我方务必做到的第一要点是什么？"忍"。商汤能忍，伊尹能忍，周文王能忍，姜太公能忍，勾践能忍，他们都成功了。所以各位"子"都关注研究了"忍者"这一奇迹般的历史现象。

庄子："强力忍垢，吾不知其他也。"

孔子："小不忍，则乱大谋。"

孟子："所以动心忍性，增益其所不能。"

荀子："志忍私，然后能公。"

吕不韦："忍所私以行大义。"

各位"子"把"忍"当作修炼，其实姜太公也是没办法。《庄子·让王》说只有伊尹能帮助商汤完成革命，因为伊尹有一个本事足矣："强力忍垢，吾不知其他也。"阴谋祖师、忍者祖师、兵法祖师姜"圣人"何止于忍。

我方第二要点："秘"与"密"。 涉及这么多事情与人物的"文伐"，绝不是普通间谍能够完成的，背后一定有一个超强大脑在"秘"与"密"地谋划，有一个上、中、下三层的间谍网络在运作，正如《万川归海》总结的上、中、下三级"忍者"。不光周公、召公，文王和吕上都是亲自上阵秘密战线的"上忍"。姜太公"文伐"立足整体战，显然比《孙子兵法》专业性"用间"有更宏大的政治战、整体战格局。然而因为文献缺失无法得窥其貌。另一个办法是案例比对验证。

历史案例包括姜太公学习的前代案例如少康、伊尹，也包括后人向他学习的案例如范蠡、苏秦、日本忍者等。

1. 少康复国与伊挚在夏

四岳传人姜太公继承的历史文献中必然有"少康中兴"与"伊挚在夏"，文王遗训所举案例除了舜帝就是这两个故事。在力量对比不利的局势下，姜太公与文王的密谋当然一正一反两手都要硬：正道为"中"，反道为"间"。

女艾是正史记载的第一位女间谍。《左传》"吴许越成"，伍子胥以"少康复国"劝谏："使女艾谍浇，使季杼诱豷，遂灭过、戈，复禹之绩。"启的接班人太康在田猎时被后羿伏击射杀。后羿先立仲康父子当傀儡，最后废了仲康之子相篡位。这就是"太康失国"和"后羿代夏"。《左传》记载后羿被他的亲信寒浞"烹"了。寒浞杀死后羿并没有还政，而是追杀了流亡的相。相的遗腹子少康要扳倒的是寒浞。他收拢旧部并联合外公有仍氏以及有实力的有虞氏，集合众人之力杀寒浞灭有穷氏，这就是"少康复国"。复国过程中，"使女艾谍浇"。"浇"是寒浞的儿子。女艾比西施多了个刺客身份，类似德川家的"康"安排女忍者初芽局"谍"丰臣秀吉的得力干将石田三成。

少康中兴离不开间谍女艾，伊尹灭夏用了更多间谍。在后人眼里，伊尹与姜太公就是互相衬托的。杜甫诗云："伯仲之间见伊吕，指挥若定失萧曹。"王安石云："伊吕两衰翁，历遍穷通，一为钓叟一耕佣。若使当时身不遇，老了英雄。"

《国语·晋语》载：

昔夏桀伐有施，有施人以妹喜女焉，妹喜有宠，于是乎与伊尹比而亡夏。

《吕览·慎大览》载：

（汤）欲令伊尹往视旷夏，恐其不信，汤由亲自射伊尹。伊尹奔夏三年，反报于亳，曰："桀迷惑于末嬉，好彼琬、琰，不恤其众。众志不堪，上下相疾，民心积怨，皆曰：'上天弗恤，夏命其卒。'"……汤与伊尹盟，以示必灭夏。伊尹又复往视旷夏，听于末嬉。末嬉言曰："今昔天子梦西方有日，东方有日，两日相与斗，西方日胜，东方日不胜。"伊尹以告汤。商涸旱，汤犹发师，以信伊尹之盟。

《管子·轻重甲》载：

昔者桀之时，女乐三万人，端噪晨乐，闻于三衢，是无不服文绣衣裳者。伊尹以薄之游女工文绣纂组，一纯得粟百钟于桀之国。夫桀之国者，天子之国也，桀无天下忧，饰妇女钟鼓之乐，故伊尹得其粟而夺之流。此之谓来天下之财。

女华者，桀之所爱也，汤事之以千金。曲逆者，桀之所善也，汤事之以千金。内则有女华之阴，外则有曲逆之阳，阴阳之议合，而得成其天子。此汤之阴谋也。

《吕览》直言伊尹是间谍，而且为了让夏桀相信还故意"汤由亲自射伊尹"，类似周瑜打黄盖。妹喜传递给伊尹的最高机密是夏桀占卜的结果："两日相与斗，西方日胜，东方日不胜。"绝密情报显示结果不利，按说商汤应该再等时机，但是"汤犹发师，以信伊尹之盟"。这个情节和武王伐纣出兵前占卜不利以及与胶鬲约期挺类似。都是将计就计，拿占卜麻痹对手。《管子》还记载了女华与曲逆组合而且明确是"此汤之阴谋也"。

管仲是搞整体战的第一名相，在《轻重甲》中他提出"战衡，战准，战流，战权，战势。此所谓五战而至于兵者也"。因此管仲还记载了人类第一次贸易战。伊尹利用夏国"女乐三万人"的奢靡消费倾向，刻意用名贵的服装、化妆品、包包之类淘空了夏朝的粮食："伊尹得其粟而夺之流。此之谓来天下之财。"这个阴谋类似于大清的祖宗向大明贩卖人参和貂，都需要大规模的内部贪官、"奸商"与物流体系配合。比如《红楼梦》中"来历不明"的冷子兴与"雀金裘"，历史中的间谍子贡与范蠡，还有渔父专诸的江湖传说。

《帝王世纪》载夏桀为妹喜撕绸裂缎只为美人一笑。《红楼梦》中宝玉为哄晴雯一笑也撕了很多把文物扇子。不是大美女都有怪癖，而是夏桀和宝玉太"痴"，执着的人性弱点很容易被高手发现并被诱导成"执迷不悟"。然而宝玉滥情，夏桀也喜新厌旧了。《竹书纪年》记载夏军攻岷山氏得到两位美女琬、琰，都是美玉。妹喜被冷落，安置在洛水，刚好是伊尹老家。妹喜失宠生妒而报复，与伊尹相"比"成了间谍。

《吕览》记载妹喜的结局还是被牺牲了。商朝刚建立就遇上五年大旱。伊尹组织了著名的"桑林"祈雨，汤甚至"剪其发，磨其手，以身为牺牲，用祈福于上帝"，结果还是无效。上帝也爱美人，于是"妹喜自焚祷雨"，真的就降下了甘霖。妹喜自焚祷雨和妲己燎于周原类似，和西施被装进牛皮袋祭祀江河也类似，都是成了牺牲品。

2. 杰出的女间谍妲己与狐狸精

《国语·晋语》载：

> 妹喜有宠，于是乎与伊尹比而亡夏。殷辛伐有苏，有苏氏以妲己女焉，妲己有宠，于是乎与胶鬲比而亡殷。

《吕览·先识览》载：

> 武王大说，以告诸侯曰："……妲己为政，赏罚无方，不用法式，杀三不辜，民大不服，守法之臣，出奔周国。"

妲己，己姓名妲，有苏氏温国（今河南温县）人。妲己是纣王征服有苏国的战利品，类似西施（后文详述）。纣王确实宠爱妲己，让她做嫡妻，否则妲己不能直接参政，武王也没必要将她斩首祭祀。同时官史也不会记载她的事迹。就像西施确有其人，官史却无其文。《国语》拿胶鬲、妲己类比伊尹、妹喜："妲己有宠，于是乎与胶鬲比而亡殷。"伊尹是间谍，胶鬲也是内奸，妲己当然是女间谍。区别是妹喜是被伊尹发展的，而胶鬲是被妲己发展的。《吕览》引用武王评价妲己的所作所为显然在祸害商朝："妲己为政，赏罚无方，不用法式。"《史记》基本采纳了以上史实，只是按武王口径没明写妲己是间谍。

《邶风·谷风》记载，姜太公出发卧底前专门交代文王："泾以渭浊，湜湜其沚。宴尔新昏，不我屑以。"姜太公深谋远虑，他怕的就是卧底必须做戏逼真导致自己人反而"不我屑矣"。"无间道"要做到"泾以渭浊，湜湜其沚"是不可能的。妲己的间谍生涯扮演得很成功，最后被自己人当成了伐商的罪人。武王在《牧誓》中宣告天下："今商王受惟妇言是用，昏弃厥肆祀弗答。""惟妇言是用"指纣王之罪皆为妲己导致，武王表示要"清君侧"。这也是一个原创技巧，杨贵妃被"清君侧"后，唐玄宗终于明白了太公起草的《牧誓》玄机。为了配套宣传，周武王还创作了诗歌《瞻卬》痛斥妲己。妲己胜利完成任务后被武王亲自斩首，还被当作最高级别的祭品被"燎于周庙"。

《逸周书》记载：

> （武王）乃适二女之所，既缢，王又射之三发，乃右击之以轻吕，斩之以玄钺，悬诸小白。
> 太师负商王纣，县首白旂，乃以先馘入燎于周庙。

《逸周书》记载纣王与妲己都是自杀后被武王斩首。妲己最后的结局是在西周的开国大典上被"燎于周庙"。《周易》中"龙战于野，其血玄黄"，其实就是武王用黄钺斩首纣王、玄钺斩首妲己，然后将首级挂在军旗上。"玄钺"+"黄钺"="其血玄黄"。联军的军旗是"龙旗"，"龙战于野"就是龙旗联军战于牧野。开国大典上姜太师背着三面旗进入周庙，旗子上悬挂纣王和两个王妃的首级，其中一个是妲己。经过千里凯旋，这些"腊肉"都被"燎于周庙"，都做了烧烤奉献给了天帝与祖宗们。河南淇县的妲己墓、纣王墓、姜王后墓都是根据《封神演义》想象的。可以确定纣王与二妃都尸骨无存。

《封神演义》中的妲己也是被抛弃的女间谍。三妖奉女娲之命去祸乱商朝，任务完成之日被宰杀。女娲并没有兑现"事成之后，使你等亦成正果"的承诺。姜子牙派遣杨戬捉拿三妖时，九头雉鸡精骂道："我们姊妹断送了成汤天下，与你们的功名，你反来害我等，何无天理也！"女娲强词夺理洗白："吾使你断送殷受天下，原是合上天气数。岂意你无端造业，残贼生灵，屠毒忠烈，惨恶异常，大拂上天好生之仁。今日你罪恶贯盈，理宜正法。"

苏妲己的父亲（也有说是兄弟）苏忿生，在牧野战后就被武王分封要地，待遇超过太公，但看不出他在伐商中有何作为。不排除妲己是周公与苏家勾兑的另一个"纳约自墉"。按《竹书纪年》的记载，纣王八年至九年文王选择"随"被囚，东夷选择"叛"。同一时间《竹书纪年》还记载："九年，王师伐有苏，获妲己以归。"敬献盟友有苏氏妲己是不是文王"随"的计划之一？

周公摄政时苏忿生担任三公司寇，后世尊之为狱神。

周公在告诫成王的《立政》篇的结尾还盛赞苏忿生。按当时男女取名方式，妲己和姬旦同名。妲己是狐狸精而姬旦在《周易》最后两卦总结时也自比狐狸。《既济》《未济》以狐狸过河打湿了脸比喻周公承担重任牺牲了"名声"。西施被装进"鸱夷子皮"沉江后，范蠡也改名"鸱夷子皮"，他们是不是一个心理？周公如此厚待异姓苏忿生是否因为心中有愧？《说文解字》释"狐"曰："狐，妖兽也，鬼所乘之。有三德：其色中和，小前大后，死则丘首。"周公时代的狐狸有"三德"，"中、仁"之德还是儒家君子的最高理想，狐狸成精真成周公了。《吴越春秋》记载大禹娶的涂山氏，族标就是"九尾狐"。妲己被比作九尾狐在当时是正面但令人惋惜的，惋惜的是"鬼所乘之"，不如邑姜嫁得好。如果妲己嫁姬旦、西施嫁范蠡，多么令人向往。

《大雅·瞻卬》就是武王骂妲己。按照正妃级待遇，这首诗很长。

瞻　卬

瞻卬昊天，则不我惠？孔填不宁，降此大厉。邦靡有定，士民其瘵。蟊贼蟊疾，靡有夷届。罪罟不收，靡有夷瘳！

人有土田，女反有之。人有民人，女覆夺之。此宜无罪，女反收之。彼宜有罪，女覆说之。

哲夫成城，哲妇倾城。懿厥哲妇，为枭为鸱。妇有长舌，维厉之阶。乱匪降自天，生自妇人。匪教匪诲，时维妇寺。

鞫人忮忒,谮始竟背。岂曰不极,伊胡为慝?如贾三倍,君子是识。妇无公事,休其蚕织。

天何以刺?何神不富?舍尔介狄,维予胥忌。不吊不祥,威仪不类。人之云亡,邦国殄瘁!

天之降罔,维其优矣。人之云亡,心之忧矣。天之降罔,维其几矣。人之云亡,心之悲矣!

觱沸槛泉,维其深矣。心之忧矣,宁自今矣?不自我先,不自我后。藐藐昊天,无不可巩。无忝皇祖,式救尔后。

(1)"人有土田,女反有之。人有民人,女覆夺之。此宜无罪,女反收之。彼宜有罪,女覆说之。"这些都是妲己倒行逆施之罪。

(2)"哲夫成城,哲妇倾城",有知识、有见识、有主见、有智慧的女人担任领导岗位称为"哲妇"。朱熹认为"哲妇"是指褒姒,其实是妲己。褒姒就是耍小性子的红颜祸水,够不上"哲妇",褒姒也没有第一条吞并其他诸侯土地人口的罪行。"懿厥哲妇,为枭为鸱",说明是商人而且是主要领导大鸟,"为枭为鸱"。

(3)"妇有长舌,维厉之阶。乱匪降自天,生自妇人。匪教匪诲,时维妇寺。"国家衰微罪在"妇人",妲己是"长舌妇"。

(4)"鞫人忮忒,谮始竟背",指妲己的长舌导致内部怀疑、审问。"忮忒"是有了二心与内心忐忑的状态,指的是三公。"谮始竟背"指崇黑虎等颠倒黑白。"岂曰不极,伊胡为愿"，指他们见不得人的阴谋已经超出了上限。

（5）三段"人之云亡"，证明周人伐商的合理性。

（6）"心之忧矣，宁自今矣？不自我先，不自我后"，把小我以及纣王、妲己都放在历史的洪流中，提醒后人殷鉴不远，"藐藐昊天，无不可巩。无忝皇祖，式救尔后"。

武王骂人并不下流，早期史料中也没有妲己具体干的坏事。各种变态行为全部来自西汉刘向《列女传》与东林党的《封神演义》。《列女传》也不是历史而是小说之祖。《汉书》中班固第一次将"小说家"列为诸子之外的第十家，并定义为"街谈巷语，道听途说"，"虽小道，必有可观"。因为孔子说"君子弗为"，所以是"小说家者流"。

3. 翻版的鸱夷子皮与西施

历史上学习"太公阴谋"的人很多，不少还建立了不世之功。既然是"阴谋"，在史书中并不清晰，但是总能看到姜太公的影子。实际上，只要是最激烈、最精彩、最影响历史走向的斗争局面，"文伐"与"用间"都是必然的，古今中外概莫能外。

吴越春秋基本是商周革命的翻版。其间，范蠡、西施、文种；伍子胥、伯嚭、孙武，还有子贡都充当了"间"的角色。西施、范蠡、孙武和姜太公有一个共同点，我们对他们耳熟能详，可是他/她是谁？从哪来？到哪去？

对于大美女西施，各位"子"当然是很关注的。

管子："毛嫱、西施，天下之美人也，盛怨气于面，不能以为可好。"

庄子："厉与西施，恢诡谲怪，道通为一。"

庄子:"毛嫱、丽姬,人之所美也,鱼见之深入,鸟见之高飞。"

墨子:"西施之沈,其美也;吴起之裂,其事也。"

韩非子:"故善毛嫱,西施之美,无益吾面,用脂泽粉黛,则倍其初。"

管仲时代就有"西施",比吴越时代早二百多年。庄子时代的"西施"在吴越时代之后不久,有可能是吴越西施。但是从原文看,"厉与西施"更像指一类人而不是指某个人。与西施对照的"厉"通"癞",指长有癞疮的人。文献中西施与毛嫱基本并提,但仅仅指代美女。《说文》解释"施"为"旗貌",旗飘动引申为柔顺摇曳之貌。可以认为是亭亭玉立且摇曳生姿,比如穿着旗袍的模特的样子,"响屐廊"可以理解为夫差原创的走秀 T 台。西施就是大长腿美女。管仲、庄子都是齐国人,齐人以高挑为美,比如《诗经》中经常用"硕"形容姜氏美女,田常就规定后代要娶七尺以上的女子(七尺为男儿标准)。

古代平民特别是女人没有名字,长得高且美就美称"西施"。越国的西施也是借用齐国原创的称呼;更可能范蠡是从齐国而不是从越国选美,即西施是齐国美女。范蠡完成任务后回到的就是齐国而不是楚国,更没有留在越国。夫差的父亲阖闾就娶了齐景公的小女儿,南方人夫差喜欢北方的高挑美女很正常。夫差为西施修建"消暑湾"以及大冬天冒着风雪一块打猎乐此不疲,怎么看西施也不像浙江人。也许夫差北上攻齐就是冲着更多的西施去的,至少他没太把越国当回事,他会把越国乡间女子太当回事?之前各国的"祸水"都是女贵族，没有一个平民的案例。能让君王神魂颠倒的美女不可能只是好看，需要专门机构学习养成。

《韩非子》记载："昔者桓公宫中二市，妇闾三百。""（桓公）被发而御妇人，日游于市。"

管仲是第一个记录西施的人，恰好也是第一个办"妇闾"的人。"妇闾三百"一般解释为管仲开办的官妓院。一闾为二十五家，三百闾的规模不亚于秦淮教坊了。管仲意外成了娼妓业祖师爷和"世界官妓之父"。不过管仲的"妇闾"不能简单等同后世的"妓院"。齐国称霸，多次击败西面的诸侯，"妇闾"的主要来源是战俘。是否掠夺来的西方美人统称"西施"？"施"的"方"是叛乱作乱的意思，站在霸主角度，敌对国都是"不宁方"。乱方的美女不就是明朝秦淮八艳吗？她们原本也是官家小姐，被打为乱臣而入籍官妓教坊司。

管仲之前"方"的贵族女人一般会成为妲己、骊姬，但是齐霸主文伐武伐征服诸侯的各种"会"至少达十六次。所以，齐桓公俘获各"方"女数量少不了，如何处理是一个全新的课题。所以管仲创办"妇闾"的地点是"桓公宫中"，而不是秦淮河、八大胡同。按此逻辑，齐桓公在他自己宫中"被发而御妇人，日游于市"很正常。按照孟子与田齐宣王的对话，齐桓公很开明，"与众乐"而不是"独乐乐"。齐宣王曰："寡人非能好先王之乐也，直好世俗之乐耳。"

大规模的"妇闾三百"当然需要创办配套的教培，当然需要收费或敛财维持。西施接受的三年正规的服务于齐桓公级别男人的培训最可能在哪？整体战高手管仲自然会想到在"妇间"培养女间谍。《管子》说西施"盛怨气于面，不能以为可好"，美女战俘被逼着当女妓甚至间谍，当然"盛怨气于面"，不是每个姑娘都"能以为可好"。当然也有人喜欢病态美，如《庄子》东施效颦描写的"西施病心而颦其里，其里之丑人见而美之"。妇女的心理素质一般比男性强，而且更谨慎细心更能忍，她们还能歌善舞、能言善辩、长于表演。英国军情六处妇女已占大半。希特勒情报头子舍林贝搞"吉蒂沙龙"控制了柏林的大部分上层精英，他说，男人在最漂亮的女人面前没有秘密。

综上，无论是从首录西施名称还是创办"妇间三百"、开设勾引课程、系统培养女谍等角度，管仲都是"西施"的原创发明人。

吴越春秋实际上就是翻版的商周革命。勾践复制文、武二王，范蠡、文种翻版姜太公，西施翻版妲己。范蠡是宛地三户（今河南省淅川县）人，三户正是申、吕迁徙之地，也是王子朝奔楚的滞留地，之前出了姜姓百里奚，再出范蠡、文种也正常。所以，"楚虽三户，亡秦必楚"指的是楚国就算只剩下人杰地灵的淅川老家也能灭秦报仇。《越绝书》说文种治国就是"爱民"二字，其要点学自《六韬》语录。文种总结伐纣经验后提出"伐吴九术"，其四就是学妲己："遗美女以惑其心，而乱其谋。"《左传》第一次记载勾践让"死士"们在两军阵前列队自杀恐吓吴军。"死士"再现是《晋书》记载的司马懿政变，"帝阴养死士三千"。"苦心人、天不负，卧薪尝胆，三千越甲可吞吴"，三千死士源头就是《六韬·练士》。

　　吴、越分别是晋、楚长期争霸的代理人。吴军破楚时，越军袭吴杀死了阖闾。公元前512年伍子胥力荐孙武，随后的公元前511年范蠡邀文种入越。范蠡、文种的任务并不是兴越而是灭吴，伍子胥的使命也不是兴吴而是亡楚。这一点无论阖闾、夫差、勾践都心里有数，过河拆桥也就合逻辑了。

　　《墨子·亲士》言："是故比干之殪，其抗也……西施之沈，其美也。"这是关于吴越西施的最早记载。墨子时代不远，作为科学家、逻辑学家，他的话比较可信。《左传》《国语》等不记载西施，应该是西施的地位远不如妺喜、妲己。妲己是己国公主，很有主动的政治手腕；而西施的人设是民间女子，非常单纯，除了"美"，无力影响吴国政治。夫差的失败主要是被勾践偷袭得手，西施的作用有限。西施无论在吴国、越国都留下了美好的形象。吴人有"西施鱼"，越人有"西施舌（蛤蜊肉）"，都是民间对她的怀恋。范蠡、西施泛舟太湖的民间故事出自《越绝书》："西施，亡吴后复归范蠡，同泛五湖而去。"这是最美好的愿望。

　　范蠡看到伍子胥、文种、西施都冤死会做何纪念？西施是他亲自挑选、安排的间谍；文种是他宛地的故人和最亲密的战友；伍子胥是他的同类，除了互相敬重的对手恐怕还有其他关系，关系结合点在齐国。伍子胥使齐并托子，夫差令其自杀；文种收到范蠡从齐国写的信心生退意，勾践令其自杀。

　　《史记》载："范蠡浮海出齐，变姓名，自谓鸱夷子皮。"索隐曰："鸱夷子皮，范蠡自谓也。盖以吴王杀子胥而盛以鸱夷，今蠡自以有罪，故为号也。"

伍子胥与西施的结局都是"鸱夷"。西施"随鸱夷以终"与伍子胥"盛以鸱夷"，一个活葬一个死葬而已。"鸱夷"一般解释为生牛皮，而牛是古代最隆重的祭祀品。武王开国大典的祭祀品是纣王、姐己以及牛，姜"望"屠牛祭祀山川只是突出了"岳"，而吴越水乡更重视"川"。西门豹与河伯娶美女的故事就发生在西施之后大约四十年。所以夫差与勾践的行为都是在"望"川。按照他们的精明算计，西施与伍子胥被挖掘了最后的利用价值。纣王"燎"姐己，勾践"沉"西施。屈原则把自己当祭品祭祀楚国山川最后尽忠。可以推论，"鸱夷子皮"就是粽子的原型。范蠡自号"鸱夷子皮"，同时纪念西施、伍子胥。

如果抛开古人成见，站在范蠡角度再看"鸱夷"都和周公相关，都是"鸟"事。"鸱"就是周公名篇《鸱鸮》，"夷"在《明夷》卦中喻射鸟。周公灭猫头鹰，也就是平东夷，结局却是《鸱鸮》之哀号。《史记》中范蠡对勾践的描述是："飞鸟尽，良弓藏；狡兔死，走狗烹；越王为人长颈鸟喙，可与共患难，不可与共乐。""长颈鸟喙"是又一只鸱鸮。越王勾践剑刻的是"越王鸠浅（勾践）自乍（作）用剑。"勾践自称鸠浅，还是鸟，鸠夺鹊巢，不是什么好鸟。范蠡不太会写诗，"鸱夷子皮"是他自比周公的业绩与结局，并痛诉长颈鸟喙的鸠浅，悲叹"飞鸟尽，良弓藏"的命运。"子皮"的字面意思是这位范子心已经随西子而去只留下一副皮囊。不过，范蠡同时代刚好出了一位贤相就叫子皮，他推动郑国进入黄金时代并提携子产继承功业。范蠡并不谦虚，"鸱夷子皮"＝周公＋子皮。他后来又号"陶朱公"即陶朱之公，"周公"的"公"不用解释了，陶朱当时是天下最繁华的商业都会。范蠡的两个自号正是他一生三大事业最得意的总结：吴越大战能"鸱夷"；生聚强国如"子皮"；创业经商成"陶朱公"。

附文一 《蛊》：文伐之卦

第十八卦 蛊

蛊：元亨。利涉大川。先甲三日，后甲三日。

初六：干父之蛊，有子考。无咎，厉，终吉。（伯邑考）

九二：干母之蛊，不可。贞。

九三：干父之蛊，小有悔，无大咎。

六四：裕父之蛊，往见吝。

六五：干父之蛊，用誉。

上九：不事王侯，高尚其事。

《蛊》卦是人类历史上第一次大规模有意识地运用"蛊"进行全面谍战的历史回顾论文。"蛊"是被养在器皿中的虫蛇。《封神榜》中妲己发明的酷刑"虿盆"就是毒蛇坑，估计创意就来自"蛊"。这种邪术无可信的实证。从汉武帝晚年的"巫蛊之祸"看，"蛊"显然是政治斗争的手段。商代"三贤"与"三佞"都是侵蚀毒死商王与商政的"蛊"，喂养人就是"三圣"周文王、太公与周公。

周太小商太大，商周革命只能"不择手段"地用"蛊"。因此《阴符经》与《六韬》中都有阐述。《文伐》十二条就是"蛊"。《阴符经》中"性有巧拙，可以伏藏"就是"阴谋修德"。要诀是"九窍之邪，在乎三要，可以动静"，利用"欲望"操纵人性的弱点。

商被"蛊"出无妄之灾。当然"蛊：元亨。利涉大川"。"先甲三日，后甲三日"，就是有终有始。"甲"前三日是辛日、壬日、癸日，是一旬的终结；后三天为乙日、丙日、丁日，是新一旬的开始。几十年来在太公领导下持续不懈执行"蛊"的秘密团队居功至伟。

"不事王侯，高尚其事"，说的就是"公知"箕子、商容等人，类似伯夷、叔齐。

"裕父之蛊，往见吝"，对"父"有益的人如崇侯、费仲，不是自己人不可交往。"往见吝"刚好对应《升》卦挖角的"利见大人"。"父"指的是国主商纣王。费仲的财政政策伤害百姓，崇侯虎的告密类似明朝东厂的特务行径，飞廉的穷兵黩武危害和平，恶来大修防御工事破坏环保，等等。虽然他们"裕父"为纣王忠贞办事，但由于缺乏政策水平与防范意识，宣传法宝丢了（"王用三驱，邑人不戒"），被姜子牙利用大做文章，也算是不花钱养的"蛊"。

本卦主要的区分是"干父之蛊"和"干母之蛊"。"干"，《说文解字》解释说："干，犯也。"不大动"干"戈而能瓦解敌人就是用"蛊"。因为"蛊"是利用人性的弱点进行内部分裂瓦解，因此一定要区分对象。"干"的对象是"父"是纣王。而在"父权"专制之下忍气吞声的反对派"老母亲"，就是《牧誓》为其撑腰的"遗其王父母弟不用"，如微子启、比干、箕子等。不仅不能"干"，还要"高尚其事"。对勇敢的"干父之蛊"们，要发动媒体写诗之类"用誉"。正如艾森豪威尔所说，在宣传上投入 1 美元，相当于在军事上投入 5 美元。"蛊"需要极高的政策水平，毕竟"高尚其事"的其实都是内奸。周公定稿《周易》时，将"蛊"的阴谋之道总结为"小有悔，无大咎"。

"干父之蛊，有子考。无咎，厉，终吉"，是接着上一卦《随》，周公想起了大哥伯邑考。"子考"自己牺牲化为"蛊"，让纣王坚信长子献祭的天命之"有"而放过了姬昌。这是把伯邑考的牺牲以及当年"丈夫小子"的悲惨抉择"智慧化"。

商朝末世本身系统性的腐败也是宏观的"蛊"，周人刻意逢迎麻痹，唯恐其不及。《大雅·荡》结尾就是著名的警句："殷鉴不远，在夏后之世。"

附文二　《萃》《升》：文王在商的串联谋反

第四十五卦　萃

萃：亨。王假有庙。利见大人，亨，利贞。用大牲，吉。利有攸往。

初六：有孚不终，乃乱乃萃。若号，一握为笑，勿恤。往，无咎。

六二：引吉，无咎。孚乃利用禴。

六三：萃如嗟如，无攸利。往，无咎，小吝。

九四:大吉,无咎。

九五:萃有位,无咎。匪孚,元永贞,悔亡。

上六:赍咨涕洟,无咎。

第四十六卦 升

升:元亨,用见大人,勿恤,南征吉。

初六:允升,大吉。

九二:孚,乃利用禴,无咎。

九三:升虚邑。

六四:王用亨于岐山,吉,无咎。

六五:贞吉,升阶。

上六:冥升,利于不息之贞。

"萃",金文形容草木茂盛,引申为聚在一起的人或物,如成语"出类拔萃"。《萃》卦讲的是周文王如何拉拢集聚出类拔萃的人才,特别是如何与《升》配合挖墙脚。

"王假有庙"类似"王假有家",指文王"不利宾",却"宾用于纣王"时,如何假借商的"庙"干私活。"利见大人",对商的大人们进行收买,"萃"给自己日后造反用。如胶鬲就是文王在商发掘的。

"萃:亨。王假有庙。利见大人,亨,利贞。用大牲,吉。利有攸往。"文王借庙堂"萃""大人",而且重礼相待"用大牲","利有攸往"是这些大人被拉拢到周方阵营服务。"大牲"为供祭祀用的全牛,可见下了大本钱。

"有孚不终,乃乱乃萃。"商朝曾经"有孚"如商汤武丁,但是"不终",如帝乙囚季历、商纣囚文王。"乃乱乃萃"的

"乃"与《随》卦"乃从维之"的"乃"一样，指有乳峰的女性。姐己之"乱"，至少直接"萃"到了胶鬲。

"若号，一握为笑，勿恤。往，无咎"，若乘此乱世"萃""大人"并"一握为笑"，如太公、微子启，"勿恤，往"，聚众造反没问题。"若号，一握为笑"，振臂一呼得天下。

"引吉，无咎"有两层含义：一是"萃"了"大人"但引而不发，拉箭为"引"，对应"射"。二是"引"指革命的引路人，都"吉，无咎"。政治的零和游戏，诸侯造反"吉"了，朝廷就是"凶"。

"孚乃利用禴"，"孚"指文王允执厥中，就可以主持夏祭。"禴"是周朝夏祭名，有乐团伴奏。古代祭祀的主祭者是一国之主，因此，"用禴"就是称王。此处的"乃"，笔者百思不解，也许是笔误，也许指文王"重乳"？

"萃如嗟如，无攸利"，聚集在一起为世道和命运叹息，既不安全也没好处。秀才造反十年不成。"引"者需要过人的胆识和魄力，优柔寡断就会"往，无咎，小吝"。反之才会"大吉，无咎"。

"萃有位，无咎。匪孚，元永贞，悔亡"指承诺要兑现，把人"萃"来了要给位子给待遇，特别是对于对方的"匪"人，务必兑现承诺。比如微子启与胶鬲，越是"匪人"越要"孚"，否则"悔"。《周易》诚不欺也。

"赍(jī)"同"齎"，本义为拿东西给人，也指凭借、借助。《周礼》有"共其财用之币齎"，"设道齎之奠"。"咨"为询问，忧叹。"涕"的本义为眼泪。"洟"为鼻涕。"赍咨涕洟"是革命举旗的必要步骤。一方面与造反者有钱同花有福同享，一方面开个痛诉会，苦大仇深涕泪横流，这样造反者反而正义凛然了(详见武王伐商的誓文)。

《萃》卦文王"萃""大人"，重礼相待"用大牲"，主要体现在《升》卦封官许愿。而且是"孚乃利用禴"，以未来国主身份"升"。

"南征吉"放在卦辞里再次解密文王南征蜀国为何轻松搞定而且还成了盟友。秘密在"升"，姜大师去复婚还带着大礼包，所以蜀"先号咷后大笑"。

"升虚邑"说明只是画饼给预期提前分配。但也"用大牲"完成了程序。这个办法也适用姜太公封了自己打下的齐国，召公追杀武庚占领燕地儿子封燕，伯禽也是攻奄立大功而封鲁。微子启等也是如此。

"王用亨于岐山"指姬昌自封为王。"利用禴"也包括给自己"升"。

"贞吉，升阶"指的是称王。成周天子祭坛只有三级台阶，王应当不超过两级。"升阶"的人只能是文王自己。自己不是"王"如何合法地任命诸侯？

"冥升，利于不息之贞"与《豫》卦中"冥豫，成有渝，无咎"语境相似，都是指被迫"冥"。"阴谋修德"就包括"冥升"。一方面被商朝压制而失去光辉，那就有利于激励同志们自强不息；另一方面是搞地下活动秘密地"升"，革命尚未成功，同志仍需努力。

第五章　姜太公与战友周文王：
千古佳话与文治武功

从老古公遗命姬昌与吕尚联手开始，从文王七年第一次见面，到文王四十年在渭水"重逢"，《史记》对太公担任文王第一助手的功绩记载得很明确：

> 周西伯昌之脱羑里归，与吕尚阴谋修德以倾商政，其事多兵权与奇计，故后世之言兵及周之阴权皆宗太公为本谋。周西伯政平，及断虞芮之讼，而诗人称西伯受命曰文王。伐崇、密须、犬夷，大作丰邑。天下三分，其二归周者，太公之谋计居多。

一、《唐风》记载的姜太公版"隆中对"

姜太公一生最重要的战友、知己是文王。除了商周革命的丰功伟绩，他们作为彼此最重要的战友、亲家、知己，除了钓鱼就没有其他佳话流传？文献中确实很反常地稀缺。《诗经》把白马姜之盟、姜女与齐鲁纠缠、卫女与"氓"的信誓旦旦、江汉"游女"与周公奔楚等都文采飞扬地描绘、夸赞一遍，难道恰恰就遗忘了姬昌与吕尚的千古佳话？

《蟋蟀》写的是伐黎庆功之夜，为何列在《唐风》第一首？《葛生》是悼念"予美亡"姜望，为何列在《唐风》压轴？因为《耆夜》中的"司正"酒司令是吕尚，宴会地在唐："武王八年，征伐者，大戡之。还，乃饮至于文太室。"文王去世后的"文太室"在唐，而毕公守文王墓在毕地，就是《竹书纪年》记载的文王与太公相逢之地，也是吕尚五代归葬之地。《唐风》不是尧帝后裔原封地之风，这支唐人的故事类似杞国除了被欺负之外存在感不强，类似没有"杞风"但有"杞人忧天"的典故流传。恰恰因为吕伋灭唐，迁徙唐人到自己老家毕地重建，所以《唐风》就是以"唐"为名的《毕风》，实际上就是"吕伋家乡之风"。

"颂"类似国歌，"雅"是周王及君子（贵族）作品，"风"会是民歌选编？这显然和姜太公平民出身却能学富五车一样荒谬——概因当时"学在官府"，平民根本就接触不到典籍文献。《耆夜》的场景说明喝酒写诗的都是贵族，贵族写完百姓传唱就是教化。各国的"风"都以三段结构为主，说明这是一种制式。周公制礼作乐时姬姓诸侯基本是王室君子，所以"风"主要是异姓诸侯的制式。因此"风"不会有鲁、晋、燕、随等重要姬姓诸侯，而卫国虽是姬姓但《卫风》的内容却是关于微子启等商人贵族的。《唐风》作者是唐地贵族，尧唐原不在此地，破国后搬迁而来，不可能被记录这

么多诗。《唐风》的内容也完全与尧唐无关，他们要写肯定
会写尧帝的功勋激励后人。所以**《唐风》的作者就是吕尚**。

"唐"地在骊山周边。古公见吕尚于"隧""楷"，又到了
"唐"，再次证明吕尚国破家亡后奔骊山氏。刘病已即汉宣
帝幼年流亡民间，也是在唐地（后改称杜），所以死后自己
要求葬在杜陵。刘病已与本地姑娘许平君生不离叫"故剑情
深"，死不弃叫"南园遗爱"。

"唐"和"桧"之前本叫"毕"。"桧"是文王、太公两次会
盟的纪念，否则"国风"为何录入一个名不见经传的小国？
"毕"的甲骨文是捕鸟工具，上网下柄。《小雅·鸳鸯》有"鸳
鸯于飞，毕之罗之"，《国语·齐语》有"田守毕弋"。推测
"毕"的命名就是吕尚的光烈志向。西周金文"毕（畢）"在甲
骨文"毕"上面加了个"田"（甲骨文的"周"有时候写作"田"），
表示这支反商队伍归了周。"毕业"就来自师尚父与弟子们
完成灭商大业。

《唐风》共十二篇，有三个显著特点。

第一，除了《蟋蟀》《羔裘》外，全部写树木植物。《蟋
蟀》是周公作品，《羔裘》写的是姜人的特征牧羊与"白石"。
周公作品都酷爱各种动物，而姜太公喜欢以种树表达"树敛
天下"。

第二，《唐风》与《卫风》等对比显得文辞枯燥内容朴素，
完全没有姬旦与微子启的文采飞扬，比较接近《齐风》。《唐
风》《齐风》一样逻辑性很强，侧重于说理而不是抒情。如果
以文风分人，更像太公作品。

第三，除了《蟋蟀》《绸缪》，《唐风》全是被压迫之苦、

离别之苦、卧底之苦、孤独之苦，几乎没有欢乐。如果是太公作品，那应该写于姬姜钓鱼相会之前。

1.《山有枢》：鼓动起兵造反

山有枢

山有枢，隰有榆。子有衣裳，弗曳弗娄。子有车马，弗驰弗驱。宛其死矣，他人是愉。

山有栲，隰有杻。子有廷内，弗洒弗扫。子有钟鼓，弗鼓弗考。宛其死矣，他人是保。

山有漆，隰有栗。子有酒食，何不日鼓瑟？且以喜乐，且以永日。宛其死矣，他人入室。

第一位革命家伊尹在商汤之前曾经鼓动过有莘氏反夏但没有说动。为了接近莘君，他自愿为奴煲汤做饭也没用。姜方革命家在钓鱼会之前鼓动过白马姜、四邦方，有没有鼓动西周？吕尚在殷三十三年不着急吗？《山有枢》就是鼓动起兵造反。

（1）"山有枢/栲/漆，隰有榆/杻/栗"，"隰"是阪下湿地，有山有水物产丰富。在"隆中对"里就是"益州险塞，沃野千里，天府之土，高祖因之以成帝业"。

（2）"子有衣裳/廷内/酒食/车马/钟鼓"，也就是经济、政治、军事、文化实力都具备却不运用它们。不仅不思进取，还"且以喜乐，且以永日"。看看人家刘备，只剩下新野一个县五千人马，仍然"孤不度德量力，欲信大义于天下；而智术浅短，遂用猖蹶，至于今日。然志犹未已"。

（3）怀璧其罪啊，你想苟安于乱世，商王同意吗？结果只能是"宛其死矣，他人是愉/是保/入室"。最终确如吕尚所料。"宛"是包围、覆盖的意思。

吕尚这番话是说给"小心翼翼"心存幻想的姬昌听的。《山有枢》即半个"隆中对"。《尉缭子·武议》记载："太公望年七十，屠牛朝歌，卖食盟津，过七十余而主不听，人人谓之狂夫也。""屠牛朝歌，卖食盟津"是卧底间谍，"主不听"不是纣王而是文王，否则一位流动商贩还需要什么"主"去"听"个啥。"人人"指的是西周当时的领导层，他们对革命完全没有信心，也舍不得苟且的好日子。活脱脱当年诸葛亮过江东"舌战群儒"的场景。

2.《扬之水》："吕牙在殷"

扬之水

扬之水，白石凿凿。素衣朱襮，从子于沃。既见君子，云何不乐？

扬之水，白石皓皓。素衣朱绣，从子于鹄。既见君子，云何其忧？

扬之水，白石粼粼。我闻有命，不敢以告人。

这首诗非常关键，记录了吕尚的家乡环境以及"吕牙在殷"的心情。

（1）"扬之水"是"羊之水"，是炎帝的出生地。"羊"是甘肃、陕西水系的象形，汇入渭河，仔细看渭河水系就是"羊"。"白石"也是姜人的崇拜特征。这是吕尚对家乡环境的描述。"扬之水"与扬子江可毫无关系。扬子江原指长江下游古扬州段，源于外国人来此误把下游当全流域了。

（2）"既见君子，云何不乐/云何其忧?"《扬之水》验证了文王七年姬姜相会的史实。但是文王要求吕尚去殷商做卧底，一卧就是三十三年能高兴吗? 而且"我闻有命，不敢以告人"。电视剧《风筝》和电影《暗战》对此都有描述。

（3）"素衣朱襮/朱绣"，"素衣"是周人服色素白色，"朱"是商人服色红色。在"服"代表身份的时代，吕尚被迫穿着商的底色，保持着周的特色，是商、周两色的双面人。

（4）"从子于沃"与"从子于鹄"不一样。"沃"在《诗经》中一般表示树叶柔顺，"鹄"是鸥鹄，指商王。吕尚表示本来归顺了你姬昌，却又被迫归顺商王。

3. 《椒聊》：姬姜千年联姻

椒　聊

椒聊之实，蕃衍盈升。彼其之子，硕大无朋。椒聊且，远条且。

椒聊之实，蕃衍盈匊。彼其之子，硕大且笃。椒聊且，远条且。

这首诗应该是讲述姬姜千年婚姻联盟的关系。

（1）太公的故乡"羊水"或"扬之水"的中游，如飞廉迁徙的甘肃甘谷县就是"中国花椒之乡"。花椒的香气可辟邪，宫廷用花椒和泥涂抹后妃所居宫殿的墙壁，称为"椒房"，因而"椒房"也用来指代后妃。"聊"的本意是耳鸣，可能耽于女色就会肾虚耳鸣，在《诗经》中似乎表示性交。比如《卫风》"娈彼诸姬，聊与之谋"。《聊斋》也是讲述狐仙与书生苟且的故事。所以，"椒聊之实，蕃衍盈升/盈匊。彼其之子，硕大无朋/且笃"讲述了从姜嫄到太姜等一代代高个子姜女与姬家联姻繁衍昌盛。

（2）"且"是男根，代表先祖。"条"是树的小枝。"椒聊且，远条且"，重要的事说两遍，姬与姜自先祖就通婚联姻，是姻亲关系。

4.《绸缪》：另一半"隆中对"

绸　缪

　　绸缪束薪，三星在天。今夕何夕，见此良人？子兮子兮，如此良人何？

　　绸缪束刍，三星在隅。今夕何夕，见此邂逅？子兮子兮，如此邂逅何？

　　绸缪束楚，三星在户。今夕何夕，见此粲者？子兮子兮，如此粲者何？

《绸缪》看似新婚其实是兄弟相会。可以视为"隆中对"的下半部分。以"乾"天象预言战略与结局，类似诸葛亮夜观天象借东风。

（1）姬姜相会是一场美丽的"邂逅"，结局是"如此粲者"。

（2）关键是"未雨绸缪"。伐纣出兵前的准备是"束"＋"三星"。"束"是姬姜联盟＋广泛的联盟"薪""刍""楚"。"薪"，为众人抱薪者不使冻毙于冰雪，众人拾柴火焰高。

"刍"是马草，联络白马姜。"楚"即江汉诸国。

（3）"三星在天/隅/户"，这是一个天象。三星即"参星"。"人生不相见，动如参与商。"西方白虎与东方青龙一升一沉永不相见。这个天象在《周易》就是姬昌造字的"乾"。"参星"从天入地下台，最后"三星在户"融入周政权。

5.《杕杜》：兄弟结拜

杕 杜

　　有杕之杜，其叶湑湑。独行踽踽。岂无他人？不如我同父。嗟行之人，胡不比焉？人无兄弟，胡不佽焉？

　　有杕之杜，其叶菁菁。独行睘睘。岂无他人？不如我同姓。嗟行之人，胡不比焉？人无兄弟，胡不佽焉？

吕尚要求与姬昌结拜兄弟。"兄弟"不是指私谊而是革命战友或同志。诸葛亮来到刘备阵营后，与刘备如"鱼水"，二弟关羽、三弟张飞都很吃醋。

（1）"杕杕"，孤立生长貌。"杜"是赤棠树，"湑湑"形容树叶茂盛。"踽踽"是单身独行孤独无依的样子。"岂无他人？不如我同父/同姓"，在姬姜结拜前白马姜退婚了，吕尚的盟友只剩下"同父"兄弟和"同姓"即申姜家族以及"姜方"们。本诗显示吕尚有亲兄弟，可惜史书无载，也许都在历次起义中牺牲了。

（2）"行之人"就是《无妄》卦中的"行人"，"行人之得，邑人之灾"。指的是与商有仇并且有各种反抗行动的人，但是没有联合起来"比"。这是《国际歌》号召的全世界受苦受难的人联合起来。"人无兄弟，胡不佽焉?"行人们各自都没有"兄弟"，所以要"比"要"佽"。"佽"是歃血为盟的酒会，如西方美人之会、白马姜之会、召公巡江汉之会。

（3）《有杕之杜》与本诗意境类似。明确出现了周人"君子"及"生于道周"。

有杕之杜

有杕之杜，生于道左。彼君子兮，噬肯适我？中心好之，曷饮食之？

有杕之杜，生于道周。彼君子兮，噬肯来游？中心好之，曷饮食之？

6.《羔裘》：西戎来了

羔　裘

羔裘豹祛，自我人居居！岂无他人？维子之故。

羔裘豹褎，自我人究究！岂无他人？维子之好。

"羔裘豹祛/豹褎"，羊皮袄、豹皮边是姜人与西戎包括西王母的装扮。吕尚为了说服姬昌下定决心也要显示下实力，类似于申侯忽悠周孝王拿西戎说事。《杕杜》刚说"岂无他人"，《羔裘》就来了西戎。吕尚承诺会联络西戎与周人友好且"故"，坚固久远。正如诸葛亮的背后是荆州集团。

7.《鸨羽》：控诉商"鸟"

鸨 羽

肃肃鸨羽，集于苞栩。王事靡盬，不能艺稷黍。
父母何怙？悠悠苍天，曷其有所？

肃肃鸨翼，集于苞棘。王事靡盬，不能艺黍稷。
父母何食？悠悠苍天，曷其有极？

肃肃鸨行，集于苞桑，王事靡盬，不能艺稻粱。
父母何尝？悠悠苍天，曷其有常？

这首诗的主题是控诉商"鸟"们的剥削压榨。《泰》卦叫"翩翩不富，以其邻"，再怎么努力劳动都不能国泰民安。所以《谦》卦说忍无可忍无须再忍："不富，以其邻。利用侵伐，无不利"。姬昌啊，傻呆呆地做"谦谦君子"没有个头啊！

8.《无衣》：联军军歌

唐风·无衣

岂曰无衣？七兮。不如子之衣，安且吉兮！
岂曰无衣？六兮。不如子之衣，安且燠兮！

秦军之歌原来出自姬姜联军军歌。《唐风·无衣》成了《秦风·无衣》，两首《无衣》本来就是同一首歌。秦人占"唐"后直接继承。

秦风·无衣

岂曰无衣？与子同袍。王于兴师，修我戈矛。与子同仇！

岂曰无衣？与子同泽。王于兴师，修我矛戟。与子偕作！

岂曰无衣？与子同裳。王于兴师，修我甲兵。与子偕行！

9.《葛生》：功成身退，叶落归根

葛　生

葛生蒙楚，蔹蔓于野。予美亡此，谁与独处？

葛生蒙棘，蔹蔓于域。予美亡此，谁与独息？

角枕粲兮，锦衾烂兮。予美亡此，谁与独旦？

夏之日，冬之夜。百岁之后，归于其居。

冬之夜，夏之日。百岁之后，归于其室。

《葛生》是悼念吕尚的歌词，或者是吕尚出山前表示功成身退的意思。诸葛亮离开卧龙岗出山时嘱咐弟弟诸葛均曰："吾受刘皇叔三顾之恩，不容不出。汝可躬耕于此，勿得荒芜田亩。待我功成之日，即当归隐。"后人有诗叹曰："身未升腾思退步，功成应忆去时言。只因先主丁宁后，星落秋风五丈原。"吕尚比诸葛亮命好，事业成功而且叶落归根。

10.《采苓》：采薇首阳山

采 苓

采苓采苓，首阳之巅。人之为言，苟亦无信。舍
旃舍旃，苟亦无然。人之为言，胡得焉？

采苦采苦，首阳之下。人之为言，苟亦无与。舍
旃舍旃，苟亦无然。人之为言，胡得焉？

采葑采葑，首阳之东。人之为言，苟亦无从。舍
旃舍旃，苟亦无然。人之为言，胡得焉？

《唐风》最后一首《采苓》写的是伯夷、叔齐采薇首阳山的故事，看来首阳山就在"唐"地。本诗的意思是"人之为言"别太当回事。这确实是吕尚的风格。

《唐风》告诉我们，姬姜联盟由于文王早期的失败阴影，姜太公苦苦等了三十三年，苦口婆心地动之以情、晓之以理。站在文王角度，革命的风险与已经安逸的西伯地位使他犹豫不定。最终促使他下决心的还是没有留下任何诗篇的纣王。囚禁八年与烹杀伯邑考让文王终于彻底觉醒了。所以他从羑里回到西周，第一件事就是找到姜太公。商周革命至此才真正开始。好在这两位老兄弟活得够长。

二、姜天望神来之笔："王三锡命"

文王在商王天下时称王的依据或合法性有三种说法：一是上天授命，包括赤鸟、丹书、奇梦等；二是文德仁政

的威望；三是文王自认为靠中道厚德载物自强不息。《师》卦"王三锡命"说明受命不是一次一种而是多次多类型。主要策划人与操盘手都是姜天望。

1. "王三锡命"与"天命之歌"详解

文王得天命，不只"文王重乳""凤鸣岐山""赤乌衔书"这些简陋的早期版。《周易》权威记载为"王三锡命"，可见是一个复杂专业而且缜密的系统工程。结合文王生前称王大约十年，刚好是遇太公之后，再结合前文所述太公"望"的特殊身份，可以说，姜太公是"天命"称王的主要策划人与操盘手。他的关键道具，除了辟雍、灵台，还包括影响人心的玉版、丹书以及奇梦等。

其一，太公钓鱼首先就钓到了鱼腹中的天书与玉版。《黄帝内经》有专门的《玉版篇》，因为其重要，所以黄帝交代岐伯："善乎方，明哉道，请著之玉版，以为重宝，传之后世，以为刺禁，令民勿敢犯也。"可见玉版与天书能合二为一，互相强化天命，类似汉谟拉比的黑石头。玉本来就是重要的王器。《金縢》记载周公祝由用"植璧秉珪"贿赂天神换武王一命。因此纣王自焚时要烧毁玉器，武王则赶紧从纣王身上剥下五枚天智玉，抢救了没烧坏的万余块玉器，然后专门令南宫适向商人展示（代表传国）。

其二，除了鱼腹中的玉版天书，《墨子·非攻下》还记录了周朝受命的另外三大神迹："赤乌衔珪，降周之岐社"；"河出绿图，地出乘黄"；"天赐武王黄鸟之旗"。除了一条鱼和一只赤乌，太公也没有放过乌龟，"河出绿图"。除了赤乌还有一只黄鸟，"天赐武王黄鸟之旗"。黄帝的学生姜太公要么不做，要做就是全套。不过，《墨子》记载的三大神迹，只是多了个乌龟与黄鸟，就算加上鱼腹与赤鸟，光靠这些动物还不够可信，也不是真正的"王三锡命"。

其三，天命怎么少得了"奇梦"？伯夷、叔齐讽刺周人"扬梦以说众"，显然说的是太姒之梦。《程寤》记载太姒梦见商廷长满荆棘，而太子发把周树种在商廷中变成了常青茂密的松、柏、棫、柞。即便不懂解梦也能明白此梦寓意姬发代商。奇梦虽好，关键得让其他诸侯信啊。文王决定用两种"权威"的方式检验：占卜＋天望。占卜证实与奇梦互为举证成立。所以周公在《大诰》里说："天休于宁王，兴我小邦周，宁王惟卜用，克绥受兹命。"太公望的作用是："祈于六末山川，攻于商神。望，承（烝），占于明堂。""望"是舜和大禹禅让的必要流程。太公望得出的结论一定是"八神"都完全同意太姒之梦。

正是因为以上"王三锡命"的权威认证，所以武王在伐商的《师》卦中强调"（文王之尸）在师中，吉，无咎。王三锡命"。武王在朝歌也高调宣布自己得了天命，让遗老遗少们认命。《逸周书·商誓》中武王对商人的训话把天和上帝抬出来二十多次，不服天命就"咸刘厥敌，使靡有余"！因为商人信天，所以武王对商人大讲各种天命。其实武王团队更相信"敬天保民"之"德"。一方面分封大商分而治之，另一方面散发钱粮赈济民众。所以，文王、武王、太公内心的天命肯定不是玉版、赤鸟、丹书、奇梦。

姜太公督建灵台对文王受命称王而言是必不可少的道具，包括与天的沟通、对人展示的仪式感，等等。《诗经·

大雅》中《灵台》与《棫朴》两篇描述的就是文王受命庆典。《棫朴》强调诸侯拥戴"济济辟王",《灵台》突出的是辟雍道具的作用。

棫 朴

芃芃棫朴,薪之槱之。济济辟王,左右趣之。

济济辟王,左右奉璋。奉璋峨峨,髦士攸宜。

淠彼泾舟,烝徒楫之。周王于迈,六师及之。

倬彼云汉,为章于天。周王寿考,遐不作人?

追琢其章,金玉其相。勉勉我王,纲纪四方。

灵 台

经始灵台,经之营之。庶民攻之,不日成之。经始勿亟,庶民子来。

王在灵囿,麀鹿攸伏。麀鹿濯濯,白鸟翯翯。王在灵沼,于牣鱼跃。

虡业维枞,贲鼓维镛。于论鼓钟,于乐辟雍。于论鼓钟,于乐辟雍。鼍鼓逢逢,矇瞍奏公。

《棫朴》强调诸侯的拥戴,把"济济辟王"写了两次。对应《大有》卦:"公用亨于天子,小人弗克。"捧场的"公"包括太公、辛公、散公、虞芮之公等。"辟雍"的"辟"就有自立为王的意思,"辟雍"即辟于雍州。《灵台》描述的是一个鼓成列钟成排的奏乐场面。灵台的建成标志着周人终于拥有了第一个国家歌剧院"社"。商朝初建,伊尹专门创作演出了《桑林之乐》与《大镬》。《大镬》成为殷商建国之歌即社稷之歌。没有伊尹、姜太公排练歌舞，商汤、文王就无法完成称王的程序。根据《尚书》记载，这个程序是历史传统。

> 帝曰："夔！命汝典乐，教胄子，直而温，宽而栗，刚而无虐，简而无傲。诗言志，歌永言，声依永，律和声。八音克谐，无相夺伦，神人以和。"夔曰："于！予击石拊石，百兽率舞。"（《虞书·舜典》）

> 夔曰："戛击鸣球、搏拊、琴、瑟、以咏。"祖考来格，虞宾在位，群后德让。下管鼗鼓，合止柷敔。笙镛以间，鸟兽跄跄；《箫韶》九成，凤凰来仪。（《虞书·益稷》）

《灵台》音乐会还只是初具规模。《史记》记载："大师疵、少师强抱其乐器而奔周。"商朝国家乐队跳槽对商人而言却是严重的亡国之兆，武王据此认为伐商的时机到了。《周颂·有瞽》记载，周王室音乐会典礼终于完备。

有　瞽

> 有瞽有瞽，在周之庭。设业设虡，崇牙树羽。
> 应田县鼓，鼗磬柷圉。既备乃奏，箫管备举。
> 喤喤厥声，肃雍和鸣，先祖是听。我客戾止，永观厥成。

《周礼》载："瞽蒙掌播鼗、柷、敔、埙、箫管、弦歌。""有瞽有瞽"是宗庙奏乐的总指挥。"设业设虡"是安置乐器，包括应、田、鼗、磬、柷、敔、箫管等。"鼗磬柷敔"的"柷"为起乐，"敔"为止乐，表示演奏动用了全套乐器，自然十分美妙，"喤喤厥声，肃雍和鸣"。交响乐是人类音乐的高级形式，是一个很复杂的排列组合，没有实力养不起，没有学问不会弄。宗庙奏乐不仅"先祖是听"，更是向外部使节展示我朝的国力与文明成果："我客戾止，永观厥成。"在互联网普及之前，奥斯卡与格莱美等就是各国普通人印象之美国。

文王"天命"如此重要，《诗经》当然会隆重歌颂。《大雅·文王》与《大雅·皇矣》可合称为"天命之歌"。

文　王

文王在上，于昭于天。周虽旧邦，其命维新。有周不显，帝命不时。文王陟降，在帝左右。

亹亹文王，令闻不已。陈锡哉周，侯文王孙子。文王孙子，本支百世，凡周之士，不显亦世。

世之不显，厥犹翼翼。思皇多士，生此王国。王国克生，维周之桢；济济多士，文王以宁。

穆穆文王，于缉熙敬止。假哉天命，有商孙子。商之孙子，其丽不亿。上帝既命，侯于周服。

侯服于周，天命靡常。殷士肤敏，裸将于京。厥作裸将，常服黼冔。王之荩臣，无念尔祖。

无念尔祖，聿修厥德。永言配命，自求多福。殷之未丧师，克配上帝。宜鉴于殷，骏命不易！

命之不易，无遏尔躬。宣昭义问，有虞殷自天。

上天之载，无声无臭。仪刑文王，万邦作孚。

皇　矣（节选）

维此王季，帝度其心。貊其德音，其德克明。克明克类，克长克君。王此大邦，克顺克比。比于文王，其德靡悔。既受帝祉，施于孙子。

帝谓文王：无然畔援，无然歆羡，诞先登于岸。密人不恭，敢距大邦，侵阮徂共。王赫斯怒，爰整其旅，以按徂旅，以笃于周祜，以对于天下。

依其在京，侵自阮疆，陟我高冈。无矢我陵，我陵我阿。无饮我泉，我泉我池。度其鲜原，居岐之阳，在渭之将。万邦之方，下民之王。

帝谓文王：予怀明德，不大声以色，不长夏以革。不识不知，顺帝之则。帝谓文王：询尔仇方，同尔弟兄。以尔钩援，与尔临冲，以伐崇墉。

临冲闲闲，崇墉言言。执讯连连，攸馘安安。是类是禡，是致是附，四方以无侮。临冲茀茀，崇墉仡仡。是伐是肆，是绝是忽，四方以无拂。

《皇矣》强调，"天命"自季历就已经过天帝考评而归周。"帝度其心。貊其德音，其德克明。克明克类，克长克君"，这是"维此王季"时代就被天帝看上了。"貊其德音"接上"帝度其心"，这就是天帝对季历的考察过程。周人讲究客观逻辑，《皇矣》把程序合法性介绍得很有依据。连用六个"克"来说明天将降大任于斯人也："克明""克类""克长""克君""克顺""克比"。换一句话就是修身、齐家、治国、平天下。

《周易》和《诗经》中的"克"都是承担、胜任的意思，孔子"克己复礼"刚好把主语与宾语理解反了，"克"的不是自己而是外在的重任。

"比于文王，其德靡悔。既受帝祉，施于孙子"，这是天帝对季历的考评被文王及子孙继承的逻辑。但是有一个逻辑漏洞：虽然天帝看上了季历的"德"，但谁能保证季历后人都能"德"且"其德靡悔"呢？商汤有"德"，纣王有"德"吗？为了补齐《皇矣》的逻辑漏洞，《文王》说："亹亹文王，令闻不已。""亹亹"是勤勉不已的意思。姬昌继承了季历的考评而且自强不息发扬光大，逻辑上，天帝应该更满意了吧。

《文王》是"文王孙子"的后人作品，即昭王的大作。"陈锡哉周，侯文王孙子。文王孙子，本支百世，凡周之士，不显亦世"，不仅武王、成王，哪怕没当王的"本支百世，凡周之士"都严格继承了季历、文王的自强不息厚德载物，是《周易》的好学生好君子，当然都是天帝的宠儿。

"天命"毕竟宏大笼统，较真逻辑的周人一定要把它具体化并与西周统一天下的具体实践相结合。《文王》具体到王室子孙、周朝开国元勋"济济多士"；《皇矣》的"天命"表现为天帝的具体且详细的指示，主要是伐密与伐崇。密与崇是商朝在西部最忠诚最强大的"二监"。天帝的意思是，姬昌你把它俩干掉就能建立"王"的威信了。天帝还指导了姬昌具体战术，甚至还亲自送来秘密武器"临冲"："帝谓文王：询尔仇方，同尔弟兄。以尔钩援，与尔临冲，以伐崇墉。""临冲"是一种前所未见的撒手锏。明代实战"临冲"吕公车是一座会移动的木制碉堡。"临冲"第一次出场的震慑力肯定比英军在第一次世界大战中首先使用坦克更吓人。《皇矣》说的战果是："执讯连连，攸馘安安。"

上天如此具体地指示，别人为何听不见呢？后来北宋孙奭责问宋真宗"天书祥符"的把戏："以臣愚所闻，天何言哉？岂有书也！"宋真宗是最后一位泰山封禅的皇帝，他把太公首创、历代完善的泰山天命招牌演砸了，别人也就没法演了，朱元璋甚至取消了泰山的封号。这真是一个逻辑漏洞。

《皇矣》解释："帝谓文王：予怀明德，不大声以色，不长夏以革。不识不知，顺帝之则。"天帝只告诉姬昌天命而且"不大声以色"，就是无论何种形式的"色"都是悄悄的。老子替姬昌补充解释："大方无隅，大器晚成，大音希声，大象无形。"天帝还举了前朝革命的案例："不长夏以革。"逻辑上商有国近六百年，比"长夏"还长，也该革了。关键是其他诸侯都不懂天帝的用心良苦，"不识不知，顺帝之则"，只有姬昌和太公能懂我，所以你们哥俩替天行道。

2. "允执厥中"：文王遗训与《中孚》解"德"

德，不仅是文王受命的合法性之一，甚至成了西周执政的"宪法"。

《尚书·周书·康诰》："明德慎罚。"

《尚书·周书·召诰》："王敬作所，不可不敬德。"

《尚书·周书·蔡仲之命》："皇天无亲，惟德是辅；民心无常，惟惠之怀。"

《史记》举了"虞芮之讼"的案例，验证了西伯昌能主持公道，靠文德称王。司马迁的结论并非没有依据。前文讲古公布局西周、虞、芮三国，到周文王时，平等的三国之公是否完全接受姬昌的统一领导，确实未必。

"德"对称王来说太重要了，所以当年商汤灭夏，靠军事实力战胜夏桀后还是觉得不踏实："成汤放桀于南巢，惟有惭德。曰：'予恐来世以台为口实。'"商汤觉得"惭德"，而且担心将来有其他崛起的诸侯有样学样。和武王伐纣后担心"有精神者试予"一样，他们忧心忡忡的都是政权合法性以及因此产生的后代颠覆危险。显然伊尹之前没有提前做好功课，只好由仲虺事后补上。仲虺与伊尹是商汤的左右手，仲虺为商汤所作的《仲虺之诰》就是为了解决后者最忧心的合法性问题。《仲虺之诰》记载的商汤之德的主要内容有四条：

（1）商汤德政保民反而继承了大禹之道，"表正万邦，缵禹旧"；而夏桀刚好相反，倒行逆施，"有夏昏德，民坠涂炭"。

（2）商汤个人也是道德楷模："惟王不迩声色，不殖货利；德懋懋官，功懋懋赏；用人惟己，改过不吝；克宽克仁，彰信兆民。"与夏桀是正反对比。

（3）对诸侯拉拢许诺："佑贤辅德，显忠遂良；兼弱攻昧，取乱侮亡。推亡固存，邦乃其昌。""德日新，万邦惟怀；志自满，九族乃离。王懋昭大德，建中于民，以义制事，以礼制心，垂裕后昆。"

（4）保证慎始慎终，政策一百年不变之类："慎厥终，惟其始。殖有礼，覆昏暴。钦崇天道，永保天命。"

商朝建国后四处反叛，四处征战从无休止。仲虺亡羊补牢显然是不够的，没有哪个朝代每一任君主都"德"。例如，武王《泰誓》《牧誓》都拿商汤之"德"说事，都是一副振振有词替商汤教育后代的样子。姜太公借鉴商汤革命肯定不会再犯伊尹的错误，所以强化了各种"天命""梦命"，当然也不会忽视"德命"。也许因为"王三锡命"的功夫没白做，周朝成为我国信史上国祚最长的朝代，特别是东周虽然很弱小，但是一直活到了自己挑衅秦国被吕不韦所灭。也就是说，无论是春秋三小霸还是春秋五霸对"天命"都还是认可并尊重的。

古文中"德"假借为"得"。"德"本义就是为了"得"，为了车上满载的货物与人，即《大有》卦描述的"大车以载，有攸往"，大国政权有德才能成王并长治久安。《大有》卦的"尚德载"应该就是"君子以厚德载物"的来源。"德"字甲骨文的造字本义是瞪大眼睛看清道路没有困惑迷误，大道坦然直行。金文"德"字加上了"心"。因此，金文"德"不仅要瞪大眼睛注意道路，还要用心思考辨别真假善恶，比甲骨文更清楚地表明谨慎正确、真理在手、道路自信的用意，这是周代对商代的升级。

《六韬·文师》说："仁之所在，天下归之。德之所在，天下归之。"太公的逻辑是："德"从无我做起，无我则有家，无家则有国，无国则有天下。前者是后者的"鱼饵"。因此要与天下人同心同德，实现别人的愿望就实现了自己的理想。"鱼饵"不是目的，只是手段。道家的"道德"就是"得之道"。《道德经》的本意也是阐述姜太公的"得/德"之"道"，只是今本把原版《老子》(帛书版)改得有点主题不突出，实战性不够了。

文王自己认为"德"是什么？《乾》《坤》两卦开篇明义，"道德"即天地之道，《阴符》之道。他和姜太公谋划"红羊劫"称王并坚信姬姜集团获得了天命。至于天命为何落在姬姜集团而不是鬼侯、鄂侯、鬼方、东夷等其他集团头上，文王遗训认为是"中"道，即黄帝以来先王的"十六字心传"："人心惟危，道心惟微；惟精惟一，允执厥中。"坚守"中"道、自强不息，用四个字概括就是"**允执厥中**"。

清华简《保训》记载了文王临终遗言，明确"中"就是舜帝、上甲微、成汤三人得天命得天下的依据。三个案例代表三种局面，都是靠"中"道。《保训》云："昔长假中于河，以覆有易，有易悖氏罪，长亡害，乃归中于河。""假中于河""乃归中于河"，说明"中"应该是"众"或"总/緫"的通假，是集合各方诸侯力量的意思。"中"只有解读为"众"或"总/緫"才通，借与还的都是有易军队之"众"。如果解读为"中间"，"乃归中于河"，难道少康胜利后还跳河？"中"道是为众与用众之道。《保训》举例说舜"旧作小人"，而上甲微"丧牛于易"，然而都借"众"成功。上甲微是统一战线借了"河伯"之众复国。舜更艰难，著名的后妈后弟故事是他"恐求中"，自救方法是只为家人干活自己一分不要的"无私"与"不争"。出名而被尧重用后更加"自诣氏志，不争于庶万姓之多欲"，终于得到"上下远迩"的拥戴。"舜既得中"，尧顺应民意"用授氏绪"。《国语·周语上》载："《夏书》有之曰：众非元后何戴？后非众，无与守邦。""后"即夏帝。大禹和文王的父亲都被杀了，出身经历更类似。文王学习大禹依靠群众、发动群众、无私治水、为众人服务。武王学习启继承就可以开国。

"允执厥中"到底是什么？《中庸》理解为"慎独""中和"；《论语》认为是"夫子之道，忠恕而已矣"；理学解释为"不偏不倚"。他们都各自解释对了一部分。其实《周易》明确归纳为"中孚"。"允执厥中"＝"执厥"于"允中"，而"允"＋"中"＝《中孚》。"执厥"指脚麻痹不能动、手被铐住不能动，就是一种没身不忘、坚定不移的比喻。

"中"是文王遗训。《尔雅》释"允"为诚信，就是"孚"。可能后人认为小鸡孵蛋比人更靠谱，所以改用"孚"。《夏书》歌颂大禹"成允成功"；《尧典》评价尧"允恭克让"；《商颂》歌颂商汤"允也天子，降予卿士"；《酆保》夸文王"王其祀德纯礼，明允无二"。"执（執）"的甲骨文就是双手被铐。"厥"类似《中孚》的"挛如"。一是指憋气发力，二是《素问》的"凝于足者为厥"，即厥冷麻痹。

《阴符经》将"允执厥中"表述为"君子得之固穷"。"固"表示对盾甲进行强化，使之牢不可破。"穷（窮）"表示人在穴中无法站直。"君子固穷"不是一直贫穷，而是君子得道后的坚守。"小人得之轻命"是平民学会了《阴符》就要造反了，比如黄巾军。

《庄子·达生》讲了个"仲尼适楚"的故事，形象地借孔子之口说出了"允执厥中"的真意："吾处身也，若厥株拘；吾执臂也，若槁木之枝。虽天地之大，万物之多，而唯蜩翼之知。吾不反不侧，不以万物易蜩之翼，何为而不得？"

"执"并"厥"才能轻松黏蝉。孔子说："有道"者，"用志不分，乃凝于神，其疴偻丈人之谓乎"。

周公在《周易》最后四卦中对自己一生的执政之德与功过得失进行了总结。他总结的第一领导哲学就是《中孚》，这是"德"与"允执厥中"的最权威阐述。

第六十一卦　中孚

中孚：豚鱼，吉。利涉大川，利贞。

初九：虞，吉。有它不燕。

九二：鹤鸣在阴，其子和之。我有好爵，吾与尔靡之。

六三：得敌，或鼓或罢，或泣或歌。

六四：月几望，马匹亡，无咎。

九五：有孚挛如，无咎。

上九：翰音登于天，贞凶。

《周易》中的"孚"均为诚信之意，形容执政就是开诚布公。《大雅·文王》宣告的文王得天下的总结语就是"孚"："上天之载，无声无臭。仪刑文王，万邦作孚。"《大雅·下武》总结成王继承的还是"孚"："永言配命，成王之孚。成王之孚，下土之式。""中"在政治上代表文王遗训的"众"，就是天下为公，因此"利涉大川"。**"中孚"是周朝开国国策的宪法性总结，也是周公对自己最高的评价**，教导后辈要"利贞"。

本卦出现了七种动物：豚、鱼、它、燕、鹤、马、翰。

“豚”是小猪（彘是大猪）。“豚鱼”是“豚，鱼”，解释成白鳍豚或者铠甲之类太牵强。《周礼·庖人》中有“宜为羔豚、犊”，东征诗《渐渐之石》中有“有豕白蹢，烝涉波矣”。“烝白蹢豕”祭祀才能“利涉大川”，“涉波矣”。沿袭到现在就是“烤乳猪”拜天地。后来老子用了六种动物论证“中孚”让执政者人畜无害：“含德之厚者，比于赤子。蜂虿虺蛇弗螫，攫鸟猛兽弗搏。”

“虞，吉。有它不燕”是周公对第一阶段摄政的总结。执政者“虞”能“中孚”，所以“吉”。反之，“有它”即捧毒蛇执政，就别想“燕处而昭若”。对应《大过》卦“栋隆，吉。有它，吝”。

“鹤鸣在阴，其子和之。我有好爵，吾与尔靡之。”这段话是周公对《渐》卦描述的辖区为政的总结。“鹤”就如《渐》卦中的鸿。“阴”是后面“月几望”的月光下。“爵”是商周贵族的青铜酒器，“爵位”是喝酒时的位置。此处“爵”是双关语，以酒比喻爵位。“靡”的本义为散乱、倒下，给大家倒酒。“鹤鸣在阴，其子和之”，上下相和、政通人和；“我有好爵，吾与尔靡之”，与士大夫共天下。

“得敌，或鼓或罢，或泣或歌”是周公东征的总结。周公“中孚”还体现在敌我分明。对“其子和之”就“好爵”“尔靡”。对敌人分化瓦解有打有拉，“纳约自牖”的“或歌”；顽抗的“或鼓或罢”“或泣”。“鼓”为军事打击。“罢”字从网，本义为罢官、免去，解除、废除，取消，等等。“泣”即无声或低声地哭，只能躲起来哭。刘禅被“得敌”后假装乐不思蜀偷偷“泣”，得以活命；李煜“或歌”哭诉“一江春水向东流"，当夜被牵机药毒杀。

"月几望，马匹亡，无咎"指的是战后天下一统的和平局面。这是商纣王、周武王没完成的丰功伟业。周公在小结人生时不会落下这一笔。"月几"是既圆又亮的月亮，比喻天下团圆。"望"是祭拜山川，但主祭不是太公望而是周公了，似乎有些自鸣得意。唐太宗把八月十五"月几望"又改回中秋节祭祀太公望。

"有孚挛如，无咎"指周公战后摄政主持的分封建国，兑现奖惩与盟约。"挛"指手脚蜷曲不能伸开，类似"允执厥中"。

"翰音登于天，贞凶"，周公建成成周，大会诸侯演礼作乐"有誉，来章"的那一刻也是人生的巅峰时刻，"翰音登于天"。"贞凶"就不用再解释了。"翰"是五彩灿烂的"鸟"。类似《旅》卦中的"雉"。"雉"与"翰"的共同点是有美丽的长羽毛，但锦鸡生活在低矮的灌木丛，飞不高。周公可不是后人狭隘理解的"谦谦君子"，他是多才多艺又雄才大略、文治教化又杀伐决断的人中龙凤。他故意不用"雉"也不用"鸿"，是为强调既有"鸿"的高位与美丽优雅，还能"翰音登于天"，那就只有"凤鸣岐山"的"凤"了。不明说，让你猜。

《中孚》卦归纳成一个字就是"中"，四个字就是"允执厥中"。

3. 什么是"大有"？

《大雅·文王有声》歌颂文王称王，武王与其他周王继承了"王命"。

文王有声

文王有声，遹骏有声。遹求厥宁，遹观厥成。文王烝哉！

文王受命，有此武功。既伐于崇，作邑于丰。文王烝哉！

筑城伊淢，作丰伊匹。匪棘其欲，遹追来孝。王后烝哉！

王公伊濯，维丰之垣。四方攸同，王后维翰。王后烝哉！

丰水东注，维禹之绩。四方攸同，皇王维辟。皇王烝哉！

镐京辟雍，自西自东，自南自北，无思不服。皇王烝哉！

考卜维王，宅是镐京。维龟正之，武王成之。武王烝哉！

丰水有芑，武王岂不仕？诒厥孙谋，以燕翼子。武王烝哉！

文王"有声"不是有声望，而是"大有"之声，否则"遹骏有声"怎么解释？马高八尺为龙，"遹"是遵循，"遹骏"即文王遵循《乾》卦的龙星天道而"大有"称王。东方七宿龙星形状其实是马。"遹求厥宁，遹观厥成"，文王遵循"君子好逑"和《咸》卦夫妇之道待诸侯，遵循《观》卦之道尚贤，而且"厥"地坚定坚守自然"宁""成"。"文王受命，有此武功。既伐于崇，作邑于丰"，明确把"文王受命"当作"有此武功"的前提条件。这也是后续武王建镐京以及成王建成周的条件："王公伊濯，维丰之垣"；"筑城伊淢，作丰伊匹"。"武王岂不仕?"文王已得天命称了王，武王继承就行了。"文王有声，遹骏有声""文王受命，有此武功"，这首诗的三个"有"再次证明《大有》就是文王称王之卦。

什么叫作"大有"?"大有"不是五谷丰登，因为解释不了"小人弗克"（百姓给文王送些粮食还不能胜任?）。理解《大有》必须与《泰》《否》关心的中心问题"天命"相联系。"有"与"无"相生。纣王势力范围"无"首才是姬昌的"大有"，即文王成了征服者。古代常见"有虞氏""有莘氏"等称呼，"有"类似夏朝的"后"，就是某地公认的老大。"大有"就是若干"有某氏"们公认的更大的"有"。《棫朴》叫"济济辟王"，《皇矣》叫"王此大邦，克顺克比"。

《大雅·文王之什·棫朴》对"大有"做了生动形象的解释，描述了"公"们"用享于天子"拥戴文王称王的场面。

棫　朴

芃芃棫朴，薪之槱之。济济辟王，左右趣之。

济济辟王，左右奉璋。奉璋峨峨，髦士攸宜。

淠彼泾舟，烝徒楫之。周王于迈，六师及之。

倬彼云汉，为章于天。周王寿考，遐不作人?

追琢其章，金玉其相。勉勉我王，纲纪四方。

（1）"芃芃棫朴，薪之槱之"，这是祭祀的准备，用牛羊等奉献上天。

（2）"济济辟王，左右趣之。济济辟王，左右奉璋。奉璋峨峨，髦士攸宜"，这是众多诸侯一起"辟"王，拥戴新王登基的场面。"济济"一堂显示人多。"奉璋峨峨"是诸侯进贡奉献的玉。"髦士"们各安于位。"髦"应当是挂着动物毛的权杖。

（3）"周王于迈，六师及之"，周军六师举行了阅兵礼。"淠彼泾舟，烝徒楫之"是在辟雍池举行的射礼。辟雍的功能首先就是"辟"。

（4）"倬彼云汉，为章于天"，鼓乐齐鸣与告天祭文一起响彻云霄。

（5）"周王寿考，遐不作人"，文王已经很高寿了，"遐不（丕）"是远离病痛的意思，"作人"指文王多子及抚育人口。这一句就是说文王健康长寿，多子多福，人丁兴旺。

（6）"追琢其章，金玉其相"指刻制了文王大印、玉玺，作为"勉勉我王，纲纪四方"的权力象征。在登基典礼上，文王应当发布了诰命之类的基本法。

"济济辟王"的"大有"局面是如何形成的呢？《周易》中也有明确的记录。《大有》详细记录了文王受命与支持文王受命的"公"们，不管是说服的还是打服的。而《升》《萃》卦记录了文王以"受命"为手段、以未来预期为工具，广泛地封官许愿拉盟友、挖墙脚。

附文　《大有》：文王受命

第十四卦　大有

大有：元亨。

初九：无交，害匪，咎。艰则，无咎。

九二：大车以载，有攸往，无咎。

九三：公用亨于天子，小人弗克。

九四：匪其彭，无咎。

六五：厥孚，交如威如，吉。

上九：自天祐之，吉，无不利。

《大有》和《升》权威解密了"文王受命"到底为何。《升》讲封侯晋升，同时隐含讲文王把自己升王。"用见大人""南征吉""孚，乃利用禴""王用亨于岐山""冥升，利于不息之贞"等语言与结构都与本卦类似。所以，文王最关注的"大有"是"大有天命"。《大有》卦是《升》卦的"冥升""用禴""王用亨于岐山"，是称王大典的现场回放。

"大有：元亨"，文王称王回应了《乾》《坤》之志，终于"元亨"。受命的合法性来自"天"，"自天祐之"。所以一是强调"厥孚"；二是强调"大车以载"，"车"是政权，只有更大的政权才能承载那么多的"有某氏"。车里载的还有不服的诸侯，"无交，害匪，咎。艰则，无咎"就是对占领区如密须等的首领杀头割舌，这些"大车以载"到了岐山被"用亨"的俘虏，来自"匪其彭"也就是文王六征。后来觉得靠暴力与德政仁政不符，效果也不好（"咎"），于是制定基本法刻在青铜上（"则"），只要遵守文王的青铜法，统治者与被统治者都"无咎"。

　　"公用亨于天子"与后来"王用亨于岐山"的区别，是为了强调"公"把西伯劝进捧成了文王，所以"小人弗克"。文王受命靠"公"们拥戴，对外宣传来自天命。文王称王后发现担心不合法是多余的，因为"厥孚，交如威如"。"厥孚"与"允执厥中"是一个意思。各位公们都"交如"，文王自然"威如"。

　　"交"的甲骨文像一个人两腿左右错立。一是低头屈身"有躬"；二是表示放弃攻击与逃跑，就是"臣服"状。"无交"是割了"交"即投降部族首领的头献祭，"害匪"是割了"匪"即非我族类的人的舌头献祭。这些都是商王常干的。文王为了表达对天的诚意，也干了一回。

　　"则"的甲骨文就是用刀在青铜上刻字。周人从称王大典开始养成了青铜刻字的好传统，因此才有了"铭文""金文"。金文记录王公活动，目前出土有 3005 字，其中可辨识的有 1804 字，比甲骨文略多。《周礼》对大司马、太宰等明文规定了"则"即法则、规则的任务，如"掌则，以逆都鄙之治""法则，以驭其官"。古罗马的"十二铜表法"与之类似。之前罗马法是不成文的习惯法，无法可依就是贵族人治。周文王"则"于青铜六百年后，罗马平民经过长期斗争才迫使贵族成立十人团公布了成文法，比类似的子产铸鼎置于广场也晚了百年。

　　"匪其彭"不是指敲着战鼓打击"匪"或抢掠。"匪"都是指对方异族人，割舌头是变成奴隶，不割舌头当自己人，当然就"彭彭"击鼓参加革命了，这就是"喜"的本义。《齐风·载驱》中的"汶水汤汤，行人彭彭"也是这个意思。垂直敲击鼓面"咚咚"，侧击鼓面"嘭嘭"。"彭"就是"敲边鼓"。

"自"是"鼻"的本字。脸部的正中央为"自"（鼻子，第一人称）。

"自天祐之"，"自天"是中天，而不是来自。"中天"祐之不是东青龙西白虎南朱雀，而是天的中心"天极"紫微。这个天命是如此正宗，所以周公要在地上对应找到"地中"洛阳建"成周"，"宅兹中国"。"自天祐之"就是"天子"的合法性。"天子"是统治天下后才有的周王专称。文王时代不是"天子"，到周公定稿《周易》时，中国才有"天子"。《礼记》说："君天下曰天子。"

"公用亨于天子"就是诸侯"公"向天子纳贡。"亨"为"享"的初文，本义为奉献，也就是纳供。《商颂·殷武》说："昔有成汤，自彼氐羌，莫敢不来享。"《左传》记载了齐桓公与管仲攻楚逼"贡"滤酒的包茅。"公"们向周天子纳贡是立国根基，是诸侯必须按时完成的功课。当然"小人弗克"。

《大有》以中天紫微为中心，通过厥孚、地中、天子，很有逻辑地解决了商周革命的合法性，但是到周公定稿《周易》时才完善。

三、"新西周"十年生聚：文王六征与四方攸同

太公与文王组合在十年里以"天命"为手段实施军事打击与统一战线结合的政策，目的是"三分天下有其二"的围

棋博弈决胜。文王之师实际是姜太师率军六征，战后的小邦周已经足以与大商一决高下，这就叫"四方攸同，皇王维辟"。短短十年，太公是关键。所以《史记》评价："太公之谋计居多。"同步地，相对于商朝或古罗马"大征服"没有解决的更大统治区域、部族、人口治理的难题，"新西周"恩威并用、厚德载物的历史风貌与新型政治文明实验完整记录在《周易》之中。《同人》侧重记录对诸侯的征伐与统一，《比》侧重对诸侯的统战；《小畜》侧重对占领区百姓的有效治理。"万邦之方，下民之王"，这就是"新西周"。《尚书·酒诰》载："王若曰：'明大命于妹邦。乃穆考文王，肇国在西土。'"

关于文王六征，《大雅·皇矣》记录得很生动，前文已详述。《同人》卦的记录非常简练："伏戎于莽，升其高陵，三岁不兴。""乘其墉，弗克攻。吉。""同人，先号咷而后笑，大师克相遇。"

皇　矣（节选）

帝谓文王：无然畔援，无然歆羡，诞先登于岸。密人不恭，敢距大邦，侵阮徂共。王赫斯怒，爰整其旅，以按徂旅，以笃于周祜，以对于天下。

依其在京，侵自阮疆，陟我高冈。无矢我陵，我陵我阿。无饮我泉，我泉我池。度其鲜原，居岐之阳，在渭之将。万邦之方，下民之王。

帝谓文王：予怀明德，不大声以色，不长夏以革。不识不知，顺帝之则。帝谓文王：询尔仇方，同尔弟兄。以尔钩援，与尔临冲，以伐崇墉。

临冲闲闲，崇墉言言。执讯连连，攸馘安安。是
类是禡，是致是附，四方以无侮。临冲茀茀，崇墉仡
仡。是伐是肆，是绝是忽。四方以无拂。

第一次出兵（西）即《同人》卦的"伏戎于莽"，指伏击犬
戎。《尚书大传》记载："文王受命四年，伐畎夷。"《国语》载
祭公谋父极力劝阻周穆王征犬戎，说犬戎一直臣服恭顺。
史书和金文里确实没有武、成、康、昭伐犬戎的记载，可
见犬戎被文王一战打服了百年。另外，因为家族背景，太
公会对各部西戎有打有拉又打又拉。所以，《皇矣》没提这
一战，重点放在了"伐密"与"伐崇"。

第二次出兵（西北）讨伐密须国是拔牙树威的政治战。
密须国在今甘肃省灵台县一带，当时是纣王布局在西北监
视周国的棋子，卧榻之侧，岂容他人酣眠。开战的理由是：
"密人不恭，敢距大邦，侵阮徂共。"此战目标是打给天下诸
侯看："以笃于周祜，以对于天下。"《皇矣》自称"大邦"，以
前周人称商才叫"大邦"。《六韬》记载管叔反对伐密，理由
是："其君，天下之明君也。伐之不义。"太公却说要打就挑
硬茬："先王伐枉，不伐顺；伐险，不伐易；伐过，不伐不
及。"文王把缴获的密须战鼓和战车作为"大蒐礼"仪仗，也
是用于号令诸侯，可见这场硬仗是立威性质的政治战。《竹
书纪年》载："密人降于周师。"《吕览》载："密须之民，自缚
其主而与文王。"可见，还是运用"反间"并实现了政治战的
效果。

第三次出兵（东）讨伐邘（盂）国夺取孟津。鬼侯、鄂侯被杀，姬昌就是为他俩"窃叹"。这个邘（盂）国就是原鄂侯的老地盘。估计这一战是"吊民伐罪"，并不难打。邘（盂）国地处山西、河南、陕西交界之处，以擅长制作陶器"盂"而得名。鄂侯死后族人南逃湖北随州重建，纣王封了新邘侯。邘（盂）国不仅北扼上党之门、南控虎牢之险，还有一处战略要地孟津。这个战略跳板的意义体现在后续的"孟津盟誓"。

第四次出兵（东南）讨伐崇侯虎：**新军队、新战法的综合演练**。

崇就是嵩，嵩山地区。大禹的父亲"崇伯鲧"的崇国，商汤灭夏后崇君换成了商人。崇侯虎是纣王的亲信猛将，可不是只会打小报告。《六韬》也夸他是大力士。"墉"的本义就是建有城墙的"邑"。这一仗类似东征"奄"，既有坚城又有飞廉级别的猛将，很不好打。崇侯虎的任务就是监视西周。他的地盘也是商朝在西南最重要的基地，然而此战历时三年却没有看到商军救援。一种可能是"文伐"让崇侯虎失去了纣王的信任，类似《封神演义》的"黄飞虎"；另一种可能是纣王希望崇侯虎作为姬昌的死敌全力硬拼而消耗周军。《同人》卦的"三岁不兴"就是指文王攻崇三年不克。最终战胜崇主要靠两条：一是新战法，"升其高陵"，临冲"克攻"。二是按《同人》卦的精神招降纳叛，包括"言言"的传单。伐崇是纣王没有料到的新战法，完全不同于过去的战争。不仅出现了新型攻城武器，而且文攻武伐。**这支"义兵"之师，是商人完全没有见过的新式军队，新产业、新科**

技、新思想，新组织、新战法、新武器，最终将承担起第一次统一天下的历史使命。此战也是武王伐纣、周军东征的一次总演习。

《荀子·议兵》与《战国策·苏秦连横约从》都把文王伐崇与尧伐骧兜、舜伐有苗、禹伐共工、汤伐有夏、武王伐纣相提并论。而《皇矣》中伐崇、墉的内容就占了一半。这是新西周的立国之战。

"执讯连连，攸馘安安。是类是禡，是致是附，四方以无侮"和"临冲茀茀，崇墉仡仡。是伐是肆，是绝是忽。四方以无拂"这两段排比充分描述了伐崇之战的战略效果。依据《大雅·文王有声》"既伐于崇，作邑于丰"，打下崇国文王才能迁都丰邑（从渭水北到渭水南）。

"依其在京，侵自阮疆，陟我高冈。无矢我陵"说明崇侯虎侵略在先。崇国依托"在京"堡垒侵略我方的"阮疆"。"京师"最早见于《大雅·公刘》"京师之野，于时处处"，类似宫殿。"阮"是一种弹拨乐器，流行于西戎地区，那么"阮疆"就是西周的西部疆域。崇国在东，崇军却在西，当然是侵略方。

"无矢我陵，我陵我阿。无饮我泉，我泉我池。度其鲜原，居岐之阳，在渭之将。万邦之方，下民之王。"这就是电影《上甘岭》唱的《我的祖国》："一条大河波浪宽，风吹稻花香两岸，我家就在岸上住……朋友来了有好酒，若是那豺狼来了，迎接它的有猎枪……"

"询尔仇方，同尔弟兄"，伐崇是有"仇方"与"弟兄"的联军作战，除了自家兄弟，还有敌人的敌人。崇侯虎在西周与"阮疆"地区建立城堡监视西周及西部诸侯，敌人不会少。

"以尔钩援，与尔临冲，以伐崇墉。临冲闲闲，崇墉言言"，这是对伐崇墉战场的描述，有些类似华野攻克济南，"钩援""临冲"是攻城部队的钩索与云梯，特别是"临冲"是一种移动的碉堡，《同人》卦记录为"升其高陵"。看来是科学家姜丈人的贡献。"闲闲"是防护围栏，指的是四面围攻的包围战。

"崇墉言言"的"言言"不是崇侯虎打小报告，而是周军的又一种新型战法：阵地宣传战，类似撒传单、喊话、派间谍串联。

第五次出兵（南）伐蜀，即《同人》卦"先号咷而后笑"的"逼婚"之战。文王伐蜀，周蜀先敌后友成为盟友。夫差北上，勾践偷袭。如果周军向东北伐商，西南最大的白马姜会怎么样？到了解决姜太公"离婚"问题的时候了，白马姜"复婚"重回大家庭。

第六次出兵（东北）讨伐黎国（耆）。《耆夜》记载的"武王八年"实际是武王用文王受命后的年号"八年"，此时文王还活着，但已不能随军作战。凯旋之时文王已去世，所以在"文太室"祭祀告慰文王。因此《耆夜》的主题是健康长寿。黎国位于今山西省长治市壶关县，离西周很远，离朝歌却很近。黎国滏口陉东下安阳仅三十余公里。伐耆得胜的庆功宴上周人兴高采烈，而商人的震动可想而知。《尚书·西伯戡黎》说的就是此战后祖伊震恐，劝谏纣王。周军已经兵临城下，纣王的反应却很反常。有两种可能：一是纣王真的坚信"我生不有命在天"。二是纣王不知道该信任谁了，不愿透露真实部署，策划瞒天过海。他极可能把主力布置在了太行山西大门。没想到周军声西击东，从孟津突袭朝歌而且速战速决。飞廉的战车部队在耆国方向扑了个空。前文已述，纣王很有谋略手腕，不会完全寄希望于上帝。第二种原因更合逻辑。

附文 《同人》《比》《小畜》："新西周"的诞生

"万邦之方，下民之王"，这就是"新西周"。《同人》卦侧重记录对诸侯的征伐与统一，《比》卦侧重对诸侯的统战，《小畜》卦侧重对占领区百姓的有效治理。

第十三卦 同人

同人：同人于野，亨。利涉大川。利君子贞。

初九：同人于门，无咎。

六二：同人于宗，吝。

九三：伏戎于莽，升其高陵，三岁不兴。

九四：乘其墉，弗克攻。吉。

九五：同人，先号咷而后笑，大师克相遇。

上九：同人于郊，无悔。

"同方"原意可不是儒者交友志同道合。要"同"的"方"是方国，特别是《尚书·多方》定义的"不宁"之方。所谓"同方"，即密云而怀柔，宣化而大同。

《同人》与《丰》很类似，都是讲团结与共同发展，区别是对象。文王《同人》的对象是西部反商联盟；周公《丰》是爱护天下各族，特别是非嫡系直系的淮夷、楚蛮、晋戎等，共同融合建立天下范围的命运共同体。两卦的文字与比喻也类似。"伏戎于莽，升其高陵"曾被王莽荒诞地解释说"莽"是王莽，"升"是刘伯升，"高陵"是高陵侯子翟义，翟义、伯升造反长不了。实际上原文是记录文王伐戎与崇，"同方"就必有不服，所以文王受命之后"六征"。

甲骨文的"祖"是"示"＋"且"，"示"是祭祀，"且"是男根。"宗"字的形状像供奉着牌位的房屋，是祭奠宗的场所。"祖"是本家，"宗"是叔伯大爷等旁系宗亲。

"同人于门""同人于宗""同人于郊""同人于野"都是"同"的范围，"门"是国门宫门，"宗"是姬姓宗室，"郊"是国内贵族与百姓，"野"是边区与"包荒"开垦的垦殖区。这是文王与姜太公在《六韬》中定下的国策。商是家天下，其他各族不是祭祀人牲就是抓人牲的助手，"同人于宗，吝"。天下攘攘，皆为利往。天下熙熙，皆为利来。商亡和周兴从正反两方面证明，"同人于宗"是以血缘关系的家族利益为标准，而不是以共同利益为标准，"吝"。

《武韬·发启》曰：

> 与人同病相救，同情相成，同恶相助，同好相趋。故无甲兵而胜，无冲机而攻，无沟堑而守。大智不智，大谋不谋，大勇不勇，大利不利。利天下者，天下启之；害天下者，天下闭之。天下者非一人之天下，乃天下之天下也。取天下者，若逐野兽，而天下皆有分

肉之心。若同舟而济，济则皆同其利，败则皆同其害。

"同人于宗"就是儒家盛赞的"孝友"之德。《国语·晋语四》说文王遇事"询于八虞，而谋于二虢"。"二虢"指姬昌的二弟虢仲和三弟虢叔。《论语·微子》说"周有八士，伯达、伯适、伯突、仲忽、叔夜、叔夏、季随、季騧"。"八虞"应该指这八位姬姓近支。

古人称城市到乡村之间为"郊"，称乡村到山林之间为"野"。"同人于郊""同人于野"就是对异姓诸侯的统战，当时一个贵族就代表一个氏族或一个"国"。《史记》说姬昌每天接待士人忙到中午还吃不上早饭，所以太颠、闳夭、散宜生、鬻子、辛甲大夫等贤人都聚集在他身边。

"同人于门"指朝廷"大人"们同心同德。"门"指的是宫门、国门，《节》卦"不出门庭，凶"，《周礼》"群臣进谏，门庭若市"，诗经《北门》"出自北门，忧心殷殷。王事适我，政事一埤益我"等，其中的"门"都是指宫门、国门。

"同人，先号咷而后笑，大师克相遇。同人于郊，无悔。"这段话非常有戏剧感，说的就是"同人于蜀"。姜子牙肩负重任，"大师克相遇"。

第八卦　比

比：吉。原筮，元永贞，无咎。不宁方来，后夫凶。

初六：有孚比之，无咎。有孚盈缶，终来有它，吉。

六二：比之自内，贞吉。

六三：比之匪人。

六四：外比之，贞吉。

九五：显比，王用三驱，失前禽。邑人不诫，吉。

上六：比之无首，凶。

"比"甲骨文字形像两个人并肩而立。"从"甲骨文像两个人一前一后前高后低。"比"是为了实现比附而"从"。《周礼》曰："使小国事大国，大国比小国。"

"比：吉。原筮，元永贞，无咎。不宁方来，后夫凶。"卦辞强调比就会成功，同时强调比没做到的恶果是"后夫凶"，一定要让"不宁方"朝拜西周"来"。

"宁"本作"寍"，从宀从心从皿，表示住在屋里有饭吃就安心了。"不宁"就是乱，"方"也有乱方之意，"不宁方"就是乱邦。"后夫凶"隐含了大禹杀防风氏的案例。更加凶险的案例是夫差黄池会盟诸侯，"后夫"勾践迟到是假，趁机在后方"不宁"才要命。孟津观兵考验各诸侯忠诚度的先例就是伊尹观"九夷之师"。《红楼梦》以荣宁二府不荣不宁比喻天下大乱，乱由"宁"府秦可卿（李自成）"不宁方"而起。秦可卿可以为卿不可称帝，她死于假孕大出血表示李自成的假皇帝只做了 42 天，从北方来吊丧的队伍就是"吊民伐罪"的多尔衮。

"有孚比之，无咎。有孚盈缶，终来有它，吉。"基于小邦周的弱小，相对"比之无首，凶"的杀一儆百，《比》更加强调"有孚比之"，而且要诚恳、诚信到"有孚盈缶"的程度。

"缶"是陶制酒具，"盈"为充满、溢出。满满的真诚"无咎"。效果是"终来有它，吉"。"来"是朝拜；"有"是称王，连"它"都臣服了。

"它"是"蛇"的本字，《周易》中多个"它"都是引申为像毒蛇般阴险的坏人。"匪人"是对方的人，"它"是坏人，无非是出于利益，利益"有孚"兑现，而且超出其预期或双方约定的水平，当然"从"了。西周政治家可不是理学卫道士。《坎》卦在东征艰险局面下"樽酒，簋贰，用缶，纳约自牖，终无咎"，就是最佳案例。吴越春秋的伯嚭就是最典型的"它"。

"比之自内""比之匪人""外比之"，都是"比"的范围，是广泛的伐商统一战线。"自内"是指周人中央的内部团结，对照商人内部"它"强调其重要性，也被后来的三叔（周公兄管叔，弟蔡叔、霍叔）验证。"匪人"是对方商人；"外"是商周之外的第三方。

"显比，王用三驱，失前禽。邑人不诫，吉。"这是拿商汤的案例讲解纣王的教训。"显"是显扬。"显比"就是显扬宣传，特别是用"它""匪人"的案例宣传。西伯安葬枯骨和"周公吐哺，天下归心"就是"显比"。"邑人不诫，吉"指的是商人忘了祖宗之戒。《无妄》"行人之得，邑人之灾"中的"邑人"也是商。商人老祖宗商汤就是"显比"的高手。他的经典案例就是《史记·殷本纪》中记载的"王用三驱，失前禽"，"诸侯闻之曰：'汤德至矣，及禽兽'"。

《小雅·鹿鸣》就是周人"显比"的赞歌。

鹿　鸣

呦呦鹿鸣，食野之苹。我有嘉宾，鼓瑟吹笙。吹笙鼓簧，承筐是将。人之好我，示我周行。

呦呦鹿鸣，食野之蒿。我有嘉宾，德音孔昭。视民不恌，君子是则是效。我有旨酒，嘉宾式燕以敖。

呦呦鹿鸣，食野之芩。我有嘉宾，鼓瑟鼓琴。鼓瑟鼓琴，和乐且湛。我有旨酒，以燕乐嘉宾之心。

"比之无首，凶"，"无首"是砍掉"不宁方"首领的脑袋实现"比"，当然"凶"。这是在强调团结争取。借鉴纣王"比之无首"的深刻教训，本卦为突出"有孚比之""有孚盈缶"，对"匪人""它"都是耐心诚恳地"比"。

成功都基于共性，失败才是原因千奇百怪。类似小邦周，罗马的崛起也是主要靠"比"。野狼哺育版本只是为了编造"天命"而已，与小邦周的鱼、乌龟、赤鸟本质上没有区别。商周革命几百年后，先是七个村落平等合并"比"成了罗马的雏形。小小罗马又用同样的方式与"大村子"的萨宾人合并。罗马人把七丘之一的奎里尔诺山让给萨宾人移居，两族享有完全相同的村民权利，萨宾长老也可以担任"村委会"委员（元老院长老）。二合一的新罗马第一次征服的是阿尔巴人（凯撒之祖），给了同等的身份权利（《同人》），还给了七丘之一的西里欧山。至此，小邦罗马才形成。罗马完全统一亚平宁半岛的对手是文明程度更高的西北十二个伊特鲁里亚城市联盟，类似大商。经过文攻武伐，罗马统一后同样采取了相对平等的融合政策，类似《咸》。伊特鲁里亚人完全融入罗马，他们贡献了字母和拉丁文。

第九卦　小畜

小畜：亨。密云不雨，自我西郊。

初九：复自道，何其咎。吉。

九二：牵复，吉。

九三：舆说辐，夫妻反目。

六四：有孚，血去惕出，无咎。

九五：有孚挛如，富以其邻。

上九：既雨既处，尚德载。妇贞厉，月几望，君
子征，凶。

《比》卦讲统一战线，重点是方国。后接《小畜》卦讲教化和驯服民众。"小畜"就是"小人之畜"。对应的《大畜》指从商人中选拔训官员"大人"。《同人》则侧重把以上三类全部同化为新的整体，于是大畜小畜大比大同，实现"大有"。《尚书·盘庚》中"用奉畜汝众""汝共作我畜民""邦之臧，惟汝众"等保民思想都被吸收进了《小畜》卦。

本卦卦辞"小畜：亨。密云不雨，自我西郊"，指周边民众的自觉自愿归附。北京周边与游牧民族接壤的地方就叫"密云""宁远""宣化""大同"。"密云"形容军事力量集结的重镇，"雨"指军事打击。虽然"不雨"，但随时可以翻云覆雨。武力威慑的"怀柔"，硬的保障是"自我西郊"。"自我"是中央军主力，结合"西郊"指辟雍的西六师。宣武、宣化，镇远、宁远，两手都要硬。

"云雨"在《周易》《诗经》中指军队集结与攻击。"云雨"作幽会讲，源自战国宋玉《高唐赋》望文生义的误解，说"巫山之女"对"高唐之客"（楚王）自荐枕席。巫山女类似《周易》《诗经》中的"女"，都是周公《酒诰》的"妹邦"。楚王来巫山游猎军演就是"云"，目的不是找美人而是圈地盘。是否"雨"取决于巫山的态度。有巫氏说："妾在巫山之阳，高丘之阻。旦为朝云，暮为行雨。朝朝暮暮，阳台之下。"这个表态也有两个意思，一是你"雨"我就随时应战，二是你不"雨"我就愿意归附。敬献美女只是以小事大的象征。

"复自道，何其咎。吉"，回到我这边来才能"吉"。"自"与"其"是我与他。"何"表示扛载，即兴师问罪，逼迫归附。文王伐蜀拉回白马姜就是典型。

"牵复，吉"，牵住牛鼻子马嚼头狗颈圈往回拉。这就是"绥"。

"舆说辐，夫妻反目。""绥"过紧就是"纣"。"牵复"回拉如果用力过猛就会导致车厢脱离车轮。"舆"本义为车厢；"说"通"脱"；"辐"是车轮辐条。《大壮》卦对付"不宁方"公羊的措施是"壮于大舆之辐"，舆辐一体才能中央政权稳固。"舆说辐"比喻中央与地方脱节。另一个比喻是"水可载舟，也可覆舟"。"夫妻反目"指边区部族和周政权闹"离婚"。"纣王"的"纣"就是套马的皮具等，比喻他对西周束缚得太紧反而导致马不拉车了。

"有孚，血去惕出，无咎。""有孚"是靠诚信称王当领导，"血去惕出"，如果解释为不用流血打仗，也不用提高警惕，肯定不合逻辑。对异族简单地"孚"并不能保证其臣服，该怎么办？西周的办法是坚持"疆以周索"，即推动产业转型升级与文明教化。"血"通"洫"，"血去"即以周为中心向边区修路修水利，促使边民从产业与文明向先进的周人方向转型变成"新民"。"惕"的金文＝犬＋火＋心，不就是要小心放火抢掠的"犬戎"吗？"疆以周索"政策最成功的案例就是晋与鲁。《涣》卦总结为"涣其血去逖出，无咎"，类似"血去惕出"。

"有孚挛如，富以其邻。""挛"是拘系、牵系，"挛如"是牵系相连的样子，一是指心连心手拉手，二是政策五十年不变。"富以其邻"在《周易》中出现过三次，还有《泰》卦与《谦》卦的"不富以其邻"，都是指周国能否富强受邻国的影响。本卦指做到了让邻居拉车当然就"富"了。《泰》卦中，西周的"不富"是因为大邻商贪得无厌地榨取；《谦》卦的"不富"刚好与本卦对应，对"谦"让却无效的邻国如密须与崇，就要"密云大雨"了，《谦》卦说"利用侵伐，无不利"。

"既雨既处，尚德载。妇贞厉，月几望，君子征，凶。""既雨既处"指战后的治理融合。"处"的本义为靠茶几休息，安宁祥和。《小雅·黄鸟》描述武庚"此邦之人，不可与处"。这个会"夫妻反目"的"妇"要处好很艰难，"厉"。《邶风·旄丘》给出长治久安的答案是："何其处也？必有与也。何其久也？必有以也。""必有与也"与"必有以也"就是相处之道，助人即得人心，有威望用人的政策，即"众道"。"尚德载"与"大车以载"（《大有》）应该就是"厚德载物"的出处。古文中"德"假借为"得"，"德"就是为了"得"。"月几望"，花好月圆之夜祭拜山川多好啊，真的打起来就"君子征，凶"。

　　《小畜》结尾很特别地两次出现姜太公的名字："尚"与"望"。《周易》也许评定太公治齐是《小畜》的样板。后文详述，太公治齐确实如此。

第六章　师尚父顾命周武王：
伐纣之战与兵学祖师

周文王时，姜太公担任"师"与"君牙"；周武王即位后，尊自己的"岳父"为"师尚父"，姜太公成为周国军事统帅、文武导师、外戚大公；武王伐纣，姜太公是联军指挥官"丈人"，负责"打仗"。按《周颂·武》与《周颂·执竞》的歌颂，周朝对中国第一位"天子"的官方评价就一个字："武"。"于皇武王，无竞维烈"，"执竞武王，无竞维烈"，姬发的武功第一无可比拟。即使"自彼成康，奄有四方"，也"不显成康，上帝是皇"。武圣姜子牙对武王的贡献同样也是一个字："武"。

一、"牙"的真实来历：君牙与《噬嗑》

除了《孙子兵法》最早提到"吕牙"，另一个与姜子牙相关的"牙"是太公三代曾担任的职位"君牙"。

周穆王任命太公之孙吕季为君牙兼大司徒时发布了《君牙》。其中对"君牙"的岗位有清晰的定位："今命尔予翼，作股肱心膂"，这是周天子左膀右臂的位置；"君牙，乃惟由先正旧典时式，民之治乱在兹""弘敷五典，式和民则"，这是明确的法制岗位；"缵乃旧服，无忝祖考""率乃祖考之攸行""君牙，惟乃祖乃父，世笃忠贞，服劳王家，厥有成绩，纪于太常"，这非常清晰地告诉我们"君牙"是太公、吕伋、吕季至少已经三代世袭的岗位，而且太公、吕伋非常有成绩，做了大贡献。

清华简《良臣》记载："武王有君奭，有君陈，有君牙，有周公旦，有召公，遂佐成王。"武王是第一个天子，是"君"。从武王时代起，干部队伍开始系统化、正规化。"君奭"相当于太保，"君陈"相当于太傅（后来演变为太宰），"君牙"相当于太师。

"君奭"推断就是太保，负责保卫。"奭"就是带领左右各百人的禁卫军。召公顾命、康王继位的场景，就是周公命令吕伋率两支百人禁卫军护卫登基。**召公奭＝召之公＋君之奭**。吕伋儿子吕衡当禁卫军统领时也叫吕奭、姜奭、聂奭。

"君陈"的"陈"是祭祀排列，"君陈"负责组织祭祀。周公大儿子伯禽原来任太祝，去鲁国后周公二儿子接替，所以叫"君陈"。"君陈"的排位系统在《周易》中的体现就是《巽》卦，祭祀排位向朝堂排位衍生，这是"太宰"的工作。

"君牙"就是君之牙，负责军队与公安。太公儿孙三代担任君牙。古代称大齿为"牙"。"牙"指古代将军之旗，亦指军队主将所在位置。军队就地转化为地方行政单位后指官署"衙门"。另外古代羌人、戎狄的王庭也叫"牙"帐,军政合一。因此"牙"的职位是管军队和治安。所以,吕牙可以理解为曾是吕部姜人之大首领。**姜君牙则是西周的"国防部部长兼公安部部长"。**"奭"与"牙"的区别就在于前者掌禁卫军,后者掌国防军。

"以牙还牙"就是暴力对暴力。《孙子兵法》讲战争,据此为太公改名"吕牙"。《小雅·祈父》的作者毕公自称"王之爪牙"。毕公是一位大将军,武王死后,成为顾命大臣之一。伊挚、吕牙被孙武并称,都是"王之爪牙"。伊尹的第一职位是尹(宰相),而军事岗位称"挚",通"鸷",指凶猛的猎鹰。

"牙"还有公安武警的功能,《噬嗑》卦就是以嗑瓜子作喻,讲解"法制之牙"。姜子牙、俞伯牙、鲍叔牙三牙都是军官并兼管公安司法。两次长勺之战,鲍叔牙都是领军。伯牙精通琴艺,但他是晋国上大夫。"姓俞名瑞,字伯牙"的风流才子是冯梦龙写小说的杜撰,人家是"国防部部长兼公安部部长",又擅长音律,类似大都督周瑜曲有误周郎顾。"律"的本义是校正音律,延伸到法律与规律。《尚书大传》曰:"黄钟为万事根本,度量衡皆以出。"先懂音律才通治国用兵。姜子牙自然精通法律和音律,所以《六韬》也记载了一版"知音"故事:

> 武王问太公曰:"律之音声,可以知三军之消息乎?"太公曰:"深哉王之问也!夫律管十二,其要有

五：宫、商、角、徵、羽，此其正声也，万代不易。五行之神，道之常也，可以知敌。金、木、水、火、土，各以其胜攻之。……"

《史记·律书》记载："武王伐纣，吹律听声，推孟春以致于冬季，杀气相并，而音尚宫。"正义引《兵书》言："夫战，太师吹律，合商则战胜，军事张强；角则军忧多变，失士心；宫则军和，主卒同心；徵则将急数怒，军士劳；羽则兵弱少威焉。"

人类历史上有个现象，在科技革命与产业变革时代，往往是更"集权"的国家胜出。而科技与产业的稳定期，则更偏向于"民主"与文官政治。完成英国资产阶级革命的克伦威尔就是一位靠铁骑军起家的大"君牙"，而普鲁士自己就是典型的"君牙"帝国。为了完成资本主义转型，1653年，普鲁士国王与容克贵族"von"（"冯"）们达成协议：允许容克对领地行使警察权和裁判权；容克则同意向国王纳贡"军事税"创立常备军，容克们又担任常备军的军官。显然，此时的容克就等同于"君牙"，管的就是军事与治安。其行政机构的高效廉洁为欧洲之首。这个"君牙"国家的老大也是军人，弗里德里希·威廉一世的绰号就叫"士兵国王"。他儿子大帝弗里德里希二世（又被尊称为弗里德里希大王）则整天穿着士兵服，通过西利西亚战争和七年战争，使普鲁士崛起为欧洲强国。法国官员米拉波惊叹普鲁士就是一个大兵营："对其他国家来说，是国家拥有一个军队；对普鲁士而言，则是军队拥有一个国家。"德意志第二帝国的威廉大帝原本就是"君牙",他的"君牙"俾斯麦还是一位集大成的"von"和"大牙"。

附文 "牙"的法制功能与《噬嗑》

第二十一卦 噬嗑

噬嗑：亨。利用狱。

初九：屦校灭趾，无咎。

六二：噬肤灭鼻，无咎。

六三：噬腊肉，遇毒。小吝，无咎。

九四：噬干胏，得金矢。利艰。贞吉。

六五：噬干肉，得黄金。贞厉，无咎。

上九：何校灭耳，凶。

《噬嗑》与《贲》的主旨都是治理百姓，《噬嗑》是暴力法制，《贲》是文明教化，两卦合一就是内法外儒。鉴于纣王的酷刑统治失败，《噬嗑》强调适度司法。"噬"本义是一点一点地咬。"嗑"＝口＋盍，"盍"表示将盖子与器皿相扣，上下门齿相扣。"瞌"是上下眼皮慢慢合上，就是"瞌睡"；"嗑"是上下牙齿慢慢合上，就是"嗑瓜子"。"噬嗑"形容法制机器对民众的惩罚要如同嗑瓜子，小小地、细致耐心地但有力地咬破坚硬的硬壳。

卦辞"噬嗑：亨。利用狱"明确建设一个适度的法制国家就会繁荣昌盛。"用"是敲钟集会，强调立法施法的公开性。"狱"相对"讼"，更强调裁判的公平作用。"狱（獄）"的金文是两只犬对着吠，中间有"言"即裁判，而"讼（訟）"的甲骨文是口对口，没有中间的裁判。"利用狱"三个字也记载了文王裁判"虞芮之讼"的经验与"商周之讼"没有裁判与公平的教训。

《召南·行露》应该是召公南巡决狱的记录。另一首《召南·甘棠》记录江汉法制建设成果，说召公在棠树下决狱政事，自侯伯至庶人各得其所。

行　露

　　厌浥行露，岂不夙夜，谓行多露。

　　谁谓雀无角，何以穿我屋？谁谓女无家，何以速我狱？虽速我狱，室家不足。

　　谁谓鼠无牙，何以穿我墉？谁谓女无家，何以速我讼？虽速我讼，亦不女从。

"雀""鼠"之"女"与"我"进行"狱""讼"。"狱"以"犬"对吠而非人口对辩，也偏于将双方都归于缺乏教化的野蛮人。江汉地区既有原来的三苗、楚蛮，又有商朝时迁徙过来的北方方国，后来召公又代表成王封了厉国等新诸侯鸠占鹊巢，所以关于"谁谓女无家"的诉讼少不了，都是涉及土地纠纷之类。"厌浥行露，岂不夙夜"指召公风餐露宿地巡视。"雀无角，穿我屋""鼠无牙，穿我墉"比喻没有法制的后果是破坏国家的根基。"速我狱"是找我裁判，"室家不足"强调多设立姬姓诸侯当裁判才能解决本地各族的纠纷。"速我讼"不是找我裁判，而是找我反对建立江汉诸姬，当然没门，"亦不女从"。

"屦校灭趾，无咎。"《说文》释"校"曰"校，木囚也"，古代刑具枷械的统称。"趾"本义为脚，引申为脚趾、止、停止等。"屦校灭趾"是戴上脚镣走不了。"趾"比喻罪犯刚开始的轻微阶段，也有离心脏最远的边区的含义，要用法律惩处，防微杜渐。类似《大壮》卦的"壮于趾，征凶"，《艮》卦的"艮其趾，无咎"。脚在最下，"灭耳"是犯罪严重的状态。

"噬肤灭鼻，无咎。""噬肤"与"噬腊肉""噬干胏""噬干肉"对应，指的是鲜肉，显然比喻良民。"灭鼻"指的是首恶必惩，灭了一小撮首恶分子，保护大部分被蛊惑的民众。"鼻"既在上方又在脸的中央，是头头脑脑。

"噬肤灭鼻"的另一个阐述是《宽恩化众问》：

> 武王欲"宽恩化众"，问太公曰："吾欲轻罚而重威，少其赏而劝善多，简其令而众皆化，为之何如？"太公曰："杀一人（而）千人惧者，杀之；杀二人而万人惧者，杀之；杀三人三军振者，杀之。赏一人而千人喜者，赏之；赏二人而万人喜者，赏之；赏三人三军喜者，赏之。令一人千人得者，令之；禁二人而万人止者，禁之；教三人而三军正者，教之。杀一以惩万，赏一而劝众，此明军之威福也。"

"噬腊肉，遇毒。小吝，无咎。""腊"的金文表示陈年老肉。因为不新鲜，所以"噬腊肉"会"遇毒"。老肉就不是"新民"，而是指老传统的商夷人。《说文》释"吝"曰："吝，恨惜也。""小吝"指对这些商夷遗民百姓（"小"）的执法心态要"恨惜"，虽恨但要爱护。这样自然"无咎"。这也是"启以商政"与太公治齐入乡随俗"平易近人"的意思。不机械地执行周法周制，哪怕恨得牙痒痒的。

"噬干肺，得金矢。利艰。贞吉。"《玉篇·肉部》解释："肺，脯有骨。""肺"为带骨的肉，指没有多少肉的骨头，如"鸡肋"。"干"在《周易》中都是指武器、武装。"噬干肺"就是耐心细致地啃鸡肋，没吃到肉但得到一根大骨头。很形象地比喻对贫穷强硬部族的法治要点。诸葛亮七擒孟获得到了一支善战的藤甲军，这就是"得金矢"。虽然"艰"，但是"利"。

"噬干肉，得黄金。贞厉，无咎。""干肉"比"干肺"多了肉，就是有钱，但还有"干"。典型就是伯禽治理的奄国，是富裕地区但武装反叛。周公残酷践奄之后还得三年报政，就是"贞厉，无咎"。"得黄金"和"得金矢"的区别是没能获得一支精锐部队，但是得了"黄"，以黄色比喻黄帝垂衣裳而治，培养出孔孟之风。"干肉"是最高级别的罪犯，"贞厉"。

"何校灭耳，凶"，扛枷磨掉了耳朵。"屦校灭趾"做不到，就会犯罪严重且面广。与"噬肤灭鼻"惩治首恶对比，"何校灭耳"的打击面太大。法制机器张开血盆大口就不是"噬嗑"了。秦朝严刑峻法官逼民反，所以刘邦"约法三章"。

"何校灭耳，凶"的西方典型案例是法国大革命时期的雅各宾派恐怖专政。因为政策过于温和的吉伦特派无力解决物价疯涨与外国武装干涉的反扑，1793 年 5 月 31 日巴黎人民发动第三次起义，吉伦特派倒台，以罗伯斯庇尔为首的雅各宾派上台，法国大革命进入了恐怖统治时期。雅各宾派靠严刑峻法迅速控制了物价并击败了反法联军，共和国也因此转危为安。然而局面稳定后，《惩治嫌疑犯条例》却没有放缓，特别是从重从快的死刑始终存在。雅各宾处决的政治犯每月达三百多人，包括玛丽王后也被送上了断头台。罗伯斯庇尔一意孤行，最终身死政息。

《噬嗑》是农业革命时代的产物。后世随着生产力发展与人口繁荣，又产生了两种基于"暴利"的新型"干肉"：官商勾结的商业犯罪集团与极端的武装贩毒敛财集团。《金瓶梅》中的西门庆就是典型"干肉"，他本是清河县黑社会，欺行霸市赚了钱再与官府勾结便发了横财。发了横财的西门庆买通宰相当上了东平府理刑千户。黑社会成了地方最高司法官，既可笑又可怕。更可怕的是美国教父贩酒、贩毒、杀人，还能搞出好莱坞包装，南美洲的贩毒集团竟然公然杀害警察与市长。西门庆与贩毒集团的故事一直在演，人类新的《噬嗑》还在探索中。

二、师尚父的封神之战：武王伐纣

姜太公不可能一生下来就是战神，一出道就能带领周军六战六胜，随后就能干净利落地指挥大决战。辉煌的军功更加验证他绝非半世碌碌无为的屠夫渔叟。"光烈之族"的丈人一定曾率领吕国、申国还有白马姜军队多次作战，应该是屡战屡败之后，经过回顾、学习、总结，包括对商、周的游历考察，理论与实践充分成熟，才能承担起商周决战的使命。

根据《逸周书》的记载，武王与太公、周公是伐商核心三人组。武王每天晚上与太公密谋，很专注、很焦虑，应该就是进行各种沙盘推演。季历、文王两次冲击霸权失败，第三次会怎样？武王每天半夜噩梦惊醒，唯恐泄露机密，唯恐再次失败被"烹"被"册"。周公旦经常在"旦"也就是早晨赶来为武王抚平噩梦，可能这就是《周公解梦》的史实：

> 维王二祀一月，既生魄，王召周公旦曰："呜呼，余夙夜忌商，不知道极，敬听以勤天命。"（《逸周书·小开武解》）

> 维王一祀二月，王在酆，密命。访于周公旦，曰："呜呼！余夙夜维商，密不显，谁知？告岁之有秋。今余不获其落，若何？"……王拜曰："格乃言。呜呼，夙夜战战，何畏非道，何恶非是。不敬，殆哉！"（《逸周书·大开武解》）

> 维四月朔，王告儆，召周公旦曰："呜呼，谋泄哉！今朕寤，有商惊予。欲与无□，则欲攻无庸，以王不足，戒乃不兴，忧其深矣。"……王拜曰："允哉！余闻曰：维乃予谋，谋时用臧，不泄不竭，维天而已。余维与汝监旧之葆，咸祗曰：戒戒维宿。"（《逸周书·寤儆解》）

虽然武王睡觉时都怕说梦话泄露伐商"阴谋"，但纣王不傻，文王六征他看得到。只不过他也需要"忍"，需要时间清理内部、稳定东夷再集中力量与周人了结。双方都在紧盯对方等待最佳时机。在西周三人组紧张密谋的同时，纣王也加快了决战准备，杀比干、囚箕子，微子逃亡而太师疵、少师强、太史向挚投奔周国。周人说这标志着纣王愈加昏乱暴虐，伐商时机到了。从纣王角度看，文王一死，伐周时机也到了，所以纣王立刻动手清理内奸。只是漏了少师胶鬲，应该是被与胶鬲勾结的妲己迷惑所致。胶鬲是少师，不是乐师而是前锋司令，结果正是他利用前锋身份前出与武王合谋。历史遗失的部分应该是胶鬲前军佯败，纣王在朝歌城下布阵准备一举歼灭孤军深入的联军。显然，双方都在摩拳擦掌。

《逸周书·酆谋解》载：

> 维王三祀，王在酆，谋言告闻。王召周公旦曰："呜呼，商其咸辜，维日望谋建功，谋言多信，今如其何？"周公曰："时至矣，乃兴师循故。……"

潜伏的间谍"谋言告闻"，纣王已在谋划起兵。双方都认为"时至矣"。德国两次挑战英国霸权，战争爆发前夕打的也都是明牌。

《六韬·文伐》："十二节备，乃成武事。所谓上察天，下察地，征已见，乃伐之。"

《国语·越语下》："得时无怠，时不再来。天予不取，反为之灾。"

《阴符经》："天发杀机，移星易宿；地发杀机，龙蛇起陆；人发杀机，天地反覆；天人合发，万化定基。"

这一战是"商周之讼"的总决战，对各方来说都是生死决战。第一不能动摇，第二要倾尽全力，第三要绝对统一指挥。太公的军事文献多次强调了决战的决心。

《六韬·龙韬》："兴师动众，万夫莫议。"

《孙子》注引："疑志不可以应敌。"

《吴子》引："用兵之害，犹豫最大。使如疾雷，不暇掩耳也。"

《孙子》注引："用兵之害，犹豫最大；三军之灾，莫过狐疑。"

《六韬·立将》："军中之事，不闻君命，皆由将出。临敌决战，无有二心。若此则无天于上，无地于下，无敌于前，无君于后。"

《太公兵法》："故受命而出，忘其国；即戎，忘其家；闻桴鼓之声，唯恐不胜，忘其身。"

1. 武王伐纣在军事史上的多个"第一"

武王伐纣是第一次记载的整体战。

除了《文伐》的长期准备，《抱朴子》引《太公兵法》明确说周国是全民总动员，连女人都要"当丈夫"用："从孤击虚，万人无余，一女子当百丈夫。"这也是武王专门写诗《思齐》歌颂邑姜的原因。

武王伐纣是历史上第一次破釜沉舟背水一战。

在牧野战前的动员令《牧誓》中，武王第一句话就是："远矣，西土之人！"孤军远征，没有后方，也没有退路。

《说苑》载："武王伐纣，过隧斩岸，过水折舟，过谷发梁，过山焚莱，示民无返志也。"正如太公《阴符经》所指出的"生者，死之根。死者，生之根。恩生于害，害生于恩"，孙子、吴起等正是解释为置之死地而后生。孙武曰："投之死地而后生，致之亡地而后存。"吴起曰："兵战之场，立尸之地，必死则生，幸生则死。"

武王伐纣是历史上第一次大迂回闪电战。

牧野之战时战车部队主官飞廉缺席，等到纣王死了他才在霍太山祭告。前文已述，文王六征的最后一次是武王带队伐耆。耆到安阳仅三十余公里，是商都西大门。纣王当然会判断周军从西来。纣王应该是想瞒天过海。一面通过《西伯戡黎》的作者祖伊放出懈怠的风声，一面秘密地把飞廉主力派往西北狙击。没想到联军在师尚父指挥下舍近求远、声西击东，从孟津突袭朝歌而且速战速决。就像武庚叛乱时周军也是突然迂回出现在殷都东面。这就是军神的作用了。《论衡》引《太公阴谋》说："武王伐殷，兵至牧野。晨举脂烛，推掩不备。"利簋（陕西临潼出土）铭文是目前发现的武王伐纣唯一的实时文字记录。它证实了周人克商在甲子日、一日破纣等。利簋铭文为：

　　珷（武王）征商，唯甲子朝，岁鼎，克昏，夙有商。辛未，王在阑师，赐有事利金，用作檀公宝尊彝。

武王伐纣是历史上第一次大规模倒戈与内应配合的政治战。

　　牧野战前，武王与太公做了各种沙盘演习，已经预计到了纣王会在朝歌城下以逸待劳，而这正是牧野的战场局面："敌人先至，已据便地，形势又强。"然而周军并没有按原先演习的"当示怯弱，设伏佯走，自投死地"，等敌军放弃防守阵地追上来"入我伏兵"。实际上是周军以弱攻强，而且总司令带着二百敢死队就率先冲上去了。如果商军一轮射箭，极可能师尚父就没机会表演"时维鹰扬"了。太反常了吧？显然，姜子牙冲锋前已经知道商军前锋不会放箭。《牧誓》说："不御克奔，以役西土。""奔"就是前锋倒戈的商军，武王明令不要俘虏他们，他们将为我西军服役反戈一击。也就是说，武王、太公在战前就已明确知道商军前锋不仅不会射箭，还会倒戈。

　　《竹书纪年》记载："微子启、胶鬲与周盟。"《吕览·诚廉》和《庄子·让王》也记载了伯夷叔齐发现周公同胶鬲、召公同微子启的勾结细节。《逸周书·武寤解》也明确记载："约期于牧，案用师旅"；"王不食言，庶赦定宗"；"太师三公，咸作有绩"。"约期于牧，案用师旅"是"第五纵队"商军倒戈。"太师三公，咸作有绩"指太公负责作战而周公与召公负责勾结微子启与胶鬲。《吕览·慎大览》"武王入殷"一段记载，周军刚过黄河胶鬲就来接头。武王与他约定在甲子日到达朝歌郊外"会师"。如果约期不到，胶鬲和他的主人微子启按期发动的"起义"将先被纣王镇压，周军就会失去内应而被各个击破。所以武王令诸军冒雨急速前进。商军倒戈不是盼望"解民倒悬"，而是事先合谋的作战计划。史传倒戈的前军是东夷奴隶，胶鬲正是负责在东海煮盐之人，很吻合。其他商军死战到底才会"血流漂杵，赤地千里"。

牧野城下商人虽然战败，但实力还在，纣王本来完全能死守待援或先逃命再反击，后续结果却是当天傍晚就走投无路自杀了。这个战局类似李自成杀到北京，有人开门迎敌，崇祯与王承恩突围被挡回只得自杀。逼死纣王的应该是城内的胶鬲、微子启叛军，微子启的敌人就是纣王本人，起义成败就在于纣王死活。

武王伐纣是历史上第一次大规模特种兵与多兵种协同战。

《逸周书·克殷解》记载："武王使尚父与伯夫致师。王既誓，以虎贲、戎车驰商师，商师大崩。""伯"通"百"，"百夫"正是"奭"带领的周王禁卫军，是从虎贲中挑选的敢死队。吕伋正是虎贲氏。前文已述，《齐风·还》记载他与丘穆公兄弟俩并肩作战："并驱从两肩兮"；"并驱从两牡兮"；"并驱从两狼兮"。"两牡""两狼"是他们的军旗。《周礼》中师的编制是："五人为伍，五伍为两，四两为卒，五卒为旅，五旅为师。""五伍为两"，两个"两"就是五十人。参考《周礼》，兄弟俩率领的禁卫军敢死队"四两为卒"，共一百人。太公此战之神勇再次证明他的前半生一定是弓马娴熟出生入死多次的悍将："视其为人，虎踞而鹰趾，当敌将众，威怒自倍。"

太公除了个人英勇、父子上阵，除了二百禁卫军，最重要的是还训练了一支特种兵并指挥他们一击必中，"商师大崩"。虎贲三千是周军主力，太公的描述是："使士赴火蹈刃，陷阵取将"；"万人必死，横行乎天下"；"三军为其死，战如风发，攻如河决"。勾践三千越甲、司马懿三千死士、刘彧三千鬼军，都学自太公虎贲三千。这支部队就是《练士》篇阐述的十一"士"："冒刃之士""陷阵之士""勇锐之士""勇力之士""寇兵之士""死斗之士""敢死之士""励钝之士""必死之士""幸用之士""待命之士"。

《礼记·曲礼》："列国之大夫，入天子之国，曰某士。"

《尚书·牧誓》："是以为大夫卿士，俾暴虐于百姓，以奸宄于商邑。"

《逸周书·太子晋解》："人生而重丈夫，谓之胄子。胄子成人，能治上官，谓之士。"

"士"的级别、地位很高，不低于当时吕伋兄弟的地位。太公练军强调"一"与"律"，按照管理幅度与管理层级理论，最佳的作战单位就是二百人。推测1"士"领200人，11"士"就是2200人，这是作战编制。《六韬·龙韬·王翼》还记录了"股肱羽翼七十二人"的整体战协同部门，包括"腹心""谋士""天文""地利""兵法""通粮""奋威""伏旗鼓""股肱""通材""权士""耳目""爪牙""羽翼""游士""术士""方士""法算"，分管宣传、间谍、天文、通信、工程、医务、军需等。七十二股肱羽翼再有下属人员，这就是三千虎贲的完整编制。

这支虎贲的建军思想，主要是落实整体战、协同作战。太公强调"义死不如视死如归"的"义兵"，只能基于觉悟与教育。与"义兵"配套的前提是"重赏之下有勇夫"的"利兵"物质激励。作为主帅，除了"致慈爱之心""一箪之醪，投之于河，令士众迎饮"的"爱兵"，太公还强调军纪如一"立武

威之战，以毕其众"的"威兵"。《六韬》《司马法》等文献保留
了不少太公的建军心得：

> 故必死，必死不如乐死，乐死不如甘死，甘死不
> 如义死，义死不如视死如归，此之谓也。故一人必死，
> 十人弗能待也；十人必死，百人弗能待也；百人必死，
> 千人弗能待也；千人必死，万人弗能待也；万人必死，
> 横行乎天下，令行禁止，王者之师也。(《六韬》)

> 军无财，士不来；军无赏，士不往。故良饵之下
> 有悬鱼，重赏之下有勇夫。一箪之醪，投之于河，令
> 士众迎饮，三军为其死，战如风发，攻如河决。(《御
> 览》引《黄石公记》)

> 致慈爱之心，立武威之战，以毕其众；练其精锐，
> 砥砺其节，以高其气……垒陈之次，车骑之处，勒兵
> 之势，军之法令，赏罚之数。使士赴火蹈刃，陷阵取
> 将，死不旋踵者，多异于今之将者也。(《说苑·指武》
> 引《太公兵法》)

2. 第一面龙旗：中华之龙到底是什么？

伐商联军的军旗是龙旗。"龙"字在商周时代经历了三
次转型升级。最初是代表"东方苍龙七宿"，字形似"马"；
其后周文王、太公等融合东宿、西宿、北宿的要素作为盟
军军旗，针对代表商的南宿朱雀。在商周革命后，周公将
革命军旗改成天下一家的"国旗"。

东方七宿的象形字"龙"与"马"非常相似。《周礼》说：

"马高八尺为龙，七尺为騋，六尺为马。"龙、马都是指东方七宿，龙马精神就是东方七宿"乾"的精神，就是"自强不息，厚德载物"的小邦周崛起之道。不能望文生义地把《乾》卦说成是龙而把《坤》卦说成是马。东方七宿的画像确实像马。"角""心""尾"均是马的器官；"亢"为咽喉；"氐"为脊骨前段；"房"的本义为分成间隔如肋骨，房星宿也被称为马房；最后位置的"箕"星宿象征骏马奔腾时其后尘土飞扬，还是龙马精神。

"龙"的第二版是周人融合了四个星宿中的东西北而合成的意象图帜，是联合天下被压迫、被当作祭祀品的各族，联合发动商周革命的旗帜！因此"龙"旗的图案与东方七宿的"龙"星是两回事。东方七宿龙马的头＋北方七宿玄武龟蛇的身与甲＋西方七宿白虎的爪，共同构成了我们今天看到的龙标识。这个标识既形象又抽象。商周革命就是西周、东夷、南蛮对北商"三打一"。商人崇拜玄鸟，南方"朱雀"是被革命的对象。武王与姜尚讨论的军队建制叫"王翼"，见于《六韬·龙韬》："王者师师，必有股肱羽翼，以成威神"，"故将有股肱羽翼七十二人，以应天道"。军旗在《诗经》中就叫"龙旗"。

《周颂·酌》是《大武》——周代大型歌舞，歌颂武王伐纣灭商的赫赫武功——的一个乐章，作于武王伐纣成功告庙之时。这首诗歌颂了王师的威武。"于铄王师，遵养时晦。时纯熙矣，是用大介"，指的是精锐的王师韬光养晦等时机成熟大军伐纣。"我龙受之，蹻蹻王之造"指"我将龙旗"授予这支军队，英勇威武之师是我王亲自打造的劲旅。"实维尔公允师"，指实际上由太公指挥这支军队，"允"通"统"。

酌

于铄王师，遵养时晦。时纯熙矣，是用大介。我龙受之，蹻蹻王之造。载用有嗣，实维尔公允师。

"华夏"一词最早出自《尚书·武成》："华夏蛮貊，罔不率俾。"指的就是武王伐纣这支"龙"旗联军，无论中原的华夏族还是偏远的少数民族，无不遵从龙旗的指引。此时的"华夏"还是中原的地理概念。正是从西周建立后，伴随着龙旗飘飘，周公制礼作乐，大交融、大建设后的"华夏"才有了王道乐土的文明优越感。到东周末年，管仲才提出"尊王攘夷"，孔子才提出"华夷之辩"。"华夏"从此更多地体现文明礼仪的概念。《论语·八佾》才有"夷狄之有君，不如诸夏之亡也"。

第三版的龙图案沿用了第二版，但含义从革命改变为交融。革命联盟为中华大交融之首，这个龙是《周易》下篇"龙凤呈祥"的结果。龙凤呈祥就是商周合并。《周颂·载见》描述诸侯们进见周王的情景。此时的"国旗"已经是"龙旗"。"龙旗阳阳，和铃央央"，郑玄笺曰："交龙为旗。"

载　见

载见辟王，曰求厥章。龙旗阳阳，和铃央央。鞗革有鸧，休有烈光。率见昭考，以孝以享。以介眉寿，永言保之，思皇多祜。烈文辟公，绥以多福，俾缉熙于纯嘏。

　　西周开国四方各族交融。东龙、南雀、西虎、北玄武四合一就是新一版的"龙"，代表整个的"天"，天下就是我土，天子就是我王，龙的传人就是各族交融的传人，就是"新民"。这才是"溥天之下，莫非王土；率土之滨，莫非王臣"。周把天下各族都当家人，合并的大商是"凤"是"妻"，交融的各小族是"九子"。这面旗帜代表的理想就是将心比心、天下大同的命运共同体。周公把《尚书》中尧舜禹绝学及周文王遗训"众"道的范围扩大，用《周易》作详细的政策与策略讲解，用《诗经》言志，"嘉我未老，鲜我方将；旅力方刚，经营四方"。"中华龙"就是体现《周易》《尚书》《诗经》文明精神的"标识"与"旗帜"。

　　如果盲目照搬西方浅薄原始的"图腾说"，误以为中华龙真的是一种动物图腾，实在是过于贬低了中华文明的出身。假设存在龙这种动物，从空气动力学角度它是如何飞起来的？地球人生存的这个物理世界存在这样的飞行器吗？所以，逻辑上只要这种"动物"存在，它就一定是外星生命。搞清了"龙"的三个版本。商周之前的"董父豢龙"，要么是养骏马，要么是专业负责观天象特别是东方龙星，确定时节指导生产；或者是根据天象、天道制定律法，这才是"天"传授伏羲、大禹、摩西们"律"的本义。

3. 武王伐纣的真实历史记录：《师》《剥》《复》三卦

　　商周真实历史的钥匙是史书与《诗经》《周易》的互相验证。《师》《剥》《复》三卦记录了武王伐纣的真实历史。

第七卦 师

师：贞丈人，吉，无咎。

初六（遁）：师出以律。否、臧，凶。

九二（姤）：在师中，吉，无咎。王三锡命。

六三（讼）：师或，舆尸，凶。

六四：师左次，无咎。

六五（蒙）：田有禽，利执言，无咎。长子帅师，弟子舆尸，贞凶。

上六（师）：大君有命，开国承家，小人勿用。

《师》记录了全军总决战。"师"是军队，"师氏"简称"师"，又是总司令职务。

卦辞总结"贞丈人，吉，无咎"，就是听姜丈人的就能打胜仗。"打仗"的指挥是"丈人"。丈人在《六韬》中写道："国之大事，存亡之道，命在于将"；"社稷安危，一在将军"。"丈人"持杖而掌握权柄。师尚父左手持黄钺右手握白旄誓师，这就是"丈人"。

"师出以律。否、臧，凶。"《六韬·兵道》说："凡兵之道，莫过乎一。一者能独往独来。""否"是没有纪律，"臧"是有纪律而不遵守。《六韬·将威》中武王问太公怎样才能"师出以律"，太公的回答是信赏罚，"将以诛大为威，以赏小为明"。"杀一人而三军震者，杀之"；"杀贵大"；"杀及当路贵重之臣，是刑上极也"。

"在师中，吉，无咎。王三锡命。"前文已述，"王三锡命"指的是文王得天命。文王牌位"在师中"意为文王受命，太子发继承替天行道，这是伐纣的合法性。"锡"的颜色是蓝色＋白色，就是"天"色。锡的熔点低，用于熔炼青铜，温度降到－13.2℃时锡器就会变成一堆粉末。因为天的颜色以及神奇或神秘的金属特性，"锡"就有了天的含义。"九锡"是周礼中天子赐给诸侯大臣的九种仪仗。从王莽开始，"九锡"成了篡逆的代名词，篡位前先加九锡即承天命。

"师或，舆尸，凶。""或"通"惑"。战前占卜不利，"师或"必迟疑，结果就会"凶"。姜丈人在此次进军中三次决绝解惑。第一次是周地出发推翻占卜，朽骨枯草，焉知吉凶；第二次是孟津过河命"兕"即水师与诸侯集结，迟到则斩；第三次牧野阵前敌众我寡，姜太师率先冲锋牧野鹰扬。

"尸"是活人作鬼神替身，即鬼神借"尸"还魂，借"尸"之口训诫并祝福子孙。战国之前"祭必有尸"。《诗经》多篇的"尸"与祭祀有关，如《采蘋》《祈父》《楚茨》《信南山》《既醉》《板》等。

"师左次，无咎"讲的是姜子牙的"义兵"思想。"左"的本义是辅佐、帮助。"次"指弱者，"左次"是锄强扶弱。《旅》卦中的"旅即次"刚好相反，是欺负弱者。

"田有禽，利执言，无咎。长子帅师，弟子舆尸，贞凶。""禽"指"鸟人"商，来周人农田里吃庄稼，比喻残酷剥削压榨。"执言"指为其他被压迫民族代言，如《牧誓》的宣言。"长子帅师"是长子武王帅师。"弟子舆尸"指弟子载着文王的"尸"即牌位。"贞凶"是强调武王、太公一家老小全上阵，为了改变周人、姜人、天下人的命运也是豁出去了（所以不能"师或""否、臧"）。

"大君有命，开国承家，小人勿用。"结尾是战后结局。武王成了"大君"；大人们"开国承家"；"小人勿用"既强调全民皆兵，也包含天下各族百姓积极拥护响应，团结在龙旗下。大人们包括武王联军的诸侯以及分封的新诸侯，强调统战与政治战。

第二十三卦　剥

剥：不利有攸往。

初六：剥床以足，蔑，贞，凶。

六二：剥床以辨，蔑，贞，凶。

六三：剥之，无咎。

六四：剥床以肤，凶。

六五：贯鱼，以宫人宠，无不利。

上九：硕果不食，君子得舆，小人剥庐。

《周易》上篇的最后八卦，讲的是武王伐纣与周公东征最终实现了商周革命的成功，天下一统。《师》《剥》在《讼》之后，提前讲是为了对应"商周之讼"的大结局。《剥》卦主要讲推翻商政权"剥床"以及对战俘的处理，包括祭祀大典等。

"剥"的甲骨文＝捆绑倒吊＋刀剔割，表示用刀子剔割倒吊的活人，比如苏秦祸害田齐后，齐湣王被楚将淖齿逼迫禅让的死法。《小雅·楚茨》通篇描写周人祭祀大典场面，就是"剥"牛羊："絜尔牛羊，以往烝尝。或剥或烹，或肆或将。"本卦主要有三类"剥"：武王推翻商朝政权；武王把商人"剥"了祭祀；武王把战利品剥夺后再分给百姓与诸侯。

卦辞"剥：不利有攸往"强调革命不为私"利"而为大家好，这样我方武王登基"有"才能平稳"攸"。"往"与"来"对应，指的是各方朝拜武王。

"剥床以足，蔑，贞，凶。""剥床"就是推翻商政权，而皇帝登基称"坐床"。"床"不只是用来睡觉的。《说文》释曰："床，安身之坐者。""床"在本卦中与《巽》卦"巽在床下"一样，都是指王权宝座。"足"的本义出征归邑。"剥床以足"表示伐商军队不能简单打道回府（而是要"复"，来回剿杀）。"蔑"表示扬眉冷对，即对"剥床"不服。既有不服周军有胜之不武成分的，也有不服的死硬派如后来的武庚与飞廉。所以"贞，凶"。武王伐纣类似清军入关，都是小邦靠"蛊"趁"机"打败大邦。处理不好庞大遗民集团的"蔑"，随时都会翻盘"凶"。

"剥床以辨，蔑，贞，凶。""剥床以足"是军队胜利了不能马放南山，因为"蔑"。"剥床以辨"，"辨"的金文本义是判决原告与被告，手段为施刑拷问。本义只见于古文。后来儒家《礼记》理解为"分争辨讼，非礼不决"，显然与"商周之讼"的时代不吻合。本卦的意思是用专政措施对付"蔑"们。

"剥之，无咎。"这是说以上两项措施"无咎"。对于这些"蔑"们，专政就是要"咸刘厥敌，使靡有余"。

"剥床以肤，凶。"体表为"皮"，皮下脂肪为"肤"，因此专政的范围要深入"肌肉"与君牙、君之臂膂之类的统治骨干。对应下一句"贯鱼，以宫人宠"。

"贯鱼，以宫人宠，无不利"，这才是"朝歌献祭"的真实历史画面。鱼贯而入的"宫人宠"们即纣王的核心骨干团队都被"剥"。"无不利"即"无首"＋砍断树的上部，比喻彻底镇压掉商人核心的"蔑"们，当然"利"，这才是武王要的政权之利。《逸周书·世俘解》记载太公主持朝歌献祭仪式，纣王的一百多名幸臣集体被"烹"。《尚书·武成》记载"告以馘俘"八次完全实现了"群龙无首"的商周革命结局。《大雅·凫鹥》是武王作品，歌颂的就是用"鸟"作烧烤给"公尸"即先祖代理人享用的画面：

凫　鹥

　　凫鹥在泾，公尸来燕来宁。尔酒既清，尔肴既馨。公尸燕饮，福禄来成。

　　凫鹥在沙，公尸来燕来宜。尔酒既多，尔肴既嘉。公尸燕饮，福禄来为。

　　凫鹥在渚，公尸来燕来处。尔酒既湑，尔肴伊脯。公尸燕饮，福禄来下。

　　凫鹥在潨，公尸来燕来宗，既燕于宗，福禄攸降。公尸燕饮，福禄来崇。

　　凫鹥在亹，公尸来止熏熏。旨酒欣欣，燔炙芬芬。公尸燕饮，无有后艰。

　　"硕果不食，君子得舆，小人剥庐"就是本卦主题"不利有攸往"。与纣王"剥削"相反，武王只要政权"舆"，"硕果"分给了诸侯，"庐"给了百姓。"庐（廬）"的金文表示有炉灶的房舍。《周礼》有云："凡国野之道，十里有庐，庐有饮食。""庐"是简单但能吃饭睡觉的救济站系统，如《小雅·信南山》的"中田有庐，疆埸有瓜"。武王把殷商遗民封给武庚，命召公放箕子出狱并将其分封至朝鲜，命南宫括散发钱粮赈济百姓，分封诸侯"兴灭国，继绝世"。这就是"硕果不食"。

第二十四卦　复

复：亨。出入无疾，朋来无咎。反复其道，七日来复。利有攸往。

初九：不远复，无祇悔，元吉。

六二：休复，吉。

六三：频复，厉，无咎。

六四：中行，独复。

六五：敦复，无悔。

上六：迷复，凶，有灾眚。用行师，终有大败。以其国君凶，至于十年不克征。

"复"的甲骨文本义是出城门后返回，在本卦就是军队回师。《泰》卦"无往不复"就是指文王攻商部队全被打退回来。本卦胜负易位，武王得胜班师。《复》卦记录朝歌"剥"后的历史，"复"有三个方面军：一是武王所率主力；二是胜利回师的周军各追缴部队；三是最后的"迷复"记录的追剿武庚之"复"的军队。

"复：亨。出入无疾，朋来无咎。反复其道，七日来复。利有攸往。"卦辞较长，表示意义重大。"复：亨"是武王胜利回师。"出入无疾，朋来无咎"指武王联军出师到回到丰镐都"无疾"而返。能征能"复"才是名将。太公说："兵不两胜，亦不两败。兵出逾境，期不十日，不有亡国，必有破军杀将。""疾"的甲骨文像人腋下中箭。"朋"是"西南得朋"的盟友。《剥》卦收篇"硕果不食"，因此"朋来"指旧朋与新朋，典型就是微子启、商容等立刻"来"朝拜武王。

"反复其道，七日来复"是与进军时的突袭战对比。周军在商人各路来回剿杀即"反复其道"，如吕他征戏方，侯来攻靡与陈，百弇征卫，陈本征磨地，百韦伐宣方和厉方，新荒伐商朝的蜀等。"七日"是"先甲三日，后甲三日"的七日循环，代表一个完整过程；"来复"是结局都能回来，"来"朝拜武王复命。武王班师从朝歌南下渡黄河，《明夷》记录："明夷于南狩，得其大首。"武王在此任命"三监"，随后在嵩山"望于山川"表明统治权。何尊（陕西宝鸡出土）铭文记载，武王在嵩山对天许愿营建新都坐镇中原："唯斌（武王）既克大邑商，则廷告于天，曰：余其宅兹中国，自兹乂民。"这是文献中第一次出现"中国"。

"不远复，无祇悔，元吉"，这是记录武王亲率主力"复"中一路威慑镇压的效果，"元吉"。"不"的甲骨文像木截去上部，使草木停止生长。《诗经》中的"远"比喻关系远，如《小雅·伐木》"笾豆有践，兄弟无远"，《王风·葛藟》"终远兄弟，谓他人父"。"不远复"表示班师途中打压远的部族（不向新王靠拢）。"祇"通"祗"，本义为恭敬。"无祇悔"即《尚书·冏命》描写武王的"下民祗若，万邦咸休"。一路上不服的被"无"才"祗"。悔叹的是他们。

"中行，独复"就是"独"之复。前文已述是伐蜀即白马姜这个"独（獨）"的凯旋。"独"的本义消失。"独"之复的原因还是中道之行，靠的是统战而不是军战，所以要专门记载。

"休复，吉。""休"指停止肢体劳顿，"息"指较长时间的调整呼吸放松身体。本卦用"休"不用"息"，意思是岂能忘战，忘战必危。"休复"的形式是军演田猎。《逸周书》记载，武王归程共擒获虎、鹿、犀牛、熊、野猪等野兽超过一万头，接近每名士兵一头。六师之"休"震慑各地，还能大鱼大肉。

"频复，厉，无咎。""频"有两种意思，一是频繁、屡次，说的是各路追剿大军。《逸周书·世俘解》记载武王"反复其道"，共灭 99 国征服 652 国。二是通"颦"，表示皱眉忧郁，如西施病心。武王回师确实是忧思了一路。《逸周书·度邑解》记载：

> 王至于周，自□〔鹿〕至于丘中，具明不寝。王小子御告叔旦，叔旦亟奔即王，曰："久忧劳。"问周不寝，曰："安，予告汝。"

"敦复，无悔"，就是《鲁颂·閟宫》歌颂的"至于文武，缵大王之绪，致天之届，于牧之野。无贰无虞，上帝临女。敦商之旅，克咸厥功"，类似《临》卦"敦临"。敦，有厚道的含义，如"敦厚"。这样的军事行动，在胜利后与功臣分享战果，对占领区采取宽大、融合的策略。比如武王在班师时将商王畿的西南封给苏忿生和檀伯达。檀伯达就是铸造利簋的"利"，利簋铭文记录了他本人的荣耀以及武王伐纣的胜利。汉武帝设立"敦煌"郡就是期望"敦复，无悔"而辉煌。

"迷复，凶，有灾眚。用行师，终有大败。以其国君凶，至于十年不克征。"这一段不是对武王班师的记载，而是周公在修订时补上了追击武庚。武庚造反"用行师，终有大败"。武庚失败后北窜燕地，周军不好找，当然也不好复。"迷复，有灾眚""至于十年不克征"是召公率军最终杀了武庚。"武庚"名号中有"武"，就是和周武王、汉武帝一样能打，"以其国君凶"。

三、孙武之谜与太公《司马法》的遗失

太公作为丈人、师尚父，不仅指挥了文王六征与武王伐纣，而且还继承黄帝"义兵"传承兵法成为兵学祖师。《史记》称："其事多兵权与奇计，故后世之言兵及周之阴权皆宗太公为本谋。"中国古代的兵论、兵法、兵书、战策、战术等一整套的军事理论学说，其最早发端、形成体系、构成学说，都源自太公。

太公军事学的代表著作首推《司马法》。《六韬》不是纯粹兵法，更像是"太公日记"，既有文王、武王与太公的各种对话记录，也包括太公政治军事实践的记录。所以文风与《阴符经》《素书》的理论性的风格完全不一样。因此太公还有一部军事理论著作《太公兵法》。该兵法作为周朝开国

典册的一部分，会命名为"师书"或"司马法"。因此，《史记·太史公自序》记载："《司马法》所从来尚矣，太公、孙、吴、王子（成甫）能绍而明之。"

关于《司马法》的原创是姜太公以及这本书的来龙去脉，《唐太宗李卫公问对》记载得非常清晰明确：

> 太宗曰："深乎，黄帝之制兵也！后世虽有天智神略，莫能出其阃阈。降此孰有继之者乎？"
>
> 靖曰："周之始兴，则太公实缮其法：始于岐都，以建井亩；戎车三百辆，虎贲三百人，以立军制；六步七步，六伐七伐，以教战法。陈师牧野，太公以百夫制师，以成武功，以四万五千人胜纣七十万众。周《司马法》，本太公者也。太公既没，齐人得其遗法。至桓公霸天下，任管仲，复修太公法，谓之节制之师。诸侯毕服。"
>
> …………
>
> 靖再拜曰："……亦由《司马法》一师五旅、一旅五卒之义焉。其实皆得太公之遗法。"
>
> 太宗曰："《司马法》，人皆言穰苴所述，是欤，否也？"
>
> 靖曰："按《史记·穰苴传》，齐景公时，穰苴善用兵，败燕、晋之师，景公尊为司马之官，由是称司马穰苴，子孙号司马氏。至齐威王，追论古司马法，又述穰苴所学，遂有《司马穰苴书》数十篇，今世所传兵家者流，又分权谋、形势、阴阳、技巧四种，皆出《司

马法》也。"

....

靖曰:"张良所学,太公《六韬》《三略》是也。韩信所学,穰苴、孙武是也。然大体不出'三门''四种'而已。"

太宗曰:"何谓'三门'?"

靖曰:"臣按《太公谋》八十一篇,所谓阴谋。不可以言穷;《太公言》七十一篇,不可以兵穷;《太公兵》八十五篇,不可以财穷。此'三门'也。"

唐太宗与李靖的对话把齐国的兵书渊源讲得明明白白。原版《司马法》就是西周国家版兵书,原创就是姜太公。姜太公继承了"黄帝之制兵"。"周《司马法》,本太公者也。太公既没,齐人得其遗法",田穰苴以下所有撰著兵书的名将都是太公的隔代学生而已。

然而,太公《司马法》刚好到田氏代齐就"失传"了,所以田齐威王使人"追论古司马法",而编成《司马穰苴兵法》。能让太公兵法失传的也只能是文献继承人田氏。因此,《司马穰苴兵法》是对《司马法》的继承,也可能只是改头换面的抄袭。

《史记·司马穰苴列传》记载:

齐威王使大夫追论古者《司马兵法》而附穰苴于其中,因号曰《司马穰苴兵法》。

太史公曰:余读《司马兵法》,闳廓深远,虽三代征伐，未能竟其义，如其文也，亦少褒矣。若夫穰苴，区区为小国行师，何暇及《司马兵法》之揖让乎？世既多《司马兵法》，以故不论，著穰苴之列传焉。

《史记》明确说是齐威王让手下改编"古者《司马兵法》"，而把穰苴附在其中，改称《司马穰苴兵法》。太史公读完《司马法》后更明确穰苴只是"区区为小国行师"，哪够得上原文的水平："何暇及《司马兵法》之揖让乎？"《司马法》现存的五篇残本无论立意、文字风格、时间信息等都不像战国作品。换句话说，田穰苴改版《太公兵法》以及齐威王第二次改编都不成功，因此才有了第三版《孙子兵法》与第四版《孙膑兵法》，田家四代人才终于把《太公兵法》改没了。一个更明确的证据是"时间信息"。残本《司马法·天子之义》的举例全部为有虞氏、夏后氏、殷、周，而完全没有春秋战国的案例。说明原版成书时间是周初。《孙子兵法》更技术、更通俗，但是及不上太史公评价的《司马法》"闳廓深远，虽三代征伐，未能竟其义，如其文也"。

田氏代齐却仍以"齐"为国号，这应该是中国史上唯一一例。目前没有明确解释。后文详述，"齐"的命名来自"天齐"祭天的地位，"神圣罗马"的名头与之有点类似。法国的查理、俄国的伊凡、德国的亨利，以及哈布斯堡大公们等，都称"神圣罗马帝国皇帝"。直到1806年拿破仑将这一头衔取消。希特勒将神圣罗马帝国定义为"第一帝国"，自称"第三帝国"还是想借尸还魂。田氏代齐却仍以"齐"为国号，反向验证了姜"齐"的"神圣"地位。

　　田氏接手的是"神圣"的"齐"。田氏代齐也被称为"田常盗齐"，所以如何坐稳以及"盗"齐的合理性是前几任田齐国君的重要课题。类似清朝前期对《明史》的高度过敏以及对明朝各代皇帝的贬低，田齐当然有动机贬低前朝王室，包括齐僖公和齐襄公、齐桓公父子的霸业。显然姜齐的开国太公像神一样存在，当然是篡改史实的第一重点，包括兵书、名号的痕迹都要抹去。

　　田和也号"齐太公"。孙武当然不会称姜太公为"齐太公"或"太公"。孙武既然称齐太公为"吕牙"，这也证明《孙子兵法》诞生于田氏代齐之后。田和的儿子田午也被谥为"齐桓公"。第二版或"盗版"齐桓公田午开办了稷下学宫。他的儿子齐威王重用了孙膑，还组织改版《司马法》。这就不能排除《孙子兵法》和《孙膑兵法》都是齐威王"盗版"的《太公兵法》。类似乾隆、和珅组织，高鹗操刀删改了两版《红楼梦》。田齐的目的还是掩盖姜太公作为兵学之祖的地位。**"司马"与"武"这两个符号式的人物成了新的武学泰斗，但是还都失踪了。**结果是：这个世界上只留下了一本《孙子兵法》，其他包括太公、《太公兵法》、《司马法》都成了传说。

　　《孙子兵法》饮誉中外，堪称兵法之集大成者。然而即使对比存世的《六韬》，也能发现不少摘抄的痕迹。如：

　　《孙子兵法》："出其所必趋，趋其所不意。"《六韬》："密察敌人之机而速乘其利，复疾击其不意。"

　　《孙子兵法》："将者，智、信、仁、勇、严也。"《六韬》："将有五材十过"，"五材者，勇、智、仁、信、忠也"。

　　《孙子兵法》："兵者，国之大事也。死生之地，存亡之道，不可不察也。""夫将者，国之辅也，辅国则国必强，辅隙则国必弱。"《六韬》："故兵者，国之大事，存亡之道，命在于将。将者，国之辅，先王之所重也。"

《孙子兵法》真实存在，然而孙武的可靠史料几乎没有。记录春秋史的主要有《左传》《国语》，其中均无关于孙武的记载。先秦文献中唯有《尉缭子》有所提及："有提十万之众而天下莫当者谁，曰桓公也。有提七万之众而天下莫当者谁，曰吴起也。有提三万之众而天下莫当者谁？曰武子也。"这个"武子"一般被想当然地认为就是孙武。在《史记》以前，这是孙武的唯一出处。如果这个"武子"不是孙武，那么"孙武"要么不存在，要么只是个代号。逻辑推断：**《尉缭子》记载的"武子"不应该是孙武，倒应该是"武圣"姜太公。**

其一，尉缭时代称孙武应当是"孙子"或"孙武子"，不会称"武子"。也有人认为是伍子胥通假为"武子"，这就太过于牵强了。

其二，孙武、伍子胥只指挥了吴楚、吴越之战，并没有与晋、齐抗衡，还称不上"天下莫当"。吴军确实三万伐楚，但更多是乘人之危，楚军主力应该是被吸引到北方应对周、晋、齐、鲁联军了。随着各国之间形势逆转，吴军先后败于秦、楚、越，随后阖闾被越军杀伤而死，更看不出这支吴军"天下莫当"。客观讲，孙武、伍子胥的战绩与齐桓公、吴起不在一个量级，至少离"天下莫当"实在太远。太公的战绩至少有文王六征与武王伐纣，"武子""武圣"不是白当的。

春秋第一霸齐桓：

北伐山戎，过孤竹；西伐大夏，涉流沙；束马悬车上卑耳之山；南伐至召陵，登熊耳山以望江汉。兵车之会三而乘车之会六。九合诸侯，一匡天下，诸侯莫违我。

战国第一霸吴起：

大战七十二，全胜六十四，其余均解（不分胜负）。

孙武的战绩除了与伍子胥一道偷袭楚国，只在东汉赵晔的《吴越春秋·阖闾内传》中有唯一记载："孙子为将，拔舒，杀吴亡将二公子盖余、烛佣。"孙武为将只是攻克了一座舒城，杀死了两个"吴亡将"即叛徒。

其三，齐桓公——吴起——武子，如果尉缭是按时间排列的话，吴起之后并没有这样的"武子"。如果尉缭是按照军队数量排列的话，历史上"提三万之众而天下莫当者"就是率领伐商联军的"武圣"姜太公。《六韬》记载这支军队"万人必死，横行乎天下"，《红楼梦》将西周元圣合称"姬子"，那么尉缭会不会将武王、武圣合称"武子"呢？尉缭显然也是太公传人，不仅兵法，包括他和李斯共同执行的贿赂外交、军事打击，都学自太公的文伐武伐。太公在唐代开始称"武圣"，尉缭时代因为田氏代齐，还没有统一称谓。孙武为他取名"吕牙"，屈原为他取名"吕望"，那么尉缭尊称他为"武子"也很客观。"武子"再升级就是"武圣"，同样的军事地位，不同的政治级别而已。

综上，孙武的唯一出处的"武子"，绝不是伐楚的孙武，更合乎"武圣"姜太公。

史书上关于孙武最早的记录见于《史记》：

> 孙子武者，齐人也。以兵法见于吴王阖庐。阖庐曰："子之十三篇，吾尽观之矣，可以小试勒兵乎?"对曰："可。"阖庐曰："可试以妇人乎?"曰："可。"……于是阖庐知孙子能用兵，卒以为将。西破强楚，入郢，北威齐晋，显名诸侯，孙子与有力焉。
>
> 孙武既死，后百余岁有孙膑。膑生阿鄄之间，膑亦孙武之后世子孙也。孙膑尝与庞涓俱学兵法。

这篇传记的记载只有《孙子兵法》十三篇是确定的。其他几件事因为《史记》之前没有记载，都不确定。而"北威齐晋，显名诸侯"恰恰被《左传》等证明不可信。《史记》之后孙武的记载才开始古史累进但并不可靠。

《史记》中孙武赴吴只有一句话，"以兵法见于吴王阖庐"。然后就是斩吴王爱妃立威。这个写法其实和写田穰苴一样，田穰苴也是斩庄贾立威，然后就赢了（特地加上了学习太公誓师）。《史记·孟子荀卿列传》更是明确了"孙子"就是指孙膑："齐威王、宣王用孙子、田忌之徒。"常被引用的《新唐书·宰相世系表》说公元前532年田穰苴被逐，齐国内乱，孙武奔吴。还说"孙书生凭，凭生孙武"。《左传》记载田书于公元前523年攻莒才赐姓孙。公元前532年田、鲍氏联合逐栾、高氏时只有田书还没有孙书，哪来孙武？而且起因就是穰苴被废，田氏是胜利者，为何要奔吴？公元前512年伍子胥"七荐孙子"，孙武看年龄也不像是公元前484年艾陵之战陈书的孙子。《史记·司马穰苴列传》对于穰苴结局只有几个字："景公退穰苴，苴发疾而死。""司马"不见了，"武"就出现了。如果以上记录可信，那还不如认为孙武就是田穰苴，就像范蠡在越国叫范蠡，在齐国叫鸱夷子皮。

总之，田穰苴、孙武、孙膑这三位田氏军神，都参与了田氏改编《司马法》的创作。虽然不确信孙武是否真有其人，但世间确实有《孙武兵法》（即流传至今的《孙子兵法》）。对于一位将军而言，学习、改写古代版《司马法》/《太公兵法》很正常，但不正常的是齐威王在稷下学宫利用了他们的学作，出于政治目的替换了兵学祖师姜太公。田氏三位军神、两位"孙子"的人生也被改乱了。

四、"武圣"的建军思想在大唐复兴

唐太宗建"武庙"之前，"武圣"并无正式确定的官方祭祀。姜武圣本人封"八神"祭祀的"兵主"是蚩尤。黄帝封"兵主"蚩尤，姜太公继承历史。很遗憾，**唐军巅峰之后，姜"武圣"被逐步赶下了神坛，最终由关公接替"武圣"。中原王朝在与周边力量的对比中，开始"积弱"。**

我国历史悠久，兵家辈出，因此有很多"兵家四圣"之类的说法，如：

兵祖吕尚、兵圣孙武、亚圣吴起、次圣孙膑；

兵圣孙武、亚圣吴起、人屠白起、帝师王翦；

兵祖吕尚、兵圣孙武、隐圣黄石公、谋圣张良；

兵圣孙武、亚圣吴起、人屠白起、兵仙韩信。

无论孙武、孙膑、吴起、尉缭、黄石公、张良、韩信，他们都有共同的导师——姜太公。如果只选一位"武圣"，只能是太公。这在明朝以前并没有争议。

拿破仑说："世上只有两种力量：利剑和思想。从长而论，利剑总是败在思想手下。"《太公兵法》正是赫赫唐军的建军思想。唐太宗开"武庙"的第一理由正是"以太公兵家者流"。与武庙体系配套，唐朝非常注重兵法的完备。《六韬》被发掘正是在唐初，题为"周文王师姜望撰"。大唐人认为，太公才是武学宗师。姜太公本来有"庙"，但被田氏拆了。直到李世民为他重新立庙，这次立的不是"齐太公庙"而是"武庙"。唐朝昌乐太公庙对联曰："天子尊之曰父，圣人奉以为师。"唐朝皇帝对姜太公的崇拜一以贯之逐步升级，最终同于文庙。这也标志着唐朝武学体系逐渐完整。李世民创建武庙，武则天创办武举，唐玄宗在全国推广武庙和武举。唐朝的"尚父"郭子仪正是唐朝武学体系培养的"第一武状元"。郭氏是史上少有的科班出身的军神。平定安史之乱，他一路打到长安，光复大唐。

唐朝武庙"十哲"之中有两位当代军神李靖、李勣。李勣是唐太宗搞特殊托孤的顾命大臣，李靖是唐太宗的卫青＋霍去病。李靖最辉煌的实战成就是彻底打败突厥与吐谷浑，特别是指挥出击东突厥，不仅十万大军大获全胜，而且他亲自率领三千骑兵一举破袭王庭。所以他的坟墓仿照卫青、霍去病"以旌殊绩"。突厥与唐如同匈奴与汉。汉平匈奴用了六十年，而唐军战胜突厥只用了三年。与其他名将对比，李靖还是著作等身的兵法大家。他舅舅韩擒虎也是名将，曾夸赞他说："可与论孙、吴之术者，惟斯人矣。"《唐太宗李卫公问对》显然是在模仿《黄帝内经》的君臣问答格式。该书上来就是"自黄帝以来"，自称宗旨黄帝到太公所传之《司马法》。李靖还有多篇著作遗失，如《阴符机》《韬钤秘书》《韬钤总要》《兵钤新书》等，从书名就可看出他是姜太公的学生。再加上自称姜太公化身的李世民和他们培养的众多名将，姜太公的军事思想武装了唐军，这个结论完全成立。

姜太公的军事思想，除了被后世兵书普遍继承发扬的各类练法与战法，被长期忽视的是他始终将"政治战""整体战"置于首位。现存的《六韬》第一篇讲的就是"天下"的政治思想，这是《孙子兵法》等兵书缺乏的格局。强大的军队首先要拥有伟大的政治理想。太公组建的邦国联军是天下人的"解放军"。这支继承"黄帝之道"的"义兵"的军旗是天下一家的"龙旗"，所以横扫天下，成为"荡兵"。在人民军队诞生前，只有周军与唐军有朴素的天下人的政治思想。唐太宗说："自古皆贵中华，贱夷、狄，朕独爱之如一，故其种落皆依朕如父母。"先有"天子""天可汗"的初心，才有天下各族的忠诚将领。平安史之乱、黄巢之乱的党项、回鹘、沙陀等部都是"鬼方"后人昭武九姓。

《六韬·大礼》载：

文王曰："主明如何?"太公曰："目贵明，耳贵聪，心贵智。以天下之目视，则无不见也；以天下之耳听，则无不闻也；以天下之心虑，则无不知也。辐凑并进，则明不蔽矣。"

太公本人既经历了与商朝的残酷斗争，也经历了周公摄政的排挤打压，却始终屹立不倒。太公之后，名将多悲剧。恰恰因为政治学被兵书、兵家忽视，白起、李牧、蒙恬、韩信、邓艾、狄青、岳飞、蓝玉、年羹尧等，这些杰出的名将的共性是在政治战场打了彻底的败仗。与后世正相反，军锋鼎盛的大唐更尊奉太公、管仲、张良、诸葛亮这类谋略型、政治型的"兵家"。按照后世标准，他们的形象甚至更偏文。张良、诸葛亮入选唐朝武庙"十哲"，而与他俩同期的霸王项羽、战神关公却没有入选六十四人大名单。司马迁说张良"状貌如妇人好女"，诸葛亮的形象是坐轮椅摇扇子，都与武将的威猛形象相差甚远。"运筹帷幄之中，决胜千里之外"的张良之所以名列"亚圣"，正是因为《史记》明确他从黄石公手上得到《太公兵法》，"读此则为王者师矣。后十年兴"。"子房始所见下邳圯上老父与《太公书》……留侯死，并葬黄石(冢)。每上冢伏腊，祠黄石。"而且《史记》中张良每每以武王伐纣举例为刘邦出谋划策，因此他被视为武圣的真传弟子。

唐军对外少有的败仗如怛罗斯之战恰恰正是因为政治失败，而不是军队战斗力的衰弱。当时高仙芝在石国投降后杀其君、掠其财(对比唐太宗接纳党项，吕伋伐唐不掠财存其国），石国王子求救于新兴势力黑衣大食阿拔斯王朝。据《唐会要》记载，安西四镇驻军最多时24000人，因此大战役必须要组织联军。而此时在"由是西域不服"的政治局面下，高仙芝反而冒险主动进攻大食。阿军十万在边境为三万唐军摆好了口袋。唐军先胜后败，胜在军力，败在一万葛逻禄部突厥人突然倒戈（对比太公指挥的牧野之战商军倒戈）。《册府元龟》记载，战后六年黑衣大食反而每年来朝，753年就来了四次（对比西周对大商的"来朝走马"）。755年安史之乱爆发，西域唐军被调回平叛，高仙芝战败被处死。757年大食还派兵三千帮助平乱。

从政治上看，即使没有安禄山，大唐崩盘也是必然的。原因正是后期唐军过度迷信武力，各军贪功不断扩张，鼎盛时期的版图已经大大超越了时代科技与生产力的统治极限。唐玄宗没有"知止"或在更大疆域治理上创新"天下"政治体制，而是继续强化军力（对比纣王、凯撒的失败与太公、周公对新天下治理体制的创新）。唐玄宗最大的改制是取消了唐太宗的"府兵制"，授权各节度使自行募兵建立职业军队。职业军事集团虽然暂时扩大了军力，维持住了势力范围，但也为军阀利益集团打开了大门。安禄山之前，高仙芝拿唐军冒险的意义何在？胜了，皇帝得个虚荣，利益归军事集团，败了呢？安禄山、史思明、高仙芝、李光弼、李存勖，他们的军队本质上都是同类的利益团体。类似明末与民初的军阀体制。大唐"亡国"之后五代十国很混乱，根源即在唐玄宗军改制造出了大小军阀。

五代十国军阀混战之后，理学兴起的宋朝本来就扬文抑武，宋太宗甚至赐给将领阵图照着打，这仗怎么可能赢？（所以岳飞回答宗泽："运用之妙，存乎一心"）宋军曾有过一次转型的机会，就是王安石变法。变法以"理财""整军"为中心，以"市场化"为手段期望向近代国家转型。其中军改的核心是类似近代军事编制的"置将法"以及类似近代军工体制的"军器监"。变法成果是在王安石指挥下宋军破纪录地收复五州、拓地二千里，中原王朝终于再次能打通河西走廊，实现"收复河湟，招抚羌族，孤立西夏"的战略。很遗憾，王安石政治斗争失败导致了变法失败。卫道士司马光一上台不仅废除新法，居然还将以上土地无偿送给西夏换和平，结果可想而知。

理学的合理性是总结出了资产税对维持政权的重要性，从朱熹在漳州知府任上的实践到康熙、雍正终于实现"摊丁入亩"，这套政策既能防止土地兼并后的税收流失，还能增加人口并强化社会控制，确实对维持政权有利。卫道士们对难以控制的新兴产业、新兴阶层、新兴文化、商品流通、人口流动以及配套的"新法"天然充满敌意，因为他们捍卫的不是"道"，更不是"天下人之天下"，只是皇帝、士大夫的统治与奢靡。因此当外敌威胁政权时，他们虽然也会选将强兵，但是一旦能安全地对内统治，立刻就会过河拆桥，从皇帝到文官集团皆如此。从狄青到王安石到岳飞都是如此。宋朝市场经济本已繁荣，王安石变法是唐后中华农业文明转型最接近成功的一次，也因此王安石被士大夫们视为寇仇。

宋朝灭亡（1279 年）后仅仅 89 年（1368 年），明朝便建立了，理学渐成正统。最终罢免姜武圣、正式捧上关大圣的也是朱元璋。朱是正史中唯一赤贫起家的皇帝，更是罕见的强势帝王。他不仅针对过太公，也针对过孔孟。除了成功废除了武圣太公祭祀，他规定孔家只能当花瓶，还想将孟子剔除出文庙。这些可视为推倒重来建立理学新社会的系列整体行动。《太祖实录》记载他废太公的理由是："太公，周之臣"，"析文武为二途，自轻天下无全才"。与关公比，太公才是文武之师而且是"全才"。朱洪武的政治理念是建立理学设计的集权天下，所以他对太公、孟子的政治思想都很不满。太公的天下观是："天下非一人之天下，乃天下之天下也。同天下之利者，则得天下。擅天下之利者，则失天下。"孟子借伐纣提出了著名的"民本"政治主张："民为贵，社稷次之，君为轻。"朱元璋读此大怒道："倘此老在今日，岂可免我一刀！"**朱元璋发明或强化的经济、政治制度都是与理学配套一致的**，包括最早发明"鱼鳞图册"土地登记与税收，发明海禁制度，完善户籍制度，发明锦衣卫，发明八股取士，等等。明朝灭亡后，更加极端强化理学思想与产业基础的清朝皇帝对姜太公的政治思想更不感冒。入关后共有八个皇帝十三次接力加封关羽。明清的思想权威是朱熹，除了祭祀礼仪外，已经实际替代了孔孟。五四运动打倒的"孔家店"其实是异化的"朱家店"。

从另一个角度看，唐末氏族门阀被黄巢铲除之后，中华文明的平民化、大众化趋势不可逆转。小说、戏剧的影响大大超过了"正史"。不仅《封神演义》的姜子牙深入人心，而且《三国演义》塑造的"关公"形象更加成功（类比曹操、诸葛亮）。与神话的姜太公或姜子牙对比，小说的关公更接近百姓的人间烟火气，收获了更多的香火。晋商与南洋移民是明清关公文化最重要的民间推动力量，而他们的背后还是洪门的身影。洪门前后五祖都语焉不详，他们也需要一个"符号"。而关公是大红脸、赤兔马的"赤子"，做生意也是贩卖大红枣。关公保汉保刘的"忠义"刚好吻合汉留与洪门的理想。

第七章　天下初定：姜太公后期的战友与对手周公

　　杰出的大脑没有碰撞就是孤独。前后与这么多不世出的杰出人物共事，既合作也博弈，甚者斗得你死我活，姜太公不成圣都难。姜太公的年轻时代在姜方的一次次起义中轰轰烈烈，在与纣王的斗争中逐步成熟，直到与文王联手才真正开始了一生的事业。

　　姜太公的一生事业分为四个阶段：第一阶段与文王组成核心；第二阶段与武王、周公组成核心；第三阶段与周公、召公组成核心；第四阶段与召公组成核心。姜太公可以说是周朝开国当之无愧的四代核心。既是"翦商"的总参谋长，又是伐商的总指挥；既是炎黄文明的传人，又是农业革命时代的新思想家；既是泱泱大齐的开国者，又是坐镇成康盛世的泰山石。**在这一时期，太公与周公两位"元圣"共同为中华政治文明开创了理论与实践的地基，是此后三千年农业文明制度与治国思想的"奠基人"。**

灭商三年后，武王病逝，太公的外孙姬诵即位。历史突然进入周公、太公、召公三核心时期，从武王去世到周公退位这十年是多事之秋。不太靠谱的《尚书大传》以周公视角说："周公摄政，一年救乱，二年克殷，三年践奄，四年建侯卫，五年营成周，六年制作礼乐，七年致政成王。"修正的太公视角则是：太公下野；三监与武庚之乱；合力东征；周公据东与成王亲政，"嘉禾"归一；周公奔楚与归周。

周公死后进入太公、召公双核心时期，就是"成康之治"。注意，中华第一个盛世，周公恰恰不是主角，而太公、召公是主要推手。实践检验真理，后世儒家过度拔高了周公，贬低了太公、召公的政治思想。"成康""文景""贞观"的文治武功，姜太公亲自推动且不论，推行"黄老之术"的，哪个不是他的传人？又有哪个是儒家思想主政？新时代盛世已经呼之欲出，"守正创新"究竟应该向老祖宗学习什么？

武王去世太早，新生的周政权很难稳定。没有稳定，哪有盛世。中国历史上与西周初期可比的是秦始皇、刘裕。秦始皇在南巡途中暴毙，托孤失败的结果是胡亥与赵高、李斯勾结争权，导致秦朝迅速灭亡，嬴氏子孙丧尽。英明神武的南朝第一帝刘裕的托孤更失败，顾命大臣直接杀了继承人。西周开朝的稳定与八百年的长寿的奇迹，难道真是靠天命垂青？只有对比与复盘，才能寻找出被儒家历史刻意隐藏的"四代柱石"姜太公。从文王受命到穆天子登基的一百年，主要靠吕尚、吕伋父子担任臂膀与柱石。这一百年，就是周朝开局最重要的一百年，也是造就了从艰难立国到合力维持，实现"成康盛世"的一百年。中华百姓等来第二次盛世，要到千年后的文景之治了。

一、周初的乱局与三公之解

周公摄政意味着太公下野。周公摄政的历史记载很多，然而"师尚父"在期间的史书中竟然是空白，好像一切与他无关。事出反常必有妖。一般解释是因为"亲亲""孝友"，所以周人不会让异姓主政。因为不姓姬，所以太公作为灭商统帅、成王外公，自然不是人选。真的如此吗？文王去世可是把武王托付给太公，**"师尚父"实际上就是顾命"尚父"＋摄政大臣**。只是当时"摄政""顾命"这两个词还没发明。

天亡簋制作当年冬至之后武王就死了，死得很突然。天亡簋铭文不仅记载了武王对太公两次下堂敬酒的礼遇，而且也反映出武王身体没有异样。无论是开国大典还是天亡冬祭的礼遇，都说明太公与武王同在西周而且极受信赖。齐、鲁都是东征之后的新地盘，当时没有封齐之事。《史记》记载的太公星夜火速赶赴齐国显然是虚构，以掩饰他就在西周的事实。东征时太公打下薄姑才是分封的逻辑，而且成王也在此处前线，太公还用从西周往齐国赶？太公五月报政急于回朝是为了看护成王，吕伋作为禁卫军首领也没有去齐国就任，显然是父子同心看护成王母子。因此，武王如果正常托孤，第一选择应是姜外公。就算武王对太公有疑心，那他还不如类似汉武帝打压卫青而不是没有任何安排。武王去世很突然并没有做好顾命安排，朝廷突然进入空档期。武王托孤周公的文献很可能是后来伪造的。

如果不是武王安排，周公摄政自然会引起三监及诸弟骚乱，也会引起召公与太公的不满。《史记》记载："管叔、蔡叔群弟疑周公。""群弟"，说明不止是三叔"疑"周公，也说明周公摄政不正。三监为何对周公摄政如此反对，以至于要和世仇联合？他们亲兄弟共同经历了九死一生的伐商革命，如此不堪，武王会放心托付三监的重任？周公对太公、三监的态度显然与武王相反。删改过的历史看不出管叔的逻辑，我们也不能盲目相信胜利者的文辞。站在管叔的角度，老大老二死了，老三为什么不能摄政？老四摄政就无可争议？换个说法，管叔、周公也可以换位，不都是为了国家吗？所以周公摄政成为内部矛盾的焦点与导火索。

周公摄政首先排挤的是前任师尚父，所以《尚书·君奭》里周公说辅助文王的贤臣是虢叔、闳夭、散宜生、泰颠、南宫括五人，竟然没有第一人太公。郑玄弥缝说周公不提吕望是因为他不好意思和前任比，是自谦。周公自谦就把吕望的功业给抹杀了？《君奭》本身的创作动机是："召公为保，周公为师，相成王为左右。召公不说，周公作《君奭》。"关键的"周公为师"突兀出现，过程呢？原来的姜太师是怎么被罢帅的？《君奭》结尾划重点一再强调"二人"。这俩斗地主二打一，排挤的是太公。召公为"君奭"，制约的是吕伋禁卫军的军权；周公夺取了"师"的军权；周公任太宰、伯禽任太祝，瓜分的还是太公望的祭祀权。

周公摄政当然促进了成王政权的稳定。但是，无论私心如何，摄政都必然要集中权力，必然要打击其他势力，必然要篡夺部分或全部王权，正常演变下去当然对小成王不利，这是周公与太公博弈的焦点。近的如比干之于纣王，远的如多尔衮之于福临。从西周到清朝，周公与多尔衮刚好是封建朝代一头一尾的两个开国"摄政王"，两人摄政的年头与进程都像是历史重演。

1626年，年号"天命"的努尔哈赤病逝，遗命幼子多尔衮继位、嫡次子代善（嫡长子褚英早在1615年就已经被处死）摄政。但代善为了反对多尔衮就支持皇太极登极。1643年，皇太极也和武王一样突然死了，豪格两黄旗和多尔衮两白旗相争不下。最后多尔衮扶立仅仅六岁的皇太极第九子福临当傀儡。类似周公东征，之后多尔衮大权独揽并主持南下，而顺治帝于北京重行即位大典，类似成周之会。大会上多尔衮成为叔父摄政王，其他诸王都要"列班跪送"。顺治三年多尔衮又干了三件大事：一是以调兵盖章不便为由将皇帝玉玺搬回家；二是仪仗与皇帝等同；三是派豪格去四川打硬骨头张献忠。豪格凯旋后还是被多尔衮找碴囚禁害死。顺治五年末多尔衮再进一步成了皇父摄政王。顺治七年（1650年）冬多尔衮在关外大阅兵时受了点皮外伤，由于关外气候寒冷，加上操劳过度，一病不起，不治身亡。据说多尔衮死前已经想要称帝，为了拉拢多尔衮的势力，顺治皇帝追封他为"清成宗"，谥"敬义皇帝"。仅两个月后，顺治八年二月多尔衮就被清算，不仅封号被剥夺，还被掘墓鞭尸。又128年后（1778年），乾隆为他平反，恢复睿亲王封号并评价他"定国开基，成一统之业，厥功最著"。多尔衮与周公摄政的历程与结局其实很类似。孝庄前后的作用就类似太公与邑姜。

《红楼梦》记载贾府摄政王熙凤的哥哥王子腾想再"腾"一下，"王子"再"腾"就成皇帝了，于是在京郊"一剂而亡"。王夫人给林黛玉开的"天王补心丸"就是个假药假方，隐写多尔衮被扒坟鞭尸的真事。于是福临才能天王补心安神为君。

> "那为君的药，说起来唬人一跳"："头胎紫河车，人形带叶参，三百六十两不足。龟大何首乌，千年松根茯苓胆。""心病终须心药医，解铃还须系铃人。"

文武时代第一权臣姜太公在最重要的历史关头，至少从文献上看如同"空气"，他自己是怎么想的？《道德经》收尾的最后一句话是："圣人之道，为而不争。"《庄子·天下》说："常宽容于物，不削于人，可谓至极。"从太公的超级长寿至少可知他绝不是一位斤斤计较、争权夺利的人，相反是拿得起放得下、进退自如、淡定从容。太公的事业是灭商光烈，太公的理想是兼济天下，如果有私心无非是看护好女儿邑姜与外孙小成王。当时的周公如同多尔衮，很难说赢得了"群弟"，特别是一半军权在吕伋与三叔手里。"解"的关键是成王、召公、太公的支持。第一师出有名，特别是调动各地诸侯的合法性；第二是太公之"师"，除了虎贲还有非职务权力，这支龙旗军是谁一手带出来的？

《小雅·伐木》记载了周公主动统战"群弟"与太公父子，

但请客吃饭没人来。后世"鸿门宴""杯酒释兵权""孙峻宴杀诸葛恪""李密宴杀翟让"之类很多，但是周公请客没人来，《伐木》就是周公的埋怨。

伐　木

伐木丁丁，鸟鸣嘤嘤。出自幽谷，迁于乔木。嘤其鸣矣，求其友声。相彼鸟矣，犹求友声。矧伊人矣，不求友生。神之听之，终和且平。

伐木许许，酾酒有藇！既有肥羜，以速诸父。宁适不来，微我弗顾。于粲洒扫，陈馈八簋。既有肥牡，以速诸舅。宁适不来，微我有咎。

伐木于阪，酾酒有衍。笾豆有践，兄弟无远。民之失德，乾餱以愆。有酒湑我，无酒酤我。坎坎鼓我，蹲蹲舞我。迨我暇矣，饮此湑矣。

周公先主动与召公以及弟弟们这些"友生"联络，恳请他们发出"友声"，在舆论上给予支持："嘤其鸣矣，求其友声。相彼鸟矣，犹求友声。矧伊人矣，不求友生。""友"就是孝友之德的同姓，"生"通"姓"。重要的是备酒备菜，周公很热情，上了八大盘，还有珍贵的牛肉，"酾酒有藇！既有肥羜……于粲洒扫，陈馈八簋。既有肥牡"。注意：**"八簋"是《周礼》规定的天子吃饭的最高标准**。然而请了两拨客人都没来："以速诸父。宁适不来，微我弗顾"；"以速诸舅。宁适不来，微我有咎"。如此盛宴为啥不来？"诸父"就是叔伯兄弟们。"微我弗顾"，指责我不管他们的利益。"诸舅”是成王的"诸舅"，就是吕伋兄弟们。"微我有咎"，直接批评周公贪权就是有错。

《小雅·伐木》说明光有请客吃饭，没有得到"诸父"与"诸舅"的支持。周公究竟是如何换得他们的支持的呢？东西分治的利益联合了召公，武庚入伙迫使太公妥协。《家人》卦记录为："在中馈，贞吉"；"王假有家，勿恤，吉"。真诚为众人谋利的请客吃饭"馈"才能"遂"。成王依靠诸侯团结才能有效管理国家。

朋友、敌人取决于利益。周公与召公之前就是"纳约自牖"的老手，他俩的新约体现在平叛后的利益分配：以"陕"为界平分天下。这就是"嘉禾"事件的伏笔。太公显然没有参与他俩平分天下的谋划。面对这样级别的大师，未来的周公不会有好结局。后文详述"嘉禾"之谋、吕伋灭唐、周公奔楚、归葬宗周的背后都有姜太公。

三叔的政治臭棋反过来促进了"解"。《家人》卦记载了兄弟内乱。武庚趁机与管蔡串通，联合东夷起兵反周。新政权的形势迅速恶化，体现为以瘫痪作喻的《蹇》卦。福临与多尔衮斗争最激烈的时候南明差点"海棠小阳春"复兴，《红楼梦》记载为两广李成栋反正（贾芸种树并认宝玉为父）、大同姜镶反正（金哥案），京城还有刘泽清准备起义（尤二姐死胎）。改变这西周死局的竟然是武庚与管叔的联合，内部矛盾变成了敌我矛盾。首先是促使了王室其他兄弟必然迅速统一对外。纣王曾杀伯邑考、囚周文王，周公当然会宣扬管叔"比之匪人，不亦伤乎"（《比》卦第三爻《象》辞）。其次是三监助商死灰复燃，"光烈之族"姜太公会如何？《睽》

卦记载了周公与太公和解的主因："见豕负涂，载鬼一车。"性质一变，三叔就已经失败了，所以看不到三监部队抵抗王师的记载。三叔仓皇逃奔武庚，成了丧家之犬。

三监作为周军的核心层，都参与了伐商过程。当年微子启、胶鬲起义必须约定武王联军按期到达朝歌，否则必败。然而周军平定三监时，武庚或东夷没有会师救援，而是眼看着三监迅速失败，自己再被各个击破。武庚就不像是真的与三监联合叛乱，只是周公与史书说他们是联合作乱。周公对三监的处理是杀管叔而放蔡叔废霍叔。蔡叔度流放死后，其子姬胡被周公亲自培养，受封于蔡。霍叔处被周公安排复国，成为霍姓始祖。只有权力最大、地位最高的管叔被消灭。所以说，三监之乱还是内部政治斗争。唐太宗说得实在："昔周公诛管、蔡以安周，季友鸩叔牙以存鲁。朕之所以，亦类是耳。"李渊还没死，李世民等"群弟"就已经斗得你死我活了。

周公又写了一首兄弟和好的《常棣》与兄弟翻脸的《伐木》对应。在《大过》卦中呼应的是"栋桡"。"常棣"常用于比喻兄弟。"傧尔笾豆，饮酒之饫。兄弟既具，和乐且孺。妻子好合，如鼓瑟琴。兄弟既翕，和乐且湛。"这个场面与《伐木》中兄弟不相见，请客吃饭没人来形成了鲜明的对比。"兄弟阋于墙，外御其务"贡献了一个成语，"兄弟阋墙"。"丧乱既平，既安且宁。虽有兄弟，不如友生"，还是对三监耿耿于怀。

常　棣

常棣之华，鄂不韡韡。凡今之人，莫如兄弟。

死丧之威，兄弟孔怀。原隰哀矣，兄弟求矣。

脊令在原，兄弟急难。每有良朋，况也永叹。

兄弟阋于墙，外御其务。每有良朋，烝也无戎。

丧乱既平，既安且宁。虽有兄弟，不如友生。

傧尔笾豆，饮酒之饫。兄弟既具，和乐且孺。

妻子好合，如鼓瑟琴。兄弟既翕，和乐且湛。

宜尔室家，乐尔妻帑。是究是图，亶其然乎！

《解》卦记录了周公、太公、召公与成王的和解："田获三狐，得黄矢。贞吉。"卦辞就是平叛、东征三年的小结："利西南。无所往，其来复，吉。有攸往，夙吉。"为了维护商周革命的成果以及约定的利益分配，都做到了诚信守约："解而拇，朋至斯孚。""君子维有解，吉。有孚于小人。"收尾是伐奄的场景："公用射隼于高墉之上，获之，无不利。""高墉"典型如奄国。"隼"是速度最快的猛禽，如飞廉。

虽然《尚书》等史书突出"周公"东征，实际上周公的军事才能与太公不在一个量级。如安史之乱最后一战，郭子仪、李光弼都参战，虽然唐肃宗任命鱼朝恩监军，但史书能写成"鱼朝恩平定安史之乱"吗？史书记录了成王亲自到达前线。梁山七器铭文也记录了召公追击武庚到燕。显然，"周公东征"应当记录为"周军东征"或按史书惯例写成"成王伐殷、奄、燕"。依前文所述，宜侯矢簋就非常规范地记录为"成王伐商"："王省武王、成王伐商图，遂省东或（国）

图。"显然《尚书》也是以周公视角修饰过的。

武庚与东夷为何起义？因为《明夷》卦中忧虑的商人的基本实力还在，《剥》卦中的"蔑"们早晚要叛。周公摄政制造的内斗给了武庚机会。武庚为何失败？是因为周军迅雷不及掩耳"临卫征殷"，召公一路追击到燕地杀死了武庚。卫地在朝歌东，周军出其不意地直插卫地截断了东夷。再加上《卫风》中周公与微子启的"信誓旦旦"，武庚商军全线溃败，"殷大震溃"。《豳风·东山》诗中的"勿士行枚""敦彼独宿，亦在车下""町畽鹿场，熠耀宵行"，反映了当时露宿夜行衔枚突袭的场景。武庚抓住了周公摄政危机几乎复国，可惜遇上了三公。

第三十卦　离

离：利贞，亨。畜牝牛，吉。

初九：履错，然敬之，无咎。

六二：黄离，元吉。

九三：日昃之离，不鼓缶而歌，则大耋之嗟，凶。

九四：突如其来如，焚如，死如，弃如。

六五：出涕沱若，戚嗟若，吉。

上九：王用出征，有嘉折首，获匪其丑，无咎。

《离》卦主要讲"临卫政殷，殷大震溃"。"离"，就是分裂。

卦辞"离：利贞，亨。畜牝牛，吉"中的"畜牝牛"就是《大畜》卦讲的选拔、培养、控制使用商人首领，关键时候发挥作用。此处指微子启等"十夫""大鳌"。

"履错，然敬之，无咎"指三叔部队是周人，走错了路（能改），因为周公"王用出征"获得了王命授权，他们敬重周王不战而降。"临卫征殷"的"临"，是视察而已。《尚书·大诰》记载："天降威，用宁王遗我大宝龟，绍天明。"三叔和周公的政治水平完全不在一个量级上。

"黄离，元吉。""黄"字的甲骨文象佩璜形。"黄离"指佩戴黄玉（可能还穿黄礼服）的三叔搞分裂，"元吉"。三叔仓皇北渡黄河逃往武庚处也是"黄离"。《小雅·黄鸟》描述的就是这些孤臣孽子。"黄鸟"＝穿黄色官服的鸟人＝管理商人的三叔＋周天子任命的武庚等。

黄　鸟

黄鸟黄鸟，无集于谷，无啄我粟。此邦之人，不我肯谷。言旋言归，复我邦族。

黄鸟黄鸟，无集于桑，无啄我粱。此邦之人，不可与明。言旋言归，复我诸兄。

黄鸟黄鸟，无集于栩，无啄我黍。此邦之人，不可与处。言旋言归，复我诸父。

"日昃之离，不鼓缶而歌。则大鳌之嗟，凶"指武庚朝歌的分裂叛乱，写得很讽刺挖苦。"朝歌"是太阳初升鼓缶而歌的商都，武庚是"日昃"太阳西下。"不"是刚长出的树被斩断的意思，表示武庚政权被迅速扑灭。"鼓缶"与《坎》卦记载的与微子启联盟"樽酒，簋贰，用缶，纳约自牖，终无咎"的"用缶"相比多了个"鼓","鼓缶而歌"应该是给微子启的待遇，包括桑林之乐。双方采用"则"于青铜的方式签约。"大鼗"指十大商人贵族，就是周公《大诰》所说"民献有十夫予翼，以于敉宁、武图功"。"嗟"是打差评的忧叹，这个败家子不学好瞎造反，"凶"。本句是说商人长老们也不支持武庚。

"突如其来如，焚如，死如，弃如"是朝歌战场的特写画面。周军突袭出其不意，朝歌火光熊熊，商军横尸遍地弃城而逃，"殷大震溃"。

"出涕沱若，戚嗟若"是战后朝歌人的画面，一把鼻涕一把泪者，愁容满面唉声叹气者。

"王用出征，有嘉折首，获匪其丑，无咎。""王用出征"指周公获王命出征。"有嘉折首，获匪其丑"是消灭三监的战果。"有嘉"是开庆功大会欢庆周政权又"大有"了。"折首"指击败首恶管叔、武庚。

"获匪其丑"不是抓土匪。"匪"是对方，"丑"是十二地支的第二位，关键是"其"，应通"淇"，指"淇水"。"获匪其丑"记录了《卫风》中与"卫女"微子启的联盟。《卫风·淇奥》有言："有匪君子，如切如磋，如琢如磨。""有匪君子，如金如锡，如圭如璧。"

《尚书大传》载："周公摄政，二年东征，三年践奄。""践之云者，谓杀其身，执其家，潴其宫。"周公"践奄"＝杀奄君＋抓全家＋水淹宫城。用水浸泡是"潴"，后来改用"淹"了。据说周公把奄国男人全部骟掉，所以后来太监叫"阉人"。而奄国女奴隶住的地方称为"庵"，即尼姑庵。"奄奄一息"的部分奄人逃到了常州淹城遗址，又建了一个奄国，后为康王、吕伋消灭并迁来虞吴国。这些残酷的说法基本属实。因为周公确实在《尚书·多士》中恐吓成周商人说："多士，昔朕来自奄，予大降尔四国民命。我乃明致天罚。"

奄位于今山东曲阜。盘庚就是从奄迁到殷，旧都奄国是东部商人大本营。周公征殷，禄父北逃后，各路造反的殷商顽民只能逃到最后的大本营顽抗。纣王留驻东夷的商军很可能也汇聚到了奄国。这是困兽犹斗的死拼局面，《坎》卦记载："入于坎窞，凶。"《太公兵法》多次强调，城虽坚，无粟不能守；"土广无守，可袭伐；土狭无食，可围竭"。据说是辛公建议周公先弱后强，先扫清外围再攻坚城，"坎有险，求小得"。东征的周军兵分两路，北路军由太公统帅灭了薄姑和丰，南路军由周公率领进攻徐国地区艰难取胜。《坎》卦言："系用徽纆，寘于丛棘，三岁不得，凶。"最终南北会师围困奄国。成王御驾亲临，奄国投降。

《孟子·滕文公下》载：

> 伐奄，三年讨其君，驱飞廉于海隅而戮之。

清华简《系年》载：

> 飞廉东逃于商奄氏。成王伐商奄，杀飞廉，西迁商奄之民于邾圉，以御奴殂之戎，是秦先人。

　　《系年》记载强迁"商奄之民于邾圉"，说明杀飞廉的正是姜太公。因为"授土授民"的"授民"就是迁徙。周公征殷，殷遗民迁到他的地盘成周；奄人主要交给攻占奄城的伯禽；吕伋灭唐，唐人迁到毕地。"邾圉"在今甘肃省天水市甘谷县，处于"扬之水"即"羊水"的上中游，当时应该是姜家地盘。另外，中潏、恶来、飞廉三代占领吕国与霍太山，国恨家仇都有。所以，**推测飞廉、恶来都死于太公之手**。飞廉被追杀到海边，但他的余部与后代不是下海而是西迁甘肃。这支商人对中国影响极大，前文已述可能对西方影响更大。秦、赵王族都是飞廉后裔。他们靠养马与驾车技术被穆天子与周孝王赏识封地。不排除飞廉家族有另外一部分反抗压迫，从甘肃"邾圉"继续西迁过黄河，四十年后到达中东的海边。那就对世界史影响更大了。

附文一　《家人》《睽》《蹇》《解》：真实的周公摄政危机与解扣历史

第三十七卦　家人

　　家人：利女贞。

　　初九：闲有家，悔亡。

　　六二：无攸遂，在中馈，贞吉。

　　九三：家人嗃嗃，悔厉，吉。妇子嘻嘻，终吝。

　　六四：富家，大吉。

　　九五：王假有家，勿恤，吉。

　　上九：有孚威如，终吉。

《家人》卦和《睽》卦讲周公摄政被怀疑并逃亡、解释、回归的历史事件。《睽》卦接《蹇》卦讲夫妻反目状态下的艰难局面。"蹇"是跛足，比喻周初政权的艰难。《解》卦解开成王心结，也解开周政权跛足的窘境。《蹇》卦和《解》卦的卦辞都有"利西南"，西南是丰京成王。

卦辞"利女贞"，说明本卦主题是"女贞"即商女的问题，自然是周政权的安定问题。

"闲有家，悔亡。""闲"是防卫用的木栅栏，类似《大畜》卦"曰闲舆卫"，都是以"闲"比喻保护、防卫政权。《周礼》记载，虎贲氏的职责就是"舍则守王闲"。保护皇权的"闲"是周公的自我定位。"闲有家"指家人即王叔是"大有"之"闲"，周公"亡"了，成王就"悔"。

"无攸遂，在中馈，贞吉。""无攸"对比"有攸"，指不平静安宁的政治局面，"无攸"也能"遂"是因为"在中馈"。郑玄称："古者致物于人，尊之则曰献，通行曰馈。""馈"表示在对方食物匮乏时送去食物。周公"在中"掌权是为了帮助西周渡过青黄不接的难关。前文已述《小雅·伐木》讲周公摄政初期流言纷纷时曾主动请客吃饭，但是未能如愿。此处回应。

"家人嗃嗃，悔厉，吉。妇子嘻嘻，终吝。""嗃嗃"即三叔与"群弟"鼓噪，错得严重，"悔厉"。"吉"是周公政治战胜利后的得意总结，因为三叔与武庚联手导致"群弟"们支持周公。"妇子嘻嘻，终吝"指武庚等商"妇子"的幸灾乐祸与失去监管的放松随意，也表明了结局。《小雅·青蝇》愤怒痛骂的就是三叔的流言。

青　蝇

营营青蝇，止于樊。岂弟君子，无信谗言。

营营青蝇，止于棘。谗人罔极，交乱四国。

营营青蝇，止于榛。谗人罔极，构我二人。

"富家，大吉。""家"是"诸侯立家"，"富家"是指太公、伯禽、召公子克、微子启等人在东征后都封地"成家"，都赚大了。所以"大人吉"。

"王假有家，勿恤，吉。""勿恤""王假有家"指成王凭借"家人"团结巩固了"有"。"假"的本义是假借。"勿"是团结在成王授权的大旗下，"恤"是救济、忧虑的意思，忧国忧民共赴国难。

"有孚威如，终吉。"成王政权以信立威，成王、周公、召公、微子启之间的各种约定都如约兑现。"终吉"圆满。

第三十八卦　睽

睽：小事吉。

初九：悔亡，丧马勿逐。自复，见恶人，无咎。

九二：遇主于巷，无咎。

六三：见舆，曳其牛，掣其人，天且劓，无初有终。

九四：睽孤，遇元夫，交孚，厉。无咎。

六五：悔亡，厥宗噬肤，往，何咎。

上九：睽孤，见豕负涂，载鬼一车。先张之弧，后说之弧。匪寇，婚媾。往，遇，雨则吉。

"暌"是夫妻反目互相不看的表情。"小事吉"作为卦辞，判断指"家人暌，小事"，关键是以小事大，尊重王权。最终就能和好如初，"吉"。

"悔亡，丧马勿逐。"这句话要分两个主语理解。

一是周公。显示周公曾被迫逃亡，此处"悔亡"是悔恨逃亡。"丧马勿逐"指周公这匹老马逃亡时曾被众人合力驱逐。

二是三监。三叔政治失败，已"悔亡"丧失军队，而我军旗所指，正向北追杀。

这两个意思都是当时的史实。周公第一次"居东"短暂回到了老周封地"豳"。《豳风·九罭》如果当爱情诗阅读，那么周公显然又爱上了更热情的"豳女"，还"公归不复，于女信宿"，乐此忘返。

九　罭

九罭之鱼，鳟鲂。我觏之子，衮衣绣裳。

鸿飞遵渚，公归无所，于女信处。

鸿飞遵陆，公归不复，于女信宿。

是以有衮衣兮，无以我公归兮，无使我心悲兮！

"自复，见恶人，无咎。""恶"表示内心反感。此处"恶"指的不是坏人，而是反感周公专权的人，就是召公与姜太公这俩以及三叔。三叔之乱家人失和起于周公摄政。本卦三次"见"："见恶人"；"见舆"；"见豕负涂"。"见"与互不对视的"暌"对应，向前看为"见"。"见恶人，无咎"说明得到了太公、召公的谅解，达成了一致。

"遇主于巷，无咎。"见完"恶人"，还需成王认可，周公必须表态"小事"成王。《礼记》称"诸侯未及期相见曰遇"，所以周公面见成王是三公约好后直接就去了（时间紧迫）。"于"就是"竽"，"于巷"不是在巷子里，而是与"巷"有关的吹拉弹唱。周公不是上访户拦轿子。"巷"从共从邑，邑中所共的道路，大者为街小者为巷。"巷"是"寺人"宣传部的办公地。

"寺言"就是抓舆论与意识形态，当时就是写诗与采诗，合编就叫《诗》。周公重回摄政时也会表彰一下宣传部在舆论战中的功劳。《小雅·巷伯》是"寺人"的作品，"寺人"不是《毛诗序》解释的"奄（阉）官"；全诗是"寺人孟子"在为他的主子鸣冤，而且诅咒"恶人"喂老虎豺狼。估计《巷伯》与"于巷"有关。

"见舆，曳其牛，掣其人，天且劓，无初有终"描述了周政权摄政危机的解决过程。"舆"比喻政权，"见舆"就是"视事"中央。关键是"掣其人"才能"曳其牛"。"人"才是关键，不是牛马也不是设备轮子。"天且劓，无初有终"指的是上天震怒降灾（史实）。当时秋收之际狂风暴雨眼看颗粒无收，周公一回来就风停雨歇。开局很差结局完满，"无初有终"。

"睽孤，遇元夫，交孚，厉。无咎。"周人兄弟的"睽"终于解决了，下面就是临卫征殷的商人兄弟之间的"睽"了。在"睽孤"的孤立窘境下遇的"元夫"，指的是"十夫"之首微子启，结果是"交孚，厉无咎"。

"悔亡，厥宗噬肤，往，何咎。"微子启与武庚"睽"的结局是"厥宗噬肤"。"厥宗"是颠覆政权，"噬肤"是剥皮割肉（类似《剥》卦）再来一次。我方"往，何咎"，因为有"元夫"的支持。所以"往，遇，雨则吉"。

"睽孤，见豕负涂，载鬼一车。先张之弧，后说之弧。匪寇，婚媾。往，遇，雨则吉。"这段结束语很长，因为混合了商周各自的"睽"。

本卦把周军"临卫"或周公与微子启再次盟约记录为："先张之弧，后说之弧。匪寇，婚媾。"毕竟武王失约一次，如何"信旦"还要"信旦旦"，万一再被抛弃咋办？"先张之弧"就是周军临卫，卫军与周军是战是和？双方处于箭在弦上一触即发的危急状态。描写成王伐楚的《小雅·吉日》用的就是这个写法："悉率左右，以燕天子。既张我弓，既挟我矢。发彼小豝，殪此大兕。以御宾客，且以酌醴。""张"是绷紧弓弦；"弛"是拆解紧绷的弓弦。"说"通"悦"，双方放下刀兵合兵一处周公才能"往，遇，雨则吉"（没有"悦"就只有拼命）。

"睽孤，见豕负涂，载鬼一车"写的是周公、微子启的反面——三监、武庚。三监被"孤立"而"见豕"。野猪"豕"不是《大畜》卦中的"豶豕之牙，吉"，也不是《中孚》卦中"豚鱼，吉"的烤乳猪。野猪拉车指的是不受控制的商人诸侯拉的车，拉的是"负"的"涂"，载的是一车"鬼"。古文用"途"指平安的陆路旅程，用"涂"指危险艰难的水路旅程，就是涉大川。《尚书·仲虺之诰》中"有夏昏德，民坠涂炭"，指的就是民生艰难，水火无情，生灵涂炭。"鬼"的甲骨文像戴面具的人，一般表示戴着恐怖面具的巫师。本卦指的是商人首领武庚等。

"见豕负涂，载鬼一车"写得很玄秘，"鬼""豕"又与祭祀场面高度相关。推测隐含了"金縢之匮"，周公多才多艺、能事鬼神，正是巫师。成王与召公、太公共同去查阅"金匮"医案，"见"到了周公祝由为成王治病的病历，从而消除误解，不再"睽孤"。这种写法说明周公心里有数，是形势所迫找台阶而已。"金匮"之事太公肯定是参与人，这会儿才想起来？

《小雅·角弓》是周方之"睽"的宣传体描写。兄弟反目"先张之弧"的局面是："骍骍角弓，翩其反矣。兄弟婚姻，无胥远矣。""毋教猱升木，如涂涂附"，形象地把猴子上树形容为"如涂涂附"，沐猴而冠不是真野猪。这就是"见豕负涂，载鬼一车"的文学化描述。"睽"解决后周公重新摄政："老马反为驹，不顾其后。"这句话以老马帮小马拉车为喻，说出自己勇往直前奋不顾身不计后果的心态（后文周公结局部分详述）。

第三十九卦　蹇

蹇：利西南，不利东北。利见大人，贞吉。

初六：往蹇，来誉。

六二：王臣蹇蹇，匪躬之故。

九三：往蹇，来反。

六四：往蹇，来连。

九五：大蹇，朋来。

上六：往蹇，来硕，吉。利见大人。

《说文》曰："蹇，跛也。"《素问》曰："蹇膝伸不屈、易蹇"；"蹇膝伸不屈，治其楗"。显然本卦以"病"喻政，指国家机器的"蹇"。当时的局面是武王之死使"车轮"已经失去了重心，周公摄政后在舆论压力下又短期下野，周王室中央瘫痪。

《尚书·大诰》对于当时国家政权之"蹇"有详细的记载：

> 武王崩，三监及淮夷叛，周公相成王，将黜殷，作《大诰》。
>
> 王若曰："……已！予惟小子，若涉渊水，予惟往求朕攸济……即命曰：'有大艰于西土，西土人亦不静。'越兹蠢……天降威，知我国有疵，民不康，曰：'予复'，反鄙我周邦……尔庶邦君越庶士、御事罔不反，曰：'艰大，民不静，亦惟在王宫、邦君室。越予小子考，翼不可征，王害不违卜？'……允蠢鳏寡，哀哉！予造天役，遗大投艰于朕身……"

《蹇》卦卦辞为："利西南，不利东北。利见大人，贞吉。"历史上是周公主动写信给召公和太公解释、沟通，寻求重新出山执政。召公与太公再去"说"成王。被动与主动是因为地位处境不平等。"西南"指西周；"东北"指武庚。

"往蹇，来誉。"周公欲"往"回归朝廷却"蹇"，去不了。当时周公因舆论压力暂时下台回到了封地。"来誉"是朝贺天子之赞誉，有讽刺意味。把周公赶跑，明明政权跛足了还被歌功颂德，当成康熙除鳌拜了。

"王臣蹇蹇，匪躬之故"是对病因的解释。"王臣"可以是王和臣，也可以是"率土之滨，莫非王臣"，总之都"蹇蹇"了。整个国家行政体系都跛足的原因是对方"躬"。周公认为责任在成王，是成王自己一手造成的。"蹇"病的关键是"膝"（周公）。此病不除，政权先瘸后瘫。《诗经·狼跋》生动描写的就是这个病："狼跋其胡，载疐其尾"；"狼疐其尾，载跋其胡"。跛脚狼可不是自诩为鸿雁与美狐的周公，而是小狼崽子成王和狼心狗肺的《睽》卦"恶人"们。

"往蹇，来反。""反"不是造反，是指病症由跛足发展到要用手扶着走路。"反"是"扳"的本字，甲骨文表示攀岩、攀崖行进。虽然"蹇"，但还是能艰难前行。"往"与"来"都是朝见天子。周公要"往"却"蹇"；成王需要被"来"却很难。

"往蹇，来连。""蹇"而"来连"，引用了《黄帝内经》的病症"膝痛不可屈伸，治其背内。连若折，治阳明中俞髎"。"连"指的是病情发展到如同骨折，不是跛足能往，也不是翻山越岭能往，而是得靠拐杖了。换句话说，此时国家政权之"蹇"，必须找到或者找回拐杖。

"大蹇，朋来"指"蹇"到了很严重的程度，反而三公成"朋"共同朝拜天子。

"往蹇，来硕，吉。利见大人。""来硕"是周公朝拜天子，"硕"是大脑袋，是周公给自己的政治定位。《狼跋》中"公孙硕肤，赤舄几几""德音不瑕"的周公重新出山。结尾的"利见大人"，指的是周公再次摄政后与"大人"太公、召公等重新合作，标志着动员了整个行政军事体系，详见他著名的动员令《尚书·大诰》。

《蹇》卦以病喻政，成为后人学习的榜样。王安石把《素问》的"痿躄为挛"解释为："筋散则不挛，故辛可以养筋。"他要用"辛辣"之法改制去病。王阳明与张居正也都以大明有病来阐述改革疗法。《红楼梦》把这个传统发挥到了极致，写了多位医生与众多奇奇怪怪的"假药""假方"，只要有中医基础就很容易发现作者在故意提示"假"药与"真"事，对应历史事件及历史人物。正是近代以来学界对中医学的过分贬低，导致研究《周易》与《红楼梦》者往往不懂中医，因此无法理解"病"与"药"之喻，自然离题万里。

第四十卦 解

解：利西南。无所往，其来复，吉。有攸往，夙吉。

初六：无咎。

九二：田获三狐，得黄矢。贞吉。

六三：负且乘，致寇至。贞吝。

九四：解而拇，朋至斯孚。

六五：君子维有解，吉。有孚于小人。

上六：公用射隼于高墉之上，获之，无不利。

《解》卦主题是讲周公与成王之"解"与"利西南"的政治效果。周公居东，丰镐在洛阳西南。《周易》一般不写主语，本卦第五爻的"君子"与第六爻的"公"很例外，因此其他爻辞的主语应当包含他俩，"解"是成王与周公双方的事。

"利西南。无所往，其来复，吉。有攸往，夙吉。""无所往"是无家可归的意思，指周公第一次下野。当时他回到了封地"老周"，并不是没地方生活。"所"特指办事机构，"无所往"就是没有开府权了。"其来复"指周公朝拜成王而复位，"来"是朝拜，如古公"来朝走马"。"吉"是对"利西南"即对西周有利的总结，"解"是国家人民之"吉"。周公"有攸往，夙吉"，这次"往"去摄政得到拥护"有"能够一帆风顺（与初始对比），自己只管日夜操劳就能"吉"。"夙"是在太阳升起前月亮尚在时就起来工作，"夙兴夜寐，靡有朝矣"。

"初六：无咎。"对于周公复辟，主语是成王指做对了，主语是周公则指没毛病。

"田获三狐，得黄矢。贞吉。"《巽》卦有"田获三品"。成王在《尚书·周官》中总结平叛胜利说："立太师、太傅、太保，兹惟三公。论道经邦，燮理阴阳。官不必备，惟其人。少师、少傅、少保，曰三孤。贰公弘化，寅亮天地，弼予一人。""三狐"就是"三孤"，"田"或者通假"周"，或者指田猎。文王田猎只得太公一狐，成王田猎得周公、召公、太公"三狐"。站在周公角度的收获是"得黄矢"，获得地位"黄"与军队"矢"。

"负且乘，致寇至。贞吝。""负且乘"可能是前卦《睽》中"见豕负涂，载鬼一车"的简写。背东西为"负"，登车为"乘"。"致寇"类似"致师"，指叛军主动挑战。如果指小成王"负且乘"，带有批评其不自量力的含义。站在周公角度，老子一发挥那就高尚了："金玉满堂，莫之能守。富贵而骄，自遗其咎。功成身退，天之道。""负且乘"的是钱、名、权，老子赞美为"圣人不居"。

"解而拇，朋至斯孚。"叔侄两人按拇指拉钩和解，太公、召公都来见证诚信。成王在《尚书·洛诰》中也专门提出二人同心同德。周公在《小雅·斯干》中歌颂"朋至斯孚"："秩秩斯干，幽幽南山。如竹苞矣，如松茂矣。兄及弟矣，式相好矣，无相犹矣。似续妣祖，筑室百堵，西南其户。爰居爰处，爰笑爰语。"

"君子维有解，吉。有孚于小人。""君子维"与吕不韦"维秦八年"一样，指的是君子周公复位摄政。"有"是"大有"之意，大人们都"济济辟王"，自然全"解"。"有孚于小人"解释成对百姓诚信不通。"有孚"指大人们真诚支持周公复辟，"于"是奏乐，"于小人"指百姓之福（所以载歌载舞欢庆领导集体重新团结）。

"公用射隼于高墉之上，获之，无不利。""公用"是周公敲钟召开出师大会，发布《大诰》东征平叛。"高墉"如奄国；"隼"是速度最快的猛禽，如飞廉。结尾"射隼于高墉之上"真是豪迈，如同成吉思汗弯弓射大雕。

附文二 《大过》：王室内斗

第二十八卦 大过

大过：栋桡。利有攸往，亨。

初六：藉用白茅，无咎。

九二：枯杨生稊，老夫得其女妻，无不利。

九三：栋桡，凶。

九四：栋隆，吉。有它，吝。

九五：枯杨生华，老妇得其士夫，无咎无誉。

上六：过涉灭顶，凶，无咎。

"大过"应为"大人之过"，也即诸侯王公之过，过分或过错。《大过》卦是分析商周第一次融合的失败原因与教训。三个原因分别是"藉用白茅""栋桡""枯杨生华"，三个"过"累加到"过涉灭顶"的程度就"凶"了，发生了三叔叛乱与武庚之乱。"栋"是房屋的正梁，"栋桡"就是房梁弯曲。"栋桡，凶"明确否定了武王任命的三监"栋桡"不堪重任。"利有攸往，亨"是针对整个"大过"结局最终平定而言的。

"藉用白茅，无咎"指周公摄政。"茅"指茅土之封，天子筑坛分封，取土包以白茅授之。周公代行天子权叫"藉用"，自我肯定"无咎"。刚开始摄政导致了分裂危机，周公也没好意思说"吉"。第六十二卦《小过》再次总结时，周公自认为"中孚"，为了"既济"动作有点过头，是程度失误而不是有心之过。

"栋隆，吉。有它，吝"与周公自我总结评价的《中孚》卦第一爻"虞，吉。有它不燕"意思相近，夸自己这位"虞""栋隆，吉"。把三叔等称为毒蛇。如果诸公们"有"支持了"它"，国家就"吝"了，而成王就"不燕"了（别指望燕处而昭若）。《大诰》是东征三叔的宣言，要求各诸侯大臣与自己一条心（反面是东方的反周诸侯们）。两卦说的是周公摄政一件事，影响的对象分别侧重国家与成王：周公于国是"栋"，于成王是"虞"。

"枯杨生稊，老夫得其女妻"和"枯杨生华，老妇得其士夫"都是分封，"体国经野，建国封侯"与"授土授民"，分了两种局面，区别是占领军周诸侯与商民以谁为主。"老夫"指周公自己迁徙商人来成周成家，他能镇住用好，一举多得"无不利"。《咸》卦主题是娶妻，与"生稊"相同，生了源于老杨树根又独立的新苗。"老妇得其士夫"指的是先有三叔后有太公、伯禽（周公长子）、克（召公长子）去商夷老妇家倒插门，但老妇家有人口才能建国"克家"，本来"无咎无誉"，取决于新诸侯的政策。三叔壮男倒插门却帮人家快死的老树开花了，齐、鲁、燕则相反。

"过涉灭顶，凶，无咎"是对周公力挽狂澜的赞美。三监栋桡、周公下野，新政权差点遭遇"灭顶之灾"，"凶"险啊！"过涉灭顶"指涉水过河时因水太深而淹没头顶。《大诰》有言："予惟小子，若涉渊水，予惟往求朕攸济。""若涉渊水"与"过涉灭顶"指同一件事。如此"凶"的局面都能"无咎"？好在有周公"藉用白茅"才能"利有攸往，亨"。本卦也为第六十卦《既济》的周公摄政总结做了铺垫。

二、"嘉禾"之谋与《鸱鸮》之号

《嘉禾》与《豳风·鸱鸮》实际展示的是还政之后周公与成王的政治游戏，关键是陕之东的治理权。叔侄俩都很忌惮对方。当时的格局，西部成王亲政且两会诸侯，天下共主的权威已经建立；东部齐国已显示出大国实力；北部召公燕国已站稳脚跟，中间是周公控制的成周。"嘉禾"之谋之前，成王一开完成周大会就命吕伋攻占黄河北的唐国，并派有军事才能的亲弟弟唐叔虞到任。随后唐叔虞迁都南下。所以成王与唐叔虞配合的"嘉禾"之谋就是箭在弦上，暗示周公东西分治必须走向二合一。周公发出《鸱鸮》之号与《谷风》之怨。周公写《鸱鸮》其实充满杀机，成王虽然不悦，但"亦未敢训周公"。"未敢"是因为对削藩没把握。

鸱　鸮

鸱鸮鸱鸮，既取我子，无毁我室。恩斯勤斯，鬻子之闵斯。

迨天之未阴雨，彻彼桑土，绸缪牖户。今女下民，或敢侮予？

予手拮据，予所捋荼。予所蓄租，予口卒瘏，曰予未有室家。

予羽谯谯，予尾翛翛，予室翘翘。风雨所漂摇，予维音哓哓！

豳在今陕西旬邑、彬州一带，是周的发祥地。周公的采邑不是全周而是指老周家。所以《豳风》除了《七月》描写本地风貌外，其他都与周公有关，包括《鸱鸮》。《东山》《破斧》《伐柯》描写东征；《九罭》描写周公第一次下野；《狼跋》则是《未济》卦狐狸的蹩脚狼版，暗讽成王。鸱鸮是商人推崇的战神鸟猫头鹰。作为军权象征，妇好墓中陪葬的标志性青铜器就是一对鸮尊。《鸱鸮》用象征手法写鸱鸮建巢，隐喻地盘与地位。

（1）"鸱鸮鸱鸮，既取我子，无毁我室"，成王、太公、召公、唐叔虞你们已夺我摄政、占我盟友唐国，还要再夺成周让我无家可归？

（2）"恩斯勤斯，鬻子之闵斯"是表白扶持幼主之功。

（3）"迨天之未阴雨，彻彼桑土，绸缪牖户。今女下民，或敢侮予"，这是赤裸裸地威胁决一死战。"雨"在《周易》中都比喻军事打击。

（4）"予手拮据，予所捋荼。予所蓄租，予口卒瘏，曰予未有室家"，这是周公以古公为例表达迁徙自立的决心。"未有室家"用了古公迁徙周原的典故。

（5）"风雨所漂摇，予维音哓哓"，勿谓言之不预也。与此诗验证，《小雅·北山》描述此阶段的周公是："或不知叫号，或惨惨劬劳。"而《未济》卦的武力威胁同样是赤裸裸的。

成王面对《鸱鸮》之号也很难决策，毕竟周公功绩与威望正如诗中所描述的那般无与伦比，第一很难轻松打赢，第二赢了也是两败俱伤天下大乱，第三周公还可以学文王立足南楚伐周。《小过》卦记录了当时周公为彻底翻脸做的准备。他自认为声望很高："飞鸟遗之音"，"小过"无非摄政而已。后文详述该卦算计了双方武斗的后果：一是如陈桥兵变，"弗过，防之。从或戕之，凶"；二是再次分裂，"弗遇，过之，飞鸟离之，凶，是谓灾眚"。除了摆事实讲利害，"寺人"宣传部还发布了多篇《小雅》造舆论。如所谓"怨妇诗"《小雅·谷风》："将安将乐，女转弃予""将安将乐，弃予如遗"；"忘我大德，思我小怨"。最终让周公输得没脾气的还是姜太公："密云不雨，自我西郊。公弋，取彼在穴。"

《琴操》记载周公与成王因为"越裳献雉"事件而同时写歌。交趾之南越裳国大老远进贡"雉"（孔雀）是德政盛事。但是越裳国没有写明进贡对象，这就产生了一个政治问题：赞美谁的功绩呢？周公、成王都主动谦虚说是文王之德（而不提对方之德），俩人明显是在争夺"谦虚权"，是在较劲谁才是"中国有圣人"。除了叔侄俩对诗当歌，《太公金匮》记载太公也介入了"越裳献雉"。文中说太公用"厌胜"收拾丁侯迫使他臣服，而且"四夷闻之，皆惧，各以其职来贡，越裳氏献白雉，重译而至"。为了达到震慑诸侯的目标，太公的手段射三箭与"厌胜"将来都会真有其事：吕伋教唐叔虞射箭，吕尚教成王屠牛等。成王同周公博弈的步步连环、快准狠以及极其老练的分寸感，应该是老外公的杰作。例如，策划岐山军演召集诸侯会盟，仿佛孟津盟誓重演；策划成周大典前南山冬至祭祀并指导成王屠牛，仿佛回到了武王登基现场。

成周大典后的关键事件就是吕伋灭唐封唐叔虞，然后就发生了"嘉禾"事件。"嘉禾"事件之后，就发生了周公奔楚企图复制古公迁岐。成王方面的应对是召公南巡江汉以及被忽略的成王伐楚。《大雅·召旻》记载文王时召公就曾奉命巡行江汉诸国，建立了统一战线："昔先王受命，有如召公，日辟国百里。"召公再次南巡轻车熟路而且老朋友不少。太保玉戈铭文记载："六月丙寅，王在丰，令太保省南国，帅汉，遂殷南。令厉侯辟，用束贝（万），走百人。"除了"用束贝（万）"拉拢"南国"旧友，召公还代周王新封了厉国（今湖北随县）。这一切是为了对付谁？洛阳出土的西周令方彝的铭文中不仅有"周公"字样，更明确记载"周王伐楚"，"王伐楚伯，在炎"。成王伐楚被后世有意忽视了（也因大战前双方妥协没打起来）。此次成王亲征，召公提前做了准备。"殷南"就是周王殷见南国诸侯，也可以叫"南国之会"。

另一位伐商将军南宫适应该也加入了成王伐楚的阵容，并留镇江汉建立曾（随）。南宫是周王室的一支。南宫适在伐商时就已经是周军主将之一，他曾奉命向殷商遗民展示传国九鼎和美玉，后来又负责散发鹿台和钜桥钱粮。周公在本地的盟友楚国当时还很弱小，随国就是楚人后来扩张的主要障碍，类似西周与崇侯虎的关系。后来昭王伐楚也是南宫负责本地准备（见安州六器铭文）。

《召南》里有一首被误解的《采蘋》，实际上就是描写召公与"蘋""藻"代表的江汉诸侯以及南宫、吕季在"南涧之滨"盟会的典礼，这是伐楚联军的阵容。

采 蘋

于以采蘋，南涧之滨。于以采藻，于彼行潦。
于以盛之，维筐及筥。于以湘之，维锜及釜。
于以奠之，宗室牖下。谁其尸之，有齐季女。

"于"是吹奏乐器；"筐及筥"与"锜及釜"都是礼器。"宗室牖下"的"宗室"指的是参与伐楚的南宫，"牖下"说明是秘密达成协议的"纳约自牖"。"谁其尸之？有齐季女"，显然吕家代表参与了见证，而且担任"尸"即成王的替身。"女"在《周易》《诗经》中代表诸侯，本诗中的"有齐季女"指的是吕伋之子"吕季"，他就是《尚书·君牙》的主角，后任穆天子太傅；崔氏就是他的后代。正如《左传·隐公三年》所说："苟有明信，涧溪沼沚之毛，蘋蘩蕴藻之菜，筐筥锜釜之器，潢污行潦之水，可荐于鬼神，可羞于王公。"本诗详细描写的仪式感是为了"苟有明信"，哪怕在落后的江汉地区器物简陋些，哪怕为了保密与南宫在"牖下"订约，哪怕吕家派出的代表是年轻辈的"季女"。

　　被太公、召公、南宫合力围剿的周公写了一首《雨无正》。他埋怨成王出师打击唐国、它国等周公势力不正。《雨无正》与《鸱鸮》的意思一样，口气已经不再文艺，而是"檄文"。毛诗说又是"刺"周幽王，然而周幽王灭亡哪来的"降丧饥馑，斩伐四国"？另外，《诗经》各篇极少专门取名，可见《雨无正》的点题重要性。只要理解《周易》的"密云不雨"就能理解"雨无正"。"雨无正"就是出师打击异己"不正"。

雨无正

　　浩浩昊天，不骏其德。降丧饥馑，斩伐四国。旻天疾威，弗虑弗图。舍彼有罪，既伏其辜。若此无罪，沦胥以铺。

　　周宗既灭，靡所止戾。正大夫离居，莫知我勩。三事大夫，莫肯夙夜。邦君诸侯，莫肯朝夕。庶曰式臧，覆出为恶。

如何昊天，辟言不信。如彼行迈，则靡所臻。凡百君子，各敬尔身。胡不相畏，不畏于天？

戎成不退，饥成不遂。曾我暬御，憯憯日瘁。凡百君子，莫肯用讯。听言则答，谮言则退。

哀哉不能言，匪舌是出，维躬是瘁。哿矣能言，巧言如流，俾躬处休！

维曰予仕，孔棘且殆。云不可使，得罪于天子；亦云可使，怨及朋友。

谓尔迁于王都。曰予未有室家。鼠思泣血，无言不疾。昔尔出居，谁从作尔室？

(1)"斩伐四国""舍彼有罪，既伏其辜。若此无罪，沦胥以铺"，这就是周公抨击的"雨无正"。"四国"指的是唐、它、成周、楚。

(2)"周宗既灭，靡所止戾。正大夫离居，莫知我勚。""周宗既灭"就是周室宗亲周公自己。"靡所止戾""正大夫离居"，没地方可以落脚，与《鸱鸮》同义。

(3)"三事大夫，莫肯夙夜。邦君诸侯，莫肯朝夕"，这是周公批评太公、召公以及其他诸侯没有自己勤快。还是"维予一人"的口气。类似《小雅·北山》的"大夫不均，我从事独贤"。

(4)"庶曰式臧，覆出为恶"，这是拿手下众人及老百姓说事，大家都说"式臧"即法制被藏了，也就是无法无天了，所以"覆出为恶"。

（5）"如何昊天，辟言不信。如彼行迈，则靡所臻"，周公说"我之弗辟，我无以告我先王"，但是没人信。其实信不信根本就不重要，既然摄政了，就自有其规律。"如彼行迈，则靡所臻"，这话要理解成：如果我想还能做不成？

（6）"戎成不退，饥成不遂。曾我暬御，憯憯日瘁"，这是一句大实话，就是太公谋划的三面合围。"戎成不退"，成王、太公、唐叔虞、南宫、召公、吕伋都已经箭在弦上了。"饥成不遂"，这是"曾我暬御"们即屏障成周的诸侯们，唐、它、楚被封锁到"饥成不遂，憯憯日瘁"。

（7）"凡百君子，各敬尔身。胡不相畏，不畏于天"和"凡百君子，莫肯用讯。听言则答，谮言则退"这两句是周公埋怨王室"群弟"听太公和成王的不听自己的，而且还参与瓜分自己之权，说的就是毕公、毛公、南宫等。利益面前，当年和召公一唱一和反对"天命论"的周公，今日竟然拿"胡不相畏，不畏于天"来说事。当年打压"群弟"，今日被"群弟"联合推翻，哪有什么"听言则答，谮言则退"，姜子牙说就一个字"利"。

（8）"哀哉不能言，匪舌是出，维躬是瘁"，周公无话可说了；"哿矣能言，巧言如流，俾躬处休"，这位能说会道的反对派是谁呢？召公很有说话技巧，不过周公、太公都能言善辩。周公自称这几年为国事操劳"维躬是瘁"，而那位却"俾躬处休"休养生息。显然是被闲置人间蒸发的毕公、毛公，或者以退为进半闲置的太公。

（9）"维曰予仕，孔棘且殆"，关键是"仕"，应对照描述周公奔楚颠沛流离的《小雅·四月》"君子作歌，维以告哀"

理解。"滔滔江汉，南国之纪。尽瘁以仕，宁莫我有"，"仕"是"致仕"，退休还政的意思。"予仕，孔棘且殆"，这就是曹操说的一旦放弃权力，个人、家庭、同伙就危殆了。

（10）"云不可使，得罪于天子；亦云可使，怨及朋友"，这句的关键是"云"，"云"不是"人云亦云"，否则不如用"维曰"了。"云"就是集结的军队。"云不可使，得罪于天子"的是东八师；"亦云可使，怨及朋友"的是楚军朋友。这句诗表明周公最终放弃了武力反抗。

（11）"谓尔迁于王都。曰予未有室家。鼠思泣血，无言不疾。昔尔出居，谁从作尔室？"最后这一段再次证明《雨无正》的作者就是周公本人，而且作于成周建成之后。"谓尔迁于王都""昔尔出居，谁从作尔室"，说的都是成周之事。"鼠思泣血，无言不疾"的还是"曰予未有室家"。整段理解，周公曾建议成王迁都成周，当时成王忽悠了他，说叔叔您还没地盘您先用吧。现在想起你这小子说的话，句句让我痛心疾首，我心流血啊。成王"出居"只有成周与东征奄国，这都是周公为侄子的"室"即国家"作"的贡献。

《雨无正》用语深奥、逻辑缜密、来回反复，确实很难读懂，然而一旦合逻辑地理解了它，周公最后的谜团就迎刃而解。成王南征阵容庞大而且军事、政治两手都很硬。客观对比，即使东八师听命于周公与西六师开战，加上弱小的楚国对阵太公、召公、南宫适、唐叔虞，也必然是又一次"践楚"。《小过》卦记录这场大会战没打起来："密云不雨，自我西郊。公弋，取彼在穴。""密云不雨，自我西郊"指西六师已经如雨云部署完毕，但没有下雨。"公弋"的

"公"应该是总指挥姜太公，"弋"是快速打击射下飞鸟；"取彼在穴"是把周公从奔楚根据地带回。所以"弗遇，过之，飞鸟离之，凶，是谓灾眚"。因此判断双方在战前达成协议：周公回到宗周（不是成周老巢），成王放弃清算。这个局面类似纣王与姬昌的平衡。所以，**姬旦实际是被"囚"宗周三年后死去，三年间学习父亲"演周易"，补充并调整顺序完成了定稿。**

《嘉禾》与《雨无正》中最关键的人物是唐叔虞，而他的背后站着舅舅与外公。吕伋亲自率军灭唐。为了确保唐叔虞镇得住，吕伋亲自教外甥骑射。

《左传》和《史记》共同记载：邑姜梦见天帝送"虞"，果然叔虞出生时手心有"虞"字。虞是畜牧业时代的宰相。此梦说叔虞是天选天生的宰相。太姒之梦武王代商，邑姜之梦是周公之位。《史记》记载的"桐叶封弟"是谨言慎行、言而有信的典范，然而其实是邑姜娘家势力大。邑姜之梦的宰相地位不能光靠出身，还需要才能。所以《国语》记载了叔虞"徒林射兕"证明其军事能力。成王给唐叔虞的宝物，包括武王灭商时穿的铠甲、文王灭密缴获的战鼓与大辂，都是为了敲打周公。讲解军屯的《屯》卦似乎是周公版的"桐叶封弟"："即鹿无虞，惟入于林中；君子几，不如舍，往吝。"周公反呛成王说，你抢了地盘，没有我这样的虞就"屯"不住，因此"不如舍，往吝"。太公教邑姜说，儿子就是天命之虞，而叔叔您是"兕"。刀光剑影在文艺战线的体现就是妙笔生花。

成周之会是周公与唐国命运的转折点。《逸周书·王会解》记载了成周大会诸侯殷见成王排位。这个三层祭坛的排位本身就饱含政治信息。最高层中间是天子，两侧分别是"唐叔、荀叔、周公在左，太公望在右"。中间层两侧，"堂下之右，唐公虞公南面立焉。堂下之左，尹公、夏公立焉，皆南面"。可以看出，核心领导层共四人，唐叔虞是政治新星，已经与周公地位等同，甚至还排在周公前面。周公之前还有文王第十七子荀叔。荀叔不太有作为，但是稀释了"王叔"的分量。而太公复出并且一人独占"右"，居于最重要位置。这个"最高政治局"中显然周公已经被孤立。另一位瓜分陕之西的召公建设成周也出了大力，居然没有出现在"最高政治局"中。这次大会约定的东西分治靠得住吗？成王的心思深不可测。

唐公与虞、夏、商四公很正常地来参会，受到很高礼遇。为何之后就灭唐？前文已述，武王将河内地区分封给了苏忿生。苏忿生的新"它"国是关中、晋南进入华北平原的通道。周公摄政时苏忿生升任三公。周公在教育成王的《尚书·立政》篇结尾盛赞司寇苏忿生。《逸周书·世俘解》记录的吕伋为吕"佗"，显然吕伋不是"蛇"，而是治理过"它"国即周公死党苏忿生的封地。成王、吕伋的目标是"它"，"唐"要么是站队周公，要么是协助"它"而被灭。没办法，河内之地战略地位太重要。吕伋灭唐、灭"它"是剪周公的布局占地盘，并没有合法性依据。因此周公写《立政》告诫成王并盛赞苏忿生，那有用吗？怀璧其罪啊。周公创作了《雨无正》控诉"舍彼有罪，既伏其辜。若此无罪，沦胥以铺"。他也很明白，唐国、它国的悲剧原因在于："云不可使，得罪于天子；亦云可使，怨及朋友。"尧唐既有历史地位，也看不出造反动机。吕伋攻唐只为地盘而不是灭国，因此迁唐于"毕"。

吕伋不仅亲自帮小外甥拿下唐国与邻近的"它"国，而且委派四子吕季参加了大外甥的伐楚盟会。吕伋还是唐叔虞"徒林射兕"的师父。《齐风·猗嗟》明明是一位齐人赞美外甥箭术，《毛诗序》却坚持扯淡附会文姜故事，认为是齐人讽刺鲁庄公。如此麒麟儿会是搞不定老婆的鲁桓公？"猗"是能御、能射的最优秀战士；"猗"应是最早的"骑"，马驯化得晚，最早拉战车的可能是犬戎之犬。

猗　嗟

猗嗟昌兮，颀而长兮。抑若扬兮，美目扬兮。巧趋跄兮，射则臧兮。

猗嗟名兮，美目清兮。仪既成兮。终日射侯，不出正兮，展我甥兮。

猗嗟娈兮，清扬婉兮。舞则选兮，射则贯兮。四矢反兮，以御乱兮。

(1)"巧趋跄兮，射则臧兮""终日射侯，不出正兮""舞则选兮，射则贯兮。四矢反兮"，三段的主题都是射术已经很高超，可以"以御乱兮"了。

(2)"展我甥兮"很有意思，这位舅舅的洋洋自得之情已经溢于言表。而且一语双关："展我甥"。要施展手脚的是小外甥，要大展宏图的是大外甥成王。

（3）对于妹妹的这么优秀的爱子，舅舅兼师父怎么看怎么顺眼，毫不吝啬溢美之词："昌兮，颀而长兮。抑若扬兮，美目扬兮"；"名兮，美目清兮。仪既成兮"；"娈兮，清扬婉兮"。玉树临风，龙章凤姿！

《小雅·车攻》记述天子会同诸侯田猎："四黄既驾，两骖不猗。不失其驰，舍矢如破。"而且结尾就是"允矣君子，展也大成"，对应"展我甥兮"。《车攻》全篇都是车骑烈烈的场面，极可能是成王岐阳之会，与《猗嗟》是姊妹篇，可能就是唐叔虞的作品。"四黄既驾，两骖不猗"说的是四匹黄马拉的车我都能驾驭，何况"两骖不猗"。"四黄"指众多实力派诸侯；"骖"是边上的弱马，比喻周公集团。"之子于苗"就是伐楚之盟会"竿苗"。"之子"一般指天子。"我车既攻"很明确地指向周公所居之"东"："我车既攻"，"驾言徂东"；"东有甫草，驾言行狩"。

车 攻

我车既攻，我马既同。四牡庞庞，驾言徂东。

田车既好，四牡孔阜。东有甫草，驾言行狩。

之子于苗，选徒嚣嚣。建旐设旄，搏兽于敖。

驾彼四牡，四牡奕奕。赤芾金舄，会同有绎。

决拾既佽，弓矢既调。射夫既同，助我举柴。

四黄既驾，两骖不猗。不失其驰，舍矢如破。

萧萧马鸣，悠悠旆旌。徒御不惊，大庖不盈。

之子于征，有闻无声。允矣君子，展也大成。

三、"主少国疑"的摄政陷阱：
"周公居东"与"周公奔楚"解疑

姜太公说："国柄借人，则失其威。渊乎无端，孰知其源。"

老子说："鱼不可脱于渊，国之利器不可以示人。"

摄政王"鱼不脱渊"与皇帝"国柄借人"是不可调和的矛盾。中外历史上摄政王的命运绝大多数是悲剧，往往无法避免成为权力的牺牲品。这是制度与人性的悲哀。《红楼梦》生动描绘为："身后有余忘缩手，眼前无路想回头。"诸葛亮是好摄政的代表。李严劝进九锡，诸葛亮答："今讨贼未效，知己未答，而方宠齐、魏，坐自贵大，非其义也。若灭魏斩睿，帝还故居，与诸子并升，虽十命可受，况于九邪！"诸葛亮的前文大义凛然，然而后文"与诸子并升，虽十命可受，况于九邪"是什么意思呢？谁也不能对抗客观人性。"人心惟危，人心惟微"，舜帝的体会是人性善恶都在一念之间。漏洞百出的禅让制从人性善解读都是圣人，如果从人性恶解读呢？鲁迅说自己向来是不惮以最坏的恶意来推测国人的。所罗门说，只有太阳与人性不能直视。

《尚书·周诰》多篇均与周公摄政有关。然而因为后世的刻意改动，根据今版已经无法判断他是否称"王"。其他史籍也是说法各一，如韩非说周公为"假王"："周公旦假为天子七年。"《礼记》说周公是"真王"但是最终还政："周公践天子之位，……七年致政于成王。"《史记》选择回避："周公行政七年，成王长，周公反政成王，北面就群臣之位。"《尚书·周书》中的《金縢》与清华简版本内容基本一致，互相验证还是比较可信的：

> 武王既丧，管叔及其群弟乃流言于国，曰："公将不利于孺子。"周公乃告二公曰："我之弗辟，我无以告我先王。"周公居东二年，则罪人斯得。于后，公乃为诗以贻王，名之曰《鸱鸮》。王亦未敢诮公。

关键在于"我之弗辟"的解释。郑玄释"辟"为"避"，解作"我不避居东国"，就是躲了没有称王，为了回避周公称王显得很不负责任。《史记·鲁周公世家》说周公恰恰是为了担负责任而称王："我之所以弗避而摄行政者，恐天下叛周。"还有释"辟"为"法"的："我不依法治罪管叔，则我无以告三王。"祖辈"三王"居然让周公杀管叔？以上儒家正宗的各种解释都是越描越黑。他们太需要这个完美偶像佐证学说，所以一涉及周公的是与非就思维混乱。

"辟"的本义"辟雍"表达得很明确，就是称王。如《大雅·文王有声》："四方攸同，皇王维辟。"《大雅·棫朴》："济济辟王，左右趣之。济济辟王，左右奉璋。"《尚书·金縢》："我之弗辟，我无以告我先王。"周公说我之所以没有自立称王是怕无颜见父兄先王。显然，**周公摄政但没有称王**。

不过，燕国铜罍铭文显示，成王更感激太保召公而不是周公之"辟"："王曰：'太保，惟乃明乃鬯，享于乃辟。'"

成王自己不表态不是因为周公称王，而是源于后续的王叔权力博弈，这也造成了历史之谜。

且王叔摄政之初未必想篡权，只是舍我其谁，《蹇》卦记录得很清楚。《小雅·北山》也说："大夫不均，我从事独贤。"但是猛兽易伏人心难降，摄政权力的博弈最终会失控，这是叔侄俩都无法"解"的。周公自己在惜字如金的《周易》中长篇累牍地都没写明白。《睽》《家人》《大过》《蹇》《解》《既济》《未济》《中孚》《小过》中写尽了心酸曲折艰难，特别是"丧马勿逐""公弋，取彼在穴""弗过，防之。从或戕之，凶"，一片刀光剑影。摄政本来就是名不正言不顺的大坑，以王叔身份摄政更是坑上加坑。商朝父死子继与兄终弟及斗争不休造成"九世之乱"，盘庚迁殷就是为了远离王叔们。后世王叔杀侄子也层出不穷，著名的有楚灵王杀楚郏敖，赵光义杀赵德昭、赵德芳，朱棣"靖难"建文帝，等等。国外也一样，《哈姆雷特》《理查三世》都是王叔害王子的名剧。王叔篡位而又死后还政的只有周孝王，他的侄子就是周夷王。《史记》对周孝王选择轻描淡写尽量不提，赤子还是国贼只有孝王本人才知道。后文详述，北魏周公元勰与北魏曹操尔朱荣之后的权臣全部选了篡权这条路，逼出了五位开国皇帝。

鬼谷子有言：

> 上暗不治，下乱不寤，楗而反之。内自得而外不留，说而飞之。若命自来，已迎而御之。若欲去之，因危与之。环转因化，莫知所为，退为大仪。

鬼谷子为周公困境提出了两个办法。

一是"揵而反之"，"内自得而外不留"，就是曹操、诸葛亮、司马懿的办法，紧抓实权不图虚名。"说而飞之"是面对舆论压力时如蒋介石靠实力三次下野回避。

二是既当仁不让又急流勇退，"退为大仪"成为偶像。难在如何能退："环转因化，莫知所为。"内心想退也不能暴露，否则就走不了了。元勰被皇帝盯上了真想退也没用，还有各自的利益集团呢。周公还政本身确实"退"了，虽非甘心，终为"大仪"。

中国历史上摄政王善终的案例只有两个：第一位摄政周公，最后一位摄政载沣。"环转因化"的必要条件是天下有变，并且还在不停地变。载沣在倒袁、立宪、清帝退位、反对张勋复辟、反对伪满洲国、坦然接受新中国等重大历史时刻都做到了"环转因化，莫知所为"，因此才得以在晚清大变局中全身而退，并且得到周总理的肯定评价：

> 载沣在辛亥革命中的表现是好的，其间他辞去了监国摄政王的职务，并不主张以武力对抗革命，也不反对宣统皇帝"逊位"这些表现顺应了时代的潮流和人民的意愿，客观上有利于革命。难得的是，载沣在民国以后始终不曾参与遗老们复辟清王朝的活动。作为政治家和反对分裂祖国的爱国者，处在日伪统治下的载沣并不屈从日本人的劝诱，反对溥仪到东北当儿皇帝，在政治上同"满洲国"划清了界限，表现了民族气节、政治胆识和魄力，这是他晚年的最大成功。

直到民国时代载沣仍在王府内实行烦琐的清朝旧礼，新中国成立后他却立即废除了封建礼节，可见其思想是开通的，随着历史而进步。载沣是位难得的满文专家，国学底子也很深厚，又是清末民初以至日伪时代历史的活见证，对天文学还有相当深入的研究。他既可以在文史研究方面做出贡献，又可以在自然科学方面创造成果，新中国成立后，如果不是他已经瘫痪在床，本来是要请他出来，安排一定工作的。

周公自己的解决方案是"内自得而外不留"与"退为大仪"都想要。成周还政之后是周公据东的东西分治，他占着最大的地盘与最强的东八师。同时他还推动制礼作乐并给成王写教材谆谆教诲。如果周公成功了，他就真的是天地间第一人。果真如此吗？《周易》结尾四卦以狐狸过河比喻周公承担了"涉大川"的历史重任，但最终"首""尾"都被"濡"，寓意面子与后路首尾皆失，只是没有被彻底清算而已。打湿的"濡"不是赶尽杀绝的"雨"，这是成王与太公的分寸感保存了儒家偶像版的"周公"。

著名的"周公居东"其实有两次。第一次是以退为进回到封地"豳""居东"，第二次是成周大会还政后"据东"。《尚书·金縢》记录的"据东"特指东征胜利后占据成周，划陕而治："周公居东二年，则罪人斯得。于后，公乃为诗以贻王，名之曰《鸱鸮》。王亦未敢诮公。"这次"周公居东"与"周公奔楚"是两回事，与"周公东征"不在一个时期。

时间线上：

成王元年，周公摄政导致三监之乱，平叛和东征花了三年，就到了成王四年。

成王四年，周公、召公划陕而治。形成了周公据东两年，就到了成王六年。

成王六年，"岐阳大蒐""岐阳之会"。

成王七年，成周落成。"信彼南山"，"殷其雷"，周公还政，但是要求保留地盘。

关键是成王四年至六年的"周公据东"。成王四年在东征前线就已经划分了势力范围：召公子燕、周公子鲁、太公齐；周、召划陕而治。按照这个划分，周公、召公是最大受益人，而成王是最大受损者，太公则受到不公平待遇。结果会如何？太公五月报政是为了进京勤王，吕伋不去上任齐侯也是要掌握虎贲。结束东西分治的一定是成王和太公，策略上拉召公打周公。所以周公只享有东西分治两年的成果："周公居东二年，则罪人斯得。""**罪人"是周公而不是三监。**

第一次"周公居东"是真的。《竹书纪年》记成王元年："秋，王加元服。武庚以殷叛。周文公出居于东。二年，奄人、徐人及淮夷入于邶以叛。秋，大雷电以风，王逆周文公于郊。遂伐殷。"此次"周文公出居于东"其实是指周公刚刚摄政时曾被迫短期下台躲回封地，周公叫"周"公不是因为西安或洛阳，而是因为老周"豳"。

因为两次的"居"与"据"都与摄政及三监之乱前因后果相关，很容易搞混，所以古人对"周公居东"有三种不同解释：避罪说、东征说、奔楚说。

其一，避罪说，以马融、郑玄为代表，说"居东"是"避居东都"，管叔及"群弟"流言一出，周公"出处东国待罪，以须君之察己"。此说一半对，"避居东都"改成"避居豳"即可。

其二，东征说，以"伪孔传"为代表："遂东征之，二年之中，罪人此得。"这个解释是完全错误的，周公离开西周东出后还有征殷，怎会还有个"周公居北"？

其三，奔楚说，来自蒙恬。《史记》载蒙恬云："及王能治国，有贼臣言：'周公旦欲为乱久矣，王若不备，必有大事。'王乃大怒，周公旦走而奔于楚。""周公奔楚"发生在"嘉禾"之谋以后。蒙恬说的"奔楚"是真的，但既不是"据东"也不是"居东"。第一次"居东"是回避流言；第二次"据东"是享受东西分治；第三次"奔楚"是真的流亡楚国。

蒙恬为何关注周公奔楚的史学研究？这件事本身就能启发对周公的解疑。蒙恬掌握三十万精锐，胡亥当然对他如芒在背。胡亥必杀蒙恬，蒙恬如何谋划？他选择吞药自杀。遗言就是周公"我之弗辟，我无以告我先王"的语境："自吾先人，及至子孙，积功信于秦三世矣。今臣将兵三十余万，身虽囚系，其势足以倍畔，然自知必死而守义者，不敢辱先人之教，以不忘先主也。"

周公需要像蒙恬一样自杀吗？有无其他解？曹操做了另一个解答。建安十五年的曹操也是一手遮天并且东征、北伐、南狩已经完成统一基础。孙刘联盟抨击（或造谣）曹操"托名汉相，实为汉贼"，"欲废汉自立"（《三国志》）。类似三叔的舆论战，连多年战友荀彧都信了。此时，曹操对蒙恬、周公的处境心有戚戚焉："孤每读此二人书，未尝不怆然流涕也。"周公写了很多篇《小雅》，曹操也专门写了《述志令》。文中核心态度就是不称帝、不放权。就是前文鬼谷子想出的办法一"内自得而外不留"，紧抓实权不图虚名。办法二"退为大仪"成为后世偶像，曹操也不以为然。曹操以齐桓、晋文为例明确表态不称帝，也决不许献帝之外的别人称帝："设使国家无有孤，不知当几人称帝，几人称王！"同时决不放弃摄政权力，更别指着曹操学蒙恬自杀："诚恐己离兵为人所祸也"；"江湖未静，不可让位"；"不得慕虚名而处实祸，此所不得为也"。

　　曹操说："周公有《金縢》之书以自明，恐人不信之故。"为了让人信，曹操安排至少三个女儿嫁给汉献帝，表明他想当下任汉帝的外公。但是，周公、蒙恬、曹操当不当篡逆，他们自己都说了不算。曹操选择不放权，继续挟天子令诸侯。而周公却选择了"据东"搞东西分裂，看似有地盘有军队却放弃了政治上的主导地位。这是一个大昏着，既激起了成王、召公、太公的围剿，也为对手提供了政治战的大杀器。从政治角度看，周公"据东"确是"罪人"。所以《尚书·金縢》说："周公居东二年，则罪人斯得。"

　　"周公据东"已经失败。当时成王与太公的部署，召公、成王在西，太公在东，唐叔虞在北。所以周公向南流亡楚地。《左传·宣公十二年》有言："困兽犹斗，况国相乎？"周公为何不能像曹操一样利用军权抵抗呢？因为曹操的军队是自己带出来的曹家军，而且汉献帝在自己手里，刘备、孙权无法获得足够的合法性。周公手里有东八师，然而他能控制这支部队本身靠的还是西周政权的背书。如果成王发起对成周的讨伐，周公一旦失去合法性就会落得和三叔一样的下场。三叔北奔殷覆灭，周公南奔楚又能如何呢？《小雅·小宛》准确地描绘了陷入合围困局中的周公的心情，**《小雅·四月》是自命清高又暗含革命杀机的奔楚宣言。**

小　宛

宛彼鸣鸠，翰飞戾天。我心忧伤，念昔先人。明发不寐，有怀二人。

人之齐圣，饮酒温克。彼昏不知，壹醉日富。各敬尔仪，天命不又。

中原有菽，庶民采之。螟蛉有子，蜾蠃负之。教诲尔子，式谷似之。

题彼脊令，载飞载鸣。我日斯迈，而月斯征。夙兴夜寐，毋忝尔所生。

交交桑扈，率场啄粟。哀我填寡，宜岸宜狱。握粟出卜，自何能谷？

温温恭人，如集于木。惴惴小心，如临于谷。战战兢兢，如履薄冰。

（1）"宛彼鸣鸠，翰飞戾天"，"宛"字用得极精准，正如《大雅·桑柔》的"菀彼桑柔"。从前的泰伯、现在的周公都被"宛"了。"宛"，杂草覆盖的样子。对周公这样的"鸿雁"，如网鸟一样围三缺一。目的是鸠占鹊巢。

（2）"我心忧伤，念昔先人。明发不寐，有怀二人。"忧伤中怀念起文王、武王二人。

（3）"人之齐圣，饮酒温克。彼昏不知，壹醉日富。""人之齐圣"是人家姓姜的搞搞祭祀，喝着热酒。你小子糊涂啊，喝醉了？"各敬尔仪，天命不又"就是东西分治，成王、太公、周公的均衡状态，没有天命啊，做不到了。这个局面即将被打破。"中原有菽，庶民采之"，周公再惦念下自己的地盘。

（4）"螟蛉有子，蜾蠃负之。教诲尔子，式谷似之。"古人误以为蜾蠃代螟蛾哺养幼虫，故称养子为"螟蛉"。此句精确地比喻周公把成王当自己的儿子。

（5）"题彼脊令，载飞载鸣。我日斯迈，而月斯征"，这是周公摆自己的功劳簿。

（6）"夙兴夜寐，毋忝尔所生"就是诸葛亮的《出师表》，"尔"即文、武二人。

（7）"交交桑扈，率场啄粟。哀我填寡，宜岸宜狱。握粟出卜，自何能谷?"桑扈小鸟都有粟米吃，我却只得到"宜岸宜狱"？"岸""狱"就是诉讼与牢狱。也学下老爹占卜，还能去哪儿?

（8）"温温恭人，如集于木。惴惴小心，如临于谷。战战兢兢，如履薄冰。"这一段很经典。就是周公被三面合围后，处于极度危险的状态与心情。

《小雅·四月》公认是流泪之作。作者说自己是"君子作歌，维以告哀"，而且流亡地是"滔滔江汉，南国之纪"等，除了周公还有谁?

四　月

四月维夏，六月徂暑。先祖匪人，胡宁忍予？

秋日凄凄，百卉具腓。乱离瘼矣，爰其适归？

冬日烈烈，飘风发发。民莫不谷，我独何害？

山有嘉卉，侯栗侯梅。废为残贼，莫知其尤！

相彼泉水，载清载浊。我日构祸，曷云能谷？

滔滔江汉，南国之纪。尽瘁以仕，宁莫我有？

匪鹑匪鸢，翰飞戾天。匪鳣匪鲔，潜逃于渊。

山有蕨薇，隰有杞桋。君子作歌，维以告哀。

（1）"四月维夏，六月徂暑"，四月还在当太宰管理"夏"，六月就流亡到了"暑"热的江汉。"先祖匪人，胡宁忍予？"周公回顾了《小雅·信南山》祭祖的还政之约，抱怨"先祖"只庇佑对方"匪人"，却眼看着我心如刀绞。

（2）"秋日凄凄，百卉具腓。乱离瘼矣，爰其适归？冬日烈烈，飘风发发。民莫不谷，我独何害？"这两段排比从秋到冬描述周公流亡生活之孤苦。

（3）"山有嘉卉，侯栗侯梅""相彼泉水，载清载浊"与结尾点题的"山有蕨薇，隰有杞桋。君子作歌，维以告哀"都是退位流亡后的第一种选择，类似伯夷、叔齐。

（4）这个选择无奈，因为周公被"废为残贼，莫知其尤"，"我日构祸，曷云能谷"？"谷"是关键字，本义是庄稼和粮食的总称，指代官俸，古人以谷物计禄。如《小雅·甫田》"以谷我士女"，《王风·大车》"谷则异室，死则同穴"。周公流亡江汉不是主动清高"不食周粟"，而是"曷云能谷"。

《四月》的重点是第二种选择："滔滔江汉，南国之纪。尽瘁以仕，宁莫我有？匪鹑匪鸢，翰飞戾天。匪鳣匪鲔，潜逃于渊。"楚地也是江河险固、沃野千里，如果我周公复制古公周原经验并且像诸葛亮治蜀一样"尽瘁以仕"，那就"宁莫我有"？对应开头先祖帮对方"胡宁忍予"。"莫"是"忍"的反义，指关爱、保佑。祖先保佑周公在楚地干什么？"有"是"大有"称王之意。周公的意思还不明白？周公这只大雁带领西周的对方"匪鹑匪鸢"这些普通鸟类的结果将是楚国提前崛起，"翰飞戾天"。"匪鳣匪鲔，潜逃于渊"借用了《乾》卦革命的典故，"潜逃于渊"是韬光养晦的策略。"鳣"和"鲔"都不是普通的鱼，是"旦"和"有"！后来楚国的崛起证明《四月》这几句诗绝非虚言，而当时的后果就是昭王坚持南征，就像隋炀帝与唐太宗、唐高宗接力东征高丽一样。

成王六年岐山之阳大蒐礼盟会，本身就是对付"周公据东"的第一步。当时楚子熊绎没被允许和众诸侯一起进盟室，只能看守火堆。五百多年后楚灵王还对此耿耿于怀。难道只是瞧不起楚人？对比唐国的遭遇可以推断，唐、楚是成周的盟友，自然是成王的对手。开会研究的就是对付周公，能让熊绎旁听吗？唐国在成周大会位居上列又怎样？吕伋灭唐、召公巡汉都是为了"羁周公"。

周公奔楚、召公巡楚、昭王伐楚，这三个"楚"不一定是楚国，而是泛指江汉地区。该地区控制当时的战略物资青铜，因此必然被周王、周公关注，也支撑了将来筚路蓝缕的楚国称霸。"楚"有二义，一是指芈姓楚国，二是指南方楚蛮。到东周时楚国崛起吞并楚蛮才混为一体。"楚蛮"是南方灌木丛中诸部的总称,是三苗后裔,"蛮"就是"苗"。昭王获铜的"荆蛮"或"荆楚"指的是一个部落群,而非当时还很弱小的楚国。召公巡楚、成王伐楚终于解决了周公。但周公的老盟友楚国对周朝时服时叛,以至于昭王亲征葬身江汉。

为何周公、王子朝奔楚,楚就会接受并接待他们呢?周朝失败的王子都能奔楚?首先,自蚩尤起,九黎、三苗、南蛮始终没有完全被中原文明同化。一直到秦汉之前,以楚国为代表的南方文明都与中原相对独立。其次,能够"奔楚"的王子一定与江汉诸国有渊源,最重要的是曾经提供过帮助。

《召南》《周南》记录的就是江汉诸国,也可以叫楚。召公采邑在岐山之阳,他第一次巡江汉应该是从褒斜道入汉水东南而下,这一带称"召南"。周公建成周后对楚的统战自南山即嵩山而南下,称"周南"。因此,召公巡江汉侧重西南,周公奔楚侧重正南。《召南》中,《鹊巢》讲述的就是召公受成王委托巡江汉,先建随国又建"江汉诸姬"。站在江汉楚人角度就是"鸠占鹊巢"。著名的《甘棠》则表达了江汉楚人对召公的怀恋,所以召公曾休息过的甘棠树被当作文物来保护。可以看出江汉楚人很重情重义,对召公不仅不排斥,还很留恋。

根据楚人对召公的怀恋,《草虫》解释了周公这位"君子"为何奔楚。

草　虫

喓喓草虫，趯趯阜螽。未见君子，忧心忡忡。亦既见止，亦既觏止，我心则降。

陟彼南山，言采其蕨。未见君子，忧心惙惙。亦既见止，亦既觏止，我心则说。

陟彼南山，言采其薇。未见君子，我心伤悲。亦既见止，亦既觏止，我心则夷。

"喓喓草虫，趯趯阜螽"八个字三个虫，显然是蚩尤、三苗之后。周朝建立后他们该如何与大周相处？"未见君子，忧心忡忡。""君子"就是周公。"陟彼南山，言采其蕨/薇"，这些楚人故作姿态，像伯夷、叔齐一样自称"采薇"不食周粟，即不承认周的领导权。周公的处理是"周公吐哺，天下归心"，具体手法不清楚，反正楚人北上南山见完周公，"我心则降""我心则说（悦）""我心则夷（平）"。所以，世界上没有无缘无故的爱。

《周南》中，《卷耳》也同样留下了回忆。

卷　耳

采采卷耳，不盈顷筐。嗟我怀人，置彼周行。

陟彼崔嵬，我马虺隤。我姑酌彼金罍，维以不永怀。

陟彼高冈，我马玄黄。我姑酌彼兕觥，维以不永伤。

陟彼砠矣，我马瘏矣！我仆痡矣，云何吁矣！

这次不采薇了，采"卷耳"以呼应《草虫》之情。周公最终权衡之后放弃抵抗回到西周。与之联合的楚军确实疲弱不堪，"我马虺隤/瘏矣"。如果真的开战，只怕要发生"践楚"悲剧了。楚人的心情很复杂，既怀恋当年的采薇之盟，又感恩周公保全了弱小的军民，更期望北归的君子能够平安。所以采了一筐卷耳放在周公要经过的路上，还"酌彼金罍/兕觥"，斟满美酒为君送别。"兕觥"的"兕"就是消灭昭王六师的"兕"，覆灭昭王的还是这匹老马。"我仆痡矣，云何吁矣"，悲惨的离别已无再见，楚侯哀恸倒地，唯有悲叹。**《卷耳》是楚人送别周公的挽歌。**

《小雅》全篇，除了《雨无正》埋怨成王出师打击唐国等周公势力不正，《鸿雁之什》《节南山之什》两组基本上是周公摄政的博弈以及周公奔楚，《南有嘉鱼之什》十篇中八篇与周公交往结盟楚侯们有关。太多篇幅了，不一一详解。

四、解疑周公之死与"周公之胤"

各类官方文献都不肯详载周公是如何去世的。《竹书纪年》记录，成王二十一年"周文公薨于丰"；而此前在成王十三年"夏六月，鲁大禘于周公庙"。成王十三年周公尚存而鲁已立庙？说明"成王二十一年"应为"成王十一年"的笔误。也就是说，成王十一年周公去世，成王十三年鲁国建周公庙。

成周是周公的势力中心。因此周公遗言葬在成周，这样祭祀周公的"庙"就会在成周，周公的儿子君陈就可以名正言顺地守住宗庙与成周。成王却下诏将周公葬在"毕"地。成王的借口并不合逻辑。不敢以周公为臣，那当他也是"王"？既然真的尊重他，那就尊重他的遗言。说周公"不臣"还是批评，只不过没有"吕不臣"那样严重。成王的心思一贯很深。

周公的结局正史多"讳"，但是很难逃出格局与规律。重演的历史可以比对。大约一千五百年后，洛阳又出了一位北魏的"周公"。"北魏第一贤王"元勰被侄子元恪骗进皇宫用毒酒杀死。帮元恪出谋划策的是外戚高肇。

元勰文武双全多才多艺，辅佐兄长成就霸业，特别是"太和改制"与迁都洛阳。也曾多次率军征战立下赫赫战功。最重要的是，他也在兄长病重时出任宰辅摄政并扶立十六岁的太子。他还曾"密为坛于汝水之滨，依周公故事，告天地、显祖请命，乞以身代"，一如周公"金匮"故事。他显然完全以周公自诩。借鉴周公晚年教训，元勰在侄子坐稳宝座后就马上辞职不问朝政。之前他还多留了一手自保。孝文帝托孤前他以周公、成王案例讲明了叔侄关系的利害，孝文帝特地给太子元恪留下手诏高度评价元勰，显然是告知儿子不要猜忌皇叔："清规懋赏，与白云俱洁；厌荣舍绂，以松竹为心。"元勰被谗时也作《蝇赋》表明心志。以蝇喻谗佞小人的典故正来自周公作品《青蝇》，《蝇赋》的内容也是拿《鸱鸮》类比："《鸱鸮》悲其室……自古明哲犹如此，何况中庸与凡才！"

《魏书》评价元勰是北魏周公或霍光，感叹周公遇成王命好。其实无论周公还是霍光、元勰，都没逃出摄政陷阱。

后续的史实是，凭着元勰的民望或政治遗产，权臣尔朱荣拥立元勰之子元子攸即位，元勰被追封为文穆皇帝。不篡位的"好"摄政王到底还是成了别人篡位的筹码，这个局无解。北魏残局的起因是元恪杀元勰，元恪身边除了只会弄权的外戚高肇，还有一位胡乱折腾儿子、孙女、侄孙废立的灵皇后胡氏。最后胡氏和幼主元钊都被尔朱荣沉入黄河。与元勰和北魏的悲剧对比，周公能软着陆，周朝能稳定繁荣，差别就在姜外公与邑姜。

新摄政王尔朱荣尊崇元勰，元勰的儿子上台后也娶了尔朱荣的女儿当皇后。他俩能避免历史悲剧共创君臣佳话吗？尔朱荣早期确实是北魏枯木逢春的大功臣，被赞叹为"此伊、霍复见于今矣"。然而国家一旦稳定，摄政规律立刻发作。尔朱荣不想弑君，但他的手下为了集团利益天天替他造局；而帝党当然如汉献帝"衣带诏"事件一样在密谋。摄政矛盾难在利益集团的冲突。最终，尔朱荣被元子攸在洛阳宫中设局亲手刺杀，又重复了元勰的剧本。尔朱荣被杀，尔朱荣集团还在，元子攸既不是康熙也没有姜太公。他最后被尔朱家族连续起兵杀害。

事不过三，尔朱荣之后，他的手下一众武夫们也理解了摄政陷阱，再无忠君之志，只有自立为王的念头。曹操曾说过："设使国家无有孤，不知当几人称帝，几人称王！"尔朱荣的部将有：北魏分裂后的北周太祖宇文泰、北齐太祖高欢、隋朝开国皇帝杨坚的父亲杨忠、大唐高祖李渊的爷爷李虎，还有一位去南朝折腾梁武帝的侯景。所以尔朱荣被评价为"功盖曹操，祸比董卓"。

北魏的悲剧证明，如何处理"周公"及其身死之后的地盘与影响力非常重要，稍有差池就会国破家亡。年轻的成王表现得十分老练，极有分寸，应该还是外公指导的吧。《周易》收尾总结的过河狐狸被"濡其首"和"濡其尾"，"濡"字介于云雨之间，是最有分寸的打击。这正是太公、成王精准设计的对周公政治地位与势力地盘的有限、有效打击。**客观上也是太公仁厚之心，为周公保留了成为儒家偶像的可能。**对老狐狸的退路即"尾"的"濡"，是收缴东八师同时以"周公之胤"的方式推恩分解成周为六国。对周公的政治影响力，则在举报审查之后适可而止，又在其去世两年后批准在鲁国(不是成周)以天子礼祭祀周公。

首先采取的措施是毛叔收缴东八师。第一代毛公是周武王的弟弟毛叔郑。毛叔接管东八师的记载，一是西周班簋(又叫毛伯彝)铭文说成王十一年毛公统领殷八师联合吴、齐击败淮夷，"三年静东国"。另外，《郑风》中有两篇军旅作品《叔于田》。第一篇侧重赞美毛叔英俊潇洒、勇武仁爱，第二篇侧重赞美毛叔狩猎的战场雄姿。郑国在东周时才分封，因此《郑风》中的大部分是周公治下核心区时期的"郑"之"风"。毛叔的角色不是诸侯，而是类似三监的"东部军区总司令"。因此《诗经》中只有歌颂其军旅雄姿的作品。

叔于田(之一)

叔于田，巷无居人。岂无居人？不如叔也，洵美且仁。

叔于狩，巷无饮酒。岂无饮酒？不如叔也，洵美且好。

　　叔适野，巷无服马。岂无服马？不如叔也，洵美
且武。

叔于田（之二）

　　叔于田，乘乘马。执辔如组，两骖如舞。叔在薮，
火烈具举。襢裼暴虎，献于公所。将叔勿狃，戒其
伤女。

　　叔于田，乘乘黄。两服上襄，两骖雁行。叔在薮，
火烈具扬。叔善射忌，又良御忌。抑磬控忌，抑纵
送忌。

　　叔于田，乘乘鸨。两服齐首，两骖如手。叔在薮，
火烈具阜。叔马慢忌，叔发罕忌，抑释掤忌，抑鬯
弓忌。

　　《叔于田》对占领军司令的歌颂有些肉麻。这说明商人
贵族们已经被十年间三次大变故搞怕了，只求平平安安做
个顺民。三次变故分别是：《明夷》记载的武王南狩；三监
之乱；毛叔收缴东八师。所以《遵大路》表态讲政治，已经
不谈《将仲子》的婚姻条件了，怯生生地抓着毛叔的衣袖，
只要不嫌弃我丑就好，"无我恶""无我魗"。只要给我点时
间适应故人与新欢。"寁"是孤字，"家"＋"走"的结构，表
示类似走婚的迅速的家庭变故。

遵大路

　　遵大路兮，掺执子之祛兮，无我恶兮，不寁故也！

遵大路兮，掺执子之手兮，无我魗兮，不寁好也！

将仲子

将仲子兮，无逾我里，无折我树杞。岂敢爱之，畏我父母。仲可怀也，父母之言，亦可畏也。

将仲子兮，无逾我墙，无折我树桑。岂敢爱之，畏我诸兄。仲可怀也，诸兄之言，亦可畏也。

将仲子兮，无逾我园，无折我树檀。岂敢爱之，畏人之多言。仲可怀也，人之多言，亦可畏也。

毛公收军权之后的下一步就是"周公之胤"。实际就是历史上第二个分而治之的"推恩令"。《左传》记载"周公之胤"（即周公的后代）被成王封了凡、蒋、邢、茅、胙、祭六国，这六国都相邻并集中于河济地区周公的核心地盘，是强干弱枝的逻辑。历史上第一个"推恩令"是伊尹死后太甲分封他的两个儿子，也是瓜分伊家的老地盘。这个先例太公当然很清楚。

"君子之泽，五世而斩。"为了将周公政治遗产收为己用，成王娴熟地又打又拉、打一巴掌揉三揉。一方面是给死后哀荣，两年后批准鲁国以天子礼乐祭祀周公，补偿了周公晚年被打的老脸。"两年后"也说明成王与太公在完成收兵权与"推恩令"之后才判断周公已经不构成威胁，哪怕给个天子待遇，原周公集团也掀不起风浪了。另一方面是借鉴周公的手腕挑选培养邢侯，引导周公残留势力北向对抗外敌。正如诸葛亮去世，刘禅坚决不同意为丞相立庙，但是培养诸葛瞻迎娶公主任平尚书事，最后诸葛瞻率军与邓艾决战殉国。麦尊、麦彝铭文详细记录了周公儿子邢侯封邢的过程：面试＋军演暗示＋高规格的礼遇。邢侯到镐京朝见周王时毕恭毕敬，比刘肥强多了。第二天周王泛舟辟雍举行射礼，其实是军演。邢侯见识到了王师的厉害，以及王本人箭法如此高强。礼毕周王才放心地赐封邢侯，还额外恩准他使用天子的车马服饰。邢国从此发挥了周朝北部屏障的作用。臣谏簋铭文记载了成康之际邢侯大败戎狄。后来陪穆王巡视天下的主将就是邢侯井利。

据说周公有个叫明保的儿子曾任宰相。主要依据是令方彝铭文：

> 唯八月，辰在甲申，王令周公子明保，尹三事四方，授卿事寮，丁亥，令矢告于周公宫，公令造同卿事寮，唯十月月吉，癸未，明公朝至于成周，令舍三事令、暨卿事寮、暨诸尹、暨里君、暨百工、暨诸侯：侯、甸、男，舍四方令，既咸令。甲申，明公用牲于京宫。乙酉，用牲于康宫，咸既，用牲于王。明公归自王，明公赐亢师鬯、金、小牛，曰：用祷；赐令鬯、金、小牛，曰：用祷。乃令曰：今我唯令汝二人亢暨矢，尚左右于乃□寮以乃友事，作册令敢扬明公尹厥□，用作父丁宝尊彝，敢追明公赏于父丁，用光父丁。鸟丙册。

以上铭文一般解读为成王命"周公子"明保执掌"卿事寮"与"三事四方"。"三事"指司马、司徒、司寇；"四方"指四方诸侯；"卿事寮"相当于国务院。也就是说"周公子"明保继承了周公的太宰职位。明保只出现在令方彝铭文中，没有文献记录。郭沫若说《洛诰》"王若曰：公！明保予冲子"中的"明保"是周公的儿子。显然《洛诰》中的这个"明保"是职责，如太保召公，而不是人名。成王历尽艰辛才解决周公问题，岂会让周公之子再当太宰？其实重新断句解读就是另一种结果：**明保召公夺取了"周公子"的职权。**

"王令周公子：明保，尹三事四方，授卿事寮。"这就变成了成王命令周公的儿子君陈，由"明保"即召公接替成周太宰之职。

"明公朝至于成周，令舍三事令，暨卿事寮、暨诸尹、暨里君、暨百工、暨诸侯：侯、甸、男，舍四方令，既咸令。"这是召公明保到成周接管政权的过程。

"明公用牲于京宫。乙酉，用牲于康宫，咸既，用牲于王。"这是召公顺利接管后祭祀先王告命。

"明公归自王，明公赐亢师鬯、金、小牛，曰：用褃；赐令鬯、金、小牛，曰：用褃。"这是召公对"亢师""令"等军政功臣的赏赐。"亢师"应是毛公；"令"管行政，不详。

"乃令曰：今我唯令汝二人亢暨矢，尚左右于乃□寮以乃友事。"召公回西周后，将成周托付给了两个人。

如此解读是不是更合逻辑？也更加吻合成王与周公博弈的最终结局。文献和铭文都显示，自君陈之后"周公"二字就消失在历史中，远离了政治舞台中心。"周公"再次出现是在《史记》记载的"国人暴动""共和行政"时期。周公（周定公）逐厉王执政也有乱臣嫌疑。国人暴动时，当时的召公

(召穆公)将太子藏在自己家中，让己子替死，后来又帮"周氏孤儿"成为周宣王。召公家还是"太保"。

五、《周易》最后四卦：周公摄政的个人总结

周公一生精彩，除了诗言志，他晚年还修订《周易》并在结尾四卦——《中孚》《小过》《既济》《未济》中对摄政进行了总结。

第六十一卦　中孚

中孚：豚鱼，吉。利涉大川，利贞。

初九：虞，吉。有它不燕。

九二：鹤鸣在阴，其子和之。我有好爵，吾与尔靡之。

六三：得敌，或鼓或罢，或泣或歌。

六四：月几望，马匹亡，无咎。

九五：有孚挛如，无咎。

上九：翰音登于天，贞凶。

"中孚"是周朝开国德政的宪法性总结，也是周公对自己最高的评价，教导后辈要"利贞"。《中孚》卦归纳成一个字就是"中"，四个字就是"允执厥中"。（前文已述，此处从略）

第六十二卦　小过

小过：亨，利贞。可小事，不可大事。飞鸟遗之音，不宜上，宜下，大吉。

初六：飞鸟以凶。

六二：过其祖，遇其妣。不及其君，遇其臣，无咎。

九三：弗过，防之。从或戕之，凶。

九四：无咎，弗过，遇之。往厉必戒，勿用，永贞。

六五：密云不雨，自我西郊。公弋，取彼在穴。

上六：弗遇，过之，飞鸟离之，凶，是谓灾眚。

《小过》很艰涩，主题与《大过》一样，都是讲周王室的兄弟子侄之争。《小过》是周公对摄政的总结。周公认为摄政争议是自己一生的"小过"，而不是三叔的"大过"。

《小过》很朴实，不再是大雁、凤凰了，"鸟"就是周公。但是"飞鸟之音"不是雁过留声，而是摄政期间的各种"诰"，还有制礼作乐。《尚书·君奭》中的"鸣鸟不闻"指的是政策得不到广泛宣传（落实）："今在予小子旦，若游大川，予往暨汝奭其济……耇造德不降我则，鸣鸟不闻，矧曰其有能格？"《齐风·鸡鸣》的"鸣"为朝政之声："鸡既鸣矣，朝既盈矣。匪鸡则鸣，苍蝇之声。东方明矣，朝既昌矣。"

"飞鸟遗之音，不宜上，宜下，大吉"与"翰音登于天，贞凶"的道理一样，反向的表述而已。摄政王已经是到顶了，可下不可上，再上就是《红楼梦》的"王子腾"了。当个

"大人"才能"吉"。秦可卿不可帝，也是此典故。

"可小事，不可大事"说的不是大小事情，而是如何"事"成王，以小事大的意思。孟子说"大事小以仁，小事大以智"，古代周边小邦对中原奉行的外交方针就叫"事大主义"。

"飞鸟以凶"没有回避问题。"翰音登于天，贞凶"是周公认识到了功高震主的摄政陷阱。"飞"就是前文鬼谷子说的办法一："上暗不治，下乱不寤，楗而反之。内自得而外不留，说而飞之。""凶"，周公说鬼谷子这招效果很差。

"过其祖，遇其妣。不及其君，遇其臣，无咎。""妣"是母亲，"祖"是祖父。摄政王接受朝拜，"遇"的是"妣"与"臣"，礼制上没有毛病。朝拜之礼没有达到成王的规格"不及其君"，但超过了爷爷季历"过其祖"，所以才叫"小过"。周公当摄政王在历史上是第一位，没有其他可比。他的爷爷季历得商王授权征讨，进殷都被软禁而死。但季历只是"侯"。"过其祖"既精准又饱含深意。成王如果把周公软禁弄死，那么他就是又一个商王"鸥鸮"。

"弗过，防之。从或戕之，凶。"本卦的四个"之"都是指成王（周公是"鸟""公""彼"）。周公也明白，季历的前车之鉴吓不住成王，还得靠实力。对于已经还政纠正小过"弗过"的周公，如果成王还要如"鸥鸮"所号围剿他，周公就必然"防之。从或戕之"，导致"凶"。关键是"从或"。"从或"与"或从"是相反的。"或从王事"是古公、姬昌跟着商王打仗。古人称军队守城为"或"，本义就是集合部队防御。宋太祖被部队逼着"黄袍加身"才是"从或"；左良玉被三十万大军逼着东进"清君侧"，也是"从或"。"戕"的甲骨文表示刺杀于床，"床"指政权。"戕之"是杀成王造反。周公说东八师还有诸侯们兵变逼我怎么办？

"无咎，弗过，遇之。"历史证明周公没有选择"从或"，也没重走古公、季历的老路，他显然更多地借鉴了老爹姬昌与中央妥协的韬晦。"弗过"是纠正小过，"遇之"说明他是主动朝拜成王。"往厉"是深刻总结姬昌命运的艰难。"弗"是矫正的意思。

"必戒，勿用，永贞"就是留了一手。"戒"的甲骨文本义是双手持戈警惕备战。"勿用"不是老百姓聚集春耕的"小人勿用"了，而是"或"们"勿用"以"戒"，而且态度坚定"必戒""永贞"，把命运掌握在自己手里。

"密云不雨，自我西郊。公弋，取彼在穴。"这句话的关键是"公"。"弋"是系绳的箭，比喻外科手术式打击，如《尚书·多士》中的"非我小国，敢弋殷命"。如果"公"是周公，"取彼在穴"就是赤裸裸地武力威胁成王。但这与"密云不雨，自我西郊"所指代的西六师矛盾。所以，推测此"公"是姜太公。

"弗遇，过之，飞鸟离之，凶，是谓灾眚。"前面的正确选择是"无咎，弗过，遇之"。本卦结尾不一致，也与本卦卦辞"可小事，不可大事。飞鸟遗之音，不宜上，宜下，大吉"完全不一致。要么是周公事后卖乖，记录自己最后时刻妥协忍辱负重对天子的贡献，要么就是在预测成王的遭遇。"弗遇"是修正朝见天子的规矩，"过之"是指责天子，"飞鸟离之"指的是"飞鸟"分裂自立于天子。当然"凶，是谓灾眚"。结尾倒像是预言了楚国的未来。

第六十三卦　既济

既济：亨，小利贞。初吉终乱。

初九：曳其轮，濡其尾，无咎。

六二：妇丧其茀，勿逐，七日得。

九三：高宗伐鬼方，三年克之，小人勿用。

六四：繻有衣袽，终日戒。

九五：东邻杀牛，不如西邻之禴祭，实受其福。

上六：濡其首，厉。

第六十四卦　未济

未济：亨。小狐汔济，濡其尾，无攸利。

初六：濡其尾，吝。

九二：曳其轮，贞，吉。

六三：未济，征凶，利涉大川。

九四：贞吉，悔亡。震用伐鬼方，三年，有赏于大国。

六五：贞吉，无悔。君子之光，有孚，吉。

上九：有孚于饮酒，无咎。濡其首，有孚，失是。

"济"不是后来理解的成功，《周易》用"吉""亨""利涉大川"来表达成功。"济"的金文表示有次序地集体渡河。本卦指周王室特别是周公与成王的团结，还是摄政陷阱的修复难题。《既济》《未济》说同一事件的两种状态，所以不少有文字重复。叔侄俩从"初吉终乱"到"失是"，在团结与分裂间来回反复变化。类似《泰》《否》的状态与写法。

"济"的主要变量：第一是"轮"即周朝得失；第二是成王得失；第三是周公得失。无论《既济》卦还是《未济》卦，卦辞中都有"亨"。这个"亨"是首先站在周朝立场而不是个人得失的"亨"。周公用"高宗伐鬼方，三年克之"或"震用伐鬼方，三年，有赏于大国"类比自己三年东征的艰难与功绩。自己忍辱负重地"曳其轮"，因此成王得益："东邻杀牛，不如西邻之禴祭，实受其福。"周公摄政"居东"的祭祀可用天子待遇"东邻杀牛"，但并不享有政权"禴祭"，"西邻"成王"实受其福"。

这两卦出现了一位新主角：狐狸。前文已述文王在《桧风·羔裘》中邀请太公来周朝堂执政的比喻就是把羊皮袄换成"狐裘"："羔裘逍遥，狐裘以朝"；"羔裘翱翔，狐裘在堂"。显然，两卦以狐狸过河却打湿首尾比喻周公摄政。前文姐已部分已述，狐狸在当时很正面。

"濡"在《夬》卦"独行，遇雨若濡"中已出现，指"君子"分裂出走被王师打击但受损不大。本卦指周公摄政被成王与太公设计的有分寸的打击。为了"利涉大川"，周公"首""尾"都被打湿了。"尾"是鬼谷子建议的退路，类似曹操抓地盘与军队而不要虚名，即周公"据东"；"首"是鬼谷子建议的第二方案，要个脸面虚名"其羽为仪"，实际都被"濡"了，也就是"无"，所以"无攸利"。倒还算平安"攸"，于自己于成王于西周有"利"。

"未济"之时，同时隐含"蹇"的危难之时，成王反而让周公专权东征："震用伐鬼方，三年"，所以"未济，征凶，

利涉大川"。和《既济》的"高宗伐鬼方"对比,《未济》还多了
"有赏于大国","大国"应指成周与鲁。"未济"之时,反而
"贞吉,无悔。君子之光,有孚,吉"。双方都更加谨慎诚
信,都有"君子之光"的智慧,反而相敬如宾,"吉"了又"吉"。

《既济》额外写了平定三监,但是隐含着管叔之死,也
隐含着成王对周公处死管叔的阴影。"妇丧其茀,勿逐,七
日得",商"妇"得了又"丧",丧于三监与武庚"其茀",而周
军行动迅雷不及掩耳,"勿逐,七日得"。"茀"指"弗"了
"草",即修正了上下级的体制,就是犯上。《既济》同时写
了东征成就,但结果却是"繻有衣袽,终日戒"。丝质官服
却有破口子,比喻成周大会表面光鲜实际已有裂缝,以至
于双方日夜忧戒。

两卦的结局都是打脸:"濡其首,厉";"有孚于饮酒,
无咎。濡其首,有孚,失是"。《未济》作为全书的收篇,也
反映了周公人生最后的处境:一是"有孚于饮酒",成王"杯
酒释兵权","守信"满足生活待遇;二是政治上打脸"濡其
首"。《史记》记载成王根据举报派人查周公贪腐,对周公而
言就是打脸。第二个"有孚"是双方最终都守信,还算过得
去,维持住了西周之"有"。

"失是"是《既济》《未济》两卦与《周易》全书的最后总结,
周公一定会认真推敲用字。"是"的金文是夏至时太阳当头,
表示公正不偏不倚(不是用"中"表示日中)。"失是"表示两
个意思。第一个意思是周公失去了"是"即成周,因为他就
是用测日影的方法选出成周之地建设"地中"或"中国",自
夸了一下建设"中国"的丰功伟绩。第二个意思更隐晦,但

是更吻合周公最后三年学习文王演周易的心思。"失是"就是"非"，"非"的甲骨文𢁉表示两人在方向、思想上都反向而行。周公没有直接用"非"，而是用字谜的方式预测了未来，《周易》是循环往复的，"失是"的下一步走向就是《乾》《坤》。

第八章 "盛世"之治：太公、周公的创新与奠基

西周建朝后，"疆以周索"成为国策。几代周王推动新兴农业在天下推广，也可以说在不断推动游牧的商夷改行种地，都变成"周人"与"新民"。基于国策，准国歌性质的三十一篇《周颂》共有六首专门的农业之颂：《臣工》《噫嘻》《丰年》《载芟》《良耜》《丝衣》。可见周朝对农业的执着。后世内附的匈奴人、鲜卑人、女真人等也是因为改行种地，从而被先进的农业文明同化。而信仰《圣经》的洋人东进，挟工业文明的先进性，不仅不会被同化反而带来了转化，只是这个过程长达百年，而且给中华民族带来了史无前例的屈辱与痛苦。

成康时期不仅实现了"醉饱"的物质大丰富，而且形成了"籍田"等农业典礼。周王会在大典时进行祈谷并申诚农官教导百姓耕作。《噫嘻》和《臣工》描绘的正是此场景。《噫嘻》叙述的场景是周成王祭祀社稷后亲率官、农播种百谷，

并训示田官勉励农夫努力劳作。"噫嘻成王"的"噫嘻"形容说话的音容笑貌，"声轻则噫嘻，声重则呜呼"。这个语气词生动体现了周成王的慢声细语、和颜悦色，而且不怒自威。《臣工》歌颂康王要求官员们重视、组织、指导农业生产。康王发布指示的语气词是"嗟嗟"，其本义是口谕召唤当差。"臣工""保介""众人"指的就是各行各业"莫非王臣"的领袖。"嗟嗟"当差的重点是春耕："维莫之春"，"如何新畬"。耕种两年的田叫"新"，耕种三年的田叫"畬"。《载芟》记载了"侯主侯伯，侯亚侯旅"从上到下、从军到民的农业大生产运动。

成康之治是我国第一个盛世，首先体现在农业大发展，全民生活得到充分改善，包括君子、大人、小人三大阶层。君子"醉饱"，即《周颂》中重复歌颂的"万亿及秭。为酒为醴，烝畀祖妣，以洽百礼"。西周的国策是"启以商政，疆以周索"，对各诸侯"一国两制"，保留习俗但是力推新兴产业，所以能够实现各诸侯特别是异姓诸侯的同心同德，这就是"大人之同"即"大同"。《晋》卦记载这就是当年文王联络诸侯所许的愿："康侯用锡马蕃庶"，即升官发财、繁荣发达。对普通百姓来说，在军事与法制保障之下天下安定，特别是周、商、夷不再连年战争，"翩翩不富，以其邻"。商朝只关注祭祀与打仗，而后稷子孙连君子、大人们都来到田间地头带头示范种地、推广新技术新品种。"寺人"等礼乐部门也以诗歌、歌舞的方式大力宣传"教化"，周公等中央领导亲自编写教材；灵台与明堂在国家推动下继承、完善历法准确指导农时；西周长期禁酒，节约粮食、保留种子。政府还以"损""益""节"的方式扶助农民、扶持农业。可以想见，一系列组合政策之下，各族百姓的生产热情被极大地调动起来："民亦劳止，汔可小康。"这才是姜子牙要的"天下人之天下"，这才是姜子牙的抱负"兼济天下"。

"明昭上帝，迄用康年"，因为"康年"与"小康"，所以康王谥号为"康"。

"康"字甲骨文为 ，金文为 ，形体变化不大。准确的本义还不明确，后来用的都是引申义。如果直观地看这个造字，"康"比表示种地的"田"和"周"多出了两部分：一是向下表示农业对外扩张；二是上部多了株欣欣向荣的作物。合起来就是"田＋种田＋全国种田＋谷物茂盛"的意思。换个说法，"康"的本义就是新兴农业在天下大发展，人民都能吃饱肚子。这个目标看似简单，西周之前的经济以打猎、畜牧业为主，最多也就是匈奴人、突厥人、蒙古人、雅利安人、阿拉伯人的长期状态。水草丰美则崛起，水草不足则抢掠，人口基数很难突破，社会文明很难升华。即使西周之后的中原，又有几年真的做到"小康"了呢？

"小康"的本义与君子"醉饱"对照，指的是小人之康，即老百姓的康。"小康"还对应"大同"即大人之同，也就是各诸侯氏族的"同"。君子"醉饱"＋大人"大同"＋小人"小康"＝第一个"盛世"。

一、齐之"逐夫"与《红楼梦》中的"姬子"

"美哉！泱泱乎！大风也哉！表东海者，其大公乎！国未可量也。"这句话出自季札。鉴于季札的儒学地位与善于评论的特点，这句话可作为姜太公治齐的评语。

《汉书·地理志》记载："至周成王时，薄姑氏与四国共作乱，成王灭之，以封师尚父，是为大公。"《左传·昭公二十年》记载，晏子对齐景公说："昔爽鸠氏始居此地，季萴因之，有逢伯陵因之，蒲姑氏因之，而后大公因之。"

武王没有分封太公，当时也没有齐国。成王东征时太公灭薄姑，成王将此地封给他建立齐国。薄姑人多东夷，以鸟为图腾，鹁鸪叫声即为"薄姑"。史载太公灭薄姑是北线的恶战，原国君一家被太公杀了。奄国的王室贵族被迁徙到薄姑分而治之。这个重新组合的齐国的初始国民就是薄姑东夷人加上奄国贵族，"小人"与"大人"都是国破家亡的仇人，空降的新君能让他们像《革》卦那样"维新"成"新民"吗？可想而知，姜太公真是"齐之逐夫"。太公在营丘修建新都也说明他当时没有信心在薄姑城当上门女婿。果然，刚进门就被莱夷进攻，刚击退莱夷就被本土贵族营汤阳奉阴违，又被狂矞、华士兄弟拒绝统治。狂矞、华士号称"东海贤人"，在那个时代不存在个体的平民化的读书贤人，他们只能是莱夷首领氏族成员。"营汤"的名字说明他就是营丘本地氏族领袖，营"汤"和商"汤"一样，一位是营丘之"汤"，一位是商丘之"汤"。太公任命他做司寇，但他也想

"逐"走太公。无论莱夷、东海贤人、营丘之"汤",他们都与太公的立场针锋相对,双方的矛盾是敌我矛盾而不是人民内部矛盾。如《震》卦的描述,新政权的建立必然要经受你死我活的考验。

齐、鲁分封的第一使命是成为面向东夷与商顽民的两个桥头堡,是围棋大龙的劫材。太公与周公这两位最杰出的军事家、政治家如能够站稳脚跟,就是战略上的胜利。如何建立政权并有效统治是第一课题。**著名的"五月报政""爱屋及乌""移风易俗""平易近人"等,正是太公与周公接管齐、鲁的满分答卷。**

姜太公祖籍山西吕梁,青年时期生活在骊山,壮年在殷商卧底,老年回归西周,死后归葬毕地。只在八十岁左右东征封齐并五月报政。没有任何可能年轻时在齐国(当时是东夷)娶妻。田氏代齐之前的文献没有任何有关姜太公婚姻的记载。同级别的人物如周公、召公、辛公甲、微子启等也都没有。田氏代齐之后各种文献对姜子牙婚姻的记载都是伪造的,而且编造得非常统一:"逐夫"。例如,《战国策》:"太公望,齐之逐夫";《韩诗外传》:"太公望,少为人婿,老而见去";《抱朴子》:"(吕尚)亦曾隐于穷贱,凡人易之,老妇逐之"。吕尚父的加缀"父(甫)"就表示很帅,加上才智超绝、身体强壮,这样的一个男人,且不论吕上、丈人、牛人的早期社会地位,就凭颜值、身体与才华、智慧集于一身,放在任何年代任何国家,难道不是少女偶像、少妇梦中情人?何来老妇逐之?如果是一位贫贱的"逐夫",他优秀的儿女吕伋、丘公、邑姜从哪里来?

这些讹传的真实历史有两个版本：**建家齐国；退出齐国**。

"齐之逐夫"，实际上就是姜太公去齐国立家的历史："授土授民""开国承家"。《左传》中说："故天子建国，诸侯立家。""家"在那个时代不是指家庭而是"国家"。《诗经》中古公原来"无有家室"，到了周原"爱及姜女"娶了太姜就"有家"了。古公也是倒插门，但不是"姜之逐夫"。姜太公就没这个好命了，他倒插门去齐国立家，第一阶段"莱夷"这个"老妇"想趁他刚过门时"逐之"。第二阶段本地老贵族司寇营汤、狂矞和华士也通过冷暴力要求离婚或分居。

"逐夫"的"夫"并不是丈夫，而是"大夫"。《周礼》云："坐而论道，谓之王公；作而行之，谓之士大夫。"《周易》中的"大人"就是大夫。《诗经》中周公也多次称自己为"大夫"。不过《周易》多次以婚姻来比喻周人对商夷的统治与融合，也以"夫"来比喻国家的管理者，所以被误传。

姜太公对"齐之逐夫"的回应不是离婚，而是镇压、安抚两手都要硬。一是如《震》《艮》卦所述对分裂势力进行镇压；二是如《咸》《恒》卦所述对本地人表示尊重以求其安居乐业。既然必须与夷人杂处安居，索性"因俗简礼""启以商政"。不强推周礼而是顺应当地东夷人旧俗，包括五代人的"日名"等，确实就像倒插门那样。

第二个版本的"齐之逐夫"谣言应该直接来自"田氏代齐"。田陈才是倒插门鸠占鹊巢，"逐"了齐国原来的男主人姜家。所以关于太公婚姻的谣言（包括贬低姜太公出身的谣言），都产生于田氏代齐之后。田氏接收了姜齐史料，最有条件编造；田氏为了代齐的舆论合法性，最有动机编造。有确凿证据证明齐威王进行了系统篡改、编造。

姜太公不可能七十多岁才娶老妇。田氏造谣为何编造出"老妇"？推测第一种可能是掩盖太公七十二岁嫁女于武王的第一夫人家族的荣耀。第二种可能是源于田乞父亲田无宇与晏子关于"老妇"与"士夫"的交锋。晏子是吕伋后裔，历任三朝辅政五十余年，既有政治远见与谋略，又聪颖机智，还很有幽默感。晏子喜欢以委婉、诙谐的方式劝谏国君，因此晏子与田无宇的交锋，应当按照寓言来理解。

　　　　田无宇见晏子独立于闺内，有妇人出于室者，发斑白，衣缁布之衣而无里裘。田无宇讥之曰："出于室为何者也？"晏子曰："婴之家也。"无宇曰："位为中卿，田七十万，何以老为妻？"对曰："婴闻之，去老者，谓之乱；纳少者，谓之淫。且夫见色而忘义，处富贵而失伦，谓之逆道。婴可以有淫乱之行，不顾于伦，逆古之道乎？"

"有妇人出于室者，发斑白，衣缁布之衣而无里裘"，这是当时的姜齐已老朽。"晏子独立于闺内"比喻晏子想凭借一己之力平定诸侯，维持这个"婴之家"。晏子去世后再无人能制衡田氏。"田无宇讥之"即田氏不以为然，他认为自己"位为中卿，田七十万"，实力足够强大到可以抛弃姜齐这个"老妇"。姜齐之表"缁布之衣"，姜齐之里"无里裘"，连虚有其表都做不到了。晏子说田氏如果"去老"就等于

"乱"，换成田氏这位新妇就等于"淫"。无非出于利益，"见色而忘义，处富贵而失伦"就等于"逆道"，即叛逆之道。

齐景公在位五十八年，晏子为相是最后的亮点，特别是平衡、压制几大家族维护王权以及联吴抗楚平衡外部压力。公元前532年四大家族内乱都拉晏子，他坐山观虎斗。但是田、鲍获胜后，晏子要求田无宇将占领的田地家产上交给齐景公，田无宇被迫照办并告老隐退到莒地韬晦。这个小故事应该就是隐晦的谈判记录。晏子坚定地要与姜齐白头偕老从一而终。晏子之志与田氏之谋不可调和。不过晏子面对田氏的崛起也很无奈，只能用隐喻的方式批评田氏。

诸葛亮好为的《梁甫吟》歌颂的就是晏子二桃杀三士的计谋。"三士"指的是公孙接、田开疆、古冶子，其实就是田氏代齐时期的三大门阀。"公孙接"代表了王室后人公孙国、高氏；"田开疆"寓意田氏不停地占地盘，田齐宣王就叫"田辟疆"；"古冶子"指控制官盐冶炼的氏族鲍氏。诸葛亮还自比管仲、乐毅，是因为管仲时期姜齐对燕国有复国大恩，最终燕昭王请来乐毅扫荡田齐，也算为姜家报仇出气了。泰山封禅源自姜太公，"禅"在梁甫，而诸葛亮的父亲去世前是泰山郡丞。

梁甫吟

步出齐城门，遥望荡阴里。

里中有三墓，累累正相似。

问是谁家墓，田疆古冶子。

力能排南山，文能绝地纪。

一朝被谗言，二桃杀三士。

谁能为此谋，国相齐晏子。

　　"诸葛"这个姓一般认为发源于诸城，但是此说没有解释"葛"。根据《诗经》中的"葛"表示联姻的姜女来推测，因为需求旺盛业务量太大，齐国很可能专门设置了诸侯间的婚介机构安排"葛"女的婚事。"诸"是能说会道的人的意思，**"诸葛"就是媒婆**。也就是说诸城来源于诸葛媒婆而不是媒婆来自诸城。田氏代齐后没了"葛"，诸葛氏失业了，诸葛城改称诸城。如果推测对了的话，诸葛家一定最擅长联姻。所以诸葛亮的两个姐姐分别嫁给房陵太守蒯祺和黄门吏部郎庞山民（庞德公的儿子、庞统的堂哥）。诸葛亮的岳父黄承彦是南郡最大士族蔡讽的女婿，与襄阳精英圈庞德公、司马徽、徐庶等人交好，有权有势有学问。诸葛亮妻子的亲姨父是刘表，亲舅舅蔡瑁是荆州军首领。诸葛亮一人就代表了几乎整个荆州的军政圈与名士圈，还能联系东吴，且不论才华，仅仅门阀时代的圈子也值得刘备"三顾茅庐"（诸葛亮执政后始终是荆州帮的代表）。这样反推周文王来到骊山下渭水边与姜太公聊钓鱼就很正常。诸葛亮与刘禅、姜太公与姬昌都是儿女亲家。

　　太公建齐"逐夫"与晏子"老妇"的故事都源于《周易》中"老妇得其士夫"的典故。这也启发《红楼梦》作者群编造出了一位很奇怪的"姬子"。周人东进统治商夷，清朝入关统治中原，这是古代中国一头一尾最大的两次"老妇得其士夫"。

　　周初封建在《大过》卦中表述为两种形态，关键是以谁为主："枯杨生稊，老夫得其女妻"与"枯杨生华，老妇得其士夫"。"枯杨生稊，老夫得其女妻"，"老夫"指周公，他带了很多商人迁徙到成周。"女"来"老夫"家，能镇得住用得好；"老夫"周公白得了老婆孩子干活养家，"无不利"。"枯杨生稊"是商这个老杨树根又生新苗，是大好事。"枯杨生华，老妇得其士夫，无咎无誉"，"士夫"指的是三监、姜太公、伯禽、克，他们到商人"老妇"家壮男倒插门，帮人家快死的老树开花了。但老妇家有子能"克家"，"无咎无誉"。最终结果分两种：齐、鲁、燕都逐步完成周制的改造，而三监为了讨好商人"老妇"反而导致了《大过》的"栋桡"。

　　《周易》把周商融合表述为《咸》《艮》等卦中的男女婚姻。鲁迅小说中的咸亨酒店就取自《咸》卦，揶揄清末文明之丑旧。《红楼梦》用"木石之盟""金玉良缘"继承了《周易》的男女之喻。《红楼梦》中贾宝玉感叹的怪"杨树"就是《周易》"枯杨"寓意的两大民族融合。《红楼梦》形象地比喻为两种："野坟圈子里长的几十年的一棵老杨树"与"秋天才开的白海棠"。"杨（楊）"＝"易木"，指易代木朱的清。

　　　　麝月等笑道："野坟里只有杨树不成？难道就没有松柏？我最嫌的是杨树，那么大笨树，叶子只一点子，没一丝风，他也是乱响。你偏比他，也太下流了。"

　　麝月骂杨树笨大无华、材质疏松，还无风乱响。这是隐喻"清风不识字，何故乱翻书"的"乱想"。亡国后的"野坟里"不只有杨树还有松柏,比喻明亡后的高洁之士曹雪芹们。

齐、鲁都是"老妇得其士夫"。齐国融合东夷而成泱泱大国;鲁国创造了"泮水芹菜"的化夷佳话,孕育出孔孟之风。如果清朝的"士夫"们能利用新兴团队的活力推进中华"老妇"文明升级,不就是"枯杨生稊"吗?关键在于政策导向与文明新旧。可惜康熙、雍正、乾隆选择了理学同时复辟小农经济加强专制。旧农业"盛世"只是"枯杨生华"回光返照,科技积累与工商新兴产业被主动阉割。

《红楼梦》作者群包括顾炎武、方以智、黄宗羲、王夫之等,他们都同时是科学家、金融学家与新思想家。他们都敏锐地看到了世界文明又一次的转型升级的十字路口。他们回到第一次产业革命时代的源头寻找启迪。这个源头就是以《周易》为代表的"姬子之学"。因此,《红楼梦》第五十六回"敏探春兴利除宿弊　识宝钗小惠全大体",探春和宝钗论战如何管理大观园,探春关注经济民生,宝钗虚言大义。

> 宝钗道:"朱子都有虚比浮词?那句句都是有的。你才办了两天时事,就利欲熏心,把朱子都看虚浮了。你再出去见了那些利弊大事,越发把孔子也看虚了!"探春笑道:"你这样一个通人,竟没看见子书?当日姬子有云:'登利禄之场,处运筹之界者,窃尧舜之词,背孔孟之道。'"宝钗笑道:"底下一句呢?"探春笑道:"如今只断章取意,念出底下一句,我自己骂我自己不成?"宝钗道:"天下没有不可用的东西;既可用,便值

钱。难为你是个聪敏人，这些正事大节目事竟没经历，也可惜迟了。"李纨笑道："叫了人家来，不说正事，且你们对讲学问。"宝钗道："学问中便是正事。此刻于小事上用学问一提，那小事越发作高一层了。不拿学问提着，便都流入市俗去了。"

李纨代表理学完人，只会和稀泥；三春代表三个南明政权，其中探春指台湾的郑氏政权；薛宝钗代表清帝康熙。宝钗指出"学问"乃纲领性的"高一层"的"正事"。她拿出了权威"朱夫子"。探春杜撰了一位"姬子"，指的就是周文王、周公及姜太公。"姬子"们总结了"尧舜之词"，结合农业革命、军事革命与政治革命的实践，提炼出了以《周易》《阴符经》《素问》为代表的指导哲学，并衍生出儒、法、道三家。"姬子"还有一个光辉点："天下"与"中"道。姜太公立志兼济的天下是天下人之天下；"允执阙中"指的是"为众"与"用众"，而不是庸俗的"中庸之道"。"姬子"与儒、法、道的光辉被理学修正或扭曲，所以探春才会痛骂"窃尧舜之词，背孔孟之道"。

《红楼梦》到第八十回刚好讲完明清代玉，如商周革命一般天下归清。后半部被和珅、高鹗删改的内容参考《周易》的结构，讲的应是汉文明与清朝政权的相处与博弈。"代化"化夷是一个思路，薛宝钗代表的康熙曾有打通《易经》与《圣经》的野心，薛宝琴、薛蝌代表了这一种理想。文字狱的暴政，乾隆对典籍、历史如"病梅""裹脚布"式的篡改，汉留的应对是秦可卿临死托梦：经济与学堂，就是后半部分的引子。其中经济是一条线，应有太公说的"三宝"农、工、商。板儿、青儿、巧儿、二丫头是农、工的传人；有大本领的冷子兴会如顾炎武般开办票号、镖局；新的"渔父"薛宝琴会通洋，包括西洋，真真国的金发女王会出场。学堂是另一条线，就是王夫之、顾炎武、黄宗羲、朱舜水讲学留种。林黛玉死了，还有假红玉林小红；木石之盟"木"已成灰，还有贾芸"种树"。妙玉的好友岫烟与薛蝌相伴，传承的就是"蝌蚪文"，就是推演先天神数的妙玉她师傅传下的先圣"姬子"绝学。

附文　《震》卦对"逐夫"的回应

第五十一卦　震

亨：震来虩虩，笑言哑哑，震惊百里，不丧匕鬯。

初九：震来虩虩，后笑言哑哑，吉。

六二：震来厉，亿丧贝，跻于九陵，勿逐，七日得。

六三：震苏苏，震行无眚。

九四：震遂泥。

六五：震往来，厉，亿无丧有事。

上六：震索索，视矍矍，征凶。震不于其躬，于其邻，无咎。婚媾有言。

新政权在阴阳相交时一声春雷万象更新。革故鼎新的《鼎》卦后接《震》卦与《艮》卦，比喻专政肃反，侧重于对不肯为妇为妾的反动残余的政策。"震"是既打雷也下雨，文宣武卫，雷霆万钧。"艮"是反向而行。《周易》基于对人性恶与顽固的一面的清醒认识，并没有不现实地一味宽柔。与《咸》卦对女人的态度不同，《艮》卦还出现了强暴场面。对顽固反动派的"暴政"就叫"专政"。

"亨：震来虩虩，笑言哑哑，震惊百里，不丧匕鬯。"新中国成立初期的"镇反"运动历时一年多，范围涉及全国"震惊百里"，取得了三项前无古人的成就："震"掉了"土匪""娼妓""毒品"。"虩"为从门缝观虎，自然惊恐。反动派对新政府雷霆新政的第一反应是"虩虩"与"笑言哑哑"，关门躲起来战战兢兢地窥视我威武之师。反动言论与集会立刻"哑哑"。曹操煮酒论英雄惊得刘备把筷子掉地上，趁着雷声大作，刘备赶紧掩饰说"一震之威，乃至于此"。刘备受惊不是因为雷而是因为"反心"。被"震"所"惊"的是顽固反动派，顺民妇妾们则"震不于其躬，于其邻，无咎"。"不丧匕鬯"的意思是安居就食。"匕"就是汤勺，"鬯"是香酒。

"震来厉，亿丧贝，跻于九陵"描述的是高压之下反动残余的状态。古代有时把十万叫亿。"亿丧贝，跻于九陵"就是十万多的反动势力"家破人亡"逃进深山"九陵"当土匪。"九陵"和大禹"通九道，陂九泽，度九山"中的"九道""九泽""九山"一样，都是指全国多地。

"勿逐，七日得。""勿逐"是军旗招展的进军，"七日得"指较快得胜。

"震苏苏"与"震索索"指的是震的区域与对象，后面重复的"苏"与"索"是震动"苏"与"索"后的效果，是比喻。《说文》释曰："苏，桂荏也。"《小尔雅·广名》释曰："死而复得生谓之苏。""苏"指的是江淮地区就是淮夷，结果是死而复得生"苏"，而且有鱼有米。因此"震行无眚"。"索"指拧成一股绳的反动分子，既顽固又"索然"孤立，越打越"索"。其含义类似《礼记》的"吾离群而索居"。

"视矍矍，征凶"描述了这些顽固敌人的神态与我方将士追击穷寇的危险。"矍"字像鹰隼被人手持而凶眼惊恐状（飞廉的表情）。

"震不于其躬，于其邻，无咎"区分了顽敌与顺民。"躬"是俯首鞠躬状的顺从者。

"震往来，厉，亿无丧有事。""震往来"以反复振荡比喻来回多轮绞杀（贪杀过头了）。"亿无丧有事"，十万众都被"无"了，即"咸刘厥敌，使靡有余"。后文太公治齐部分详解暴政无度是无法维持占领区长治久安的。"丧有事"就是后果。"震"的后果不是"或从王事"的"事"（指征伐杀光），否则就没有"有齐氏"吕家了。

"震遂泥"描述被打击地区的残破艰难。"泥"类似"黄泛区"。清军镇压菏泽起义军"榆园军"，决黄河水淹死军民无数，而且导致当地大水六年不息。陶丘、曹州历代繁华，到雍正十三年才因为遍地为"泥"野荷丛生而改名"菏泽"。

最后"婚媾有言"强调融合的新政权的"有"，即被女方商人拥护，其中"言"的宣传教化也很重要。典型政策就是周公"制礼作乐"，编辑《诗经》。

二、太公、周公的治国实践与制度创新

前文已述，刘安和刘向这两位投机政客、阴谋家在汉朝的政治背景下，编造了太公与周公的治国学说的差异，主要涉及三点：屠杀隐士与周公吐哺；举贤尚功与尊尊亲亲；五月报政与三年改制。关于太公治国思想的误传，影响最大的就是赶尽杀绝的名言"咸刘厥敌，使靡有余"，以及杀隐士狂矞、华士并五月报政。

武王伐商、周公东征以及后续接管治理过程中，主要核心领导的思想与措施不可能有巨大的分歧，也就是说文献记载的武王如何、周公如何、太公如何，其实都是核心三人组如何。《大雅·文王》曰："周虽旧邦，其命维新。"《尚书·康诰》曰："作新民"，"是故君子无所不用其极"。"无所不用其极"是什么意思？就是所谓"留发不留头"。在硬的一手上，太公、周公这两位伟大的政治家绝对是一致的。武王速胜后的第一步就是坚决消灭了各种不服（详见《剥》卦），接下来是各种分封分而治之，最后还部署三监等负责镇压。太公的做法必然如《周易》记载的那样，既有《震》的打压，也有《革》的革故鼎新，更有《咸》《恒》的长久之道。这些都会整体体现在对齐的治理上。实际上，周公与太公执行的都是"启以商政，疆以周索"的"一国两制"统一国策。而对待商夷旧贵族他俩同样软硬两手、两手都硬。如果说在软的一手方面两位"元圣"有区别，那是周公"制礼作乐"偏文教，而太公以"利"为中心，侧重农、工、商"三

宝"经世济民。

1. "咸刘厥敌"与《咸》《恒》国策

"咸刘厥敌，使靡有余"的误传来自刘向《说苑》：

> 武王克殷，召太公而问曰："将奈其士众何？"太公
> 对曰："臣闻爱其人者，兼屋上之乌；憎其人者，恶其
> 余胥。咸刘厥敌，使靡有余，何如？"王曰："不可。"太
> 公出，邵公入，王曰："为之奈何？"邵公对曰："有罪
> 者杀之，无罪者活之，何如？"王曰："不可。"邵公出，
> 周公入，王曰："为之奈何？"周公曰："使各居其宅，
> 田其田，无变旧新，惟仁是亲，百姓有过，在予一
> 人。"武王曰："广大乎，平天下矣！凡所以贵士君子
> 者，以其仁而有德也。"

《剥》卦记载对反动派"蔑"们就是要"剥之，无咎"，但
极少有文献说是太公的建议。事实上，无论太公与文王对
话的治国之道、与武王研讨的接管之道，以及作为伐商预
演的伐密伐崇之道，都证明刘向要么是编造要么是断章取
义。"文武之道，一张一弛。"文武治国宽严有度，很有章
法，何况文武之师？汉朝文献《说苑》《尚书大传》本身就不
靠谱，而周公在《尚书·君奭》中说"咸刘厥敌"的是圣君武
王："后暨武王，诞将天威，咸刘厥敌。"周公本人既没说是
太公的建议，也没有贬低武王的"暴行"。

《尚书》是太公继承、编辑的前朝文献。前文已述，《尚
书·盘庚》中的"用奉畜汝众""汝共作我畜民""邦之臧，惟

汝众"等保民思想都被吸收进了《小畜》卦。而"若网在纲，有条而不紊"是法治思想，也被吸收进了《大壮》卦。《盘庚》中还有一段话，其实就是"爱屋及乌"的出处，但原意是存地留人："我王来，即爱宅于兹，重我民，无尽刘。不能胥匡以生，卜稽，曰其如台？"泱泱大国必然有容乃大。如果赶尽杀绝，何来"美哉！泱泱乎"？只能是"齐之逐夫"。

"臣闻爱其人者，兼屋上之乌；憎其人者，恶其余胥。咸刘厥敌，使靡有余，何如？"对比《尚书·盘庚》原文，这段话的逻辑有问题。爱屋及乌，爱其地从逻辑上应当是"爱其人"而不是"杀光"。

综上，这段话一定被篡改过，还改得乱七八糟。有两种可能：一是纯属编造；二是原文是"咸恒厥敌，使靡有余"，被篡改成"咸刘厥敌，使靡有余"。

太公继承"黄帝之道"，马王堆帛书《黄帝四经》强调"义兵"。"因天之杀""为义而战"，而且该杀就杀，"举之必义，用之必暴"。《逸周周书·武称解》中，武学宗师太公定义"以伐辅德"才是"武之尚也"，绝不崇尚穷兵黩武、赶尽杀绝。特别是战后处理强调"武之抚"与"武之定"：

> 既胜人，举旗以号令，命吏禁掠，无敢侵暴，爵位不谦，田宅不亏，各宁其亲，民服如化，武之抚也。
> 百姓咸服，偃兵兴德，夷厥险阻，以毁其武，四方畏服，奄有天下，武之定也。

《周易》《诗经》是寻找商周历史真相的钥匙。对比阅读

《咸》卦与《邶风·静女》就能发现"咸恒厥敌，使靡有余"的真实历史。"咸刘"是杀光；"咸恒"却是《周易》下经开篇的《咸》《恒》卦。意思与境界天差地别。

静　女

静女其姝，俟我于城隅。爱而不见，搔首踟蹰。

静女其娈，贻我彤管。彤管有炜，说怿女美。

自牧归荑，洵美且异。匪女之为美，美人之贻。

这首诗非常优美，一般被认为是邶地男女幽会之诗。但是作为爱情诗无法解释"贻我彤管。彤管有炜"，更无法解释"匪女之为美，美人之贻"。如果按字面意思阅读，那么《周易》下经的开篇之卦《咸》卦简直就是淫秽作品"十八摸"：从脚拇指摸到小腿、大腿，然后"憧憧往来，朋从尔思"，再摸脸亲舌头。总结词"咸：亨，利贞，取女吉"，这是在咸亨酒店闹洞房？

第三十一卦　咸

咸：亨，利贞，取女吉。

初六：咸其拇。

六二：咸其腓，凶。居吉。

九三：咸其股，执其随，往吝。

九四：贞吉，悔亡。憧憧往来，朋从尔思。

九五：咸其脢，无悔。

上六：咸其辅，颊，舌。

《周易》与《诗经》的传统是用男女之情比喻周商关系。《咸》与《静女》其实完全是一个主题，即周人尊重融合商人，以结婚安家的方式比喻。这才是武王之问的标准答案。这是武王、太公、周公共同讨论决策作为国策的答案。另一个版本叫作"启以商政，疆以周索"。《咸》《恒》作为《周易》下经的开篇，主要讲融合治天下。"咸"的本义是只有破心中贼断绝想入非非的念头，尊重女性（商人）明媒正娶当老婆而不是一夜情，才能实现江山稳定持久"恒"。

邶地由周公亲自指导，《静女》歌颂的正是周公做到了让"静女""自牧归荑"。河南"静女"当然是对方的商人，"静女"＝"匪女"。《周易》《诗经》中多次出现的"匪"不是土匪而是"对方"的意思。非我族类，其心必异。"汉有游女，不可求思"，"静女"与《周南·汉广》中的"游女"的区别是没有乱跑打游击，而是安安静静地生活在原地，她们就是"屋上之乌"，不跑不闹，在静静地观望。太公、周公的政策目标是让"静女"入房，重新成家安居乐业。最理想状态就是"咸恒厥敌，使靡有余"。所有原敌对方的"女人"都进屋不再"游"，那就叫"厥"。

静 女

静女其姝，俟我于城隅。爱而不见，搔首踟蹰。

静女其娈，贻我彤管。彤管有炜，说怿女美。

自牧归荑，洵美且异。匪女之为美，美人之贻。

刚开始"静女其姝，俟我于城隅"，对方有期待，但是

"爱而不见，搔首踟蹰"。不是搔首弄姿而是抓脑袋想该怎么办，很犹豫踟蹰。这句将被占领区大部分人的心态描述得很到位。刘邦、项羽入咸阳，秦人肯定要先看再想，决定是否跟随。这时往往就会有本地氏族老人借着慰军打探一下新统治者的政策。所以"静女其娈，贻我彤管"。对方送我一个"彤管"而且"彤管有炜"，这是定情物吗？用手帕、香囊、玉佩、红豆等当定情物的，我们在各种文学作品中都见过，却从没听说过幽会时女子会送"彤管"。所以《静女》当幽会诗阅读不通。显然，"彤管"是商人祭祀礼仪用的礼器与乐器。"管"作为乐器很清楚，《周颂·有瞽》就有"既备乃奏，箫管备举"。"彤"从字形上理解是多面红色的大旗。"有炜"的意思就是能烧出大火光。"伟"人与"炜"火是一种造词方式。红色的大旗＋大火堆＋乐队，这个场面是商人最崇尚的盛大歌舞晚会"殷"，目的不是恋爱而是"荐之上帝"。"说"通"兑"，"怿"通"译"，即用火烧烤龟甲后女巫要"翻译"裂纹传达上帝旨意。傅兑（说）就是典型的"说怿女美"。周公尊重了这种祭祀祈祷占卜的篝火晚会。这就是"启以商政"或"约其俗，简其礼"。因为"启以商政，疆以周索"政策的成功，这位美女才"自牧归荑"，从放牧改成种苗。向农业转型就叫"疆以周索"。所以周公总结"匪女之为美，美人之贻"，如果你希望对方是美女而不是女刺客，那就要接受对方的"彤管"。

　　"彤管"＝红色的大旗＋大火堆＋乐队。这个意境在《小雅·庭燎》中再次验证。夜未央，"庭燎"一夜在干啥？《周颂·有瞽》答："有瞽有瞽，在周之庭。"

庭 燎

夜如何其？夜未央，庭燎之光。君子至止，鸾声将将。

夜如何其？夜未艾，庭燎晣晣。君子至止，鸾声哕哕。

夜如何其？夜乡晨，庭燎有辉。君子至止，言观其旂。

"君子至止"指周公来了就不走了，能稳定统治。"鸾声将将/哕哕"显然不是半夜鸟叫，自然界没有这现象。"鸟"指代商人，难道这些商人一整夜在市政厅广场围着火堆聊天？"将将/哕哕"应该是商人的乐器声、歌声、祈祷声。《周颂·执竞》中有类似的用语："钟鼓喤喤，磬筦将将。""旂（qí）"是孤字，一般解释是有铃的旗作仪仗。从造字看，有祈祷应该就是"彤"。"言观其旂"，周公不仅参加集会考察商礼，而且还发表了讲话"言"。盘庚迁都时用的就是占卜的天意（而不是自己的谋划）："予若观火，予亦拙谋。"商人观火是用火烤龟甲占卜。周公以其人之道治商，又用了个典故，确实不好懂。

除了《咸》《恒》两卦和《静女》展现了当时的史实与风貌，还有《六韬》明确记载了当时真实的武王、太公对话。显然，太公的思想与《咸》《恒》《静女》完全一致，而且更加系统全面。刘向《说苑》记载的周公答案就是抄袭太公，还没抄全。

《六韬》逸文：

武王问太公:"今民吏未安,贤者未定,何以安之?"太公曰:"不须兵器,可以守国。耒耜是其弓弩,锄杷是其矛戟,簦笠是其兜鍪,镰斧是其攻具。"

"无故无新,如天如地。得殷之财,与殷之民共之,则商得其贾,农得其田也。一目视则不明,一耳听则不聪,一足步则不行。选贤自代,上下各得其所。"

"故生民之道,先定其所利,而民自至⋯⋯使民各安其所生,而天下静矣。"

"无夺民之所利,而农顺其时矣。任贤使能,而官有材,而贤者归之矣。故赏在于成民之生,罚在于使人无罪,是以赏罚施民,而天下化矣。"

"有道。王得众人之心,以图不道,则不战而知胜矣。以贤伐不肖,则不卜而知吉矣。彼害之,我利之,虽非吾民,可得而致也。"

2. 五月报政与《齐风》的歌颂

《韩非子》记载,隐士狂矞和华士自称"不臣天子、不友诸侯","尊贤"的太公去请他们做官三次都不见,比诸葛亮谱还大,太公就杀了他俩。当初伯夷、叔齐阻拦武王起兵并讽刺、谩骂周人,太公还以"贤士"为由解救了他们,否则就没有采薇故事了。怎么到了齐国就翻脸了?这要从太公和"隐士"两方面考虑。

一方面,姜太公的身份变了,从臣变成了"君",即《革》卦所谓"大人虎变"。批评者都是站在"臣"的角度而不是"君"的角度。作为新统治者,太公"尊贤尚功"和"杀戮隐士"两者并不矛盾，红脸黑脸两手都硬做到位。韩非作为法家放大了硬的一手。

另一方面，狂矞、华士是"臣"而不臣，并非真的"隐士"。前文介绍所谓第一隐士许由时已经论证，脱离当时生产力水平的"隐士"是根据后世情况的想当然。"隐士"的产生必须满足三个要素。

第一，读书人。因为经济、文化水平的限制，周朝之前就不可能有"读书"的平民。东海"贤人"必是贵族。他们不需要赚取后世寒士们的同情。

第二，生存与供养。在生产力水平还不够时，孤立的个人生活于部落氏族之外，结局就是如同伯夷、叔齐一般饿死。到了陶渊明的时代，除了采菊东篱的浪漫一刻，恐怕更多的还是无米下锅的忍饥挨饿。陶渊明被称为"古今隐逸诗人之宗"。他"不为五斗米向乡里小人折腰"，但不排斥江州刺史王弘送酒、始安太守颜延之付酒钱。刘裕代晋后，陶渊明拒绝刘裕嫡系檀道济赠肉，只是区别政治阵营与价值观而已。

第三，必须有全国统一的体制才能有体制外的"山林隐逸"。战国之前各"国"之间有的是空地。也就是说，只有天下全覆盖的体制完全建立之后才会有"隐士"。

综上，周朝之前绝不可能产生类似后世的"隐士"。狂矞、华士都是不接受新政权的本地首领。往最好说他俩也只是"无政府主义者"。《蛊》卦已经解释过革命者与执政者对无政府主义立场是相反的。《孟子·滕文公上》说："从许子之道，相率而为伪者也，恶能治国家？"亚圣认为许由到狂矞、华士，都是"伪者"。

伯夷、叔齐离开了家族并放弃了周王室的供养，尝试采薇首阳山独立生活，他俩应该是**第一批先行先试的"隐士"**。《唐风》最后一首《采苓》写的就是伯夷、叔齐。

采　苓

采苓采苓，首阳之巅。人之为言，苟亦无信。舍旃舍旃，苟亦无然。人之为言，胡得焉？

采苦采苦，首阳之下。人之为言，苟亦无与。舍旃舍旃，苟亦无然。人之为言，胡得焉？

采葑采葑，首阳之东。人之为言，苟亦无从。舍旃舍旃，苟亦无然。人之为言，胡得焉？

伯夷、叔齐或狂矞、华士"之为言"，别太当回事。因为即使同意了他们的主张做出让步，即"苟"，他们也"无信""无与""无从"。无政府主义者不会遵守约定，沽名钓誉的伪士不能为新政权做任何贡献，不能改变他们的内心和新政权一条心。"旃"指辕门的旌旗，就是"牙"。姜君牙认为如果新政权"舍旃"就意味着放弃了法制之"牙"，那就会"苟亦无然"，丧失现在的（胜利）局面。结论是："人之为言"，有何可取？姜君牙对伯夷、叔齐已经张开了大牙。伯夷、叔齐即使没饿死，也会与狂矞、华士一样被"噬嗑"嗑了瓜子。

《六韬·守国》所说"莫进而争，莫退而让。守国如此，与天地同光"，就是不与民争利，也绝不向贵族豪强退让。

正如《六韬·守土》所说"无使人夺汝威。因其明，顺其常。顺者任之以德，逆者绝之以力。敬之无疑，天下和服"。营汤、狂矞、华士这些名望很高的贵族带头反制，太公只能杀了他们才能推行政令："两叶不去，将用斧柯。"如果做不到"伏羲氏、神农氏，教化而不诛"，只能"黄帝、尧、舜诛而不怒"。

太公杀人的根本目的是杀一人而不用杀众人："杀一以惩万，赏一而劝众，此明君之威福也。"因此不仅要选择代表性刺头树立典型，而且还会用他们广而告之，宣示治国之道在信在诚："凡用赏者贵信，用罚者贵必。赏信罚必于耳目之所闻见，则所不闻见者莫不阴化矣。"也就是说，按照太公《六韬》所说的治国逻辑以及"六贼七害"（后文详述）的标准，**狂矞、华士与营汤都是他精心挑选的反面典型**。这几人如此著名，也许就是因为太公当年自己做的宣传。被误传可能是由于被田氏篡改，就如齐桓公与易牙讨论"烹"被抹黑成了吃人肉。

太公强调"尚贤"，营汤、狂矞、华士却不是真的"贤人"。《六韬·上贤》有一段话，应该才是五月报政杀"贤人"的真实"报政"："民不尽力，非吾民也；士不诚信，非吾士也"；"可怒而不怒，奸臣乃作；可杀而不杀，大贼乃发"。

在探寻商周真相时，《诗经》与《周易》从不会让我们失望。"国风"为异姓诸侯制式，而姜齐就是异姓诸侯。因此，姜太公早期事迹会记录在《唐风》与《桧风》中，而建齐治齐的真正风貌会记录在《齐风》中。后文详述《齐风》与《召南》能唯二地被周公与寺人选编进入教材"国风"，正是周公对太公治齐与召公治召南的高度评价。

东方未明

东方未明，颠倒衣裳。颠之倒之，自公召之。

东方未晞，颠倒裳衣。倒之颠之，自公令之。

折柳樊圃，狂夫瞿瞿。不能辰夜，不夙则莫。

《毛诗序》说："《东方未明》，刺无节也。朝廷兴居无节，号令不时，挈壶氏（计时官）不能掌其职焉。"多么优美的诗篇在他们眼里都是"刺"。

（1）"东方未明/未晞，颠倒衣裳/裳衣。"黄帝"垂衣裳"治天下。东方的齐国正在政权变革的前夜，所以要"颠倒衣裳/裳衣"。《革》卦中，旧大人姜子牙变成了新国主齐太公"虎"；旧商"君子"们不反抗的都变成了小诸侯或官僚，是低一级的"豹"。商夷百姓"小人革面"就是换衣服换发型，类似清初剃发穿旗袍马褂、清末剪辫子穿中山装。

（2）"自公召之/令之"，这位"公"就是姜太公，"令"是"维新"之令。类似周公在《康诰》中说为了让商夷人"作新民"，"是故君子无所不用其极"。

（3）"折柳樊圃，狂夫瞿瞿"就是削藩主题的《大壮》卦描述的"小人用壮，君子用罔。贞厉。羝羊触藩，羸其角"。姜太公建齐修建营丘城就是"折柳樊圃""君子用罔"，要对付的公羊就是莱夷、营汤这些"狂夫瞿瞿"。

（4）"不能辰夜，不夙则莫"，不是姜太公连夜赶路上任，而是夙夜不停地带领军民建设与战备。"莫"有两个解释，一是通"瘝"，意思是疾苦、疾病。二是通"谋"，如《小雅·巧言》的"秩秩大猷，圣人莫之"。"莫"在本诗中的意思倾向于后一种，太公也是夜不能寐地谋划立国之策，正如《左传·襄公二十六年》所述"夙兴夜寐，朝夕临政，此以知其恤民也"。

与《东方未明》对应的是《鸡鸣》。

鸡 鸣

鸡既鸣矣，朝既盈矣。匪鸡则鸣，苍蝇之声。

东方明矣，朝既昌矣。匪东方则明，月出之光。

虫飞薨薨，甘与子同梦。会且归矣，无庶予子憎。

经过五月报政，"东方明矣，朝既昌矣"。反对派已经是日落西山如"苍蝇之声""虫飞薨薨"。"朝既盈矣""会且归矣"，这是大团结的景象。太公代表的早期齐国国主的心态"甘与子同梦""无庶予子憎"，太真诚朴实了：理想是共有泱泱齐国梦；最低心愿是百姓们不恨我们外来统治者，我们不会成为"齐之逐夫"。

卢 令

卢令令，其人美且仁。

卢重环，其人美且鬈。

卢重鋂，其人美且偲。

当时负责齐国公安就是"卢令"。西周的"卢令丞"为典狱官。齐国典狱官应是姜子牙的后代，以"卢"为姓。这首诗不是赞美卢令长得好看，长得好看和法治没有关系。"令令""重环""重鋂"显然是司法官的政策特点，"美且仁/鬈/偲"就是善政之美。"令"指发布政令；"重"就是老子说的"重为轻根"；"环"就是老子说的"虽有环馆，燕处则昭若"；"鋂"是金属锁链，指监狱。"仁"是爱人，"予慎无罪，予慎无辜"；"鬈"指代表官员的笏板上的鲨鱼须卷曲了，那是变通而不是死守"令"的教条；"偲"表明司法官动脑子而不是机械执行。这才是姜太公以及齐国百姓赞美的好司法官，既有原则又能变通，出发点是仁心爱民。

《左传》中子革、灵王、左史倚相讨论的《祈招》不见于《诗经》，推测就是太公治齐的《齐风》之一，后世被删了而已。其诗曰："祈招之愔愔，式昭德音。思我王度，式如玉，式如金。形民之力，而无醉饱之心。""招"不是昭王的昭，而是《楚辞》中的"招"："招者，召也。以手曰招，以言曰召。"指的是召集民众开发建设，对应《齐风·东方未明》的"自公召之""自公令之"。"王度，式如玉，式如金"对应《齐风·卢令》，验证齐国已经有刻于玉版与青铜的成文法。其法度"如玉，如金"，号召发动群众"形民之力"（于是必然天下大治），"而无醉饱之心"，这个境界就是人民公仆了。发动全民谋"利"，爱钓鱼又如此长寿，太公应当是个极简主义者。

东方红，雄鸡一唱天下白。如果把以上《齐风》三首写成一首诗总结，最好的作品就是毛泽东《满江红·和郭沫若同志》：

小小寰球，有几个苍蝇碰壁。嗡嗡叫，几声凄厉，几声抽泣。蚂蚁缘槐夸大国，蚍蜉撼树谈何易。正西风落叶下长安，飞鸣镝。

多少事，从来急；天地转，光阴迫。一万年太久，只争朝夕。四海翻腾云水怒，五洲震荡风雷激。要扫除一切害人虫，全无敌。

3. 齐鲁国策："启以商政，疆以周索"

周公治鲁"尊尊亲亲"与太公治齐"举贤而上功"的典故，还是谣传。历史上真实的周初国策首先是"启以商政，疆以周索"，齐、鲁一样实行"一国两制"。而对于干部的选拔，无论外派的周人还是本地的商夷人，太公与周公都同样强调"举贤"。可参见《观》卦与《多士》。

《史记》记载："太公至国，修政，因其俗，简其礼，通商工之业，便鱼盐之利，而人民多归齐，齐为大国。""吾简其君臣，礼从其俗。""夫政不简不易，民不有近；平易近民，民必归之。"

成语"平易近人"就源自太公治齐，唐避李世民讳改"民"为"人"。《管子》将太公"因其俗，简其礼"的开明政策表述为："政之所兴，在顺民心。""非其所欲，勿施于人。"孔子学习后表述为"己所不欲，勿施于人"。**显然，早期儒家也是太公的学生，并无对立。**拿破仑在占领区推行新法而在英国却是入乡随俗，绝对不搞移风易俗。太阳底下无新事，成功的统治者都是跨时代的知音。

伯禽治鲁，三年"变其俗，革其礼"，这也是一个谣传。

武王担心未来有"精神者"造反,《太公金匮》记载太公建议并主持立"社"。江山社稷的"社"是土地庙,既是祭祀场所,也是公众聚会的地方,西方的市政厅广场与之类似。它的作用是权威性、仪式感与全民教化。殷商的"社"称"亳社"(亳是殷商发源地)。太公建议建立新的"周社",而微子启与周公"信誓旦旦"的就是在宋国保留"亳社"。春秋时代除了宋国就只有鲁国有亳社,而且**鲁国是唯一有亳、周两社的**,这说明什么?除了官方的"社",曲阜鲁城发掘的平民墓也证明商、周两种葬俗并存到春秋结束。可见鲁国立国后比齐国更加"一国两制"。何来三年"变其俗,革其礼"?

经济基础决定上层建筑。我国大一统农业文明直到秦汉才逐步成熟,或者说才真正演变为大一统的"帝制中国"。这个时期才必须统一思想。几百年后东罗马也发展到了同等经济基础。区别是秦始皇选择法家,汉武帝、霍光选择儒家,而康斯坦丁选择基督教。在西周到秦朝的八百多年间就不存在统一思想的经济基础。西周初有太公、周公、箕子、辛公甚至伯夷、叔齐的"百公争鸣",包括"百官之缄"。与战国百家争鸣的差别只是知识的普及与知识分子的多少。

因为汉朝选择了儒学,所以汉朝学者开始人为制造周公与太公的学术对立。比如刘向编造太公暴政,而刘安除了编造齐鲁改制,还全面伪造了一篇《道应训》:

> 武王问太公曰:"寡人伐纣天下,是臣杀其主而下伐其上也。吾恐后世之用兵不休,斗争不已,为之奈

何？"太公曰："甚善，王之问也！夫未得兽者，唯恐其创之小也；已得之，唯恐伤肉之多也。王若欲久持之，则塞民于兑，道全为无用之事，烦扰之教。彼皆乐其业，供其情，昭昭而道冥冥，于是乃去其督而载之木，解其剑而带之笏。为之三年之丧，令类不蕃，高辞卑让，使民不争。酒肉以通之，竽瑟以娱之，鬼神以畏之，繁文滋礼以弇其质，厚葬久丧以亶其家，含珠鳞、施纶组以贫其财，深凿高垒以尽其力，家贫族少，虑患者贫，以此移风，可以持天下弗失。"

首先，这段话不是太公原文。其次，刘安作为道家，拿道祖开涮的内容实际上反讽了儒家的虚伪政治。《道应训》反而就是"独尊儒术"最好的阐述。

（1）总目标："王若欲久持之"，"以此移风，可以持天下弗失"。

（2）"塞民于兑，道全为无用之事，烦扰之教。"太公思想的核心就是"道"，"黄帝之道"，天、地、人之道。董仲舒之后的儒家已经把天道绝对化、神化、固化，不再与地、人螺旋。整体上丧失了"道"，自然"全为无用之事，烦扰之教"。这是太公与刘安痛心的。

（3）"去其督而载之木，解其剑而带之笏"，就是阉割尚武精神，这还是"维师尚父，牧野鹰扬"吗？与周公相比，太公就是勇武。

（4）"为之三年之丧，令类不蕃，高辞卑让，使民不争。"太公强调无私，老子强调不争，是与民无争而不是"使民不争"。"三年之丧"和"高辞卑让"都是儒家政治政策，刘安故意说出了政策制定者的用心："令类不蕃"，"使民不争"，"繁文滋礼以拿其质，厚葬久丧以亶其家，含珠鳞、施纶组以贫其财，深凿高垒以尽其力，家贫族少，虑患者贫"。中国北方游牧民族一直是中原王朝的心腹之患，直到大清通过优崇藏传佛教才"令类不蕃""使民不争"。

（5）"酒肉以通之，竽瑟以娱之，鬼神以畏之"，这一条有意思，就是美国"国师"布热津斯基提出的"奶头乐"策略。

太公本人真实的相关阐述见于《六韬·文启》，而且成为与文王共同确定的西周国策长期指引。当然也包括周公的学习继承发扬光大。

> 太公曰："……陈其政教，顺其民俗，群曲化直，变于形容。万国不通，各乐其所，人爱其上，命之曰'大定'。呜呼！圣人务静之，贤人务正之。愚人不能正，故与人争。上劳则刑繁，刑繁则民忧，民忧则流亡。上下不安其生，累世不休，命之曰'大失'。天下之人如流水，障之则止，启之则行，静之则清。呜呼！圣人见其所始，则知其所终。"
>
> 文王曰："静之奈何？"
>
> 太公曰："天有常形，民有常生。与天下共其生，而天下静矣。太上因之，其次化之。夫民化而从政，是以天无为而成事，民无与而自富，此圣人之德也。"
>
> 文王曰："公言乃协予怀，夙夜念之不忘，以用为常。"

刘安、刘向等学者根据后来的历史往前编造了太公与周公的治国学说差异。事实上，太公与周公作为周初核心，必然要统一执行国策。除了伯禽治鲁，包括周公本人对成周的治理也必然与太公治齐大同小异。正如《观》卦以及《尚书·多士》的记载，周公建成周主要靠选拔任用的商人"多士"，"东八师"也以商人为主。太公虽然杀了营汤、狂矞、华士，却尊贤尚功吸收更多当地人才加入统治阶层，不分亲疏用其所长。《观》卦称："观国之光，利用宾于王"；"观我生君子，无咎"；"观其生君子，无咎"（"生"通"姓"）。

《多士》是周公治理成周，对迁徙来的商人贵族的谈话，对象是"尔殷遗多士"，类似营汤、狂矞、华士等，还是"诱之以利，胁之以刑"，但是更加循循善诱。太公也未必没有类似的讲话，只是没留下记载。周公《多士》治商说了什么？

> 惟三月，周公初于新邑洛，用告商王士。
>
> 王若曰："尔殷遗多士，弗吊昊天，大降丧于殷。我有周佑命，将天明威，致王罚，敕殷命终于帝。肆尔多士，非我小国敢弋殷命，惟天不畀允罔固乱，弼我。我其敢求位，惟帝不畀，惟我下民秉为，惟天明畏。我闻曰：'上帝引逸。'有夏不适逸，则惟帝降格，向于时夏。弗克庸帝，大淫泆有辞。惟时天罔念闻，厥惟废元命，降致罚，乃命尔先祖成汤革夏，俊民甸四方。自成汤至于帝乙，罔不明德恤祀，亦惟天丕建，保乂有殷。殷王亦罔敢失帝，罔不配天其泽。在今后嗣王，诞罔显于天，矧曰其有听念于先王勤家。诞淫

厥洗，罔顾于天显民祗。惟时上帝不保，降若兹大丧。惟天不畀不明厥德，凡四方小大邦丧，罔非有辞于罚。"

王若曰："尔殷多士，今惟我周王丕灵承帝事。有命曰：'割殷，告敕于帝。'惟我事不贰适，惟尔王家我适。予其曰：'惟尔洪无度，我不尔动，自乃邑。'予亦念天即于殷大戾，肆不正。"

王曰："猷，告尔多士，予惟时其迁居西尔。非我一人奉德不康宁，时惟天命，无违。朕不敢有后，无我怨。惟尔知，惟殷先人有册有典，殷革夏命。今尔又曰：'夏迪简在王庭，有服在百僚。'予一人惟听用德，肆予敢求尔于天邑商，予惟率肆矜尔。非予罪，时惟天命。"

王曰："多士，昔朕来自奄，予大降尔四国民命。我乃明致天罚，移尔遐逖，比事臣我宗多逊。"

王曰："告尔殷多士，今予惟不尔杀，予惟时命有申。今朕作大邑于兹洛，予惟四方罔攸宾，亦惟尔多士攸服奔走，臣我多逊。尔乃尚有尔土，尔乃尚宁干止。尔克敬，天惟畀矜尔；尔不克敬，尔不啻不有尔土，予亦致天之罚于尔躬。今尔惟时宅尔邑，继尔居，尔厥有干有年于兹洛，尔小子乃兴从尔迁。"

王曰又曰："时予。乃或言尔攸居。"

(1)一半文字拿商汤革夏对比周人革商，抬出"天""上帝"劝他们"认命"。

(2)让他们感恩戴德。"恩"是只迁徙、不杀头："我不尔动，自乃邑"，"予亦念天即于殷大戾，肆不正"。"德"是建设成周新"邑"，给了出路。周公将历尽艰辛的迁徙之苦归之于天："告尔多士，予惟时其迁居西尔。非我一人奉德不康宁，时惟天命，无违。朕不敢有后，无我怨。"

（3）对"多士"们封官许愿，目的是建成共同的新家园："今尔惟时宅尔邑，继尔居，尔厥有干有年于兹洛。""殷先人有册有典"，"夏迪简在王庭，有服在百僚"。商用夏的多士、周公任用商的多士，同样标准：一是听话，二是干活。"惟尔多士攸服奔走，臣我多逊。尔乃尚有尔土，尔用尚宁干止。尔克敬，天惟畀矜尔；尔不克敬，尔不啻不有尔土，予亦致天之罚于尔躬。"太公说得更简洁："顺者任之以德，逆者绝之以力。敬之无疑，天下和服。"

（4）拿"践奄"案例恐吓："多士，昔朕来自奄，予大降尔四国民命。我乃明致天罚，移尔遐逖，比事臣我宗多逊。"所谓"践奄"就是对集体反抗的屠城，不杀的也是阉割后留下当"阉人"。周公"践奄"的血腥程度远超太公治齐"杀一以惩万，赏一而劝众"。

（5）结尾给个美好愿景："乃或言尔攸居。""攸居"就是安居乐业。

周公用与太公治齐几乎完全一样的政策治理成周，是被大书特书广为歌颂的。《诗经》中的《周颂·清庙》就是歌颂周公《多士》治商："济济多士，秉文之德。"后来《清庙》甚至上升到了"天子之乐"的歌颂高度。

综上可见，无论太公治齐还是周公治成周，威逼利诱兼尊贤尚功都是国策。齐、鲁站稳脚跟后，周王朝的东方才真正安定。太公五月报政率先稳定齐国也就促进了鲁国稳定。太公与周公在接管阶段一定是政策一致、行动配合的关系。齐、鲁在周公、太公时期或齐丁公和鲁伯禽时期一直是盟友兄弟之国。后世儒家为了推销自己的学说刻意编造夸大了太公、周公治国学说的差别。当然，无论是"因其俗，简其礼"，还是"启以商政"，这两位"元圣"都绝不是因循守旧不搞创新。首先，"疆以周索"就是紧紧抓住军队与新兴产业不动摇。其次，在制度文化建设方面，他俩也共同为中华文明奠定了基础。

4. "观"天下英才：尊贤尚功与虚实真伪

尊贤尚功或"尚贤"思想自古有之，并非太公原创。杰出的领导者包括周公同样如此。太公的主要贡献有三：一是在辟雍当老师培养贤才，武王、周公等都是他的"弟子"；二是以"利"鉴别君主虚实；三是鉴别"贤"的真伪。他总结的"六守""八征""六不用"等尚贤方法论至今仍充满光辉。

《汉书》说太公遗风影响千年，所以汉代齐人仍然好学求功出人才。太公之后，齐桓公不计管仲私怨成为春秋首霸。齐桓公之后，王室后代们如国氏等垄断朝纲打压田、鲍，而田氏反而重用范蠡、子贡等各种贤人。姜齐没能"守国"反向验证了不信老人言的严重后果。

我国历史上最强盛的朝代是汉唐，汉唐所行"黄老之术"正是太公所传之道。《黄帝内经》讲解生命之本"肾藏"的功能为"作强之官，技巧出焉"，诸葛亮学习太公学说后解读说"贤"就是国之"精"。周武王也称后世可能颠覆周朝的杰出人才为"精神者"。诸葛亮《便宜十六策》称："夫治国犹于治身，治身之道，务在养神；治国之道，务在举贤；是以养神求生，举贤求安。"培养贤才这个"精"要靠太师、大学这个"肾"；吸收后天之精需要健脾或吐纳之道。

姜太师在岐山创办辟雍大学培养"弟子"，而田午学习了这一法宝，并利用太公齐国传下的宝贵典籍创办稷下学宫，招收天下学士。稷下学宫成为当时的学术文化中心，成为田齐之肾。齐威王田齐以纳谏用贤、励志图强而名著史册。他把檀子、田盼、黔夫、种首比作"国宝"。他尊贤尚功，既有宗室贤人田忌将军，又对大批寒士委以重任，如残疾人孙膑、平民邹忌、受过髡刑相貌丑陋的赘婿淳于髡。有肾有命，有贤有国。齐威王终于"徐州相王"，还顺带系统地篡改、贬低了姜太公。

《六韬》逸文曰：

> 文王在岐，召太公曰："吾地小。"太公曰："天下有粟，贤者食之；天下有民，贤者牧之。屈于一人之下，则申于万人之上，惟圣人能为之。"

《六韬》记载，太公还说过："心以启智，智以启财，财以启众，众以启贤，贤之有启，以王天下。"
《御览》引《黄石公记》曰：

> 军无财，士不来；军无赏，士不往。故良饵之下有悬鱼，重赏之下有勇夫。

没有哪个领导不自称"爱才"，显然其中很多是假话。如何才是真的爱才？太公提供了一个简单的检验标准："舍财"。太公对"贤"的重大贡献就是以"利"尊"贤"，而不是口惠而实不至的叶公好龙。《论语·里仁》说："君子喻于义，小人喻于利。"儒家羞于言利，如何"尊贤"？太公说："屈于一人之下，申于万人之上，惟圣人能为之。"尊贤说起来容易做起来难，因为君主要克服自身的人性弱点委屈自己。太公将人性包括君王与贤人的人性都归之于"利"。用贤要信赏罚，要有"鱼饵"，舍得"财以启众"，"天下有粟，贤者食之"。

《六韬·举贤》记载：

> 文王问太公曰："君务举贤而不获其功，世乱愈甚，以致危亡者，何也？"太公曰："举贤而不用，是有举贤之名，而无用贤之实也。"文王曰："其失安在？"太公曰："其失在君好用世俗之所誉，而不得真贤也。"文王曰："何如？"太公曰："君以世俗之所誉者为贤，以世俗之所毁者为不肖，则多党者进，少党者退。若是，则群邪比周而蔽贤，忠臣死于无罪，奸臣以虚誉取爵位，是以世乱愈甚，则国不免于危亡。"文王曰："举贤奈何？"太公曰："将相分职，而各以官名举人，按名督实。选才考能，令实当其名，名当其实，则得举贤之道矣。"

君主尊贤，各种各样的"士"必然都要想方设法包装自己，沽名钓誉者最难对付。尚功是尊贤的唯一标准，尊贤由"实"不由"誉"。太公指出，"多党者进，少党者退"会导致"群邪比周而蔽贤，忠臣死于无罪，奸臣以虚誉取爵位"的后果。这在古今中外都适用。田齐威王特别关注姜太公的学问，除了专门组织班子"重修"《司马法》，他还有一个学习太公识别真贤、假贤的著名故事：烹阿大夫，赏即墨大夫。鉴别的就是"世俗之所誉"与"按名督实"。

在《素书》中，太公把"贤人"分为三类：俊、豪、杰。如何识别假的"贤人"呢？在《六韬》之《上贤》篇，根据文王所问"王人者何上何下，何取何去，何禁何止"，太公提出了著名的"六贼七害"论。宗旨是："王人者上贤，下不肖，取诚信，去诈伪，禁暴乱，止奢侈。"

六贼者：

一曰，臣有大作宫室池榭，游观倡乐者，伤王之德。

二曰，民有不事农桑，任气游侠，犯历法禁，不从吏教者，伤王之化。

三曰，臣有结朋党，蔽贤智，障主明者，伤王之权。

四曰，士有抗志高节，以为气势，外交诸侯，不重其主者，伤王之威。

五曰，臣有轻爵位，贱有司，羞为上犯难者，伤功臣之劳。

六曰，强宗侵夺，陵侮贫弱者，伤庶人之业。

七害者：

一曰，无智略权谋，而以重赏尊爵之故，强勇轻战，侥幸于外，王者慎勿使为将。

二曰，有名无实，出入异言，掩善扬恶，进退为巧，王者慎勿与谋。

三曰，朴其身躬，恶其衣服，语无为以求名，言无欲以求利。此伪人也，王者慎勿近。

四曰，奇其冠带，伟其衣服，博闻辩辞，虚论高议，以为容美，穷居静处，而诽时俗。此奸人也，王者慎勿宠。

五曰，谗佞苟得，以求官爵；果敢轻死，以贪禄秩；不图大事，得利而动，以高谈虚论说于人主，王者慎勿使。

六曰，为雕文刻镂，技巧华饰，而伤农事，王者必禁之。

七曰，伪方异伎，巫蛊左道，不祥之言，幻惑良民，王者必止之。

附文 《观》：吏部指引

第二十卦 观

观：盥而不荐，有孚颙若。

初六：童观，小人无咎，君子吝。

六二：窥观，利女。贞。

六三：观我生进退。

六四：观国之光，利用宾于王。

九五：观我生君子，无咎。

上九：观其生君子，无咎。

《观》卦是写给欲成唐宗汉武的君王的吏部指引。"贞观之治"就是贞"观"之治。"大观园"就是大"观"金陵十二钗，记录、考评明末清初所有的主要历史人物。唐太宗能"观"，所以手下将星闪耀、群贤毕至。

《文师》是《六韬》的首篇，讲的是周文王遇姜太公，太公以鱼饵与鱼比喻如何选用人才得天下。这段对话也可视为《观》卦的开篇。君王"以禄取人"以"乐得其志"，关键是如何发现判断大才："圣人之德，诱乎独见"；"嘿嘿昧昧，其光必远"；"以禄取人，人可竭"；"各归其次，而树敛"。

"观（觀）"的本字是"萑"。甲骨文像长着两只大眼的大鸟，类似猫头鹰。金文再加"见（見）"，强调无所不见的洞察力。鹰眼锐利，就像姜太公与司马懿。

本卦卦辞是"盥而不荐，有孚颙若"。"有孚颙若"赞美君王真诚如大脑袋小孩，就是老子说的"譬如赤子"。"颙"是指小孩子的头。《豳风·狼跋》说："公孙硕肤，赤舄几几，德音不瑕。""颙"与"硕"字义近似，在此应取纯洁光明如"赤舄几几"之义。"若"字的本义为择菜，比喻选拔人才。如果译为"王若""昭若"也合逻辑。

"盥而不荐"就是在知人且自知的基础上"无为而治""垂拱而治"。古人称洗手为"盥"。"盥而不荐"就是洗手而不祭祀。洗手做好准备而不祭祀，这是一个选贤任能放手授权的比喻。"荐"表示用嫩草喂养珍稀动物，奉献最好的祭品。"殷人"就是将大型歌舞"殷""荐之上帝"。太公望就做过这项工作，这是君王自己都要认真洗手谨慎对待亲自办的大事。

"童观，小人无咎，君子吝。""童观"不是儿童眼光，否则与"颙若"逻辑冲突。《旅》卦"得童仆贞"和《蒙》卦"匪我求童蒙"中的"童"，与本卦一样都是指君王任命的管理者，特别是占领区的管理者。"童观"比喻官吏眼光看人格局不够，只能看管老百姓，"小人无咎"。但"观"君子就"吝"了。因为本卦要"观其生君子，无咎"。"生"通"姓"。

"童观"考察干部是按法规去套的程序性考察，并用条条框框限制甄别。海水岂可斗量，所以"君子不器"。"童观"很容易遗失有特点的栋梁大才。《御览》引《周书》言："太公曰：知与众同者，非人师也。大知似狂。不痴不狂，其名不彰；不狂不痴，不能成事。"

"窥观，利女。贞。""窥观"指从夹缝或隐蔽处偷看。《丰》卦"窥其户，阒其无人"也是此意。"窥观"不能理解成"管窥蠡测"，这个意思"童观"已经表达过了。正如"利女。贞"所提示，这是类似偷偷看女人的观。因为女人善于化妆善于表演，偷偷观察也就是"窥视"才能发现其本来面目。《周易》中的"女"往往比喻商夷，因此要"窥观"，也就是暗地里考察。

"观我生进退"，即不能光是考评他人，对自己人也要"观"。本卦特意强调有升有降。防范"朋比"之党搞小圈子互相吹捧，排斥他人，把控贤路。

"观我生君子"，如文王的兄弟多人，以及周公、召公、南宫、"群弟"等。

"观其生君子"指其他氏族子弟，如闳夭、散宜生、鬻子、辛公甲等。

"观国之光，利用宾于王。""光"的本义是照明的火把。"国之光"就是有智慧能指明未来方向的思想性国宝，就是太公与周公。对这样的大贤要用"宾"礼，就是天亡簋铭文中武王降堂与太公干杯的礼遇，周公的礼遇是"王若"以及去世后的天子级别祭祀。《尚书·洛诰》赞美周公："惟公德明光于上下。"

5. 《明夷》：周公、太公对箕子思想的扬弃

商周革命正处在世界上最早的产业革命即农业革命时代，这个最大的经济基础必然要求上层建筑革命，如《井》《革》《鼎》三卦的记载。对于"天下"的治理，周朝已经摒弃了商朝以及虞、夏时代的松散统治。周公以诗明志："溥天之下"，"率土之滨"。武王与周公两次封建天下，周公在成周制礼作乐，太公、召公开启"成康之治"，他们的杰出贡献体现在周初的一系列典籍中。

小雅·北山

陟彼北山，言采其杞。偕偕士子，朝夕从事。王事靡盬，忧我父母。

溥天之下，莫非王土。率土之滨，莫非王臣。大夫不均，我从事独贤。

四牡彭彭，王事傍傍。嘉我未老，鲜我方将。旅

力方刚，经营四方。

　　或燕燕居息，或尽瘁事国。或息偃在床，或不已
于行。

　　或不知叫号，或惨惨劬劳。或栖迟偃仰，或王事
鞅掌。

　　或湛乐饮酒，或惨惨畏咎。或出入风议，或靡事
不为。

　　"北山"是洛阳东北的邙山，是周公遗言葬身之地，也是后世权贵的首选陵地。这首诗被误解为"刺"周幽王。最经典的"溥天之下，莫非王土。率土之滨，莫非王臣"也被庸俗解释为封建尊卑等级思想。实际上只要了解周初历史，就很容易理解《北山》表达的四海归一抱负。但是这个抱负还没有实现："四牡彭彭，王事傍傍。""彭彭"是战鼓声，"四牡彭彭"接近描述牧野的"驷骠彭彭"，但用"牡"强调是不宁之"女"。"王事傍傍"就是东征、北伐："嘉我未老，鲜我方将。旅力方刚，经营四方。""或燕燕居息，或尽瘁事国"等十二个"或"讲述的是周公摄政、东征、成周、还政、奔楚、归镐的人生状态。"我从事独贤"既是大权独揽也是挺身而出。周公摄政的志向是完成天下一统："溥天之下，莫非王土。率土之滨，莫非王臣。"历史事实是，周公、太公以及"成康之治"的开创者们并没有停步于虞、夏、商的国体，而是以龙凤融合、天下一家为抱负。当时的主题是"维新"，融合"新民"，还没到一千年后强调统治权的帝国阶段。

　　武王治商之问，其实是周朝开国群英共同思考的第一

课题：如何革故鼎新？箕子献上《洪范九畴》。此事及武王、周公、太公后续围绕这一主题的思考，记载在《明夷》卦中。《周易》中提到的人名只有箕子。"箕子之明夷，利贞"是虚心学习、借鉴箕子代表的商人"大首"们的建议而"获明夷之心"。何为"明夷"？《逸周书·大明武解》说能打赢战争叫"明武"，战后治理好才叫"大夷"："既克和服，使众咸宜，竟其金革，是谓大夷。"

箕子是商末贤人。但是西周显然并没有采纳箕子的老派政策。箕子所作《麦秀》之诗的"彼狡童兮，不与我好兮"一般解释为"狡童"纣王不与我好，导致国家败亡。这个解释显然误解了纣王的年龄，纣王至少在位二十六年，一上任就能削藩，可不是小孩。另外箕子是不是纣王叔并不确定。《观》卦"童观"、《旅》卦"得童仆贞"与《蒙》卦"匪我求童蒙"的"童"，都是指君王任命的占领区管理者。箕子埋怨旧商都的"彼狡童""不与我好"，指周人新官不接受他的治国思想。

箕子以《洪范九畴》为核心的旧思想被武王、太公、周公扬弃了。但是历史开了一个玩笑。孔子高举周公大旗，却要跨海去朝鲜追随箕子；董仲舒高举周公大旗，口袋里装的却是《洪范九畴》。

第三十六卦　明夷

明夷：利艰贞。

初九：明夷于飞，垂其翼；君子于行，三日不食。有攸往，主人有言。

六二：明夷，夷于左股，用拯马壮，吉。

九三：明夷于南狩，得其大首，不可疾，贞。

六四：入于左腹，获明夷之心，于出门庭。

六五：箕子之明夷，利贞。

上六：不明，晦，初登于天，后入于地。

本卦以夷人最擅长的射术和射鸟为喻，以夷人之道射获夷人之心，从而实现天下夷平。"明夷"有三层含义：明了射术；明了夷人；明了平定夷人即鸟人。这是西周建朝最重大的第一课题，所以本卦卦辞是"利艰贞"。

先讲武王伐纣建立新政权的背景。"明夷于飞，垂其翼"指趁着大鸟飞行中垂下翅膀降落时射下它，就是武王突袭。为了把握射机急行军，"君子于行，三日不食"。

"有攸往，主人有言"指政权"有"已经建立，原"主人"箕子以上书进言献策的方式认了新天子即"有言"，这句就是箕子拜见武王。

"夷于左股，用拯马壮，吉。"《剥》靠"拯马壮"，"拯"是援救、救助，"马"是马车部队。周军"拯"民于水火之中，"吉"。但是只是射断了大鸟的一条腿（"左股"），伏笔是等鸟养好伤又能飞了就会"初入于地，后登于天"复辟，而周朝就要"初登于天，后入于地"，先上台又被赶下台。

"明夷于南狩，得其大首，不可疾"指武王班师（《复》卦），特地先南下到黄河流域商人密集区"狩"。"得其大首"是俘获了商人高级贵族。"大首"之鸟就是猫头鹰，标准的商人大首领。"疾"是箭伤。"不可疾"就是忧虑商人完好保存了势力，是潜在的隐患。"贞"的意思是这段话很重要，一定要仔细研究。

"明夷于南狩，得其大首"应该同时记录了武乙射天与震死以及太康被后羿射死两个案例。"大首"都被突袭所杀，但是夏、商的国力与政治基础没有动摇，因此发起斩首的季历、后羿都失败了。武王伐纣也是一次突袭。

"入于左腹，获明夷之心，于出门庭。"这是《咸》《恒》卦与《静女》描述的理想局面。从左腹射进鸟心，比喻没有射死商人，而是射获其心。王阳明《功德碑亭记》专门讲射术的要诀就是"射心"，就是"破山中贼易，破心中贼难"。"于"是"竽"的本字，表示庆典仪式上的吹奏乐队表演，如"滥竽充数"。"于出门庭"指周人娶商女载歌载舞。这是"获明夷之心"的标志。诗经《卷阿》就是商人"多士""凤凰"归心周君子及周天子的场景："凤凰于飞，翙翙其羽，亦集爰止。蔼蔼王多吉士，维君子使，媚于天子。"

"箕子之明夷，利贞"是虚心学习借鉴箕子的建议（并扬弃）。《洪范九畴》讲的天命、卜筮、君权至上很明显与西周"德政"不符，当然没有被武王采纳。商周之际正发生农业革命，天下治理必须转型升级，旧教条已经过时。故宫太和殿（皇极殿）牌匾上乾隆所书"建极绥猷"就出自《洪范九畴》第五《建用皇极》。"绥"像用绳子捆住女人安抚。《咸》卦更注重真诚娶老婆安居乐业。

黄宗羲的《明夷待访录》就是追溯《明夷》卦的治国之道"托古改制"。"待访"是出于清廷专制的无奈，等待"汉留""洪门"后人继往开来。他继承了太公"工商皆本"与"天下人之天下"的基本思想，总结了秦汉以来特别是明代的历史教训，提出了"天下为主，君为客"，皇帝是"天下之大害者"，反对君主专制，主张君主开明立宪的责任内阁制；主张平等民权，建立"学校"体系的议会民主监督等，对维新变法运动影响很大。正是由于这些进步的主张，《明夷待访录》成书不久就被清廷查禁，只是由于私人刊刻不绝，才得以流传至今。《明夷待访录》的君主立宪构想并非受西方影响，而是从《周易》与《六韬》中发展出来的，这就是《红楼梦》托名"姬子"的意思。

6. 儒家的偶像：太公泰山封禅与周公礼乐新风

《六韬·文师》说："君子乐得其志，小人乐得其事。"这句话被稷下学宫的荀子改编为："君子乐其道，小人乐其欲。"太公、周公都是三千年中华农业文明的"元圣"。对这两位兼济天下的君子，都不能以小人之心度君子之腹。客观地讲，周公在文化建设方面比太公更重视、更系统，也更有成效。从对后世文明的影响而言，太公建齐封"八神"演变出泰山封禅，而周公摄政最大的成果"制礼作乐"成为儒家礼乐治国的滥觞。

《史记》记载，孔子去世前唱了三句歌，就是泰山封、梁甫禅，哲人将逝："太山坏乎！梁柱摧乎！哲人萎乎！"今日泰山之名最早见于《鲁颂·閟宫》："泰山岩岩，鲁邦所詹。"泰山不是最高也不是最美，"五岳独尊"的地位来自太岳族之首吕上。岳父、丈人、老泰山都是太公的职业，因姬发娶邑姜演变为对妻子父亲的称呼。

太公望作为四岳之长，他在太山的工作"望"，除了祭祀降神还有天文观察，首先要调准历法指导农时。上博楚简《举治王天下》记载，太公告诉文王"齐政固在嬛，请……失也"。"齐政"即太山祭祀政教合一，"嬛"即很专业的细节。太公到西周第一时间建设了灵台与明堂，它们的科学意义是天文台。太公掌握历法与天气变动对农业革命和医学的成熟意义极大。中国古代"司岁备药""司岁备种"就是根据阴阳五行五运六气来预测来年的天地环境，一是指导防疫、免疫；二是根据旱涝热寒指导来年选种，涝种高秆作物，旱就种低秆作物。

《路史·国名纪》载："齐，侯爵，伯陵氏之故国，以天齐渊名。"

《史记·封禅书》载："八神将自古而有之，或曰太公以来作之。""一曰天主，祠天齐。""齐所以为齐，以天齐也。其祀绝莫知起时。"

齐国得名于"天齐"即祭天。"齐（齊）"字一般解释为齐平。实际上，"齐"是三个人头或牲头，牛、猪、羊三个头摆齐就叫"太牢"。西周开国大典上，姜子牙就是背着插着三颗人头的三面旗子入场祭祀。"齐"字可理解为三样完备规整的祭祀。"鲁"是祭台上放着鱼，也与祭祀有关。"齐"的本义是斋戒祭祀，而且在经典文献中多次出现。如《小雅·甫田》"以我齐明，与我牺羊"；《礼记·祭统》"是故天子亲耕于南郊，以共齐盛"；《礼记·曲礼》"立如齐"；《论语·乡党》"必祭，必齐如也"。《太公金匮·武王践阼》记载武王丹书受命必须先斋戒祭祀三日，此即"天齐"礼："王欲闻之，则齐矣。""王齐三日，端冕。"武王受命之后，"惕若恐惧，退而为戒书"。可见"齐"的郑重肃穆。

"天齐"是姜太公在真实历史中封的第一神，就是在泰山祭天。真实的太公"封神榜"封的就是"八神"，即天主、地主、兵主、日主、月主、阴主、阳主、四时主。"八神"就是时间、空间的客观宇宙神。黄帝建立了"绝地天通"的全域覆盖的天文地理观察、记录、计算体系。姜太公建齐，"八神"分布全域，建立了一个齐国版的小型"绝地天通"。现代羌人仍然保持着祭天会、转山会。太岳祭天源远流长，"其祀绝莫知起时"。太公转移太岳道场到了泰山后，泰山才成为"太岳"或"天下第一山"。因此人间帝王到泰山去祭天才算受命于天。东岳的"山"不只是泰山还有梁父山，是一对组合。在泰山祭天称封，在梁父山祭地称禅，这是古代帝王的最高大典。可以说，姜太公是泰山封禅的创始人。

前文已述，"多才多艺"的周公也曾经掌过西周的祭祀权。他对中华文明的贡献却并不是祭祀，而是制礼作乐。他是礼乐政治的集大成者。文王时代就有写诗、弹琴、唱歌搞宣传的法宝。周公摄政时被"群弟"鼓噪，他更加认识到了"舆论战"的重要性。"寺人"是周公专门组建的宣传部，创作、整理了大量诗歌，以演出形式宣传周公的主张。随着军事、政治、经济战场的胜利，寺人部门也在正规化、系统化，**工作成果体现为第一版的《诗经》汇编。**

因为周公本人是组织者并且确实才华横溢，所以《诗经》一半的篇目与周公有关，《小雅》基本成了"周公旦诗集"。而所谓十五"国"的《国风》，其中"豳"是他的采邑；"王""郑""魏""曹"是他在成周的核心统治区；"周南"是他向南统战楚人的地区；"邶""墉""卫"是他的盟友微子启以及他手把手教导的康叔封的统治区。留给太公表现的只有《唐风》《桧风》《齐风》（信息量不少）；留给召公表现的只有《召南》。《国风》中没有晋、鲁、燕、随等姬姓诸侯的位置，说明周公认为姬姓诸侯当时都是王室君子应入《小雅》，比如毕公《祈父》就没入《唐风》而入《小雅》。《小雅》中很少有其他君子的作品，说明周公已经掌握了"话语权"或宣传阵地的思想。

周公在成周思考的主要是《咸》《恒》的长治久安主题，所以编辑《诗经》的宗旨已经从舆论战转向对天下人的"教化"。"教化"的"教材"就是《诗经》。"教化"是周文明的教化，而不是当真把纣王、鬼侯、西戎的诗歌采集来让全国人民传唱。对于楚人与蜀人，也只有被同化了的"成周之南"与"召国之南"才能入列教材。因此，从教育阵地的角度来看，能被采集入"国风"的只能是教化得很好的"国"，比如周公本人亲自统治以及亲自指导的地区。周公直接治理的主要是采邑豳与河南，间接治理的"陕之东"包括商王畿、卫、曹、邶、墉等。

《国风》中给了姜太公三个位置：齐、唐、桧。这是周公本人对太公的尊重，特别是对太公治国思想与教化能力的尊重。《齐风》的主要内容与其他"国风"的区别就是实现新国民转型的治理风貌。

《诗经》的"风、雅、颂"体系本身就是制礼作乐，是周公教化治国思想的体现，目的就是"维新"，融合"新民"。当然，普天之下、率土之滨的文明同化是一个渐进的过程。

因此，"国风"的重点是商人核心区，内容也是按核心区、影响区推进。这个思路记录在《渐》卦中。

第五十三卦　渐

渐：女归吉，利贞。

初六：鸿渐于干，小子厉。有言，无咎。

六二：鸿渐于磐，饮食衎衎，吉。

九三：鸿渐于陆，夫征不复，妇孕不育，凶，利御寇。

六四：鸿渐于木，或得其桷，无咎。

九五：鸿渐于陵，妇三岁不孕，终莫之胜，吉。

上九：鸿渐于陆，其羽可用为仪，吉。

从《咸》《恒》到《震》《艮》，二十二卦阐述新政治文明，而《渐》卦是周公亲自推行的体会。孔子曾经感叹"周公之才之美"，"久矣，吾不复梦见周公"。周公本人想必风度翩翩如鸿雁高飞，姿态非常优美，是所有商夷小鸟倾慕的："我觏之子，衮衣绣裳"；"予仁若考，能多材多艺"。《尚书·酒诰》载："明大命于妹邦。乃穆考文王，肇国在西土。"周公推行的是文王创始的"西土"之制，治理区都是"妹邦"商人，所以周公自喻为优美的大鸟"鸿雁"。周公在各方面亲手营建了一系列根本性、系统性的"君子用网"，包括完善了宗法制、昭穆制、分封制、嫡长子继承制和井田制。周公是中华制度礼仪文明前两千年的集大成者，后三千年的开拓者，而"鸿雁"本人只总结为"其羽可用为仪"。

"鸿渐于干""鸿渐于磐""鸿渐于陆""鸿渐于木""鸿渐于陵"分别代表文明推进到五类不同区域的状态。

"干"：武器。指以商人为主要兵源的东八师。

"磐"：大石。安如磐石，非常稳固。指成周城。

"陆"：有大量民居分布的陆地，人口密集区。指原商王畿、卫、邶、墉等。

"木"：甲骨文象形挖出来的带根的树，所以指迁徙的商人。

"陵"：大土山。指曹、鲁等地。

（1）"鸿渐于干，小子厉。有言，无咎。""干"指周公指挥的东八师。《尚书》中成王与周公自称"余小子"，"小子厉"指周公管制之艰难，因为八师是商周混合部队。"有言"指通过"言"即《多士》之类的训话、《诗经》之类的教化等宣传与思想工作做到"有"，即商人军士尊奉周公号令。八师工作之艰难当然意味着"小子"政权也"艰"，最终"无咎"。

（2）"鸿渐于磐，饮食衎衎，吉"指建设成周。老子的解释是"是以君子终日行，不远其辎重，虽有环馆，燕处则昭若"。"环馆"指被重重保卫的王宫。"磐"是周公燕处的王宫以及指挥的八师。"衎衎"，和乐貌。

（3）"鸿渐于陆，夫征不复，妇孕不育，凶，利御寇。""陆"指商原来的核心区，黄河地区的连绵陆地。"夫征不复"指必须留下监控八师的周人征夫们，他们的老家在西岐周原。"妇孕不育，凶"指已娶商妇并怀孕，即将诞生融合的新一代"新民"，却因为三叔之乱而流产，"凶"。"利御寇"指平叛。

（4）"鸿渐于木，或得其桷，无咎。""桷"是屋顶的椽子。"桷"不是梁柱，但也必不可少。"木"指从朝歌"移栽"到成周的商人顽民们，居住于河东。所以周公在这里选拔了大量的辅助官员。这是《大畜》卦中"圈猪""逐马""栏牛"的场景体现。《尚书·多士》是周公在营建成周开工时的训话。"多士"便是这些"桷"："今朕作大邑于兹洛，予惟四方罔攸宾，亦惟尔多士，攸服奔走，臣我多逊。"

（5）"鸿渐于陵，妇三岁不孕，终莫之胜，吉。""陵"指奄国、曹国等地的丘陵地带。不仅孕而不育甚至多年不孕，夫妻"三岁"不孕是因为"艮"，可见凶险与敌对。以奄国为中心建立的伯禽鲁国多年未定。最"终"，伯禽按周公的指示，按"妾与子"的要求以及"启以商政"等关怀他们"莫之"而"胜"。只有鲁国一直保留着周、商两社，可见"莫之"。

附文　第二十二卦《贲》

第二十二卦　贲

贲：亨。小利，有攸往。

初九：贲其趾，舍车而徒。

六二：贲其须。

九三：贲如濡如，永贞吉。

六四：贲如皤如，白马翰如。匪寇，婚媾。

六五：贲于丘园，束帛戋戋，吝，终吉。

上九：白贲，无咎。

《噬嗑》与《贲》的主旨都是治理百姓，《噬嗑》是暴力法制，《贲》是文明教化，两卦合一就是内法外儒。"贲"，从贝从卉。语言和货币是人类文明的标志，伴随着文明演化的始终。人性中既有阴暗也有光明。以法制压制阴暗，以文明教化引导光明。而《周易》把文明教化提炼为"贝"＋"卉"。

"贲其趾，舍车而徒。"臭美之心人皆有之。"贲其趾"自然"舍车而徒"。"趾"比喻下面的边缘地区，比如飞廉家族迁徙的西部，伯禽教化的鲁国。"舍车而徒"本身就隐含了飞廉战车家族迁徙的历史。

"贲其须"，字面意思是从脚到头的全身心教化，比喻天下各部从上到下、从王畿到边区的教化。"须"也是东海贡品鲨鱼须，则"趾"＋"须"＝普天之下、率土之滨。《周易》选字很讲究。

"贲如濡如，永贞吉"是教化的状态。"濡，沾湿也"，引申为浸渍、滋润等。上善如水，醍醐灌顶，春风化雨，润物细无声。

"贲如皤如，白马翰如。""皤"为老人白首貌，是太公的形象。"翰如"对应周公"鸿雁"的形象。"白马翰如"是复制白马姜的成功案例，把各种商夷人的鸟都变成了"翰"。"翰"是五彩之凤，圣人孔子、孟子都是东夷地区商人之后。王阳明说"破山中贼易，破心中贼难"，所以建学校同时在乡间选出"皤如"老者带动移风易俗"贲如"。

"匪寇，婚媾"强调对异族骚扰的联姻教化而不是战争，主要指对西戎、北狄、南蛮、东夷的政策。文明教化是周文明对商文明的重要升级，成为中华文明强大生命力的基因。《贲》的国策在鲁国发扬光大，夷地成了礼仪之邦孔孟之乡。

"贲于丘园，束帛戋戋，吝，终吉"是祭祀与殉葬改革的记录。历代帝后葬所曰"园"。"戋"义为少、小、显露。《周礼·冢人》曰："以爵等为丘封之度，与其树数。""束帛戋戋"，用少量的素色丝织品，强调简约、清新、朴素。这是对商文明奢侈祭祀，特别是大量杀人祭祀的革命。

"白贲，无咎。"说了这么多，总结却如此简练。与利用人性的弱点和阴暗面不同，《贲》是激发人性光辉的一面，"白"而不"黑"。

《贲》的当代意义是核武器平衡后，经济斗争和文明之争成为主战场。经济斗争又恰恰聚焦于货币战争，比如数字货币。千年僵局的突破可能来自区块链技术带来的"贝"的革命。除了"贝"，世界同时发生了科技打破文化霸权"卉"的新趋势。在信息革命以前，文化被统治阶级垄断，"小人"与"夷"只能被动地"化"。有"卉"的"华"，才能去"化"没有"卉"的"夷"。西方文明一直在打造、神化他们的"卉"，不接受他们所谓"普世价值"的都是野蛮人"夷"。科技爆发特别是互联网与大数据的发展，西方资本文明打造的神话纷纷坠落。而我国也需要古史与哲学实现归真。所有的自信，首先都在于文明的自信。

三、宏观"经济"学的鼻祖：
"利"、三宝与"损益"的千年主题

姜太公治国有一个突出的基本点——"利"。无论爱民与尚贤，打压权贵与平易近民，还是发展工商，最终全部归之于"利"，齐人与齐国之"利"。

> 天下攘攘，皆为利往；天下熙熙，皆为利来。
> 惠施于民，必无爱财。民如牛马，数喂食之，从而爱之。
> 心以启智，智以启财，财以启众，众以启贤，贤之有启，以王天下。

太公以"利"治国的基础是尊重人性，实事求是。这一点既不同于儒家虚言大义，也不同于法家走向内卷夺利。《管子》与太公一脉相承。如管仲所言：

> 夫民者信亲而死利，海内皆然。
> 非有积蓄不可以用人，非有积财无以劝下。

以"利"为中心施政的关键是如何落实。《尚书·盘庚》："相时憸民，犹胥顾于箴言。""相时憸民"就是"经世济民"。"相"的职责是既要巡视、察看民生状态，也要研究天时地利。如同一位高明的庖正或医生调节火候与政策组合，达到健康成长或增量生利的状态。这些本身都是太公继承的治国思想。**千古名相管仲以"利"治国、"相时儆民"，后世称之为"经济"**。因为士大夫长期的忽略，这个词还要从日本明治维新思想家福泽谕吉那里出口转内销。

管"相"以利为治，信利能治。对于霍光盐铁会议的主题"义利"，管仲深刻地指出利才是仁义的基础，仁义是利益的派生物，仁义并非道德而是利益的实现。《山草数》指出："散振不资者，仁义也。"对于人类社会永恒的贫富对立课题，《五辅》认识清醒并提出了有效措施："贫富无度则失""振其穷""对赢和"。他没有简单地用差额税率劫富济贫，而是强调贫富之间财富的流动，比如鼓励奢侈品消费，降低通胀；国家工程招工赈灾；国家与垄断性富豪签订粮食采购均价协议；等等。可以说在凯恩斯之前无人出其右。

《国蓄》说："凡将为国，不通于轻重，不可为笼以守民，不能调通民利，不可以语制为大治。""轻重"是管仲经济学的代表词，就是税率、利率、赤字率、物价、周转率等权衡算计后的组合政策。《轻重甲》记载了多个案例强调市场调节，管仲竭力避免简单僵化的行政性措施，努力设计出市场调控的柔性政策。**西医擅长"一刀切"，而中医强调平衡调治，这就是《素问》治国之道**。管仲引用古籍《道若秘》中"物之所生，不若其所聚"（生聚），说明市场的地位和作用不亚生产。"物之所生"，现代语言叫"实体经济"，包括山林、渔牧、煮盐、手工等，而不是狭隘的"农"。"士农工商"就出自《小匡》："士农工商四民者，国之石民也。"管仲认为"四民"都是国家柱石。他多次强调招商引资、减税免税，一定要活跃市场交易。《乘马》说："无市则民乏"；"市者，可以知治乱，可以知多寡，而万人之所和而利也"。他和太公都认为调控经济的关键指标是"**流**"与"**万物通**"，现代经济学叫"交易量"。

《道若秘》应该是管仲看似很超前学识的来源。这本古籍的作者还能有谁呢？《道若秘》的"生聚"思想，太公表述为简练易行的"三宝"。

《六韬·六守》载：

> 太公曰："……人君无以三宝借人，借人则君失其威。"文王曰："敢问三宝。"太公曰："大农，大工，大商，谓之三宝。农一其乡则谷足，工一其乡则器足，商一其乡则货足。三宝各安其处，民乃不虑。无乱其乡，无乱其族。臣无富于君，都无大于国。六守长，则君昌；三宝完，则国安。"

太公按"六守"标准选贤就是为了建设"三宝"。就是以经济建设为中心，要点是"农、工、商"三宝并举。改革开放初，苏南模式代表的农村集体经济不就是某某村、某某乡"农工商总公司"吗？

与"三宝"验证的是《需》卦讲解的税收政策。"需于血，出自穴"是手工业税收；"需于酒食，贞吉"是商业税；"需于泥，致寇至"就是东林党坚持在陕西收农业税导致李自成起义。长期被重农学说禁锢的中国，再次重视农、工、商"三宝"已经是顾炎武、黄宗羲、王夫之的"启蒙"了。而他们的"启蒙"被发现则还要到清末。美国建国时，汉密尔顿与杰斐逊两党争论的立国之本就是重农发挥北美地大物博、土壤肥沃的优势，还是追随英国工业革命发展工商。美国建国二百五十多年来真正实行的其实一直是汉密尔顿开启的"美国学派"，以工商为本，保护科技与新兴产业。但对外宣传新自由主义。看来美国人也"内用刑名，外示黄老"。

《汉书·地理志》说："齐地负海潟卤，少五谷，而人民寡。"

《盐铁论》说："昔太公封营丘，辟草莱而居焉。地薄人少。"

与美国相反，齐国地薄人少，太公如何"守国"？只能因地制宜。太公的首要政策一定是发展新兴农业。农业革命是姬姜革命与建设的主题。"疆以周索"是通行国策。周公去世后"成康之治"才真正开启。太公一直活到康王六年，始终在朝廷当导师。正如史书详细关注司马懿的军事政治斗争，却忽略了他为屯田做出的最大贡献，推测太公一定也为农业革命的推进做出了重大贡献。

《周颂·载芟》描写全民大生产，其中"有略其耜，俶载南亩，播厥百谷"对应的就是《六韬》中太公回答武王如何安民："不须兵器，可以守国。耒耜是其弓弩，锄杷是其矛戟，蓑笠是其兜鍪，镰斧是其攻具。"

农业是炎帝传下的祖训。太公曰："神农之教曰：'虽有石城千仞，汤池百步，带甲百万，无粟，弗能守也。'"

太公除了推动新兴农业之外，还必然会因地制宜鼓励工商让齐人获"利"。胶东就是重要的海盐产地，太公自然会大力发展渔盐业、冶炼业；同时还必然发展商业与列国"通商工业，便渔盐之利"。农、工、商"三宝"的三螺旋关键点，管仲称为"万物通"。光有资源还不是产业，光有产业不"通"也不是经济。

《管子·轻重甲》说：

> 万物通则万物运，万物运则万物贱，万物贱则万物可因矣。故知三准同策者能为天下，不知三准之同策者不能为天下。

以"万物通"或"通、便"为政策主线，目标是市场交易量。执政方法必然是两条：软的是招商、税收、货币、信贷、政府采购等政策激励；硬的就是积极财政修建基础设施。太公建都营丘（临淄），"潍、淄其道"向西可延伸到中原各地，向东可以从琅琊出海。这是齐国的小型"一带一路"。因此《史记·货殖列传》说："齐带山海，膏壤千里，宜桑麻，人民多文采布帛渔盐。临淄亦海岱之间一都会也。"因为齐国从立国开始就对商业流通的重视，经过一代代的建设，琅琊一直到汉代都是中国第一大海港，东北亚贸易中心。

《六韬·守国》说："莫进而争，莫退而让。守国如此，与天地同光。"真正的太公守国宗旨是"**莫进而争，莫退而让**"，不与民争利、不向贵族豪强退让。这就是太公、管仲用政府权力对君子、大人、小人三个社会阶层进行宏观调控的八字方针。做不到就不能守国。田氏代齐的经济因素正是田氏向民众让利，而各家豪强贪腐、与民争利，国君既不能有效制约豪强又不能维护小民利益，因而不能"守国"。这八个字最经典的体现还是在《损》《益》卦。这两卦讲的就是宏观经济调控思想，也是任何大国当权者必须思考的问题。"损益"是周公、太公及成王治国思想的宏观经济部分，以"利"的调节分配为中心。

财务三张表，资产负债表是目标，现金流量表是状态，损益表是手段。损益就是收支，初级目的是利润，终极目的是资产，分总资产与净资产。比如汉代盐铁会议争论大汉的损益。一是把国与民对立，机械地把朝廷之损益、百姓之损益与国家整体之损益对立。霍去病说得好："匈奴未灭，何以家为？"二是**把总资产与净资产对立**。霍光们认为总资产扩张到了西域南粤，净资产却减少了。以后各届王朝主动放弃边疆，都是出于净资产的考虑。三是汉武帝封泰山"王用享于帝"，霍去病也"封狼居胥"，**品牌与软实力是否同资产损益对立？**

司马迁被称为自由经济主义的鼻祖，他赞赏"三宝"思想以及太公、管仲以"利"治齐。但他严厉批评汉武帝的尚武开边、祭神封禅等。因此，司马迁居然把卫青、霍去病列入《佞幸列传》。无论文王、武王、太公、齐桓公，发展经济都不只是埋头挣钱，总得有些军事、政治追求吧。文王发展经济，武王就会伐纣。汉武帝即使不北征匈奴，匈奴早晚也会南下抢劫，就像号称封建时代经济最发达的宋朝被金军和元兵南下灭亡一样。

"损益"的治国政策终结于千年后的盐铁会议。盐铁会议是中国古代政治与经济的重要分水岭，重农抑商的基本国策由此确立，从此"利""商""工"都成了与"清流"对应的"末流"，从此太公、管仲、范蠡、桑弘羊式的经济型"贤相"几乎绝迹。

汉武帝在位五十四年打仗四十三年，特别是汉匈之战耗费极其巨大。桑弘羊为"搜粟都尉"，用财政与货币两手平衡国民损益，重点是增加了财政收入保障对匈奴的军事战，同时运用盐铁禁运对匈奴与南越开展贸易战。他调控经济的主要手段就是"利"，重点是货币与财政政策。桑弘羊财政政策的三大支柱是盐铁、平准、均输。其货币政策的影响更大，他于公元前113年推出了全球第一套"法币"五铢钱统一货币。汉朝的五铢钱制通用了七百余年，直到唐高祖改铸开元通宝，五铢钱制才被废除。直到牛顿协助英国建立"金本位"英镑制度之前，桑弘羊都是全世界货币政策第一人。他不仅用"铸币岁"填了财政窟窿，还创造了一项政策工具保障了帝制中国的长盛不衰。盐铁官营、统一铸币之前，汉武帝原来搞的是卖官鬻爵集资以及没收官绅资产。欧洲也一样，法王只会卖官鬻爵和简单加税就会导致革命，而英王却学会了搞授权专营，还学会了本位货币与银行制度。**产业革命与霸权都离不开"损益"的创新。**

随着战事平息，桑弘羊的战时经济政策确实应当调整。盐铁会议本是国家宏观经济政策的辩论大会，却偏离了经济与民生的主题，被霍光带偏了。会议的中心议题成了一项国民对立的大帽子："民所疾苦，教化之要。"霍光取消了酒铁专卖，但调整标准却不是各阶层"利"的平衡，而是口号政治"行仁政，以德治国"。汉武帝尊儒只是唱高调子而已，口惠而实不至，他很明白这些口号官员一旦掌权的"仁政"到底是什么，问问第一位得到谥号"仁"的宋仁宗苦不苦，问问"以德治国"的崇祯临死的感想就知道了。汉武帝只任命董仲舒给不安分的江都王刘非、胶西王刘端当国相，实际上是让他用这套去忽悠诸侯而不是自己。因此董仲舒借皇宫火灾大谈"天人感应"要求汉武帝行仁政时，立刻就被撤职。真正实现"尊儒"大转向的是霍光。

霍光修正的直接后果是汉末发生了帝制中国农业时代的第一次经济大危机，并引发社会危机与政治危机。霍光新政策打着"民所疾苦，教化之要"的旗号，却导致了农民阶层破产，而且政府财政同步破产，"国家空虚，用度不足。民流亡，去城郭，盗贼并起，吏为残贼"。霍光所谓让利于"民"，得利的都是官绅豪强，结果就是官绅豪强的绝对垄断与绝对腐败。中央政府早已放弃了"损益"的调控手段。即使中央政府不放弃，虚言大义的儒学团队也不擅长操作，后续王莽团队就是明证。因为无法面对第一次大危机，汉哀帝对男宠董贤说："吾欲法尧禅舜，何如？"独尊儒术的精英们想到的解决方案当然是孔子念念不忘的遗愿。于是被天下儒生联名支持的儒家学问道德"完人"王莽终于实现了"禅让"。

王莽做了十五年的皇帝，唯一干的就是改革以及为改革失败四处救火，他其实就是一个背锅侠。王莽被戏称为"穿越者"，其实他的"托古改制"就是"损益"＋复古周朝的包装。重在均衡土地＋收税＋价格调节，目的是打击豪强、扶助百姓，也可以说是对霍光政策的再次拨乱反正。王莽搞币制改革，学的是桑弘羊却制造了通胀。其他如五均六筦等也是重新捡起财政政策。结果商人世家桑弘羊的政策，被王莽儒学科班团队一学就走了样，真不是披件白大褂就是医生，当上院长就是名医。前文已述，王莽认为无锡没有金属锡是因为名字叫"无锡"，所以要改成"有锡"，这与《周易》《诗经》的"大有"离题万里。《同人》卦的"伏戎于莽，升其高陵"也被王莽荒诞地解释说"莽"是王莽，"升"是刘伯升，"高陵"是高陵侯子翟义，翟义、伯升造反长不了。这就是当时"废黜百家、独尊儒术"之后最高儒学水平表演的笑料。

前文已述，积重难返的改革如治重病，只有黄老之术才有可能开出静养待时、"攘外安内"的药方，只有心静如水、心细如发的吕尚、管仲、吕雉式的医生才能操刀。靠"无知"还"躁尤"的商纣王、周厉王以及王莽团队都是失败。被霍光政策培育壮大的豪强阶层已经掌控社会命脉，而且撕去了"清流""义利""民所疾苦，教化之要"等伪装，类似殷人说的成了"大妖"，或周人说的"蛊"而"不可救药"。要从豪强贵族那儿虎口夺食再平衡"损益"，少不了纣王的"暴政"或商鞅的"苛政"。王莽确实采用了法家的严刑峻法，因为没能产生增量的"利"，效果只是加剧了矛盾。各阶层"未蒙其利，先受其害"。最终，王莽改革最想爱护的百姓们反而被生活所迫，"悉起为盗贼"，绿林、赤眉军席卷全国；豪强们反而乘机结成了以刘秀为中心的豪强联合体。

盐铁会议后的宏观经济思想大倒退，不仅制造了帝制中国的第一次经济、社会、政治大危机，还因为王莽治病的失败与刘秀的治标不治本，为后世一轮轮重复的王朝经济危机与周期留下了老病根。只要中央政府被儒学政治正确束缚，不能系统地通过"损益"及时以"利"为中心调整宏观经济，最终都必然无知无觉、自然而然地积累出豪强兼并垄断与农业破产、国库破产的颠覆性危机。

一千年又一千年，这个根本问题的争论者换成了范仲淹、王安石与司马光，魏忠贤与东林党，还有凯恩斯与弗里德曼、哈耶克，等等。与其被各种大师们忽悠来忽悠去，还不如追本溯源再读《周易》。《周易》下篇基于人性，侧重万世。人性不变，何来"人心不古"？"莫进而争，莫退而让。守国如此，与天地同光。"《损》《益》卦是全世界宏观经济学的鼻祖。周朝第一次完成了天下真正的大一统，人口众多，区域广大。因此，太公、周公才成为第一个必须要研究而且有资格研究宏观调控的核心执政者。

第四十一卦　损

损：有孚，元吉，无咎，可贞；利有攸往。曷之用？二簋可用享。

初九：已事遄往，无咎；酌损之。

九二：利贞，征凶；弗损益之。

六三：三人行，则损一人；一人行，则得其友。

六四：损其疾，使遄有喜，无咎。

六五：或益之十朋之龟，弗克违，元吉。

上九：弗损益之，无咎，贞吉。有攸往，得臣无家。

"损：有孚，元吉，无咎，可贞；利有攸往。曷之用？二簋可用享。"这是《周易》中最长的卦辞，特别是"有孚""元吉""无咎""可贞""利有攸往"全部用上，相当于各卦卦辞总汇。可见所有的杰出政治家首先是经济学家。

"曷之用？二簋可用享。"卦辞明确《损》的第一重点是政府开支。"簋"是盛食物的器具，"用享"是敲钟集会的享祀之礼。《礼记》记载各朝祭祀标准："有虞氏之两敦，夏后氏之四琏，殷之六瑚，周之八簋。"周朝享祀最多八簋，最少二簋。当时祭祀费用占大头，政府首先要将"损"降到最低。

《损》《益》两卦体现了积极的、对政府有限制的、对百姓有偏向的财政政策，既实事求是、切实可行，也很"超前"。在执行中周公设计了配套的《周礼》。制度的初衷是限制天子本人，进而限制各级"大人"，并不是儒家理解的天子歌舞六十四人，诸侯一级级减少不能超标。英国宪政斗争焦点就是税收，实际是晚了两千年的"二簋可用享"。《大宪章》正是因为国王约翰随意增加"盾牌钱"的数量与次数，激起贵族的不满而联合起来胁迫约翰签署的。《大宪章》的核心就是限制王权，"王在法下"就是所谓宪政，那么"王在礼下"呢？

"已事遄往，无咎；酌损之。"西周国策明确提出了反对形式主义与官僚主义。"已"是祭祀流程；"遄"就是快、迅速。对于国之大事的祭祀都要简化流程，节约时间与人力物力，反对文山会海的形式主义。"酌"是祭祀用酒，也要减少，与《酒诰》限制公务用酒一致。

"利贞，征凶；弗损益之。""损"分对象，钱要花到"征

凶"即国防建设与防灾救灾上，都是为了保国民平安。老子
所谓"人之所恶，唯孤寡不谷，而王公以为称。故物，或损
之而益，或益之而损"。本卦正是损"王公"而益"孤寡"。

"三人行，则损一人；一人行，则得其友"就是老子所
说的"天之道，损有余而补不足"。

"损其疾，使遄有喜，无咎。""使"是派遣，指专门官
员，类似纪委。"损其疾"指被损者"疾"不爽，减少政府开
支会让谁不爽？所以必须有"使"，而且要雷厉风行"遄"，
不给"下有对策"的时间。"有喜""无咎"是得到了群众对中
央政权的欢呼而长治久安。"喜"字从口从壴，"壴"意为乐
队；"口"指欢声。"口"＋"壴"表示队伍发出欢呼声。

"损其疾"必然引起官僚阶层反弹。《秦风·权舆》就是
一首反弹之诗。此人"每食四簋"还"嗟乎""食无余"，而且
起了夺权修正之心："于嗟乎，不承权舆！"看来没有"使"真
的不行。

权　舆

　　　于我乎，夏屋渠渠，今也每食无余。于嗟乎，不
承权舆！

　　　于我乎，每食四簋，今也每食不饱。于嗟乎，不
承权舆！

"益之十朋之龟"，增加大量开支到十朋之龟，"益"的
对象就是"征凶"与"喜"，而且说到做到"弗克违"。造航母
与扶贫攻坚得花很多钱，老百姓会"喜"。这类支出不仅"弗

损"还要"益之"，自然国泰民安"贞吉，有攸往"。

"得臣无家"放在最后，是对官员队伍提要求，也可以是选干部的标准，优秀楷模就是太公。本卦很清楚谁掌握政策。自古的理想楷模就是武如霍去病文如诸葛亮，最高境界就是"无我"。老子的解释是：圣人无争、无私。但能成就理想与初心之私，天下莫与之争。

第四十二卦　益

益：利有攸往，利涉大川。

初九：利用为大作，元吉，无咎。

六二：或益之十朋之龟，弗克违。永贞，吉。王用享于帝，吉。

六三：益之用凶事，无咎，有孚中行，告公用圭。

六四：中行告公，从，利用为依迁国。

九五：有孚，惠心勿问。元吉。有孚惠我德。

上九：莫益之，或击之。立心勿恒，凶。

《益》卦讲对"征""凶"即国防与救灾扩大开支，益"十朋之龟，弗克违"。卦辞是"利有攸往，利涉大川"，明确把发动大战当作国家功能或主业。同时把"利有攸往"作为发动战争的标准。还是财务三张表与盐铁会议的课题。

"利涉大川"在《周易》中全部指代大战，如伐纣、东征等。史实是从季历崛起开始，文王、武王、成王、康王、昭王、穆王直到幽王，战争就没有停止过。区别是西周前半期全是主动发起战争，而且都是大战。昭王伐楚也得到了史墙盘铭文的肯定评价："弘鲁昭王，广批荆楚。"新兴产业与新型文明都是扩张性的。

"**利用为大作，元吉，无咎**"，**这是凯恩斯主义积极财政政策的鼻祖**。与"利涉大川"的区别在于"利用为大作"是大兴土木的基础设施建设。老子解释"损益"分政府"有为"与"无为"。"有为"是运用"损益""征凶""涉大川""用为大作""王用享于帝"，"无为"就是"弗损益之，无咎，贞吉"等。周初立国时代《周易》更侧重"有为"，或者叫积极财政政策。本卦借鉴了盘庚迁都，举了营建成周"大作"的案例，亦可包括太公营建营丘之例。

"或益之十朋之龟，弗克违。永贞，吉。王用享于帝，吉。"如果坚持"益"之道（减少政府基本支出，加给国防民生救灾与基建），说到做到的效果反而是"王用享于帝，吉"。看似与简化祭祀违背，但国泰民安百姓"喜"不正是"封禅泰山"的条件与资格吗？这是天子本人的"名"与国家无形资产的辩证平衡。没有汉唐的文治武功，几千年来的中国人为何叫汉人、唐人？

"益之用凶事，无咎，有孚中行，告公用圭。"在"益之用凶事"时，大的财政转移支付，必然附带来贪污克扣。盐铁会议也提到了财政政策的弊端。比如均输官低进高出，平准法导致物价上涨，官商勾结囤积居奇。关键还是在官员。除了《损》卦的"使"，本卦的措施有二：一是品性要求"有孚中行"；二是"告公用圭"，比喻向上级汇报的制度化、正规化、仪式感。中国官员"用圭"和美国总统用《圣经》一个道理，既代表受命，也约束"你知我知，天知地知"。

"中行告公，从，利用为依迁国。""中行"的"中"前文已述是"众"。"中行告公"是自觉地"告公用圭"。"从"指"众"就会跟从，即"用众"。"从，利用为依迁国"就是众志成城迁移洛阳建成周。

"有孚，惠心勿问"就是"有孚惠我德"的仁政德政。"惠"字从心从更，本义是仁爱。"勿问"是聚集众人问询，后来各级官员总找群众演员，百姓只好幻想皇帝微服私访。

"莫益之，或击之"，就是太公说的"莫进而争，莫退而让。守国如此，与天地同光"。正如《损》卦的"三人行，则损一人；一人行，则得其友"，老子解释为："天之道，损有余而补不足。人之道则不然，损不足以奉有余。"

"立心勿恒，凶。""立心"比对"惠心"；"勿恒"对比"勿问"，指"莫益之，或击之"的灾难结果"凶"。因此这处的"立心"是统治者自大自我中心的一己私心。《说文》释"立"曰："立，住也。从大，立一之上。""勿恒"指旗帜不动。旗帜在哪，统治者就在哪，静止不动表示统治者脱离国情，而且人体、国体各类组织都符合"勿恒"必腐的规律。

结尾借用了商汤"大作"殷都"利用为依迁国"的典故。盘庚通过迁都平息了"九世之乱"。《尚书·盘庚》记载动员大会："其有众咸造，勿亵在王庭，盘庚乃登进厥民。""亵"是污秽之意，"勿亵在王庭"表示的就是"勿恒"长期不动而污损破败。王旗如此，王国呢？

四、太公养生术与西周中医学的奠基

《黄帝内经》，特别是《素问》就是太公、文王托名岐伯、黄帝继承整理八千年中医成就的作品。和《尚书》《周易》《司马法》等一样，是周朝"典册"的一部分。本章阐述太公本人的养生术与西周对中医学的奠基。

1. 太公养生术考证

中医靠望、闻、问、切、观察"五藏"状态来推理病因，并靠望、闻、问、切把握疗程效果以及生命体与疾病的六爻周期。"望"排第一，把脉只是最后确认。后世二十八脉之类本末倒置恰恰是《素问》所批评的，而张仲景的《伤寒论》更不看重把脉，几乎忽略针灸。

中医"望"的逻辑正是来自"天望"。太公望通过对天象的观察记录，从而推导出影响人体的五运六气，但这是对宏观人群的分析。具体到个人需要一个天人合一的链接，即人的生命核心是"神"，基本结构是"五藏"，对应宇宙五藏就是"小宇宙"。看不见的五藏小宇宙通过"象"被"望"到，从而推测出"五藏"状态。"五藏"的内在状态都外显于人脸与皮毛、发、牙等，这就是"象"，类似成像。好中医一望便知七八。正如《六韬》所说："微妙之音，皆在外候。"望天与望人的共同能量表述叫作"气"。人的生命能量"气"＝先天之气＋后天之气。先天之气来自先天之精的转化，这个定量的先天之精来自胚胎时"天"的赋予（布气真灵）；后天之气是人从"天"直接获得或者通过脾藏从其他生物获取（不是营养元素）的。这就是"望"赋予中医的生命观。如果读者觉得东方的"藏象生命结构"很玄很不科学，不妨参考西方舶来的"数字孪生"与所谓"元宇宙"。

太公自己修炼得怎么样？我们来"望"一下"太公望"。

首先，关于太公的外貌，只有一条记载。在《六韬》中，商容描述："其人虎据而鹰峙，威怒自副，见利欲发，进不顾前。"诸葛亮描述钟山龙蟠、石头虎踞乃帝王之宅。实际上他描述的是钟山＋长江＋秦淮河＋石头城，这几个要素共同排列组合形成的"气场"（《巽》卦与风水能量的原理就是"拓扑学"）。太公"虎据"之貌，高大、沉稳、庄重、威严，一个词"气场强大"。所以，姜太公一望便知有气场。"威怒自副"就是自带气场不怒自威。

其次，关于太公的精气神也仅有只言片语："虎据而鹰峙"；"维师尚父，时维鹰扬"。"鹰峙""鹰扬"既可以看出老太公果然是古之真人，"能活百岁而动作不衰"，也可以通过"鹰"仿佛对视到他犀利的眼神。眼神在中医中第一代表肝藏的状态，第二是心神的窗户。肝藏是人体的国防系统，负责免疫与排毒。姜子牙的眼神如"鹰"说明他免疫与排毒能力很强，养心到位"精"很足。

最后，从"见利欲发，进不顾前"推测他思虑过度还是会伤脾，脾之邪气入侵，他必然爱"发脾气"，就是发脾之邪气。痛风、糖尿病患者的根源是"脾虚"，意思就是"脾藏（注意，不是脾脏）"正气内存不足而邪气入侵。身体的自然反应就是"发脾气"。思伤脾、怒克思，正史记载中的姜太公一点也不慈眉善目。比如他在伐商出兵前踢倒占卜师并叱骂朽骨枯草的场景，比如他在孟津誓师迟到必斩的凛然。
《尉缭子·武议》记载他"过七十余"还"人人谓之狂夫也"。
在文王造反与武王伐纣的决策过程中，没有太公"大知似
狂"的坚持，未必有商周革命。《御览》引《周书》称："太公
曰：知与众同者，非人师也。大知似狂。不痴不狂，其名
不彰；不狂不痴，不能成事。"《史记·商君列传》说："千人
之诺诺，不如一士之谔谔。"

姜太公的准确年龄没有可靠记载。《史记》说他寿139
岁，不吻合《素问》120的天年之限。但他确实非常健康长
寿。以下三条记录是基本可信的。

《齐太公望表》引《周书》："康王六年，齐太公望卒"；
"盖寿百一十余岁"。

史诗《大明》记载牧野之战时，"维师尚父，时维鹰扬"。

《御览》引《六韬》描述战后的太公："虎据而鹰峙，威怒
自副"。

身体是革命的本钱，家庭是身体的底子。不仅太公自
己，他的儿子吕伋也一样长寿。在《大雅·行苇》中，吕伋
驼背还能弯弓远征。吕伋在牧野之战时参战，到穆王元年
去世。依史书记载，牧野之战到武王死4年，成康四十多年
没用刑罚即成康周期至少40年；昭王十九年死于汉水即昭
王周期19年。算下来，吕伋在牧野之战后至少活了4＋
40＋19＝63年。牧野之战时邑姜已经嫁给武王10年，按女
子15岁及笄计算，也绝不会小于15＋10＝25岁，那么她哥
哥吕伋寿命肯定大于25＋63＝88岁。另一个算法是根据《晋
书·束晳传》引《纪年》记载："自周受命至穆王百年。"文王

受命时邑姜嫁给姬发，传至穆王已经百年。吕伋于穆王元年去世。如果依此计算，则吕伋的寿命大于110岁。太公牙、吕伋父子俩都活到110岁以上，他们的所有对手光是"熬"也被熬死了，输得没脾气。我们现代人真的应该好好学学《素问》了。

邑姜是否长寿不知道，但《大戴礼记》说她是我国胎教有记载的开山鼻祖。如果她的医学知识已经细分到了胎教，也足以证明姜家的医学素养。邑姜治内有道，相夫教子，看看武王、成王与唐叔虞便知。晋祠专为她建了"圣母殿"，同时她谥号"文母"，说明她也是大才女。武王伐纣时，她能攘外安内，也能从治国倒推出治身。《大戴礼记》成书于西汉时期，它记载邑姜"胎教"至少证明两点：第一，我国学者在汉朝前不会"编"出"胎教"这么个科学的事情。即使要瞎编也会编造些长生不死的神话。第二，"胎教"自邑姜始，而不是自太任、太姒始。如果太任、太姒也懂胎教，那么她们也会留下相关的记录。文王出生时重乳被记录，但太任把他生在猪圈中。武王出生没有特别记载，但太姒推广八卦占卜、歌舞降神有记载，都不是"科学"路线。也就是说两位"太太"从母家没有接受胎教知识。这样基本上就把辛公甲、周公从周初医学家排除了，说明当时只有姜太公才掌握《素问》。这也间接验证了《素问》真正的作者或编辑者就是姜太公。

姜太公是如何做到"长生久视"的呢？

《素问》说，"尽终其天年，度百岁乃去"者，"德全而不危"。太公必是得道之人，德行高尚，内心纯良宽厚。养生≠养身，养生＝养身＋养心。史籍中并没有关于太公养生术的专门记录。但姜"望"的职业必然引出"执天之行"，即根据日月五星周期规律指导生活。这也正是《素问》养生的第一关键：守时有节、起居有常。对比不能"长生久视"的典型案例，就是周武王以及"出师未捷身先死，长使英雄泪满襟"的诸葛亮，他俩只活了五十四岁。他们和姜太公、司马懿的区别是什么？区别就在工作方式、生活方式、思想方式上。

第一，工作方式。诸葛亮最后一次与司马懿对垒五丈原，司马懿和使者拉家常，看似关心诸葛亮，实际上说明司马懿真的懂医学养生，利用学问套话。使者无知，可能还挺为领导自豪地告诉了他重要信息："诸葛公夙兴夜寐，罚二十以上，皆亲览焉。所啖食，不至数升。"懿乃告人："诸葛孔明食少事烦，其能久乎！"西蜀本钱小志向大，诸葛亮是"夙兴夜寐"累死的。诸葛亮不会不明白管事太多太细对自己和国家意味着什么，他非常渴求贤才分担，实在是关羽北伐、刘备东征两次大败几乎败光了老本，诸葛亮就像是一家已经实际破产、靠商誉维持的公司的CEO，再也亏不起了。一方面"一生唯谨慎"当然不会同意魏延冒险；另一方面"鞠躬尽瘁，死而后已"，想以个人消耗为蜀汉赢得天下万一有变的小概率转机。司马懿说诸葛亮"虑多决少"，"志大而不见机，多谋而少决"，实在是有钱的大公司总裁心态。在工作方式方面，诸葛亮没得选。

第二，生活方式。234年，诸葛亮病死，《三国志》等史书没有提及具体病因。王沈《魏书》称其吐血而亡："亮粮尽势穷，忧恚欧血，一夕烧营遁走，入谷，道发病卒。"根据诸葛亮生前的生活习惯，结合他思虑过度的工作方式推测，应该是得了"痛风"。经常发作脚疼，所以总是坐着小推车出场。吃不下饭、吐血而死都是痛风晚期的尿毒症表现。李世民、袁世凯也是得了痛风，也在差不多年纪死于尿毒症。这类人过度沉迷于权力斗争、军事算计，又不缺补品，所以很容易痛风。从发作到晚期的周期就是活不过六十岁。另一个痛风病友忽必烈改弦更张"执政以宽"，就是尽量不管事、少费心，带病活到了七十九岁。另外，从三顾茅庐的记载看，诸葛亮在年轻时代没有工作压力的情况下，也没有做到《素问》养生的第一关键：守时有节、起居有常。刘备远道而来，他还在睡大觉。他不是"大梦谁先觉"，而是黑白颠倒睡不醒。因此诸葛亮必然肝血不足，长期结果是肝功能衰弱。诸葛亮四十五岁才有了第一个也是唯一一个孩子诸葛瞻，这点类似王阳明。结论：诸葛亮生活方式不健康是老毛病。父亲早逝，小小年纪从山东到荆州，毕竟是颠沛流离、寄人篱下。养生，对诸葛亮来说是个奢望。

第三，思想方式。两篇《出师表》，满纸都是外部压力＋"受命"的自我压力。诸葛亮的心态及其导致的其他状态，其实和五十四岁去世的周武王一样。压力让他俩都得了焦虑症、神经衰弱。外部压力是客观存在的，自己内心的压力却是自找的。师尚父作为第一位受命托孤的革命总管难道没有压力？"受命以来，夙夜忧叹，恐托付不效""受命之日，寝不安席，食不甘味"这两句话同样适用于武王及未来的周公。区别是武王还有周公解梦，还有太公、邑姜内外撑着，诸葛亮靠谁？

武王自己也是忧思过度而死。伐商之前每夜与太公密谋，夜里也睡不踏实总做噩梦，一大早把姬旦找来解梦求安慰。翦商的压力，失败的恐惧。《逸周书》中有多篇记载了武王的噩梦，如《寤儆解》《和寤解》《武寤解》《武儆解》等，真是"君子终日乾乾，夕惕若厉"。武王还把各种座右铭刻满了左右，正如《豫》卦所描述的"介于石，不终日"，应该是强迫症了。这种患得患失的心理状态在伐商胜利后会变本加厉。《度邑解》记载：

> 王至于周，自□［鹿］至于丘中，具明不寝。王小子御告叔旦，叔旦亟奔即王，曰："久忧劳。"问周不寝，曰："安，予告汝。……我来［未］所定天保，何寝能欲？"

"宁静以致远，淡泊以明志"，这是诸葛亮留给儿子的话，他去世时独子才七岁。武王、周公、诸葛亮，他们和姜太公的区别是"心态"修炼达到的境界。王阳明的心学实际上就是佛学之"空"、道学之"灵"、儒学之"恕"三合一的境界，真正达到的也就姜太公吧。他在文王去世后毅然决然扛起托孤与伐商的重任；武王去世后没有和周公争夺摄政权，当三监与武庚叛乱时又坦然地接受晚辈周公领导奋勇东征。在权、钱、名面前无私无我，能进能退。真正"兼济天下"的得道者，才能大钓无钩、大象无形、大勇若怯、大智若愚，这才是"我心光明"。

《诗经》中涉及中医或养生的只有《唐风·蟋蟀》一首。孔子的"六艺""六经"中都没有医学。医学是他的短板。他最好的学生颜回早逝，"一箪食一瓢饮"，身体能好吗？他最差的学生宰予早起瞌睡被骂"朽木不可雕也"，其实这是肝血不足、卫气不升的病态，不是学习态度问题。**武王、周公、颜回、诸葛亮的工作、生活、思想方式，都是被儒家价值观推崇的楷模，但这样对他们本人、家庭以及国家人民是值得提倡的好事吗？**

关于养生之道，除了《素问》，庄子讲解得最多，他还有一篇专门讲解养生的文章《养生主》。他讲的重点案例是钓鱼和庖丁解牛。钓鱼养生侧重养心，养心之道第一是"静"。所以姜太公钓鱼当然不会用鱼钩、鱼饵，他不需要钓到鱼，只需要清静无扰；他不关心鱼乐不乐，也不希望真的有鱼跑来打扰他的宁静，所以看似"呆若木鸡"。

老子也在水边总结出长生之道："上善若水……夫唯不争，故无尤。"庄子多次记载钓鱼，他钓出了三条"名"鱼。《逍遥游》中只能借风才能飞翔的北冥之鱼"鲲"是天上的鱼。《大宗师》里"相濡以沫，不如相忘于江湖"的是地上的鱼。庄子最欣赏的还是平平淡淡冷暖自知的濠河水中之鱼："子非鱼，安知鱼之乐。"庄子最重要的主张是"天人合一"和"清静无为"。"天人合一"思想最早的明确表述来自《阴符经》。《庄子》各篇之中，《齐物论》比其他篇明显深奥晦涩，更像是引用了古籍。庄子的目标是绝对的心灵自由，摆脱一切束缚做到"吾丧我"。具体方法是："坐忘"与"呆若木鸡"。"何居乎？形固可使如槁木，而心固可使如死灰乎？"这个形象定格就是姜太公钓鱼。

庄子在《养生主》中所讲的"庖丁解牛"的故事常被误以为是寓言，讲的是熟能生巧。其实"养生主"就是养生的关键与重点。"庖丁解牛"原意是养生之道。"养生"与"养国"是相同之道。庄子提示伊尹也是"庖人"，而且是中医汤剂养生的鼻祖。庄子说庖丁解牛"合于《桑林》之舞"，这个歌舞就是伊尹创作的。当年商汤要是生病了，伊尹就会为他熬一锅汤，喝完就好。商汤喝汤觉得神奇就问伊尹。伊尹回答说："治大国如烹小鲜。""烹小鲜"就是熬汤。《左传》专门记载少康在有虞担任总厨师长："为之庖正，以除其害。"可见"庖正"的功能是兴利除害，既负责国民养生去病除疫，也负责国民经济的整顿、清理与恢复、繁荣。这才是太公传承的"黄帝之道"。

可以想见，如果太公的早期职业是"庖丁解牛"，那等于边工作边养生；如果他独处的时间除了读书写书就是钓鱼，那就是庄子心目中最最高级的修炼状态。这样的姜太公不长寿才怪。孟子说："盍归乎来！吾闻西伯善养老者。"当时太公已经是"二老者，天下之大老也"，奔着养老而来，没想到摊上事了，而且西周的工作这么艰辛，要不然就真的要成仙了。

《庄子·让王》总结：

> 道之真以治身，其绪余以为国家，其土苴以治天下。由此观之，帝王之功，圣人之余事也。

2. 西周创建世界第一个国家医疗养生体系

"养生家"姜太公与文王创立的周朝，不仅设立了"庖人"主管王室五谷、五畜养生，而且在全世界最早建立了国家医疗体系。这应该是周初群英长寿的第一原因。

《周礼·天官》记载周朝医官体系分工明确："府"主管财务、药物和器具等；"史"主管文书和医案档案等；"徒"类似护士与杂工；"士"即专业性的医士。

"史"表明周代已经建立了已知最早的病史记录。周公为武王、成王祝由治病的记录不就在"金縢之匮"吗？医生书写死亡病例报告及治疗过程记录并归入"史"管理："凡民之有疾病者，分而治之，死终，则各书其所以，而入于医师。"

"士"是人类历史上最早记载的分科医生："医师掌医之政令，聚毒药以共医事。凡邦之有疾病者，有疕疡者，造焉，则使医分而治之。""士"即医士，包括食医（掌调饮食）和疾医（"掌养万民之疾苦"）为中士，疡医（外科）和兽医为下士。最高级医士才叫"医师"（"卫生部部长兼导师"）。其中"疡医"就是当时的外科医生："疡医，掌肿疡、溃疡、金疡、折疡之祝药劀杀之齐（剂）。""祝药"就是敷药，"劀"是刮去脓血，"杀"是用腐蚀药清除坏死的肉，"齐"是平复疮面。

"十全"是周朝建立的人类第一个健全的医疗考核制度："岁终，则稽其医事，以制其食。十全为上，十失一次之，十失二次之。""岁终，则稽其医事，以制其食"是对医生治疗效果的年终考核。"十全"在《素问》中就是黄帝与雷公讨论的追求目标，包治百病。如果周朝的医疗考核敢于制定"十全为上，十失一次之，十失二次之"这样的标准，可见当时的"医疗自信"。这也有助于我们理解周初几位猛人为何长寿。

西周虽然科技落后，中医学却已经成熟。《周礼》中的很多专业语言与《黄帝内经》非常类似，再次证明《黄帝内经》在西周时就已经定稿。如：

> 以五气、五声、五色眂其死生。
>
> 以五味、五谷、五药养其病。
>
> 春多酸，夏多苦，秋多辛，冬多咸，调以滑甘。凡会膳食之宜，牛宜稌，羊宜黍，豕宜稷，犬宜粱，雁宜麦，鱼宜菰。凡君子之食，恒放焉。
>
> 凡疗疡，以五毒攻之，以五气养之，以五药疗之，以五味节之。凡药，以酸养骨，以辛养筋，以咸养脉，以苦养气，以甘养肉，以滑养窍。
>
> 人之喜怒阴阳，运于荣卫之间，交通则和，有余不足则病。

除了医疗保障制度，西周还建立了专人负责的系统的贵族养生体系。《素问》对身体组织的维护，除了强调与历法、地理的协调，还特别强调均衡科学的饮食，"以五味、五谷、五药养其病"。随着农业产业革命的兴起，西周建立了营养学史上最早的膳食分类。《素问》将膳食分四大类："谷肉果菜，食养尽之。""五谷为养，五果为助，五畜为益，五菜为充，气味和而服之，以补精益气。"

西周继承的药食同源的养生理论至少可以追溯到少康和伊尹。少康缺乏记载，伊尹以烹调、五味分析天下大势与为政之道，应当与"君臣佐使"原理一致。中药汤剂也是伊尹发明的。伊尹老家洛阳的第一大菜就叫"水席"。笔者曾专门撰文考证加草药的南阳牛肉汤传自商汤，胡辣汤即张仲景的防疫汤，永城"饣它(shà)汤"即华佗防疫汤。河南人南迁后，江西有了瓦罐汤，广东有了老火靓汤。香港人辛苦且蜗居为何长寿世界第一，还是靠这口老汤的养生祛病。按照正宗中医的逻辑，这就是"药（藥）"，让人快乐（樂）的草。而苦药在周朝叫"毒药"。

随着农业产业革命的兴起，**西周建立了营养学史上最早的膳食分类**。"五谷"不是日常食用的百谷，而是精选的药膳组合，"以五味、五谷、五药养其病"。麻仁当主食过多食用可引起恶心、呕吐、腹泻、四肢麻木、烦躁不安等。《素问》与《周礼·疾医》中提到的五谷包括麻、麦、稷、稻、豆类（菽者，众豆之总名）。麻色苍、麦色红、糜色黄、稻色白、豆色黑，显然是五色养五藏。加上五畜，这个组合适合最早的中原贵族。今日看上去仍然很科学。"稷"就是黍或糜，是传统健脾药，主治气虚乏力等。游击队员受伤了，老乡就会煮碗黄小米粥给他养身子。《伤寒论》中用"稻"煎药熬粥，"稻"含米糠，不是精米。孔子曰："啜菽饮水尽其欢，斯之谓孝。""菽水"就是古代豆浆。中国桑科大麻不是大麻科毒品大麻。麻衣就是桑科大麻的皮纤维。火麻油被称为长寿油，是唯一能够溶解于水的植物油，而且含有人体必需脂肪酸，可以促进大脑发育。

"五畜"指牛、犬、羊、猪、鸡，是专门选出畜养的药膳组合，目的是补益。《素问》说："五畜为益。"现在人们最常吃的补肉还是羊与鸡。羊肉能量高，补气血；鸡汤是感冒必备。正宗中医绝不会推荐野生动物入药，如鹿茸、虎骨、熊胆，也不会用驴鞭之类的壮阳药。汉末《伤寒论》提到的112种药材中，动物药也只有12味：水蛭、虻虫、龙骨、牡蛎、文蛤、鲍鱼汁、蜂巢及白蜜、鸡蛋、阿胶等。中药不是吃啥补啥，它的选药指引是天气地气理论。"气"理论指引之下的中医就不是经验医学，中医药也不会是原始自然药。

今日中餐，源自中医。除了药膳的"汤"，祖先的饮食无非火烤鼎煮加上分餐制而已。合餐制源于君臣佐使的"方"太多，到明朝才基本定型。"百姓日用而不知，故君子之道鲜矣！"饮食文化是千年演变升级的结果。中医学起了巨大的助推与"科学"作用。中餐厨房被误以为不健康，中国人不喝冷水喝热茶，中餐在入口之前几乎都要经过高温烹制，和冷餐白水比较，哪个更卫生更健康？张仲景认为"胃"是生气之本。他常用的草药都不像"药"而像野菜。这些野菜经过代代精选，融入了中国人的生活日常。主食主菜是"君臣"，佐料是"佐使"。桂皮源自千古第一方桂枝汤。葱、姜、蒜都是辛香的中药。辛发散香气醒脾。山东大葱，为了散风；川菜偏辣，大众祛湿；苏菜香甜，正为入脾。醋与鱼已是绝配，"醋解"就是中药之法。米醋、鸡蛋壳、白蒜配半夏就是张仲景治疗慢性咽炎的"苦酒"（实为肝藏病）。鲍鱼汁也是药，炖鸽蛋补肝血，等等。

西周建立了世界上第一个国家医疗与养生体系，检验就是西周创业群英的长寿。清华简《耆夜》记录了文王六征最后一伐即伐耆的庆祝酒会。这次酒会的对诗及参与群英的长寿，正是一个生动的验证。"耆"，本义就是老与长寿。"耆夜"时周公写诗三首：《赑赑》赞扬毕公武功风采；《明明上帝》是祝福主题；《蟋蟀》就是养生主题。周公、寺人与孔子对医学重视不够。因此《诗经》中祝愿长寿的很多，但具体涉及中医或养生的只有《蟋蟀》。

蟋　蟀

蟋蟀在堂，役车其行。今夫君子，不喜不乐。夫日□□，□□□忘。毋已大乐，则终以康。康乐而毋荒，是惟良士之□□。

蟋蟀在席，岁聿云莫。今夫君子，不喜不乐。日月其迈，从朝及夕。毋已大康，则终以作。康乐而毋荒，是惟良士之瞿瞿。

蟋蟀在序，岁聿云徂。今夫君子，不喜不乐。日月其除，从冬及夏。毋已大康，则终以惧。康乐而毋荒，是惟良士之瞿瞿。

"耆夜"是攻占黎国的庆功酒会，众人自然兴高采烈。周公写诗喜欢写小动物，蟋蟀形容穿盔甲的弟弟毕公筋骨强健、敏捷的样子。君子当然要乐而有度："康乐而毋荒，是惟良士之瞿瞿。"乐又不过头就能成为像姜太公那样"良士之瞿瞿"。如果过了呢？那就是"毋已大康，则终以作"，"毋已大康，则终以惧"。毕弟弟现在年轻，"方壮方武"，"臧武赳赳"，但是仗着"大康"的本钱"作"的话，"则终以惧"。为了能"万寿亡疆"，就要顺应"月有盛缺，岁有歇行"，每日每年一生坚持下去："日月其迈，从朝及夕"；"日月其除，从冬及夏"。最终就能像"瞿瞿"的姜老头一样长寿。

主角毕公高在史书中最后一次出现是康王十二年。《尚书·毕命》赞誉他"弼亮四世"。武王八年"耆夜"时，他是"方壮方武"的伐耆将军，到成王去世时牧野之战已过去约三十年，又过了十二年康王赐毕公诰命，可见长寿。

召公奭于康王二十四年去世。他长寿的可靠证据是，吴国王子者减铸造编钟祈祷能像召公一样"三寿"即上寿百岁："用祈眉寿繁釐于其皇祖考，若召公寿，若叁寿。"

辛公甲是太姒的兄弟，姬发、姬旦等的舅舅。《史记》说他归周时已七十五岁。《左传·襄公四年》记载他东征之后任太史，首创"官箴王阙"针砭国君过失，**这是我国历史上第一次"议会"提案记录**。马王堆汉墓被誉为中华地下文化宝库，出土了大量的帛书、帛画、简牍等，其中就有《脉法》《五十二病方》《养生方》《导引图》《胎产书》等早已失传的古医书。中医学遗失了多少学问已经不可考了，仅仅马王堆出土的中药配方就造就了"古汉养生精"、成就了一家A股上市公司。

周公六十一岁去世，他对钓鱼、屠牛之类不感兴趣，但是《尚书·金縢》记录了周公为武王、成王祈祷治病。"祝由"是一种"巫医"，靠意念、符咒治病。《素问·移精变气论》对祝由师的个人修炼要求很高很严："治之极于一"，"闭户塞牖，系之病者，数问其情，以从其意。得神者昌，失神者亡"。这是治病的先决条件，否则"画符念咒"就是骗人。从疗效看，自信的周公实际水平有限。

太公身边最"长生久视"的样板就是周文王了。中国皇帝长寿者极少，也就屈指可数的几位：文王、梁武帝、忽必烈、康熙、乾隆。虽然拥有最好的医疗保障，但是《素问》认为皇帝的工作太过于权斗与算计，他们的生活太过于纵欲，这都是最耗"精"(不是指精子，更多指心神)的方式。武王、成王、周公的天子病，正是耗"心"与"精"过度，所以很难长寿。历史上的长寿皇帝都严格按照《素问》以"宽"为治养心、简约生活养身。只有极个别的皇帝能够做到这一点，在全世界范围内，也只有威廉一世、俾斯麦组合堪与文王、太公组合媲美。

威廉一世六十四岁继位为普鲁士国王，七十四岁称德意志帝国皇帝，九十一岁去世；德国的"铁血宰相""建筑师""领航员"俾斯麦八十三岁去世。当时的世界正在向工业转型，当时的德国割据分裂。和文王、太公一样，威廉一世、俾斯麦立志要统一德意志的"天下"，重现昔日神圣罗马帝国(第一帝国)的辉煌。"大邦"法国与新兴的普鲁士也是世仇之"讼"，很类似商与周。甚至普鲁士创建新型大学、阴谋修德、组建新式陆军也都很类似西周。色当之战与牧野之战也很像。德国工业革命转型与商周农业革命转型有可比性，欧洲大陆的"天下"与商周时代的"天下"也有可比性。历史的必然就是第二帝国也出了他们的文王、武王、太公。到底他们是活得长才能创造丰功伟绩，还是能够创造丰功伟绩的伟人自然活得长？应该是前者。时间是最重要的资源，也是最终极的竞争或斗争。老子说的"长生久视"就是这个意思。"视"不是一般的看而是"视事"。已经活得长了，老子不用再强调眼睛没瞎。俾斯麦也有句名言："国家是时间河流上的航船。"

俾斯麦和第二帝国的结尾不如太公和周朝。周朝解决了东夷，稳定了南蛮，没有完全搞定西戎。第二、三帝国对欧洲的"西戎"英国、"东夷"俄国、"南蛮"法国，一个也没搞定，而且还总有"尊王攘夷"的美国来搅局。最终在两次世界大战中失败，普鲁士与骑士团被彻底取缔。德国毕竟缺少三皇五帝到虞夏商的厚重历史传承，就像季历、姬昌这样的新霸主还真需要姜太公传授《尚书》。黑格尔揶揄中华历史简单重复了两千年，德意志因为历史太短只重复了两次而已。对此，马克思说：

> 黑格尔在某个地方说过，一切伟大的世界历史事变和人物，可以说都出现两次。他忘记补充一点：第一次是作为悲剧出现，第二次是作为笑剧出现。

结语　从炎黄到汉唐：太公后人薪火相传

　　姜太公作为姜姓吕氏的代表，继承了黄帝、夏朝的文明，通过与骊山氏的联姻又继承了另一处"华夏源脉"的文明成果。而他的后人们在一直延续到唐末黄巢之乱的氏族门阀时代，通过一代代的传承不断延续着华夏文明的薪火。姜家特别突出的基因线是家传学问，这在田氏代齐以后更加突出。比如"文宗史圣""经臣史祖"左丘明，在浩繁翔实的《左传》《国语》为我们追溯历史提供了可信的依据。再比如"闻者"吕不韦传下《吕览》，在"焚书"之前保存了思想火种。又比如吕伋后裔崔氏凭借家学又一次次崛起："沉沦典籍""儒家文林""崔为文宗，世禅雕龙"。崔氏成为南北朝时期北朝汉化的最重要推手，到了唐代自然成为"士族之冠"。**三代革命，吕尚继承炎黄之学；春秋战国，左、吕保存周室文献；中原残破，崔氏坚守枯杨生华。五千年中华，幸有姜子牙！**

一、汉初黄老之术与吕不韦、吕雉

从王子朝事件引发的诸子登场脉络看，孔子、老子客观上成为太公、周公开创的周室典籍最全面的继承人，儒家、道家因此成为之后华夏文明最主要的两大家。王子朝事件引发东周巨变，开启了战国时代。田齐接管了姜齐王室保存的太公家学，通过稷下学宫改头换面人为造出"黄老之术"。之后又过了二百多年，东周灭亡时，吕不韦完整得到了周王室所有的馆藏典册，他组织三千人整理成《吕览》（《吕氏春秋》），力图正本清源，恢复太公传承的"黄帝之道"（周道）的本来面目。事实上，《吕览》版的"黄老之术"成为华夏文明成熟期，即西汉吕雉到汉武帝时期的治国纲领。

吕不韦是姜太公的第二十三世孙。秦朝"焚书"之前，吕不韦灭东周，《吕览》可以视为吕尚"黄帝之道"或周道的最直接继承者。除了秦王室资料外，《吕览》的历史资料还有两个重要来源。

一是原东周王室留存资料。王子朝奔楚不可能把家底全部搬走。《史记》记载，公元前249年吕不韦率兵攻周。东周王室资料原件全部被吕不韦获得。因此司马迁称赞吕不韦为"闻者"："孔子之所谓'闻者'，其吕子乎?"相对于其他的"子"们，吕子作为"闻者"有两个含义：一是《史记》所谓"博闻强志"；二是广泛传播的意思。

二是晋王室资料。《吕览·先识》记载："晋太史屠黍见晋之乱也……以其图法归周。"比汲冢魏国资料更宝贵的晋国资料，在三家分晋时大部分归周，吕不韦灭周继承了这批史料。这比齐国幸运多了。我国各代各国史官的敬业与责任感真是令人感佩。历史记载的第一次史官带着典册出奔也见于《先识》的记载："夏太史令终古，出其图法，执而泣之……乃出奔如商。"终古奔商证明了《夏书》的存在，同时也说明商朝在战争、迁都、覆灭等过程中遗失了大量夏朝文献。

吕不韦作为大秦相父，在成为历代宝贵典册的唯一拥有者后，他就成了文、武时期的吕尚。在秦军即将统一天下的前夕，在百家争鸣的背景下，他会做什么？学习吕尚编辑典册，为统一天下做好理论准备、干部准备。也就是《逸周书》序言所谓"周道于焉大备"。《周书》典册之后，《吕览》是中国历史上第一部有组织、按计划编写的完整的治国学说。《吕览·序意》说这项工作用了整整八年："维秦八年，岁在涒滩，秋，甲子朔，朔之日，良人问十二纪。""维秦八年"指吕不韦相秦八年，即《吕览》在灭周十年后的公元前239年左右完成。为此他招募了三千门客，这既是历史上最大的"枪手"团队，也是秦汉之际最大的人才库，其中就包括李斯。后文会论述这三千英才对秦汉历史的影响，以及吕雉背后神秘的"吕公"。

吕不韦想以此书作为大秦统一后的总纲领。不过当时的他对"名"看得太重，不但以自己的姓氏命书，为自己炫德夸功，还搞出了"一字千金"的故事来。而吕尚的作品要作为国家典册，因而就不会以姓氏命名为《吕氏春秋》（吕尚也是"吕氏"），而是叫《黄帝内经》《周书》《司马法》。钱、权、名是人类追求或贪欲的三大中心目标，历史上没人做到三合一，无论多么杰出都必须放弃一个。"一字千金"的典故既说明这本书的"真理"性，也说明吕不韦的自得，当然也必然拉来仇恨，比如，秦始皇、李斯、赵高会怎么想？

因为要指导治理天下，所以《吕览》的创作方式看似"杂家"实为本源。《吕览》被归入"杂家"，一般认为汇合了先秦诸子各派学说："兼儒墨，合名法"。实际上吕不韦组织门客"览"的主要是周室典册，而不是诸子百家。王子朝奔楚导致周室典册流散，在不同人群的学习理解中自然产生了诸子百家。《吕览》直接系统地"览"其本源，但被后人看成了先"览"诸子百家，再归纳成"周道"。

《吕览》的指导思想就是"黄帝之道"。《序意》曰："文信侯曰：'尝得学黄帝之所以诲颛顼矣，爰有大圜在上，大矩在下，汝能法之，为民父母。'盖闻古之清世，是法天地。"正因如此，《吕览》非常系统地继承了很多太公思想及原文。也正因如此，《吕览》的思想与法家、儒家思想差别很大甚至针锋相对。汉初推崇的《吕览》"无为而治"和"与民休息"的政策就是挂名黄老之术的"黄帝之道"。实际上**吕尚、吕不韦、吕后在政治思想上一脉相承**。

太史公司马谈在《论六家要旨》中以亲身体会总结汉初国策"黄老之术"就是百家合一与顺势而为："采儒墨之善，撮名法之要。""道家无为，又曰无不为"，"其术以因循为用"。吕尚是百家宗师。吕不韦、吕后同秦始皇、李斯以及汉武帝、霍光的区别是包容百家。在前有秦始皇、李斯焚书，后有汉武帝、霍光独尊儒术的历史背景下，吕后执政的历史对文明传承尤为可贵。《史记·吕后本纪》评价吕雉执政："政不出户，天下晏然；刑罚罕用，罪人是希；民务稼穑，衣食滋殖。"《史记》发明的"本纪"体例只属于帝王，司马迁为吕雉作"本纪"可见尊崇。

我国历史上有个现象，大帝之前往往有一位强势的女人，而女性政治家天然更能理解黄老之术，即上博简《古公见太公》中姜太公所谓"尊日行，习女智"。如宣太后和嬴稷、吕后＋窦太后与汉武帝、武则天＋太平公主与唐玄宗、萧太后与辽圣宗、孝庄与康熙，而且这几位皇帝还都活得长，刚好在位时间也很长。换句话说，无论国家处于"病"的哪个阶段，黄老之术的治国、治身之道都是"长生久视"之道。"长生久视"的本意就是活得长且在位管事时间长。《老子》曰："有国之母，可以长久。是谓深根固柢，长生久视之道。"

商末纣王与汉初吕雉都遇上了"攘外安内"的大课题。前文已述，《黄帝内经》按照"贞内悔外"预测病疫，同时也给出了防病治病的策略：第一，绝不"妄"为；第二，无为而治。无为而治不是等死，而是以"静养"等待干涉趋势的时机。《五常致大论篇》总结：其久病者，静以待时；养之和之，待其来复。这个思想，姜太公在《保开》（收入《逸周书》，已遗失）中作了表述。前文最典型的执行案例就是齐僖公、齐襄公、齐桓公九世之仇与第一霸业。汉武帝为此大为赞叹："齐襄公复九世之仇，《春秋》大之。"而汉武帝自己也即将洗刷三代之辱，将中华文明带上第一个巅峰。

吕雉主导处置韩信、彭越、季布类似纣王处置三公。

但是太子之争，吕雉果断虐杀戚夫人、处死刘如意，类似微子启的刘肥——刘邦庶长子、惠帝异母兄——敢坐惠帝上首，直接赐毒酒。纣王多么需要一位这样的虎妈啊。纣王对东夷的措施同吕雉的差距更大。商末东夷类似汉初匈奴。白登之围刘邦虽然狼狈，但是单于也不敢低估汉军，双方麻秆打狼两头怕。刘邦一死，冒顿就给吕后写信试探："数至边境，远游中国。陛下独立，孤偾独居。两主不乐，无以自虞，愿以所有，易其所无。"女娲因为纣王写情诗就直接把商朝端了，可想当时汉庭的义愤填膺。冒顿想引得吕后恼羞成怒，比诸葛亮给司马懿送裙子还狠。匈奴骑兵希望打野战，怕汉军学蒙恬以守为战。然而汉军没有出兵，冒顿等到的是吕雉的回信。她就着冒顿的话题说自己年老色衰，将来嫁一位年轻貌美的公主和亲。冒顿如同诸葛亮碰到司马懿，也只能撤退。吕后忍辱负重主动示弱为的就是静养、待时。文帝皇后窦姬本是伺候吕后的身边人，坚持了吕后路线。据说窦太后曾经惩罚贬低黄老的辕固生去和一头猪搏斗，寓意应该是大言不惭者连猪都打不过，用你们这套怎么击败匈奴。也可能是窦太后懒得与其理论，查理·芒格说永远不要和一头猪摔跤，你总会一身泥，而猪却乐在其中。窦太后一直执政到孙子汉武帝成年。

董仲舒要罢的"百家"实际上没有别的什么"家"，只有从汉朝建立以来一直执行的"黄老之术"。虽然汉初实践成效斐然，然而所谓"黄老之术"到底为何到今天还在争议。"老"是老子或《老子》，"黄"是黄帝，还是《黄帝内经》《黄帝阴符经》，或者《黄帝出军诀》《黄帝房中术》，等等？黄帝本人在道家体系治国的案例只有《列子》梦游"华胥"的乌托邦，而确实讲解治国与养生的《黄帝内经》《黄帝阴符经》也不是黄帝与老子的作品，它们都是"周道"的一部分。前文已经理清，"周道"是姜太公继承、总结黄帝以来的数据库与历史经验，并系统完善重新推出的"黄帝之道"。老子、孔子、鬼谷子、墨子、韩非子都继承了一部分，吕不韦想追本溯源再融合起来。

"黄老之术"本来就是百家宗师姜太公之道，但是从继承的黄帝到片面的老子，中间关键的太公没了。所以看着奇怪，也很难有一个精确的定义。在《永乐大典》《四库全书》之前，从刘安召集门客模仿吕不韦开始，道家的图书库"道藏"就一直包罗万象，存书最多且最杂。

"黄老之术"是一个与姜太公高度相关的人造名词。其实还是"田氏盗齐"的结果。"黄老之学"这个怪名正是齐威王把黄帝与老子生拉硬扯形成的，完成于稷下学宫。稷下学宫客观上推动了学术传播，但稷下学宫所传的"道"不是真的"黄帝之道"，学宫著名的老师荀子是儒家，著名的弟子韩非、李斯是法家。真正想系统全面恢复"黄帝之道"的还是吕不韦。齐威王组织稷下学宫创造了一个混乱的新概念，目的还是抹掉真正的大宗师。类似的是齐威王组织稷下学宫改掉了《司马法》版权。稷下学宫还出了刘向的祖师爷邹衍，在齐宣王的力捧下篡改了姜太公的"天学"，把本来很科学客观的阴阳五行、五运六气搞成了伪科学"五德终始说"。他还"发明"了一个新的"地学"："赤县神州""大九州说"。大忽悠迎合了齐宣王，被赐为上大夫，"是以邹子重于齐"。《史记》评价他是"怪迂阿谀苟合之徒"。

周朝覆灭后，幸运的是有吕雉的执政周期，真正把吕尚、吕不韦传承的"黄帝之道"当国策，也奠定了汉民族的基础。姜武圣、第一氏族崔氏与黄老之术再次回归朝堂要等到八百多年后的大唐。吕雉一生，帮刘邦起步，与项羽周旋，计杀韩信，劝杀彭越，驾驭萧何、张良、陈平；后宫争斗展现了隐忍与谋略，以及对政治威胁者的残酷；轻松化解匈奴的威胁与侮辱。这样的谋略与政治能力是谁教的？有人推测吕后是吕不韦后人，深得吕尚以下吕氏家传。如是，倒不失为华夏文明史的一段佳话。

从已知的史料看，吕不韦是自己选择自杀，而且"窃葬"。在没人监督又死不见尸的情况下，不能确定他有没有假死。他的年龄也吻合吕雉的父辈。并没有足够材料证明神秘的吕雉之父吕公就是吕不韦，但可以确定吕公此人及其家族相当不简单。一是吕公家族有背景有实力，是刘邦开国真正的合伙人，而不是一般的父以女贵的外戚。二是吕雉与吕尚、吕不韦的治国思想有继承性。吕雉集团的骨干张良被后世评为吕尚第一弟子。这么有背景的吕雉家族，最大疑问就是第一皇后的父亲吕公史料极少，几乎隐身。一般为了显示龙生龙凤生凤，哪怕生拉硬扯也要和古代名人拉上关系，现成的就有吕尚。历史上不愿意编先人历史的皇后除了吕雉就只有朱元璋的马皇后，除了"马大脚"之外确信的名字都没有。《红楼大梦》论证马皇后可能来自摄政王句容郡王家族，只是身为元人顶级贵族不能说而已。吕公会不会也因为类似原因隐身呢？

　　吕雉字娥姁，当时有名有字的女性可能绝无仅有，其他都是虞姬、戚夫人之类。其实《史记》与《汉书》中刘邦叫"刘季"即刘四。直到三国荀悦改了《两汉纪》才第一次出现了"汉高祖讳邦"的说法。"雉"为五彩之鸟，非常尊贵，不是后世贬低的野鸡。前文已述"越裳献雉"，周公、成王写歌较劲谁才是"中国有圣人"。"娥"，《说文》释曰："娥，帝尧之女，舜妻娥皇字也。""姁"，表示燕子子母相哺喜悦自得。吕公两个儿子取名"泽"与"释之"；小女吕媭的"须"是大臣上朝用的鲨鱼须笏板。《归妹》卦记载文王娶妻，"归妹以须，反归于娣"。如文王、太公、孔子、刘备、诸葛亮，给孩子起的名字往往体现了父亲的志向与心愿，吕公到底想表达什么？君子之泽释之四海，长女次女归妹为后。

　　关于吕公、吕后家史，《史记》仅有的记载如下：

　　　　单父人吕公善沛令，避仇从之客，因家沛焉。沛中豪杰吏闻令有重客，皆往贺。萧何为主吏，主进，令诸大夫曰："进不满千钱，坐之堂下。"高祖为亭长，素易诸吏，乃绐为谒曰"贺钱万"，实不持一钱。谒入，吕公大惊，起，迎之门。吕公者，好相人，见高祖状貌，因重敬之，引入坐。萧何曰："刘季固多大言，少成事。"高祖因狎侮诸客，遂坐上坐，无所诎。酒阑，吕公因目固留高祖。高祖竟酒，后。吕公曰："臣少好相人，相人多矣，无如季相，愿季自爱。臣有息女，愿为季箕帚妾。"酒罢，吕媪怒吕公曰："公始常欲奇此女，与贵人。沛令善公，求之不与，何自妄许与刘季？"吕公曰："此非儿女子所知也。"卒与刘季。

吕公是县令的"重客"，到沛后县令马上热情款待，当地豪杰都来庆贺。这说明了吕公的背景与势力。"常欲奇此女，与贵人"，更说明吕公本是贵人。县令提亲而吕公"不与"，显然没把县令当回事，也不在乎在人屋檐下。"破家县令，灭门令尹"，看来吕公的真实身份不简单。而且随即将女儿嫁给草根刘季，更不给县令面子。吕夫人的质疑反而提示这是又一版的"奇货可居"，比吕不韦嫁赵姬给秦异人更是押全家、赌天下。

吕雉嫁给刘邦时已经二十岁左右了，在当时已经算是"老姑娘"，并且到三十岁上才生刘盈，在古代是绝对的"高龄产妇"。而刘邦娶吕雉时已经三十多岁了，之前身边已有曹氏。曹氏生的刘肥比刘盈大十来岁。这既说明吕公真的能等"贵人"，也说明刘邦是抱着政治婚姻的态度，而不是老光棍终于娶上了媳妇。《史记》说："齐悼惠王刘肥者，高祖长庶男也。其母外妇也，曰曹氏。"此外再无有关曹氏的文字。"外妇"常被误解为私通情妇，《汉书》却称她为"曹夫人"。"曹夫人"与刘肥的存在，证明吕雉必须是正妻，这就是吕公安排的政治婚姻。类似刘秀娶郭圣通，阴丽华就成了"外妇"。刘肥封齐，地盘最大最好而且由曹参协助治理。原沛县监狱长曹参不排除就是"曹夫人"家人，刘肥父子持续"不臣"，齐相曹参怎么管的？惠帝二年，刘肥进京朝见，在宴会上坐上席，显然有不臣之心。所以吕后要赐他毒酒。吕后逝世，刘肥长子刘襄立刻起兵诛吕夺位。刘襄失败后，三子刘兴居再次造反，汉文帝将齐国一分为六，然而"七国之乱"刘肥的后代就占了四个（济南王刘辟光、淄川王刘贤、胶西王刘卬、胶东王刘雄渠）。"曹夫人"一脉还是不甘心。

与曹夫人、戚夫人对比，吕雉背后始终站着一个长老团。《史记》记载有一位神龙不见首的老人替吕雉母子相面，说他们贵不可言，说吕雉还有天子气。这都是吕尚与邑姜的宣传包装套路，吕家人自然轻车熟路。最著名的老人团是保住太子的"商山四皓"。四老一来刘邦就认为太子"羽翼已成，难动矣"，这合逻辑吗？从四皓的学识与政治思想看，倒更像吕不韦门客里的四大长老，他们背后三千人的势力才是刘邦忌惮的。无可奈何的刘邦为戚夫人作《鸿鹄歌》，哀叹："鸿鹄高飞，一举千里。羽翮已就，横绝四海。横绝四海，当可奈何？虽有矰缴，尚安所施？"刘邦甚至认为太子突然就能"横绝四海"，自己已不是对手，所以生病之后拒绝医治，谁都不见。但是樊哙却能直闯床前，还教训刘邦说别犯秦始皇在沙丘的错误。刘邦派陈平去杀樊哙，然而说话不好使了。随后刘邦就死了。

吕公不仅将吕雉嫁刘邦，还将吕媭嫁给屠户樊哙。樊哙勇武过人，曾在鸿门宴中舍命救刘邦。吕公有知人之能是多案例加上押全家验证的。吕公难道只投资刘邦、樊哙？比如吕后始终的政治盟友张良、蓝颜知己审食其等，应该都是吕公为刘邦配置的团队。吕家本来就是刘邦的大股东与合伙人，很类似河北豪强集团与刘秀的关系，但刘秀最终清理了大股东。刘秀娶阴丽华仅三个月就被更始帝派往河北拓展。当时刘秀没有军队，为了真定王刘杨的十万部众就当了陈世美。郭圣通背后的河北豪强集团是刘秀起家的原始资本。因此，阴丽华反而成了"外妇"，一如曹夫人。刘秀坐稳江山后，清除了合伙人刘杨，废了郭圣通和刘彊，改立阴丽华和刘庄。刘秀废立的借口是郭圣通像吕霍。郭舅是真定王，霍父是霍光，那么吕父是谁？吕雉集团没有被刘邦清理，为吕尚、吕不韦传承的"黄帝之道"在周朝之后创造了宝贵的执政周期，也为汉武帝的功绩和汉民族的身份认定打下了基础。如果吕氏不急剧败落，也不会发生刘安、刘向们对吕尚的再一次编造、歪曲。甚至"废黜百家、独尊儒术"也不可能发生。

综上，**吕公完全有可能是吕尚后人，很可能与敏感人物吕不韦有同宗关系而被迫隐身**。福尔摩斯说："当你排除一切不可能的情况，剩下的，不管多难以置信，那都是事实。"

二、第一世族崔氏的传承：华夏农业文明的巅峰

西汉后期，董仲舒、霍光"废黜百家，独尊儒术"，打着改版的周公、孔子旗号，打断了"黄帝之道"、太公周道到所谓"黄老之术"的执政思想。然而，太公长子吕伋的后裔清河崔氏却在近千年的门阀时期保存了薪火。经过北朝推广儒学的洗礼之后，崔氏成为大唐第一门户，太公也终于被官方正式尊为"武圣"。加上李渊又自称老子之后，李世民自称太公化身，武则天也重建明堂，唐玄宗自封真人。可以认为"黄老之术"再次复兴，大唐也成为华夏农业文明

的巅峰。

吕伋在齐国的后人让位后食于崔邑（章丘西北），这就是崔氏之源。"崔杼弑其君"揭开了齐国四大家族的内乱，崔杼后人逃往鲁国任卿大夫至秦统一。西汉时崔业定居清河郡东武城县（今河北故城县），后世遂称"清河崔氏"。

东汉崔骃十三岁就能遍读《诗》《易》《春秋》。崔骃的儿子崔瑗，孙子崔寔、崔烈都是著名的学者，《后汉书·崔骃传》因此论曰："崔氏世有美才，兼以沉沦典籍，遂为儒家文林。""崔为文宗，世禅雕龙。"曹魏时崔琰因为学识与风范代替曹操会见匈奴使者，而曹操自己伪装成"捉刀人"，这个故事其实就是商容见武王与太公的翻版。匈奴人说"魏王俊美，丰采高雅"，这就是崔琰的姿态。

西晋灭亡后，游牧民族在北方建立了十六国。到439年鲜卑族北魏统一了北方，开创了游牧民族入主中原的第一个典范。崔氏辅佐北魏三朝并积极推动了鲜卑汉化改革。魏帝以法律的形式承认鲜卑八家和汉族崔、卢、郑、王为"一等贵族"，清河崔氏成为顶级的门阀。

范阳卢氏也是姜太公后裔。东汉末卢植是刘备和公孙瓒的老师，郑玄的师兄。《齐太公吕望表》的作者卢无忌也出身范阳卢氏。正因为北魏皇室与崔、卢等世家几代共同的努力，郡县制、均田制、租调制等制度体系及文化得以薪火相传，为隋唐的统一与复兴做好了准备。反观西方，西罗马被匈奴人、日耳曼人摧毁后，最大的混合政权法兰克却没能继承罗马的行省制度而是封建分裂，反而过度继承了在罗马只是宗教工具的教皇体制。此后欧洲进入了基督教笼罩下的"中世纪"时期。这也是"罗马"不能再次统一，只能"神圣"的一个重要原因。

"魏"的国号就是曹魏司空崔林的六世孙崔宏建议的。这位"冀州神童"在北魏之初一方面协助建立体制，另一方面努力利用给皇帝讲解历朝政治制度和王朝兴衰的机会缓和民族矛盾。崔宏的儿子崔浩是北魏的第一谋臣，也是南北朝第一军事谋略家。魏收《魏书》说他"常自比张良，谓已稽古过之"，对于较近的诸葛亮也不太瞧得上。崔浩是典型的非常博学的姜家人："少好文学，博览经史，玄象阴阳，百家之言，无不关综，精研义理，时人莫及。"作为统一战争的第一谋主，"凡军国密谋皆预之"。他先辅佐的北魏道武帝拓跋珪把他的话比喻如"盐酒"有味。拓跋珪败于刘裕北伐，"恨不用浩计"。太武帝拓跋焘继位后统一北方，赞其为"长胜之家"。崔浩的自我评价是："值国龙兴之会，平暴除乱，拓定四方。余备位台铉，与参大谋。"南朝刘裕北伐因崔浩之谋受阻，崔浩一死，刘义隆闻讯筹划北伐。这可视为南朝对他的评价。

崔浩的结局很悲惨，表面上是汉族氏族与鲜卑贵族的斗争，归根结底还是为汉化而牺牲。一代雄主太武帝拓跋焘和崔浩本是君臣佳话，然而崔浩一方面要求强化门阀制度严格区别士庶，"以人伦为己任"，"欲齐整人伦，分明姓族"，"大整流品，明辨姓族"。另一方面刻意通过联姻加强与汉族四姓的联盟，并力推四姓子弟占据要津。野史传他有篡位之谋可能是捕风捉影，但这些做法必然激化与鲜卑统治集团的矛盾。为了强推汉化，崔浩坚决"荡除胡神、灭其踪迹"，他嘲笑信佛者"持此头颅不净处跪是胡神也"。
"三武灭佛"第一次就是北魏太武帝灭佛，主导者正是崔浩
与茅山道士寇谦之。最终他因为主修魏国国史并刻碑展示
暴露了鲜卑早期的低微，激怒了几乎所有鲜卑贵族。"国史
之狱"是第一次大规模的文字狱。"清河崔氏无远近，范阳
卢氏、太原郭氏、河东柳氏，皆浩之姻亲，尽夷其族。"崔
浩对《周易》很擅长，《魏书》记载了不少类似诸葛亮神算的
案例，但是他没算出自己的结局："卫士数十人溲其上，呼
声嗷嗷，闻于行路。自宰司之被戮，未有如浩者。"崔浩被
士兵在头上撒尿，氏族之恨、灭佛之恨的背后，可见汉化
事业之艰辛。周公在《既济》《未济》两卦中以狐狸比喻自己
为了"涉大川"被"濡其首"。崔浩的一生事业是极力促成北
朝汉化，到孝文帝时期终于实现。

与崔浩可比的人物是《红楼梦》中屈辱的"琏二爷"，他
代喻洪承畴。贾琏协助王摄政和贾老母办了不少事，是最
能干的贾府男人。但与三"女"淫乱："多姑娘"（多尔衮）、
"鲍二媳妇"（勃儿斤氏孝庄）、"尤二姐"（"吞金"被"胡太医"
害死，代喻李自成部降清的老二刘泽清，反清政变胎死腹
中）。他干的正经事是在大中午与摄政王熙凤不正经，所用
"大铜盆"就是青铜大鼎。贾母对贾琏的评价是："腥的臭
的，都拉了你屋里去。"洪承畴是多尔衮南下的第一谋主，
特别是劝降东南郑芝龙与剿灭西南永历政权，在多尔衮摄
政危机与南明"小阳春"即将实现南北割据之际稳定了全局。
他也是清朝吸收汉文化和承袭明制的重要推手以及顺治的
汉学帝师，不过清朝统治者选择的是理学，就是前文所述

《红楼梦》"姬子"与"杨树"的主题。洪承畴的结局是古稀之年备受冷落，乾隆还将他列入《贰臣传》进行羞辱。

唐初高士廉、令狐德棻等修订《氏族志》时以崔氏为天下第一门户，即使因为唐太宗的亲自干预，重修时将皇族李姓列为第一、外戚长孙氏列为第二，崔氏降为第三等，在世人心目中，崔氏仍然是一等一的高门。例如，魏徵、房玄龄、程咬金等，都纷纷与崔氏联姻。今人很难想象门阀时代第一门户的台阶有多么高不可攀。直到盛唐时期，宰相薛元超还感叹："此生所遗憾者，未能娶五姓女！"而唐文宗为太子选妃看上了荥阳郑氏，结果郑覃不愿意，却把孙女嫁给了九品卫佐崔皋。唐文宗很郁闷地说："民间修婚姻，不计官品而上阀阅。我家二百年天子，顾不及崔、卢耶？"

唐末黄巢起义不仅彻底摧毁了大唐的江山，而且最终铲除了门阀，士族时代彻底结束。这也标志着传统意义上的以君子、大人、小人划分阶层的"封建社会"终结，资本主义的萌芽与"封建"的遗存以一轮轮变法斗争的形式博弈轮回了又一千年。在这千年拐点时期，几千年传承的姜太公家族也同样被打散了。再往后世分门别户已经失去意义。因为各种封地改姓，姜太公的后代分化出了二十多种姓氏，遍及海内外。韩国前总统卢泰愚摆出家谱回来祭祖姜太公也是美谈吧。卢泰愚的先祖就是卢氏的一支，因躲避黄巢起义逃到了朝鲜半岛。

史载黄巢出身盐商家庭，少有诗才，五岁能对诗，但成年后却屡试不第，积累了对朝廷不公与世家大族垄断的仇恨，遂发动起义。他一共留下三首诗，其中两首以菊花自喻，感叹命运之不公，立志要颠覆乾坤，逆天改命。

不第后赋菊

待到秋来九月八，我花开后百花杀。

冲天香阵透长安，满城尽带黄金甲。

题菊花

飒飒西风满院栽，蕊寒香冷蝶难来。

他年我若为青帝，报与桃花一处开。

自题像

记得当年草上飞，铁衣著尽著僧衣。

天津桥上无人识，独倚栏干看落晖。

黄巢军流动作战，十年间转战于四川以外的繁华区与文明核心区。与安史之乱及其他农民起义的区别是，黄巢并不急于建立新政权。"唯辟作威，唯辟作福"，当皇帝更像是过把瘾就死。由于阶层歧视、屡试不第，黄巢特别要扫荡千年来形成的世家大族。既然"天津桥上无人识"，那就"我花开后百花杀""独倚栏干看落晖"。黄巢立志"为青帝"，要实现"飒飒西风满院栽，蕊寒香冷蝶难来"的苦菊花也得春风垂爱，"报与桃花一处开"。

黄巢死后，他的侄子黄皓率残部自称"浪荡军"，又坚持战斗了十五年。经过叔侄俩前后二十五年的起义，门阀士族已被集体消灭。之后投降唐朝的黄巢军旧部朱温又搞了一次"白马之祸"。朱温篡唐必须打击高门望族扫清障碍。

他搞了一次绝对恐怖主义的"鸿门宴",一次性屠杀了朝臣三十多人,并将尸体投入黄河。他们都是世家大族的代表人物,其中就有右仆射崔远等。怂恿朱温制造白马之祸的谋士李振人称"鸱枭"(猫头鹰),二十年屡试不第而痛恨门阀士族。崔远等人被杀后,就是他撺掇朱温说:"此辈自谓清流,宜投于黄河,永为浊流。"

朱温的滥杀史上罕见,行同禽兽。八百年后,在明清东西方文明转型十字路口的拐点时期,方以智、顾炎武、黄宗羲、王夫之们力图从"姬子"之学寻求启迪。王夫之因此对朱温余恨未消:"朱温师之以奸清流、移唐祚;流波曼衍,小人以之乱国是而祸延宗社。"朱温的父亲是乡村教师,他自己也是一位不第的底层读书人。黄巢起义,他立刻主动投奔,可谓天生的乱世奸雄。他的所作所为可类比董卓却恶于董卓,只是篡唐成功了而已。荀彧们如果生在此时此刻,就会感慨唐朝还真的缺少一位曹操。

韦庄《秦妇吟》描述黄巢军对高门氏族的摧毁性打击:"华轩绣毂皆销散,甲第朱门无一半。含元殿上狐兔行,花萼楼前荆棘满。昔时繁盛皆埋没,举目凄凉无故物。内库烧为锦绣灰,天街踏尽公卿骨。"清除门阀当然有为平民打开晋升通道的历史积极意义,但若是历代相传的文献与传人都烧光、杀光了,还有谁能读懂留下来的典册?比如李白写《梁甫吟》时,清楚地理解《革》卦"大人虎变"的意思是"大贤虎变愚不测,当年颇似寻常人",黄巢之后呢?

　　唐朝是西周以来华夏农业文明两千年积累的巅峰。商品经济的兴起，逐步动摇了农业产业的基础，也逐步动摇了社会阶层结构。黄巢起义因此第一次打出"平均""平等"的旗号，而不是以"天命"要求改朝换代。从唐末杨炎变法开始，王安石变法、张居正变法、维新变法与洋务运动等都没能实现资本主义转型，也没能赶上科学革命与工业革命的脚步。正是基于科技与产业的守旧，从唐末至五代，再到北宋、南宋，直到民国，无论是儒学、道学、医学，都逐渐失去了宏大的格局、缜密的逻辑，中华民族的总体国势因此走上了下坡路，直到中国共产党恢复了唯物主义与辩证法，才止住了思想退步。回顾三千多年前太公、周公们完成的这场科技革命与产业变革，华夏子孙如果丢了"正本清源"之"本"，如何"守正创新"？

图书在版编目(CIP)数据

姜太公评传/吾明著. —北京:北京师范大学出版社,2022.9
ISBN 978-7-303-28143-5

Ⅰ.①姜… Ⅱ.①吾… Ⅲ.①吕尚–评传 Ⅳ.①K827＝24

中国版本图书馆 CIP 数据核字(2022)第 163542 号

姜太公评传
JIANGTAIGONG PINGZHUAN

吾明　著

策划编辑: 禹明超	责任编辑: 岳 蕾
美术编辑: 王齐云	装帧设计: 王齐云
责任校对: 段立超　王志远	责任印制: 陈 涛

出版发行: 北京师范大学出版社	开本: 730mm×980mm 1/16	版次: 2022 年 9 月第 1 版
印刷: 北京盛通印刷股份有限公司	印张: 39.25	印次: 2022 年 9 月第 1 次印刷
经销: 全国新华书店	字数: 450 千字	定价: 219.00 元(全二册)

北京师范大学出版社

http://www.bnup.com
北京市西城区新街口外大街 12-3 号
邮政编码: 100088
营销中心电话: 010-58805602
主题出版与重大项目策划部: 010-58805385